Udo Marquardt

Zeit und Mensch

Facetten einer Kulturgeschichte

Schwabe Verlag

Gedruckt mit freundlicher Unterstützung der Udo Keller Stiftung Forum Humanum

**UDO KELLER STIFTUNG
FORUM HUMANUM**

Bibliografische Information der Deutschen Nationalbibliothek
Die Deutsche Nationalbibliothek verzeichnet diese Publikation in der Deutschen Nationalbibliografie; detaillierte bibliografische Daten sind im Internet über http://dnb.dnb.de abrufbar.

© 2024 Schwabe Verlag, Schwabe Verlagsgruppe AG, Basel, Schweiz
Dieses Werk ist urheberrechtlich geschützt. Das Werk einschließlich seiner Teile darf ohne schriftliche Genehmigung des Verlages in keiner Form reproduziert oder elektronisch verarbeitet, vervielfältigt, zugänglich gemacht oder verbreitet werden.
Coverabbildung: Harold Lloyd, Harold Clayton Lloyd, (1893–1971) American actor, comedian and stunt performer who is best known for his silent comedy films. Clock scene from the film, Safety Last! Quelle: GL Archive / Alamy Stock Foto.
Covergestaltung: icona basel gmbH, Basel
Korrektorat: Anja Borkam, Langenhagen
Layout: icona basel gmbh, Basel
Satz: 3w+p, Rimpar
Druck: CPI books GmbH, Leck
Printed in Germany
ISBN Printausgabe 978-3-7965-4947-2
ISBN eBook (PDF) 978-3-7965-4948-9
DOI 10.24894/978-3-7965-4948-9
Das eBook ist seitenidentisch mit der gedruckten Ausgabe und erlaubt Volltextsuche.
Zudem sind Inhaltsverzeichnis und Überschriften verlinkt.

rights@schwabe.ch
www.schwabe.ch

Für Sabine

Auf der Welt sein: im Licht sein.
Irgendwo (wie der Alte neulich in Korinth)
Esel treiben, unser Beruf! – aber vor allem:
standhalten dem Licht, der Freude
(wie unser Kind, als es sang) im Wissen,
daß ich erlösche im Licht über Ginster, Asphalt und Meer,
standhalten der Zeit beziehungsweise Ewigkeit im Augenblick.
Ewig sein: gewesen sein.

Max Frisch, «Homo Faber»

Inhalt

1. Einleitung 11

2. Die Aporien zur Zeit 17
   Gibt es die Zeit überhaupt? 18
   Ist die Zeit ein Kreis oder ein Pfeil? 21
   Gibt es nur eine Zeit oder viele Zeiten? 24
   Ist die Zeit ein Kontinuum? 25
   Welche Richtung hat die Zeit? 27
   Verläuft die Zeit gleichmäßig? 33
   Und jetzt? 36

3. Das Denken der Zeit 37
   Die Vorsokratiker: Von Schuld und Sein 37
   Platon: Abbild der Ewigkeit 43
   Aristoteles: Zahl der Bewegung 47
   Plotin: Leben der Seele 58
   Augustinus: Ausdehnung des Geistes 63
   Isaac Newton: Völlig losgelöst 68
   Immanuel Kant: Grüne Gläser 73
   Albert Einstein: Alles relativ 77
   Quantenphysik: Die Zeit und Schrödingers Katze 83
   John McTaggart Ellis McTaggart: Wer A sagt 88

4. Das Messen der Zeit 93
   Die Zeit messen 93

Babylonien: Der Mond zwischen Euphrat und Tigris 95
Ägypten: Der Sirius über dem Nil 99
Die julianische Kalenderreform 101
Die gregorianische Kalenderreform 104
Andere Kalender 106
Die Woche: *Eight days a week* 112
Chronologie: Die Jahre 0 114
Wie lang dauert eine Stunde? 120
Von Wasserdieben und anderen Uhren 123
Der Zeit Zügel anlegen: Mechanische Uhren 126
Das Uhrwerksuniversum 130
Der Pendelschlag der Zeit 133
Der Takt des Lebens 136
Die Einführung der Weltzeit 139

5. Das Rasen der Zeit 141
Die Beschleunigung der Körper 142
Die Beschleunigung der Nachrichten 155
Die Beschleunigung des Lebens 169

6. Das Sein der Zeit 181
Die Zeit als Fetisch 181
Die Zeit im Bild 190
Das Sein der Zeit 197
Das Ende der Zeit 220

Anmerkungen 227

Literatur 239

Personenregister 245

1. Einleitung

Es ist ein warmer Oktobermorgen auf der griechischen Insel Kos. Wie jeden Morgen schwimmen Sabine und ich zu der kleinen Insel Kastri, die in der Bucht von Kefalos liegt. Auf Kastri klettern wir hoch zu der weiß-blauen Kapelle und läuten dort die Glocke, wie man es tun soll, wenn man auf dem Inselchen angekommen ist. Sabine läutet siebenmal, denn die Sieben ist eine heilige Zahl. Dann liegen wir auf warmen Steinen in der Sonne. Das Meer rauscht, Salz auf der Haut, wir liegen Hand in Hand. Ich denke: Es ist so schön hier, diese Zeit dürfte nie zu Ende gehen.

Genau davon handelt dieses Buch: dass die Zeit zu Ende geht. Die Morgenstunde auf Kastri, die Wochen auf Kos, am Ende unser Leben. Wenn wir etwas mit Sicherheit wissen, dann, dass wir sterben werden – auch wenn wir das immer wieder vergessen und verdrängen. Was also ist die Zeit? Wieso kann sie enden, wo sie doch auch immer weiterzugehen scheint? Die Uhren ticken, Termine stehen an, die Jahreszeiten wechseln, die Sonne geht auf und unter. Unsere Tochter Sophia wird noch leben, wenn Sabine und ich schon lange tot sind.

Die Frage nach dem Ende der Zeit berührt jede und jeden von uns existenziell, denn wir sind nicht gefragt worden, ob wir leben wollen. Diese Entscheidung haben unsere Eltern gefällt, wobei man fair sein sollte: Sie haben auch nicht genau gewusst, dass es gerade um uns geht, um die Person, die wir sind. Es gibt für die Tatsache, dass wir ungefragt ins Leben geraten sind, in der Philosophie den Begriff der Geworfenheit[1], der sehr drastisch zeigt, dass wir nicht freiwillig hier sind. Auch Hunde werden geworfen. Schon sehr früh wissen wir auch, dass unsere Zeit begrenzt ist. «Die Zeit unseres Lebens währt siebzig Jahre, wenn es hochkommt, achtzig», heißt es in der Bibel.[2] Die Frage, die sich damit für jede und jeden von uns unweigerlich stellt, lautet: Was soll das Ganze? Warum bin ich – ausgerechnet ich – hier? Immerhin ist das keine Kleinigkeit: Wir sind ungefragt ins Leben gekommen und müssen ruckzuck schon wieder gehen. Hat das einen Sinn? Ist das vollkommen sinnlos? Ist es ein Scherz? Ist es eine bodenlose Gemeinheit? Ist Gott oder sind die Götter verrückt? Seit es Menschen gibt, treibt uns diese Frage um. Wenn ich schon da bin – warum muss meine Zeit enden?

Als ich jung war, dachte ich, ich finde eine Antwort auf diese Frage in der Philosophie. Die Tatsache, dass Sie dieses Buch hier lesen, zeigt Ihnen, dass ich immer noch dieser Überzeugung bin. Darauf, dass eine Antwort auch im Glauben und in der Theologie liegen könnte, bin ich damals nicht gekommen. Das lag daran, dass mein Religionsunterricht in der Schule vor allem im Auswendiglernen von Liedtexten bestand und ich vom Sinn des Lebens in den vielen Strophen nichts entdecken konnte.

Meine erste Begegnung mit Philosophie hatte ich in der Schule. Wir hatten eine Lehrerin, und sie wollte von uns wissen, warum wir uns für Philosophie interessieren. Die Antworten reichten von «Da erwarte ich mehr Punkte als in Mathe» über «Keine Ahnung, ich bin einfach nur neugierig» bis zu «Gott ist tot». Als ich an der Reihe war, sagte ich: «Weil ich wissen will, was der Sinn des Lebens ist.» Den Namen der Lehrerin habe ich vergessen, aber ich erinnere mich genau daran, dass sie lachte, mit dieser Frage sei ich in der Philosophie völlig fehl am Platze. Heute bin ich mir sicher, dass sie sich geirrt hat. Die Philosophie bietet vielleicht keine Antwort auf die Frage, aber sie ist genau der richtige Ort, um sie zu stellen.

Ich habe dann sozusagen «trotzdem» Philosophie studiert, zunächst in Heidelberg, später in Luzern und Freiburg. In Heidelberg saß ich im ersten Semester in einem Proseminar zu Immanuel Kants (1724–1804) «Prolegomena zu einer jeden künftigen Metaphysik, die als Wissenschaft wird auftreten können», das ist eine Kurzversion der «Kritik der reinen Vernunft» für interessierte Leserinnen und Leser. Wir Studenten hatten alle dasselbe grüne Buch (die berühmte «Philosophische Bibliothek» aus dem Meiner Verlag), nur hatte ich das Gefühl, dass in meiner Ausgabe all die Dinge, über die da im Seminar diskutiert wurde, nicht standen. Die Probleme, die meine Kommilitonen erörterten, existierten in meinen «Prolegomena» einfach nicht.

Das ging mir mit einer Reihe anderer Bücher und Seminare ähnlich. Ich schrieb notgedrungen Seminararbeiten, für die ich aber keine besonderen Noten bekam; bis ich in einem Seminar über Martin Heideggers (1889–1976) Aufsatz «Der Ursprung des Kunstwerkes»[3] saß. Das war lange vor Victor Farias Buch über Heidegger und den Nationalsozialismus,[4] lange vor Hugo Otts erster biographischer Annäherung an Heidegger,[5] lange vor der Veröffentlichung der «Schwarzen Hefte»[6]. Ich hatte damals keine Ahnung, dass Heidegger Nazi und Antisemit gewesen war, und las ihn mit Begeisterung. Aus diesem einen Text erschlossen sich mir plötzlich philosophische Horizonte. Ich las Heideggers Technik-Aufsatz[7] und «Sein und Zeit». Von dort aus kam ich auf Platon (428–348 v. Chr.) und Aristoteles (384–322 v. Chr.). Von der aristotelischen Logik gelangte ich zu Gottlob Frege (1848–1925), von dort zu Ludwig Wittgenstein (1889–1951) und so weiter und so weiter. Später habe ich bei Hans-Georg Gadamer (1900–2002), der damals noch in Heidelberg Vorlesungen hielt, gehört, dass sich Philosophie auf diese Weise erschließt: Man findet seinen Schlüssel-Text, der einem die Tür öffnet.

Gute philosophische Bücher antworten auf Fragen. (Die große Menge der Sekundärliteratur lasse ich hier außer Acht.) Nur stellt der Autor diese Frage oft nicht klar und deutlich, weil er sich gewissermaßen in einem Gespräch befindet, bei dem jeder die Frage kennt. Der eine hat diese Antwort gegeben, der andere jene. Jetzt kommt unser Autor an die Reihe: «Also ich würde sagen ...» Die Frage, auf die alle antworten, wurde zu Beginn des Gesprächs gestellt. Es hilft, sich diese Frage noch einmal vor Augen zu führen, wenn man ein Buch nicht sofort versteht. Wenn wir dann auf eine Frage stoßen, die uns selbst bewegt und berührt, öffnet sich unsere Tür in die Philosophie.

An Heideggers Kunst-Aufsatz interessierte mich die Frage, was Kunst zu Kunst macht, denn ich hatte immer wieder erlebt, dass Kunst mich existenziell berührte – anders als Philosophie. Musik, Romane, Bilder konnten mir den Atem nehmen. Sie schienen meine Frage nach dem Sinn des Lebens – zumindest teilweise – beantworten zu können. Was an ihnen war anders als an einem philosophischen Text? Warum konnte man über Sinnfragen nicht vernünftig nachdenken und diese Gedanken aufschreiben, sondern brauchte einen Roman wie Albert Camus' «Der Fall» oder Max Frischs «Stiller» oder «Homo Faber» als Form des Nachdenkens?

Was also macht Kunst aus? Oder anders gefragt: Was ist Kunst? Darum ging es in Heideggers Aufsatz. Wer so fragt, fragt nach dem Wesen einer Sache. Es gibt in der Kunst Romane, Gedichte, Theaterstücke, Gemälde, Skulpturen, Installationen, Symphonien, Streichquartette und Rock 'n' Roll. All das sind sehr unterschiedliche Kunstformen, aber alles ist Kunst. Was ist es, das diese Formen vereint und zu Kunst macht? Dieses einende Band, das sich in allen Veränderungen durchhält, ist das Wesen der Sache. Wir werden noch sehen, wie schwierig es ist, ein solches Wesen näher zu bestimmen.

Ich war also von der Kunst bei Heidegger zur Wesensfrage selbst gekommen. Wer sich mit dieser Frage auseinandersetzt, der kommt nicht umhin, Aristoteles zu lesen, denn der hat diese Frage gründlich durchdacht. Das ist zwar schon über 2000 Jahre her, aber die Fragen haben sich durch die Zeit nicht verändert. Die Antworten schon. Wir lesen heute Aristoteles also gar nicht mehr unbedingt, um seine Antworten zu kennen. Die sind oft aus vielen Gründen überholt. Aber bei ihm können wir das Fragen lernen. Und das ist eminent wichtig in der Philosophie; wichtiger wahrscheinlich, als die Antworten zu kennen.

Bei Aristoteles stieß ich auf seine Untersuchung über das Wesen der Zeit im vierten Buch der «Physik». Dieser Text faszinierte mich so sehr, dass ich mich über Jahre mit ihm befasste, zuerst im Rahmen meiner Magisterarbeit, dann bei meiner Promotion. Und je länger ich mich mit dem Thema Zeit befasste, umso klarer wurde mir, dass ich hier im Grunde wieder bei meiner Ausgangsfrage nach dem Sinn des Lebens angelangt war, denn die Sinnfrage stellt sich nur, weil uns die zeitliche Begrenzung unseres Lebens klar vor Augen steht. Wir wissen, dass wir sterben müssen. Unsere Zeit endet, auch wenn wir nicht in jedem Augenblick daran denken, auch wenn wir uns in Momenten des Glücks unsterblich und unverwundbar fühlen. Unser ganzes Dasein wird bestimmt von unserer Endlichkeit.

Das ist keineswegs selbstverständlich. Tiere haben ein solches Bewusstsein nicht. Als unser Hund Dux starb, war er schwach und krank. Aber er war zu keinem Augenblick ängstlich oder unruhig. Nichts an seinem Verhalten deutete darauf hin, dass er sich Gedanken darüber machte, dass sein Leben zu Ende gehen würde. Er tat instinktiv Dinge, die man als Hund tut, wenn es dem Ende entgegengeht. Er fraß nicht mehr und suchte sich ein kaltes Plätzchen, um die Körpertemperatur zu senken und den Blutkreislauf zu verlangsamen. Aber er zeigte in keinem Augenblick Unruhe, wie er das bei Gewittern oder Feuerwerk tat. Ich bin überzeugt davon, dass der eigene Tod in seinem kleinen Hundehorizont keine Rolle spielte.

Die Zeit begrenzt unser Leben. Weil das so ist, lohnt es, über die Zeit nachzudenken. Was ist Zeit? Wie gehen wir mit ihr um? Und schließlich: Was bedeutet sie für uns? Wenn wir über diese Fragen nachdenken, kommen wir einer Antwort auf die Frage nach dem Sinn des Lebens vielleicht ein Stück näher.

Um es gleich zu sagen: Auf die Sinnfrage werde ich nicht antworten. Aber ich werde Ihnen unsere lange Geschichte mit der Zeit erzählen. Das beginnt damit, vor welche Fragen uns die Zeit eigentlich stellt, Fragen, die wir bis heute nicht wirklich lösen können. Müssen wir uns die Zeit zum Beispiel als Pfeil vorstellen oder als Kreis? Auf der einen Seite erleben wir, dass viele Dinge immer wiederkehren, wie die Jahreszeiten oder Tag und Nacht. Zugleich erleben wir, dass Zeit endet: der Arbeitstag, die Woche, aber auch eine Freundschaft, eine Liebe, das Leben. Ich werde nicht versuchen, diese sogenannten Aporien (Ausweglosigkeiten) aufzulösen. Das liegt daran, dass sie teilweise nicht aufzulösen sind. Ich denke, dass sie überwiegend entstehen, weil man die Zeit aus unterschiedlichen Blickwinkeln betrachtet und sie deshalb immer ein wenig anders aussieht.

Mir geht es darum, wieder über die Zeit zu staunen. Im Alltag ist sie uns so selbstverständlich, dass wir sie gar nicht mehr hinterfragen, wir blicken einfach auf die Uhr oder unser Smartphone und «sehen» sie. Was wir da sehen, ist so selbstverständlich, dass wir darüber nicht mehr nachdenken. Philosophie befasst sich damit, über das Selbstverständliche zu staunen und nachzudenken. Für Platon und Aristoteles beginnt mit dem Staunen die Philosophie.

Im nächsten Schritt geht es darum, wie wir über die Zeit nachdenken. Das ist eine kleine Philosophiegeschichte oder Morphologie der Zeit von den Vorsokratikern bis ins 20. Jahrhundert. Diese Geschichte ist keineswegs vollständig, und Sie werden vielleicht sagen, ich hätte unbedingt Leibniz, Kierkegaard oder Ihren Lieblingsphilosophen aufnehmen müssen. Aber mein Ziel ist es nicht, eine Geschichte der Zeittheorien zu schreiben, sondern unsere Geschichte mit der Zeit (obwohl Zeittheorien einen gewichtigen Teil davon ausmachen).

Diese Geschichte wird mit dem Kapitel über das Messen der Zeit konkret und handfest. Es handelt im Wesentlichen von Uhren und Kalendern. In ihnen begegnet uns Zeit jeden Tag und wir Menschen haben sehr viel Hirnschmalz darauf verwendet, die Zeit auf diese Art und Weise in den Griff zu bekommen. Die Geschichte der Zeitmessung zeigt auch, dass Zeit zunehmend ein sozialer Faktor wird. Je komplexer unsere Gesellschaft wird, umso schwieriger ist es, ihre Abläufe zu steuern. Was in einem Dorf mit Hundert Einwohnern ohne Uhr problemlos möglich ist, funktioniert schon in einer Stadt mit einigen Tausend Einwohnern nicht mehr. Das Zusammenleben der modernen, globalen Gesellschaft ist ein Zeitkunstwerk, dessen Kompliziertheit wir uns kaum klarmachen.

Während ich an diesem Buch schrieb, begann Anfang 2020 die Coronavirus-Pandemie. Sie führte uns diese Komplexität deutlich vor Augen. Dadurch, dass Millionen Menschen krank wurden und als Arbeitskräfte ausfielen, dass Grenzen geschlossen wurden und durch viele andere Maßnahmen, die die Ausbreitung des Virus zu verhindern suchten, brachen unsere internationalen Lieferketten zusammen. In allen möglichen Industriezweigen stockte die Produktion, die darauf angewiesen ist, dass Rohstoffe und Bauteile rechtzeitig dort angeliefert werden, wo man sie benötigt. Diese Lieferketten sind zeitlich genau aufeinander abgestimmt und wenn es Probleme an einer Stelle gibt, kann die ganze Kette zusammenbrechen.

Ein solches Problem tauchte zum Beispiel am 23. März 2021 auf, als das Containerschiff «Ever Given» im Suezkanal einen Unfall hatte und den kompletten Kanal versperrte. Der Kanal ist ein Nadelöhr beim internationalen Warentransport, und als er nicht mehr passierbar war, bestand sofort Gefahr, dass Lieferketten zusammenbrechen, denn Hunderte von Schiffen standen tagelang im Stau. Ähnlich wie sich der Datenstrom des Internets um die Welt zieht, gibt es einen gewaltigen Strom von Containern, der weltweit Waren transportiert und auf den unsere komplexen Industrien angewiesen sind.[8] Container dienen der Ordnung von Raum und Zeit und machen den Transport von Waren schnell und effizient. All das funktioniert nur, weil wir alle inzwischen sehr genau gehende Uhren haben, die weltweit auch noch aufeinander abgestimmt sind.

Es geht beim Warentransport vor allen Dingen um Geschwindigkeit. Davon handelt das nächste Kapitel. Je präziser unsere Uhren geworden sind, je mehr Prozesse wir mit ihrer Hilfe koordinieren und steuern, umso größer wird die Rolle, die Geschwindigkeit spielt. Tempo ist im wahrsten Sinne des Wortes Geld. In der modernen Gesellschaft herrscht die Logik der Dromologie, wie der französische Philosoph Paul Virilio es nennt.[9] Wir alle machen fast täglich Erfahrungen von Hektik, Stress und Zeitnot. Das Leben hat sich seit dem Beginn der Industrialisierung rasant beschleunigt. Geschwindigkeit ist ein Wert an sich geworden, den wir bei Sportwettkämpfen begeistert feiern, auch wenn der Abstand zwischen dem Ersten und dem Zweiten nur noch den Bruchteil einer Sekunde groß und mit dem bloßen Auge gar nicht mehr wahrnehmbar ist. Das Kapitel vom Rasen der Zeit erzählt die Geschichte der Beschleunigung unserer Art zu leben.

Das letzte Kapitel schließlich tritt einen Schritt zurück und fragt nach den Folgen dieser langen Geschichte mit der Zeit. Was bedeuten Philosophie und

Physik, Zeitmessung und Beschleunigung für unser Verhältnis zur Zeit und für unser Verständnis von ihr? Und wie hat sich dieses Verständnis im Laufe der Jahrhunderte durch unseren praktischen Umgang mit Zeit verändert?

Meine These ist, dass Zeit zwar für die moderne Gesellschaft ein absolut unerlässlicher Faktor ist, den wir brauchen, um unsere Gesellschaft und Arbeit zu koordinieren, und mit dem wir rechnen. Aber darüber haben wir vergessen, was die Zeit eigentlich ist. *Zeit ist Leben.* Jede und jeder von uns hat eine eigene Spanne an Zeit: seine Lebenszeit. Diese eigentlich selbstverständliche Tatsache haben wir im Laufe unseres zunehmend rechnenden und messenden Umgangs mit der Zeit vergessen oder verlernt. Insofern beschreibe ich die Geschichte unserer Zeitvergessenheit. Es ist gewissermaßen der umgekehrte Weg, den der frühe Martin Heidegger gegangen ist. Er war überzeugt, dass wir Sein im Horizont von Zeit verstehen müssen, und hat, vor allem in «Sein und Zeit», versucht, sich dieser Einsicht über das Verständnis des Begriffs vom Sein zu nähern, den er dann durch seine Daseinsanalyse erschließt. Auf diesem Weg ist er schließlich fatal in die Irre gegangen.

Vielleicht kommen wir der Antwort auf die Frage nach dem Sinn näher, wenn wir begreifen, welch kostbares Geschenk wir erhalten haben. Natürlich gibt es Leid, Trauer, Angst, Krankheit. An vielen Tagen könnten wir gut auf dieses Geschenk verzichten, wir haben uns nicht ausgesucht, hier zu sein. Das Leben ist keine reine, ungetrübte Freude, oft ist es zum Verzweifeln. Aber auch wenn wir das wissen und zugestehen, bleibt doch jeder gute und jeder schlechte Tag einzigartig und unwiederbringlich. Es lohnt, sich das immer wieder vor Augen zu führen. Daraus erwächst auch eine Aufgabe: Möglichst viele Menschen sollten so leben können, dass sie ihr Leben als Geschenk erfahren können. Dabei geht es nicht um den unsinnigen Reichtum, den wir in den westlichen Ländern angehäuft haben. Es geht um ein Leben ohne Angst, Hunger und Krieg. Und wenn wir dann hin und wieder auch noch morgens aufstehen und nach Kastri schwimmen können, um dort in der Sonne zu liegen, dann ist das Leben gut und seine Zeit erfüllt.

2. Die Aporien zur Zeit

Eine der wohl berühmtesten Aussagen über die Zeit stammt von Augustinus (354–430): «Was ist also Zeit? Wenn mich niemand danach fragt, weiß ich es; will ich einem Fragenden es erklären, weiß ich es nicht.»[10] Der Satz ist aus gutem Grund so berühmt. Denn *irgendwie* wissen wir alle, was die Zeit ist. Aber genau das ist der Punkt: Wir wissen es nur *irgendwie* und nicht genau. Damit beschreibt Augustinus eine Erfahrung, die der Prototyp aller philosophischen Probleme ist.[11] Es geht darum, über selbstverständliche Dinge nachzudenken. Aber genau das ist nicht leicht, denn das Selbstverständliche entzieht sich dem Denken gerade dadurch, dass es immer schon mitgedacht ist. Es gibt ein Zitat von dem amerikanischen Juristen Potter Stewart (1915–1985), das diese Erfahrung ziemlich gut zusammenfasst: «Ich kann es nicht definieren … Aber ich erkenne es, wenn ich es sehe.» Ähnlich hat der Philosoph Ludwig Wittgenstein das beschrieben: «Ein philosophisches Problem hat die Form: Ich kenne mich nicht aus.»[12]

Was ist also Zeit? Was-ist-Fragen zielen ab auf das Wesen einer Sache. Das Wesen einer Sache ermöglicht es uns, eben diese Sache zu erkennen und Stühle von Tischen zu unterscheiden. Das ist einfach. Problematisch wird es, wenn wir sagen sollen, was denn nun ein Stuhl ist. Was hält sich in all den unterschiedlichen Stühlen, die es so in der Welt gibt, durch und lässt uns einen Stuhl erkennen? Dieses Sich-Durchhaltende ist das Wesen. Und da wird die Sache schwierig. Ein Stuhl hat vier Beine. Ja, stimmt, aber es gibt auch Stühle mit Rollen. Und es gibt Stühle mit nur drei Beinen. Auf einem Stuhl kann man sitzen. Stimmt. Aber das geht auch auf einem Tisch oder einem Hocker. Man kann das eine Weile so weitertreiben und macht dabei die Erfahrung, wie schwierig es doch ist, das Wesen eines so simplen Dings, wie das ein Stuhl ist, zu definieren. Richtig schwierig wird es dann erst, wenn wir uns an Begriffe wie Freiheit oder Gerechtigkeit wagen, also an abstrakte Begriffe.

Wer sich für diese Schwierigkeiten interessiert, dem seien die Dialoge Platons (428–348 v. Chr.) empfohlen, denn sie exerzieren das an zahlreichen Beispielen durch. So geht es im «Euthyphron» um Gerechtigkeit. Die Situation ist bezeichnend. Sokrates (469–399 v. Chr.) trifft vor dem Archon Basileus, dem Athener Gerichtsgebäude, auf Euthyphron, einen frommen Athener. Euthyphron will seinen Vater wegen eines Tötungsdeliktes anklagen. Im sich darauf entwickelnden Gespräch nun geht es um Gerechtigkeit. Sokrates will von Euthyphron wissen, was denn Gerechtigkeit sei, immerhin sei er gerade im Begriff, den eigenen Vater anzuklagen, da müsse man wissen, was Gerechtigkeit bedeute. Also gibt Euthyphron eine Antwort. Aber sein Definitionsversuch ist unzureichend. Und so versucht er es ein zweites Mal. Auch da hat Sokrates Einwände. Insgesamt versucht sich Euthyphron an vier Definitionen. Aber sie alle sind nicht wirklich stichhaltig. Schließlich bricht Sokrates das Gespräch ab, er muss weiter. Das Gespräch endet in der sogenannten Aporie, in der Ratlosigkeit. Es bleibt offen. Und wir bleiben ratlos, was denn Gerechtigkeit sei. Eine abschließende Definition gibt es nicht. Diese Aporie finden wir in fast allen Dialogen Platons. Das ist kein Mangel, sondern ein Wesensmerkmal der Philosophie, ihr Treibstoff.

So ist es auch mit dem Problem der Zeit. Wenn wir sagen wollen, was wir damit meinen, kommen wir in Verlegenheit. Augustinus gelingt es, diese Verlegenheit zuzuspitzen. Obwohl er eigentlich weiß, was die Zeit ist, kann er es einem Fragenden nicht erklären.

Es ist die Spannung zwischen Wissen und Nichtwissen, die das Fragen in Bewegung hält. Und es ist kein Wunder, dass sie gerade bei der Frage nach der Zeit zutage tritt. Wie kaum ein Phänomen in der Welt ist uns die Zeit vertraut und fremd zugleich, wie der Zeitforscher Julius T. Fraser (1923–2010) es formuliert hat.[13] Wenn wir über die Zeit nachdenken, geraten wir immer wieder in Aporien.

Gibt es die Zeit überhaupt?

Das beginnt mit der einfachen Frage nach der Existenz der Zeit. Gibt es sie überhaupt? Zeit besteht aus Vergangenheit, Gegenwart und Zukunft. Aber die Vergangenheit existiert nicht mehr, die Zukunft noch nicht. Wenn die Zeit existieren soll, dann nur im Jetzt. Aber wie sieht dieses Jetzt aus? Normalerweise stelle ich mir Vergangenheit, Gegenwart und Zukunft wie eine Art Pfeil vor.

Vergangenheit   Jetzt/Gegenwart   Zukunft

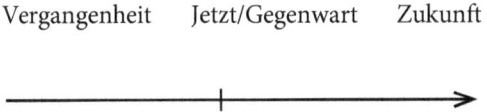

Wenn ich im Bild bleibe, dann ist das Jetzt der Punkt auf dem Zeitpfeil, der Vergangenheit und Zukunft voneinander trennt. Aber ein Punkt hat keinerlei Ausdehnung. Wie aber kann es Zeit geben, wenn sie aus der nicht mehr existierenden Vergangenheit, einem wie auch immer gearteten Jetzt ohne Ausdehnung und einer noch nicht existierenden Zukunft bestehen soll?

Man kann einwenden, dass die Nichtexistenz von Vergangenheit und Zukunft durchaus nachvollziehbar ist, aber Zeit existiere eben nur im Jetzt, in der Gegenwart. Tatsächlich geht es bei der Frage nach der Existenz der Zeit im Kern um die Frage nach der Beschaffenheit des Jetzt. Wenn es das Jetzt «irgendwie» gibt, dann gibt es auch die Zeit. Aristoteles (384–322 v. Chr.) hat darauf geantwortet, das Jetzt sei kein Teil der Zeit, denn der Teil eines Ganzen sei eine Größe, mit der man das Ganze messen könne.[14] So kann man den Meter mit Zentimetern oder Dezimetern messen: 1 Meter ist gleich 100 Zentimeter oder 10 Dezimeter. Aber aus wie vielen Jetztpunkten besteht die Minute oder die Stunde? Zeit, so Aristoteles, setzt sich nicht aus Jetztpunkten zusammen.

Man kann auch fragen, ob der Begriff überhaupt einen Sinn ergibt, denn wann ist «jetzt»? Bekanntlich braucht das Licht Zeit, um Entfernungen zu überbrücken. Das erscheint bei weit entfernten Planeten noch selbstverständlich. Der kürzlich entdeckte Planet Proxima Centauri b ist 4 Lichtjahre entfernt von uns. Wenn ich also «jetzt» jemanden sehe, der mir von Proxima Centauri b aus zuwinkt, dann ist dieses Winken 4 Jahre alt. So lange braucht das Licht von Proxima Centauri b bis zur Erde. Mein «Jetzt» auf der Erde ist auf Proxima Centauri b 4 Jahre vorbei. Vielleicht zeigt mir der freundliche Winker im Proxima-Centauri-b-Jetzt gerade einen Vogel, weil ich glaube, mein Jetzt sei überall auf der Welt und im Universum gleich.

Das alles ist bei großen Entfernungen vielleicht noch einzusehen. Aber das Licht braucht auch auf der Erde und bei kleinen Entfernungen Zeit. Wenn mir jemand auf der anderen Straßenseite zuwinkt, dann hat Licht auch den winzigen Bruchteil einer Sekunde benötigt, um zu mir zu kommen. Ob ich nun Proxima Centauri b oder jemanden auf der anderen Straßenseite beobachte: Im Grunde sehe ich nie, was «jetzt» geschieht, sondern nur, was in einer mehr oder weniger weit entfernten Vergangenheit geschehen ist.

Man sieht also: Die Frage nach der Existenz der Zeit ist alles andere als trivial. Es gibt gute Gründe zu behaupten, die Zeit gebe es eigentlich gar nicht. Das kann weitreichende Folgen haben. Zeitreisen, die in allen möglichen Theorien über Zeit immer wieder diskutiert werden, wären dann unmöglich. Wohin sollte die Reise auch gehen?

Diese Konsequenz der Nichtexistenz von Zeit kann man vielleicht noch verschmerzen. Schwerer wiegen die moralischen Implikationen, denn wenn es die Vergangenheit gar nicht gibt, wieso soll ich mich dann zum Beispiel darum kümmern, dass in der Vergangenheit geschehenes Unrecht wieder gutgemacht wird? Und wenn es die Zukunft nicht gibt, wieso soll ich mir Gedanken machen über sie, über Vorsorge, über Umweltschutz, damit meine Kinder auch noch in einer halbwegs intakten Umwelt leben können? Wann soll diese Zukunft sein?

Auch wenn man solche Argumente rational durchaus nachvollziehen kann, spürt man doch: Irgendwie stimmt das nicht. Irgendwie gibt es die Zeit, auch wenn man sagen kann, dass Vergangenheit und Zukunft nicht existieren. Die Frage ist nur: Wie gibt es die Zeit dann? Und was ist mit diesem ominösen Jetzt, das schon auf der anderen Straßenseite Vergangenheit ist?

Nun kann man vielleicht einwenden, jeder von uns befinde sich innerhalb einer Art Zeitblase, in der es immer gerade «jetzt» ist. Aber dann hätten wir viele Jetztpunkte. Was hieße das wiederum für die Zeit? Welcher dieser vielen Jetztpunkte trennt Vergangenheit und Zukunft? Ihrer? Meiner? Oder aber wir haben nicht eine Zeit, sondern viele Zeiten? So viele Zeiten, wie es Menschen gibt? Jeder von uns hat seine eigene Zeit. Er hat seine eigene Vergangenheit und seine eigene Zukunft, die er mit seinem eigenen Jetzt trennt. Ein solches Konzept von Zeit als Eigenzeit jeder Person ist durchaus möglich. Aber dann taucht die Frage auf, wie wir uns am Abend zum Essen verabreden können, wenn jeder in seiner eigenen Zeit unterwegs ist. Treffen wir uns nach Ihrer oder nach meiner Zeit? Wir werden später sehen, dass ein solches Konzept der Zeit alles andere als an den Haaren eines Philosophen herbeigezogen ist. Innerhalb von Albert Einsteins (1879–1955) Relativitätstheorie ist auch das Jetzt relativ. Jeder hat sein eigenes. Das fällt nur nicht auf, weil wir uns sehr langsam über sehr kurze Strecken bewegen. Läge unser Italiener nicht um die Ecke, sondern auf Proxima Centauri b sähe, es mit dem pünktlichen Eintreffen zum Abendessen schon deutlich schwieriger aus.

Wir sind immer noch bei der Frage, ob es die Zeit überhaupt gibt. Man kann sich diese Frage auch noch auf eine ganz andere Weise stellen. Zeit begegnet uns immer wieder, weil wir sie messen. Etwas dauert so und so lange, eine bestimmte Zeit. Aber was tun wir, wenn wir Zeit messen, zum Beispiel die Zeit, die jemand braucht, um eine Runde in einem Stadion zu laufen? Wir benutzen zum Messen dieser Bewegung oder dieses Ablaufes eine Uhr. In der Uhr allerdings steckt ja auch nicht irgendwie «die Zeit». Die Uhr ist nichts anderes als ein Gerät, das sich möglichst gleichmäßig bewegt. Früher war das ein Pendel, heute ist es die Schwingung des Cäsiumatoms. Das heißt, wir messen die eine Bewegung mit einer anderen Bewegung. Meine Stadionrunde dauert eine bestimmte Anzahl von Pendelschlägen einer Uhr. Bewegung misst Bewegung. Wo ist jetzt die Zeit? Gibt es sie überhaupt?

Vielleicht liegt das Problem der Existenz der Zeit auch einfach an unserer Sprache. Wir reden von «der Zeit». Das klingt, als gäbe es «die Zeit». so wie es Bäume, Hunde, Autos oder andere Menschen gibt; irgendwo außerhalb von uns und am besten noch zum Anfassen. Aber so ist es nicht. Die Zeit steckt nicht in den Uhren. Dort sind nur Zahnräder, Pendel oder Atome, die sich bewegen. Die Zeit – wenn es sie gibt – ist kein Ding, das irgendwo außerhalb von uns nur gefunden werden muss. Die Frage ist dann nur, wo sie ist: Vielleicht ist sie in uns, vielleicht aber auch zwischen uns, oder beides gleichzeitig.

Halten wir an dieser Stelle fest, dass wir schon in Schwierigkeiten kommen, wenn wir die einfache Frage stellen, ob es die Zeit überhaupt gibt. Man kann zumindest mit guten Gründen behaupten, dass das nicht so sicher ist. Aber es gibt noch eine Reihe an weiteren Unwägbarkeiten, wenn wir versuchen wollen zu erklären, was die Zeit denn nun ist, mit der wir täglich so selbstverständlich umgehen.

Ist die Zeit ein Kreis oder ein Pfeil?

Gehen wir davon aus, dass es die Zeit gibt, irgendwie jedenfalls. Wie erleben wir sie dann? Zunächst einmal als einen zuverlässigen und gleichmäßigen Kreislauf: Jeden Morgen klingelt unser Wecker, wir gehen zur Arbeit, kommen wieder nach Hause, treffen am Abend Freunde. In größeren Abständen machen wir regelmäßige Besuche, wir fahren in die Ferien, wir feiern Ostern und Weihnachten. Kurz, die Dinge wiederholen sich, sie drehen sich im Kreis.

Das geht nicht nur uns so, sondern wir erleben das auch in der Natur. Jeden Morgen geht die Sonne auf, am Abend geht sie wieder unter. Der Mond wird voller und nimmt wieder ab. Die Jahreszeiten kommen und gehen. Mit ihnen blühen im Frühling die Bäume und werfen im Herbst ihr Laub ab. Die Zugvögel kommen und verlassen uns wieder. Es lassen sich unzählige Beispiele dafür finden, dass die Zeit ein zuverlässiger und stabiler Kreislauf ist.

Wir verlassen uns auf diesen Kreislauf, und wir brauchen ihn. Stellen wir uns einfach nur vor, am Morgen ginge die Sonne nicht mehr auf oder sie ginge gar nicht mehr unter. Es wäre ewige Nacht oder ewiger Tag. Beides wäre eine Katastrophe, die weitreichende Folgen hätte. Die Natur und ihr Kreislauf gerieten durcheinander. Das wiederum würde den Wachstumszyklus der Pflanzen bedrohen. Und wenn Weizen und Mais und all die anderen Pflanze nicht mehr wachsen, dann ist unsere gesamte Ernährung in Gefahr.

Der Film «Und täglich grüßt das Murmeltier» («Groundhog Day») aus dem Jahr 1993 zeigt einen Mann, der in einer Zeitschleife festsitzt. Der TV-Wetteransager Phil Connors, gespielt von Bill Murray, erlebt den gleichen Tag immer wieder. Jeden Morgen um 6 Uhr klingelt sein Wecker. Im Radio läuft «I got you babe» von Sonny and Cher. Der Radiomoderator kündigt den Murmeltiertag an. Der 2. Februar beginnt von vorn. Aber vielleicht braucht Zeit noch etwas anderes als einen ewigen Kreislauf. Wenn wir uns nur im Kreis drehen, dann kommen wir nicht wirklich von der Stelle. Tatsächlich hatten wir bei der Frage, ob die Zeit existiert oder nicht, die Zeit auch nicht als Kreis beschrieben, sondern als Pfeil, der sich von der Vergangenheit über die Gegenwart in die Zukunft bewegt. Und so wie der Kreislauf der Zeit unseren Erfahrungen entspricht, so erleben wir auch das Verstreichen der Zeit, den Zeitpfeil. Anders als Phil Connors stecken wir eben nicht am 2. Februar, dem Murmeltiertag, fest.

Die wohl grundlegendste Erfahrung, die wir mit dem Zeitpfeil machen, ist, dass wir älter werden. Wenn man jung ist, ist das eine großartige Erfahrung. Die Zeit kann gar nicht schnell genug vergehen. Sehnsüchtig warten wir darauf, endlich in die Schule gehen zu dürfen, ins Kino, den Führerschein zu bekommen, in die eigene Wohnung zu ziehen. Oft scheint die Zeit geradezu stillzustehen. Wir langweilen uns, weil nichts passiert. Die Zeit von einem Geburtstag bis zum nächsten dauert ewig. Und von Weihnachten zu Weihnachten ist es furchtbar lang. Ich erinnere mich noch gut an das Gefühl, mit dem die Sommerferien begannen. Sechs endlose Wochen lagen vor mir, ein Sommer, der nie zu Ende zu gehen schien.

Je älter wir werden, umso stärker verändert sich das. Die Zeit scheint mit jedem Jahr an Geschwindigkeit zu gewinnen. Statt auf das Weihnachtsfest zu warten, wundern wir uns, dass der Advent schon wieder beginnt, wir haben doch gerade erst Heiligabend gefeiert. Die Zahl unserer Erinnerungen nimmt zu. Es wird immer wichtiger, sich zu erinnern, während uns zugleich klar wird, dass die Zahl der Möglichkeiten, die wir noch im Leben haben, kleiner wird. Die große Reise, die wir immer machen wollten, wird wohl nichts mehr. Und dass wir einmal den kompletten Jakobsweg gehen, haben wir uns schon lange aus dem Kopf geschlagen. So gut sind wir nicht mehr zu Fuß. Wahrscheinlich hätte ich solche Zeilen im Alter von 18 oder 25 Jahren noch gar nicht schreiben können, weil sie außerhalb des eigenen Erfahrungshorizontes gelegen hätten.

Der Zeitpfeil ist für uns die Erfahrung, dass die Vergangenheit zunimmt, während die Zeit, die uns in der Zukunft noch bleibt, abnimmt. Irgendwann macht jeder die Erfahrung, dass man mehr Jahre hinter sich hat als vor sich. Die Marschallin in Hugo von Hofmannsthals Libretto zur Oper «Der Rosenkavalier» fasst diese Erfahrung mit der Zeit wunderbar zusammen:

> Die Zeit, die ist ein sonderbares Ding.
> Wenn man so hinlebt, ist sie rein gar nichts.
> Aber dann auf einmal,
> da spürt man nichts als sie:
> sie ist um uns herum, sie ist auch in uns drinnen.
> In den Gesichtern rieselt sie, im Spiegel da rieselt sie,
> in meinen Schläfen fließt sie.[15]

Tatsächlich ist der eigene Körper der beste Indikator für das Vergehen der Zeit. Die ersten grauen Haare und die ersten Falten machen uns unmissverständlich klar, dass unsere Zeit vergeht und begrenzt ist. Der Tod ist die Ultima Ratio dieser Erkenntnis. Meine Zeit ist begrenzt. Je deutlicher uns das wird, umso stärker empfinden wir das Vergehen der Zeit. Die Zeit ist tatsächlich ein Pfeil. Er fliegt mit rasender Geschwindigkeit in die Zukunft. Und irgendwann ist sein Flug beendet.

Es gibt unzählige Indikatoren für diese Erkenntnis. Die Auflösung der Beatles, die Wahl Willy Brandts zum Bundeskanzler, der Fall der Mauer – alles selbst erlebt, obwohl es «ewig» her ist. Auf der Arbeit gehört man plötzlich zu den ältesten Kollegen. Wir sind irgendwann öfter auf Beerdigungen als auf Hochzeiten. Unser Fragen nach der Zeit beginnt mit dem Gefühl, dass Zeit eben nicht endlos ist, wie es uns ihr scheinbarer Kreislauf, den wir ja auch jeden Tag erleben, nahelegt.

Wer hier anfängt, sich über die Zeit zu wundern, dem stellen sich viele Fragen. Vielleicht gibt es mehrere Zeiten. Es gibt die Zeit, die sich im Kreis dreht und immer weitergeht. Und es gibt die Zeit, die jedes Lebewesen hat, jeder Mensch, jedes Tier, jede Pflanze. Aber wenn es viele Zeiten gibt, was ist dann «die» Zeit? Ist es die Zeit des Kreises oder des Pfeils? Oder gibt es noch eine ganz andere Zeit, die vielleicht Kreis und Pfeil verbindet: eine Spirale?

Die Zeit, da hat Hofmannsthals Marschallin recht, ist tatsächlich ein sonderbares Ding. Wir machen nämlich noch eine dritte Erfahrung mit ihr. Wir erleben, dass die Zeit plötzlich aus ihrer Bahn springt. Die Erfahrungen, von denen hier die Rede ist, kennen wir alle. Es ist die grundsätzliche Erfahrung des Neuanfangs. Dieser Neuanfang kann der Beginn einer Liebe sein, die Geburt eines Kindes, der Start einer Reise oder die noch leere erste Seite eines ungeschriebenen Buches. In dem Augenblick, in dem das Neue beginnt, macht die Zeit einen Sprung. Etwas tritt in die Zeit, was zuvor nicht in ihr war.[16]

Die Philosophin Hannah Arendt (1906–1975) hat die Tatsache, dass Menschen etwas Neues beginnen können, als Natalität, als Geburtlichkeit, bezeichnet. Neu anfangen zu können, zeichnet den Menschen wesentlich aus. In ihrem Buch «Vita activa» zitiert sie Augustinus: «Damit ein Anfang sei, wurde der Mensch geschaffen.»[17]

Es ist kein Zufall, dass es ausgerechnet eine Frau ist, die in der Philosophie entdeckt, dass Menschen nicht nur sterben müssen, sondern auch geboren werden. Die Philosophie der Männer hat sich immer nur mit dem Tod auseinandergesetzt. Das Sterben ist tatsächlich ein absolut singuläres Ereignis in unserem Leben und hat viel zu tun mit unserem Nachdenken über die Zeit. Aber wir übersehen dabei, dass eben auch unsere Geburt ein solches singuläres Ereignis ist. Wir werden eben auch nur einmal geboren. Und auch das hat etwas mit unserem Verhältnis zur Zeit zu tun.

Unsere Natalität fügt der Zeit eine dritte Dimension hinzu. Die im Kreis laufende Zeit ist die Zeit des Erhaltens oder des Lebens. Systeme mit einem funktionierenden Kreislauf sind stabil. Die Zeit des Zeitpfeils ist die des Vergehens, des Vorwärtslaufens in der Zeit – und schließlich die Zeit des Sterbens. Die Natalität nun ergänzt das durch eine Art Zeitsprung. Etwas Neues reißt eine Lücke in den Zeitkreis oder den Zeitpfeil und bricht in ihn ein. «Es liegt in der Natur eines jeden Anfangs, dass er, von dem Gewesenen und Geschehenen her gesehen, schlechterdings unerwartet und unerrechenbar in die Welt bricht.»[18]

Der Lauf der Zeit macht einen Sprung, oder die Zeit wird kurz angehalten, wenn wir dem Menschen begegnen, mit dem wir unser Leben verbringen werden. Vorher waren da Ich und Du, jetzt ist da neu ein Wir. Wenn ein Mensch geboren wird, war da vorher niemand, jetzt ist da plötzlich ein Jemand. Die neue Idee oder Einsicht beginnt mit einem Heureka-Moment: Jetzt weiß ich es, ich habe es gefunden! Für einen Augenblick scheint die Zeit stillzustehen. Wie lang dieser Augenblick ist, kann ein Außenstehender vielleicht mit der Uhr messen. Wenn man den Sprung erlebt, weiß man, dass hier alle Uhren versagen.

Um noch einmal Augustinus zu zitieren: «Was ist also Zeit?» Wir fragen uns: Ist sie ein Kreis, ist sie ein Pfeil, oder macht sie Sprünge? Die Kreiszeit ist die Zeit des Erhaltens, des Lebens. Der Zeitpfeil weist auf die Vergänglichkeit hin. Und dann haben wir noch eine Zeit des Anfangens, die weder Kreis noch Pfeil ist.

Gibt es nur eine Zeit oder viele Zeiten?

Die Zeit scheint also nicht nur unterschiedlich zu verlaufen. Es scheint auch mehr als eine Zeit zu geben. Das ist eine Frage, die die Philosophen immer wieder umtreibt. Schon Aristoteles steht vor der Frage, dass er zwar einerseits überzeugt ist, dass jede Bewegung in einer Zeit stattfindet. Es gibt aber viele Bewegungen. Heißt das, dass es auch viele Zeiten gibt? Wenn es nur eine Zeit gibt, welche ist das dann?

Man muss aber gar nicht erst die Philosophen bemühen. Es genügt, das eigene Erleben zu beobachten. Die Zeit, die uns die Uhr anzeigt, scheint immer gleichmäßig zu verlaufen. Aber wenn ich im Wartezimmer des Zahnarztes sitze und auf eine unangenehme Behandlung warte, dann rast die Zeit. Warte ich dagegen auf die Ankunft eines geliebten Menschen, steht sie regelrecht still. Eine Stunde soll es noch dauern. Und die müsste längst um sein. Aber bei jedem Blick auf die Uhr sind erst ein paar Minuten vergangen. Es gibt so etwas wie ein eigenes Zeitempfinden – und es gibt die Zeit, die mir die Uhr anzeigt. Sind das unterschiedliche Zeiten?

Überhaupt, welche Uhrzeit? Jetzt, während ich schreibe, ist es 7 Uhr in Deutschland. In London ist es 6 Uhr, in New York 1 Uhr, in Buenos Aires 3 und in Tokyo schon 15 Uhr. Überall auf der Welt ticken die Uhren anders. Aber gibt es eine richtige Uhrzeit? Oder gibt es «die» Uhrzeit gar nicht und sie ist nur eine von Menschen gemachte Konvention?

Vielleicht sollte ich mich dann also doch auf mein inneres Zeitempfinden verlassen. Aber auch das kann trügen. Der französische Geologe Michel Siffre (* 1939) hat dazu ein Experiment durchgeführt, das weltberühmt wurde.[19] Am 16. Juli 1962 lässt sich der damals 23 Jahre alte Mann in einer Höhle in den Alpen in 130 Metern Tiefe einschließen. Er ist ausgerüstet mit Lebensmitteln und einem Zelt, er hat Batterien, eine Taschenlampe und ein Telefon, mit dem er regelmäßig nach draußen telefoniert, aber sonst nichts. Vor allen Dingen gibt es keine Uhr und keinen Kalender. Es ist kalt, die Temperatur liegt kaum über dem Gefrierpunkt. Bald ist alles nass. Der Schlafsack ist klamm. Siffre sitzt meist im Dunkeln, da die Batterien für die Taschenlampe kostbar sind. Weg kann er auch nicht. Er hat die Leiter, mit der in die Höhle gestiegen ist, entfernen lassen. Siffre ist mit sich allein. Regelmäßig meldet er sich und gibt durch, welche Uhrzeit es seiner Ansicht nach ist, wie viel Zeit vergangen ist, seit er aufgewacht ist oder gegessen hat, ob es gerade Morgen ist oder Abend. Für Siffre, so sein Gefühl, gerät die Zeit allmählich aus den Fugen. Nach dem Mittagessen ist er müde und legt sich hin. Er meint, er hat nur ein paar Minuten gedöst. Tatsächlich hat er acht Stunden geschlafen. Am 14. September 1962 ist das Experiment beendet. Die Leiter wird wieder zu Siffre in die Tiefe der Höhle hinabgelassen. Der Forscher ist wütend. Warum wird das Experiment schon am 20. August abgebrochen? Das war anders ausgemacht. Tatsächlich sind Siffre von den 61 Tagen in der Höhle 25 Tage einfach verloren gegangen.

Das Erstaunliche an dem Experiment: Während Siffre jedes Zeitgefühl verliert, tickt sein Körper zuverlässig wie eine Uhr. Sein biologischer Rhythmus kommt nicht aus dem Takt. Siffre selbst merkt das nicht, aber seine Freunde, denen er regelmäßig über das Telefon mitteilt, was er gerade macht, halten fest, dass Siffres Körper auch in der Höhle einem fast exakten 24-Stunden-Rhythmus folgt. Jeden Tag schläft Siffre 8 Stunden, 16 Stunden ist er wach.

Ist die Zeit ein Kontinuum?

Ist die Zeit nun ein Kreis oder ein Pfeil? Gibt es eine oder mehrere Zeiten? Gibt es die Zeit überhaupt? Das sind scheinbar einfache Fragen. Aber wenn wir darüber nachdenken, geraten unsere Gewissheiten ins Wanken. Zu unserem scheinbar sicheren Wissen über die Zeit gehört auch, dass die Zeit ein Kontinuum ist.

Den Begriff des Kontinuums kennen wir aus der antiken Philosophie, Aristoteles zum Beispiel hat sich in seiner «Physik» ausführlich mit ihm beschäftigt.[20] Es ist ein Begriff, der dem Horror Vacui, der Angst vor der Leere, abhelfen soll. Er richtet sich gegen Philosophen wie Leukipp (5. Jahrhundert v. Chr.) und Demokrit (460–371 v. Chr.), die beide die Theorie vertraten, die Welt bestehe aus sogenannten Atomen, also kleinsten, unteilbaren Elementen. Diese Atome ordneten sich immer wieder neu an, woraus alles in der Welt entstehe. Damit sich die Atome aber immer wieder neu anordnen können, brauchten sie Platz, leeren Raum.

Die Vorstellung der Leere ist für Aristoteles ein Gräuel, dem er die Theorie des Kontinuums entgegensetzt. Zeit, Raum, Stoff oder Materie und Bewegung sind Kontinua. Das bedeutet, sie sind laut Aristoteles immer weiter teilbar, wobei jedes Teil eben immer wieder ein Zeit-, Raum- oder Bewegungsteil ist. Bezogen auf den Raum heißt das: Auch wenn ich ihn immer wieder teile und diese Teile immer kleiner werden, so habe ich doch Raumteile. Leere gibt es nicht. Wenn ich dagegen zum Beispiel ein Haus in seine Bestandteile zerlege, dann erhalte ich Ziegelsteine, Holzbalken, Fliesen, Rohre und Leitungen. Das sind alles Teile eines

Hauses, aber kein Teil ist selbst wieder ein Haus. Erst wenn ich das Haus rein als ein Stück Materie verstehe, ist es wieder ein Kontinuum. Aber dann zerteile ich nicht mehr das Haus, sondern eben nur irgendwie geformte Materie, die gerade zufällig die Form eines Hauses hat.

Wie Materie, Raum und Bewegung wird auch die Zeit als Kontinuum verstanden. Der Gedanke erscheint auf den ersten Blick so einleuchtend, dass er lange Zeit als selbstverständlich angesehen wurde. Ich kann das Jahr in Monate teilen, die Monate in Tage, die Tage in Stunden, die Stunden in Minuten, die Minuten in Sekunden und so immer weiter. Aber jedes Teil, das ich erhalte, ist Zeit. Die Zehntelsekunde ist genauso ein Teil der Zeit wie das Jahr und das Jahrhundert. Wie lang oder kurz auch immer: Zeit ist Zeit und löst sich nicht in Zeitatome oder etwas Ähnliches auf. Wäre es so, dann ständen wir sofort vor der Frage, was denn zwischen diesen winzigen, superkurzen Zeitatomen ist: etwa keine Zeit? Das hieße dann ja, es gäbe Bereiche in der Welt, die außerhalb der Zeit lägen, die den Gesetzen der Zeit nicht unterliegen, die Vergangenheit, Gegenwart oder Jetzt und Zukunft nicht kennen würden. Das erscheint uns auf den ersten Blick ähnlich gruselig wie für Aristoteles die Leere.

Tatsächlich aber scheint es ein solches Zeitatom zu geben. Es ist die nach dem Physiker Max Planck (1858–1947) benannte Planck-Zeit. Eine Planck-Zeit ist das kleinste Zeitintervall, für das die uns bekannten Gesetze von Ursache und Wirkung noch gültig sind. Darunter lassen sich die Gesetze der Physik nicht mehr anwenden. Die Planck-Zeit beträgt 10^{-44} Sekunden. Das ist unvorstellbar kurz: «ein Hundertmillionstel eines Milliardstel eines Milliardstel eines Milliardstel eines Milliardstel einer Sekunde».[21] Wir haben nicht einmal Uhren, die die Planck-Zeit messen können. Aber bis zu dieser winzigen Dauer können wir Zeit immer wieder teilen und es bleibt Zeit. Bei der Planck-Zeit endet die Teilbarkeit der Zeit. Und das besagt auch, die Zeit ist kein Kontinuum. Zwischen der einen und der anderen Planck-Zeit liegt etwas, das nicht Zeit ist. Und von diesem Etwas können wir nicht sagen, dass es so oder so lange dauert. Der Begriff der Zeit lässt sich hier nicht mehr anwenden.

Es gibt eine solche Planck-Einheit auch für den Raum. Der ist dann so winzig, dass auch hier Ursache und Wirkung nicht mehr voneinander zu unterscheiden sind. Die physikalischen Gesetze sind nicht mehr anwendbar. Es gibt in der Planck-Zeit und im Planck-Raum kein Hier und Dort mehr. Etwas war nicht erst hier, dann dort. All das, was unsere normale, im Gegensatz zu den Planck-Einheiten riesige Welt auszumachen scheint, existiert hier nicht mehr, ist aufgehoben.

Das hat dramatische Folgen für unser Bild von der Welt, in der wir leben. Sie besteht nicht aus Atomen, auch diese sind im Verhältnis zu den Planck-Einheiten riesig. Sie besteht vielmehr aus winzigsten Granulaten, zwischen denen «nichts» ist, kein Raum, keine Zeit. Der italienische Physiker Carlo Rovelli (* 1956) beschreibt das folgendermaßen: «Die Welt ist auf feinste Weise diskret, aber kein Kontinuum. Der liebe Gott hat die Welt nicht mit durchgezogenen Linien gezeichnet, sondern wie der Pointilist Seurat mit leichter Hand mit Pünktchen getüpfelt.»[22]

Welche Richtung hat die Zeit?

Was bleibt uns noch an scheinbaren Gewissheiten über die Zeit? Zumindest doch, dass die Zeit für alle gleich vergeht und dass man sie nicht umkehren kann. Aber auch diesbezüglich wird unser scheinbar so sicheres Wissen immer unsicherer, je genauer wir hinschauen und nachfragen. Und wieder spielt die Physik dabei eine große Rolle. Beginnen wir mit der Frage, ob man die Zeit umkehren kann.

Die Zeit, so erleben wir es, hat eine eindeutige Richtung. Sie bewegt sich immer in Richtung Zukunft. Das ist wieder unsere Vorstellung von einem Zeitpfeil, der eine klare Richtung hat: von der Vergangenheit über die Gegenwart in die Zukunft. Das entspricht genau unserem Erleben. Wir leben im Jetzt, in der Gegenwart. Die Vergangenheit liegt hinter uns. Die Zukunft liegt noch vor uns. Das ist klar geordnet, und wir können uns nur in Richtung Zukunft bewegen, niemals in Richtung Vergangenheit. Anders ausgedrückt: Wir werden immer älter, nie aber werden wir jünger.

Im Raum ist das anders. Da können wir von rechts nach links gehen, von vorn nach hinten. In der Zeit haben wir solche Bewegungsmöglichkeiten nicht. Es ist, als würden wir immer nur in eine Richtung geschoben.

Wie wäre es, wenn wir uns in der Zeit frei bewegen könnten? Wenn wir uns in eine Maschine setzen könnten, die uns an einen beliebigen Punkt der Vergangenheit bringt oder in die Zukunft? Wie wäre es, wenn Zeitreisen möglich wären? Es gibt zahlreiche Geschichten darüber. Bei Wikipedia kann man eine (unvollständige) Liste von Romanen aufrufen, die sich mit dem Thema befasst und die bereits im 18. Jahrhundert beginnt.[23]

Je nach Interessenlage der Autoren reisen die Protagonisten der Romane entweder in die Zukunft oder in die Vergangenheit. In H. G. Wells' berühmtem Roman «Die Zeitmaschine», erschienen 1895, reist ein namenloser Held in die ferne Zukunft. Die Zustände dort scheinen zunächst herrlich. Die Menschen, die sich Eloi nennen, leben sorgenfrei und glücklich. Aber bald muss der Zeitreisende feststellen, dass es eine zweite Gattung von Lebewesen gibt. Die Morlocks leben unter der Erde, wo sie riesige Maschinen betreiben. Sie halten sich die Eloi wie Vieh, das zwar ernährt wird – aber irgendwann auch geschlachtet. Entsetzt flieht der Zeitreisende in eine noch fernere Zukunft. Dort ist die Menschheit ausgestorben. Am Himmel steht nur noch ein riesiger Feuerball, der einmal die Sonne war. H. G. Wells hat zwar einen Roman über die Zukunft geschrieben. Aber eigentlich kritisiert er damit die Gegenwart. Sein Buch ist eine Anklage gegen die

Zweiklassengesellschaft und die Unterdrückung der Arbeiter im 19. Jahrhundert. Wells spielt mit dem Gedanken, dass eine Zeitreise in die Zukunft es uns ermöglichen würde, schon heute die langfristigen Folgen unseres Handelns zu betrachten.

Stephen Kings Roman «Der Anschlag» aus dem Jahr 2011 erzählt von dem Zeitreisenden Jake Epping, der versucht, das Attentat auf John F. Kennedy am 22. November 1963 zu verhindern. Jake ist überzeugt, dass der Vietnamkrieg nicht eskaliert wäre, wenn Kennedy weiter Präsident der USA geblieben wäre. Epping reist über ein «Zeitportal» zurück ins Jahr 1958. Er verbringt fünf Jahre in der Vergangenheit und schließlich gelingt es ihm auch, das Attentat zu verhindern. Aber als Epping zurück in seine Gegenwart reist, hat sich die Welt extrem verändert und ist nicht besser geworden, sondern schlechter. King spielt in seinem Roman meisterhaft mit der Frage, wie Veränderungen in der Vergangenheit sich auf die Gegenwart auswirken würden. Wie beeinflusse ich die Gegenwart, wenn ich vergangene Ereignisse ändere? Es ist ein sehr kreativer Umgang mit dem berühmten «Großvaterparadoxon», das davon handelt, dass ein Zeitreisender in der Zeit zurückreist, um seinen Großvater zu töten. Wenn er den Großvater noch vor der Zeugung seines Vaters ermordet, ergibt sich der logische Widerspruch, dass der Zeitreisende die zwingende Ursache seiner eigenen Existenz auslöscht. Er wäre nie geboren worden und könnte demzufolge weder in der Zeit reisen noch seinen Großvater umbringen. Bei King geht es nicht um den toten Großvater, sondern um den lebenden John F. Kennedy. Was verändert sich in der Gegenwart, wenn John F. Kennedy nicht erschossen worden wäre?

Geschichten von Zeitreisen spielen mit der Vorstellung, dass sich die eindeutige Gerichtetheit der Zeit austricksen lässt. Und sie stellen uns vor die Frage, warum wir die Zeit eigentlich nicht umkehren können. Gibt es irgendwelche Gründe dafür, dass sie sich von der Vergangenheit über die Gegenwart in die Zukunft bewegt? Immerhin ist das gewissermaßen der Kern der Zeit. Wir erleben, dass sie diese eindeutige, unumkehrbare Richtung hat. Wir werden nicht jünger, sondern älter. Fehler, die wir in der Vergangenheit gemacht haben, können wir nicht ungeschehen machen. Ein Glas, das auf den Boden fällt, ist und bleibt zersplittert. Die Vergangenheit ist wie ein verschlossener Raum, den wir nicht mehr betreten können, um die Dinge zu ändern. Offen ist nur die Zukunft. Vergangenheit und Zukunft – beides sind Teile der Zeit, aber sie sind völlig unterschiedlich. Gibt es irgendeine Struktur in der Welt, die dafür verantwortlich ist?

Man sollte meinen, dass die Physik eine Antwort auf diese Frage hat. Aber das Erstaunliche ist, dass genau dieses Phänomen bei fast allen Formeln und Gleichungen überhaupt keine Rolle spielt. Für ihre Formeln ist es unwesentlich, ob die Zeit vorwärts oder rückwärts läuft. Wenn in den Gleichungen eine zeitliche Abfolge beschrieben wird, wie in den Gleichungen der Mechanik zum Beispiel, dann kann das Ereignis auch rückwärts in der Zeit ablaufen. Es ändert an den Gleichungen nichts. Ein Ball rollt von a nach b. Ich kann nun die Geschwindigkeit des Balls berechnen. Die Formel dafür lautet:

$$v = s/t$$

Geschwindigkeit (v) ist Weg (s) geteilt durch Zeit (t). Diese Formel ändert sich nicht, ob der Ball nun in die Zukunft rollt oder in die Vergangenheit. Anders ausgedrückt: Wenn wir uns die Zeit als Zeitpfeil vorstellen, auf dem der Ball sich fortbewegt, dann spielt es für die Geschwindigkeit des Balls keine Rolle, ob er in Richtung Zukunft oder Vergangenheit rollt. Hinter dieser Vorstellung von Zeit steckt Isaac Newtons (1643–1727) Definition der «absoluten» Zeit: «Die absolute, wirkliche und mathematisch Zeit fließt in sich und in ihrer Natur gleichförmig, ohne Beziehung zu irgendetwas außerhalb ihrer Liegenden.»[24] Newtons berühmte Formulierung aus seinen «Principia» von 1687 beschreibt eine Zeit, die völlig losgelöst von jedem Inhalt ist. Sie ist «absolut» – genau das bedeutet losgelöst.

Für die Formel von der Geschwindigkeit heißt das: Wenn der Ball die Strecke von 8 Metern in 2 Sekunden in Richtung Zukunft zurücklegt, hat er die Geschwindigkeit von 4 Metern pro Sekunde:

$$8 : 2 = 4$$

Drehe ich das zeitliche Vorzeichen um in Richtung Vergangenheit, so wird aus der Formel:

$$-8 : -2 = 4$$

An der Geschwindigkeit von 4 Metern pro Sekunde ändert sich nichts.

Newtons Vorstellung von der absoluten Zeit war ungeheuer wirkmächtig, einerseits in der Physik, die den Faktor Zeit lange Zeit wenig beachtet hat, vor allem aber in unserem Alltagsverständnis von Zeit. Wir alle haben «irgendwie» die Vorstellung, dass die Zeit etwas ist, das völlig losgelöst von allen Inhalten irgendwo außerhalb von uns fließt.

Innerhalb der Physik gibt es nur einen Bereich, in dem die Zeit nicht einfach die Richtung wechseln kann. Und das ist die Wärmelehre. Der Physiker Rudolf Clausius (1822–1888) erkannte, dass Wärme immer nur vom Warmem zum Kalten geht und nie umgekehrt. Wenn ich eine heiße Tasse Tee in einen kalten Raum stelle, dann erwärmt sich der Raum minimal und der Tee wird kalt. Der Energieerhaltungssatz sagt uns zwar, dass die Wärmeenergie der Tasse Tee nicht verloren geht, aber ich kann die gestiegene Wärme des Raums nicht nutzen, um den Tee wieder aufzuwärmen. Dieser Prozess ist unumkehrbar. Ein Ball dagegen, der von einem Tisch fällt, kann durch den Rückprall seine Bewegung umkehren. Die Wärmelehre unterscheidet klar zwischen Vergangenheit und Zukunft. Die heiße Tasse Tee wird sich (Zukunft) abkühlen und ist dann Vergangenheit. Clausius hat damit den zweiten thermodynamischen Hauptsatz formuliert: «Es gibt keine Zustandsänderung, deren einziges Ergebnis die Übertragung von Wärme von einem Körper niederer auf einen Körper höherer Temperatur ist.» Tee wird immer kalt und nicht andersherum.

Nun wissen wir aus dem ersten thermodynamischen Hauptsatz, dass die Wärmeenergie auch nicht verloren geht. Die Tasse Tee erwärmt den Raum, in dem sie steht. Aber die Wärme des Raums ist in einem Zustand, in dem sie nicht genutzt werden kann, um die Tasse Tee wieder zu erwärmen. Wärme geht also nicht verloren, sie wird aber nutzlos. Die Menge dieser nutzlosen Wärme kann man messen. Die Größe, in der sie angegeben wird, ist die Entropie. Je kälter unsere Tasse Tee wird, je wärmer der Raum wird, umso größer wird die Entropie der Raumtemperatur.

Man kann Entropie auch als einen Zustand der Unordnung beschreiben. Wenn Eis in einer warmen Umgebung schmilzt, dann werden die geordneten Strukturen der Eiskristalle in die ungeordnete Bewegung der Wassermoleküle überführt. Entropie ist in einem gewissen Sinne eine Zunahme an Unordnung. Ein Glas fällt vom Tisch und zerbricht. Auch das lässt sich als Zunahme von Entropie beschreiben. Aus dem geordneten Zustand des Glases werden die ungeordneten Splitter.

Natürlich kann ein solcher Zustand umgekehrt werden. Der Punkt ist aber, dass das nicht von allein geschieht. Wenn ich einen aufgetauten Eiswürfel erneut einfrieren will, brauche ich neue Energie. Das zersplitterte Glas kann ich einschmelzen und neu zu einem Trinkgefäß formen. Die Natur kennt von sich aus nur eine Richtung: die Zunahme an Entropie, das Wachsen an Unordnung.

Man kann den gesamten Lebensprozess als Entropiezunahme beschreiben. Sterben heißt nichts anderes, als dass wir die zellulare Struktur unseres Körpers nicht mehr aufrechterhalten können. Dass uns das so viele Jahre lang gelungen ist, liegt nur daran, dass wir unserem Körper permanent Energie zugeführt haben. Wir haben gegessen und getrunken. Aber trotzdem wächst die Entropie in unserem Körper, langsam zwar, weil wir gegensteuern, aber sie nimmt zu und ist irgendwann so groß, dass das System zusammenbricht. Altern ist nichts anderes als Entropiezuwachs.

Das Wachsen der Entropie ist eindeutig gerichtet. Es ist ein Prozess, der sich nicht umkehren lässt und der insofern klar zwischen Vergangenheit und Zukunft unterscheidet. Man erkennt das zum Beispiel, wenn man solche Prozesse in einem Film sieht. Wenn ich im Film einen rollenden Ball sehe, kann ich nicht erkennen, ob der Film vorwärts oder rückwärts läuft. Sehe ich dagegen einen Film, in dem Glassplitter am Boden plötzlich in die Luft fliegen, sich zu einem Glas formen und auf einen Tisch hüpfen, weiß ich: Der Film läuft rückwärts. Sehe ich einen alten Mann, der immer jünger wird, weiß ich ebenfalls, dass der Film rückwärts abgespielt wird.

Man kann daraus schließen, dass Entropie die Ursache für den Zeitpfeil ist, dass ihr Wachsen die Richtung der Zeit begründet. Der Gedanke geht zurück auf den Physiker Arthur Stanley Eddington (1882–1944). In seinem ausgesprochen erfolgreichen Buch «The Nature of the Physical World» (1928)[25] erklärt er, dass «der Entropiegradient in Wirklichkeit der Zeitpfeil ist».[26] Der Unterschied von Vergangenheit und Zukunft beruht laut Eddington also darauf, dass Entropie zunimmt. Die Richtung der Zeit liegt am zweiten thermodynamischen Hauptsatz. Aber stimmt das? Ist die Entropiezunahme tatsächlich die Ursache für die Richtung der Zeit? Oder ist sie nur – im Gegensatz zu anderen physikalischen Gesetzen – eindeutig zeitlich gerichtet? Man könnte sogar fragen, ob die Richtung der Zeit nicht umgekehrt die Ursache für das Entropiewachstum ist.

Nun werden Entropie und die Richtung der Zeit gern an Filmen erklärt, bei denen man erkennt, wenn sie rückwärtslaufen. Ich habe selbst das Beispiel vom herabfallenden Glas benutzt. Aber es gibt eben auch Filme, bei denen Entropie abnimmt, und wir erkennen eindeutig, ob diese Filme vorwärts oder rückwärts abgespielt werden. Der Bau eines Hauses zum Beispiel: Wenn im Film plötzlich das Dach abgedeckt wird, die Fenster verschwinden und die Mauern Stein für Stein abgetragen werden, dann läuft der Film natürlich rückwärts. Beim Bau eines Hauses wächst Entropie allerdings nicht, sie verringert sich, weil ungeordnete Strukturen (Steine, Holz, Glas etc.) in eine geordnete Struktur (das Haus) gebracht werden.

Man kann noch weiter gehen. Vielleicht bedeutet Leben nicht eine ständige Zunahme von Entropie, sondern gerade das Aufhalten dieses Prozesses. Wir essen und treiben Sport, um unseren Körper «in Ordnung» zu halten. Unsere gesamte Kultur ist nichts anderes als ein Ordnungssystem. Das beginnt mit einfachen Ritualen, wie dem Händeschütteln beim Begrüßen, die eine Ordnung festlegen, wer wen wann wie begrüßt. Und das endet irgendwo bei der Struktur und Ordnung von Wirtschaft und Gesellschaft. Städte und Fabriken folgen Ordnungssystemen. Häuser sind nicht wild durcheinandergebaut, sondern es gibt Straßen, Plätze und Bebauungsordnungen. Fabriken legen ihre Produktionsabläufe bis ins Kleinste fest. All diese Prozesse kann man als Abnahme von Entropie beschreiben.

Entropie wird in der Physik statistisch interpretiert. Gas, dessen Moleküle sich alle in einer Ecke eines Behälters befinden, ist hochorganisiert und hat eine niedrige Entropie. Verteilen sich die Moleküle im ganzen Behälter, steigt die Entropie. Nun ist es sehr unwahrscheinlich, dass sich alle Gasmoleküle zufällig in einer Ecke des Behälters zusammenfinden. Die Wahrscheinlichkeit, dass sie überall im Behälter sind, ist viel höher. Eine hohe Entropie ist also wahrscheinlicher als eine niedrige Entropie.

Man kann sich das gut an einem neuen Kartenspiel klarmachen. Wenn wir das Päckchen Karten auspacken, ist es gut geordnet. Kreuz, Pik, Herz und Karo – alle Karten liegen beieinander. Wenn ich jetzt die Karten mische, geraten sie durcheinander. Die Entropie wächst. Zwar besteht rein statistisch die Möglichkeit, dass alle Karten irgendwann nach sehr langem Mischen wieder so geordnet sind wie am Anfang, aber die Möglichkeit ist verschwindend gering. Entropiezunahme ist also auch eine Zunahme von Wahrscheinlichkeit. Und statistisch interpretiert sagt der zweite thermodynamische Hauptsatz nur, dass Ereignisse mit hoher Wahrscheinlichkeit häufiger auftreten als Ereignisse mit geringer Wahrscheinlichkeit. Das ist zwar wahr, aber es ist eine Tautologie: Das Wahrscheinliche ist wahrscheinlicher als das Unwahrscheinliche.

Was heißt das nun alles für die Frage nach der Richtung der Zeit? Wie verursacht das Wachsen der Entropie den Zeitpfeil? Kann die Tatsache, dass Entropie wächst und wir uns vom Unwahrscheinlichen zum Wahrscheinlichen bewegen, den Unterschied von Vergangenheit und Zukunft ausmachen?

Wenn wir uns die Entstehung des Lebens betrachten, dann ist es eigentlich höchst unwahrscheinlich, dass auf unserem blauen Planeten jemals Leben entstanden ist. Und es ist noch viel unwahrscheinlicher, dass ich hier an einem Dezembermorgen am Schreibtisch sitze und diese Sätze schreibe. Die Entstehung der Erde, so wie sie ist, mit ihrer sauerstoffhaltigen Atmosphäre ist schon deutlich unwahrscheinlicher als ein Lottogewinn; dann die Tatsache, dass auf dieser Erde alle Bedingungen zusammenkommen, um Leben entstehen zu lassen, das aus dem Wasser kommt, Sauerstoff atmet und sich bis zum Homo sapiens entwickelt; und schließlich die Tatsache, dass sich irgendwann zwei Exemplare dieser Art zusammentun, um den Schreiber dieser Zeilen zu zeugen. Einen Tag früher oder schon eine Stunde später wäre ein anderer Mensch gezeugt worden. All das zusammengefasst ist extrem unwahrscheinlich. Leben ist die Zunahme von Ordnung und läuft damit eigentlich gegen die Richtung der Entropie, die eben steigt und nicht geringer wird. Wenn Entropie die Richtung der Zeit begründet, dann läuft das Leben eigentlich gegen diese Richtung.

Das Leben ist unwahrscheinlich. Wir alle können uns im Grunde beglückwünschen, dass wir da sind. Und man kann die Tatsache, dass die Welt trotzdem so ist, wie sie ist, entgegen aller Wahrscheinlichkeit, durchaus als Hinweis auf die Existenz Gottes verstehen. Auch Eddington, der den Zusammenhang zwischen Entropie und dem Zeitpfeil hergestellt hat, tut das: «Die Richtung des Zeitpfeils konnte nur durch jene merkwürdige Mischung von Theologie und Statistik bestimmt werden, die wir als den zweiten Hauptsatz der Thermodynamik kennen.»[27] Anders ausgedrückt: Um aus dem zweiten thermodynamischen Hauptsatz die Richtung der Zeit herauszulesen, müssen wir die Physik verlassen. Die Statistik allein reicht nicht, es braucht auch die Theologie.

Die Entropiezunahme und der Unterschied von Vergangenheit und Zukunft treten zwar meist zusammen auf: Niedrige Entropie ist wahrscheinlich früher als hohe Entropie. Aber das heißt nicht, dass das eine das andere begründet. Es ist, als würde ich sagen: Immer, wenn ich angezogen auf der Couch geschlafen habe, habe ich am anderen Morgen Kopfschmerzen. Die Ursache meiner Kopfschmerzen ist also, dass ich in Kleidern auf der Couch schlafe. Das eine tritt zwar immer zusammen mit dem anderen auf, aber angezogen auf der Couch schlafe ich nur, wenn ich betrunken nach Hause komme. Und daher rühren eigentlich die Kopfschmerzen. Die Tatsache, dass zwei Dinge immer zusammen auftreten, heißt noch nicht, dass auch ein Begründungszusammenhang vorliegt.

Weil das so ist, haben wir mit dem zweiten thermodynamischen Hauptsatz und der Entropiezunahme die Ursache für die Richtung der Zeit nicht gefunden. Wir haben nur ein physikalisches Gesetz, in dem der Unterschied von Vergangenheit und Zukunft eine Rolle spielt, mehr nicht. In allen anderen physikalischen Gesetzen spielt die Richtung der Zeit keine Rolle. Wie es kommt, dass wir die Zeit trotzdem als klar gerichtet erleben, ist eine offene Frage.

Verläuft die Zeit gleichmäßig?

Ähnlich ist das mit der Uhrzeit. Wir leben in einer hochkomplexen Gesellschaft, die zu einem guten Teil darauf basiert, dass es uns gelingt, zeitliche Abläufe genau zu koordinieren. Das beginnt damit, dass morgens mein Wecker klingelt. Nachdem ich mich fertig gemacht habe, fahre ich mit dem Bus zum Bahnhof. Dort trifft nach 5 Minuten mein Zug ein. Wenn ich im Büro bin, habe ich nach einer halben Stunde das erste Meeting, zu dem insgesamt zehn Personen kommen. Das klappt alles perfekt, meistens jedenfalls. Und es funktioniert, weil ich und alle anderen jeden Morgen auf die Uhr schauen. Der Wecker klingelt bei mir, beim Busfahrer, beim Zugführer und bei allen Kolleginnen und Kollegen. Das Erstaunlich daran ist, dass der Wecker überall die gleiche Zeit anzeigt.

Wir halten das für selbstverständlich. Wir sind schon einmal auf das Problem der unterschiedlichen Uhrzeiten gestoßen. Während es bei mir in Deutschland jetzt 6:40 Uhr am Morgen ist, ist es bei meiner Freundin Monica in Buenos Aires 2:40 Uhr. Unsere Uhren zeigen nicht überall die gleiche Zeit. Und je nachdem, wie ich um die Welt reise, verliere oder gewinne ich sogar Zeit. Jules Vernes «Reise um die Erde in 80 Tagen» (erschienen 1873) spielt damit. Phileas Fogg, der Held der Geschichte, reist in östlicher Richtung um die Erde, von London aus beginnt die Reise mit dem Zug nach Paris und Brindisi, von dort aus soll es weitergehen mit dem Schiff durch den Suezkanal nach Bombay. Bei der Rückkehr in London ist Fogg davon überzeugt, dass er die festgesetzte Frist von 80 Tagen um einen Tag überschritten hat. Er hat jedoch vergessen, den Kalender zurückzustellen, als er über die Datumsgrenze gefahren ist. Also ist er schließlich doch noch in den gesetzten 80 Tagen um die Erde gereist.

Die Zeit, nach der wir uns im täglichen Leben richten, ist alles andere als selbstverständlich, auch wenn die gesamte moderne Gesellschaft nur deshalb funktioniert, weil wir uns alle nach der Uhr richten. Genaugenommen nämlich geht jede Uhr anders, sie hat ihre Eigenzeit. Und das bezieht sich nicht nur auf meine Uhr hier in Deutschland und die von Monica in Buenos Aires. Auch wenn ich im Gebirge wohne, tickt meine Uhr anders als im Flachland.

Die Zeit vergeht in den Bergen schneller. Zugegeben, der Unterschied ist winzig. Ich kann ihn nicht spüren oder erleben, aber er ist da. Es ist auch kein Problem der Uhr, die in der dünnen Luft der Berge vielleicht anders funktioniert. Es ist einfach so, dass Prozesse unten langsamer ablaufen als oben. Wer also im Flachland lebt, kann sich freuen. Er altert weniger schnell.

Der Effekt, um den es hier geht, nennt sich Zeitdilatation, also die Dehnung der Zeit. Beschrieben wird er in Albert Einsteins Relativitätstheorie. Einstein hatte erkannt, dass Zeit eben nicht absolut ist, wie Newton es postuliert hatte, sondern relativ. Sie ist abhängig von Geschwindigkeit und Gravitation. Das heißt nicht, dass die Ganggenauigkeit unserer Uhren dadurch beeinflusst wird, sondern es verändert sich die Geschwindigkeit der Zeit.

Die Tatsache, dass die Zeit in den Bergen schneller vergeht, beruht auf der Gravitation, also der Anziehungskraft der Erde. Hier auf der Erde müssen wir deswegen unsere Uhren nicht umstellen, wenn wir auf den Mount Everest steigen, der Unterschied zwischen der Zeit auf dem Dach der Welt und der Zeit im Flachland ist nur mit sehr genauen Uhren messbar. Aber die Sache sieht schon anders aus bei GPS-Satelliten, die in über 20.000 Kilometer Höhe um die Erde kreisen. Hier spielt die Zeitdilatation tatsächlich eine Rolle und sie muss berücksichtigt werden, damit wir auf der Erde auch tatsächlich eine genau Ortsbestimmung erhalten. Würde man hier die Zeitdilatation außer Acht lassen, lägen wir über 2 Kilometer daneben.

Bezogen auf die Geschwindigkeit besagt die Relativitätstheorie, dass die Zeit in einem schnell fliegenden Flugzeug oder Raumschiff langsamer vergeht. Gemessen wurde der Effekt erstmals 1971 von den Physikern Joseph Hafele (1933–2014) und Richard Keating (1941–2006). Die beiden flogen mit zwei baugleichen Atomuhren in einem normalen Passagierflugzeug zweimal um die Erde und verglichen die Zeit der Uhren an Bord mit der Zeit von zwei anderen Atomuhren, die am Boden geblieben waren. Der Zeitunterschied war winzig, aber er war da. Größer wird der Zeitunterschied, je mehr wir uns der Lichtgeschwindigkeit nähern. Deshalb spielt auch die Lichtgeschwindigkeit in der Formel, mit der wir die Zeitdilatation berechnen, eine Rolle. Die Formel lautet:

$$1 / \sqrt{(1-b^2)}$$

In der Formel ist b die Geschwindigkeit im Verhältnis zur Lichtgeschwindigkeit.

Reist jemand zum Beispiel in einem Raumschiff, das mit halber Lichtgeschwindigkeit (b = 0,5) fliegt, dann ergibt sich ein Zeitdehnungsfaktor von 1,16. Das heißt, ein Jahr im Raumschiff ist so lang wie 1,16 Jahre auf der Erde, also 1 Jahr und 58 Tage. Erhöht sich die Geschwindigkeit weiter auf b = 0,97, so entspricht 1 Jahr im Raumschiff 4 Jahren auf der Erde.

In dem Film «Interstellar» (2014) wird die Auswirkung der Gravitation auf die Zeit dargestellt. Der Effekt, dass die Zeit in den Bergen schneller verläuft als im Flachland, besagt ja, dass die höhere Gravitation näher am Erdmittelpunkt die Zeit verlangsamt. In «Interstellar» reisen Astronauten in die Nähe eines Schwarzen Lochs. Dessen Anziehungskraft ist besonders hoch. Während die eine Gruppe der Astronauten versucht, möglichst nah an das Schwarze Loch heranzukommen, kreist ein anderer Astronaut in größerer Höhe im Mutterschiff um das Schwarze Loch. Als die anderen Astronauten nach nur wenigen Tagen ihrer Zeit zurückkommen, hat der Astronaut im Mutterschiff 22 Jahre auf sie gewartet. Am Ende des Films sitzt der von Matthew McConaughey gespielte Held kaum gealtert am Sterbebett seiner Tochter, die er als kleines Mädchen verlassen hat.

Das führt die Zeitdilatation sehr anschaulich vor Augen, widerspricht aber unserem normalen Empfinden völlig. Die Zeitdilatation scheint deshalb auch immer wieder zu Paradoxien zu führen. Das wohl berühmteste Paradoxon ist das Zwillingsparadoxon. Dabei bleibt ein Zwilling auf der Erde, während der andere Zwilling in einem Raumschiff mit annähernder Lichtgeschwindigkeit zu einem fernen Planeten reist. Als der Astronautenzwilling schließlich zurückkehrt zur Erde, ist sein Bruder dort Jahre älter. Das Paradoxe ist nun, dass der Zwilling im Raumschiff scheinbar annehmen kann, sein Bruder auf der Erde sei langsamer gealtert. Immerhin, so kann er argumentieren, habe er sein Bezugssystem, das Raumschiff, ja nicht verlassen und der Bruder habe sich mit hoher Geschwindigkeit entfernt.

Dass Paradoxon unterstellt, dass Menschen nur in der Lage sind, die Welt aus ihrem Koordinaten- oder Bezugssystem heraus zu betrachten. Tatsächlich aber weiß der Zwilling im Raumschiff, dass nur er sich bewegt hat, während sein Bruder im Bezugssystem Erde geblieben ist. Und der Zwilling auf der Erde weiß das auch. Anders gesagt: In der Relativitätstheorie sind zwar Bewegungen im Verhältnis zueinander relativ, aber das bedeutet nicht, dass alle Bewegungen relativ sind. Man kann sehr genau feststellen, wer sich bewegt und wer nicht. Die Paradoxien, zu denen die Zeitdilatation führt, lassen sich also auflösen. Und wir müssen die seltsame Tatsache zulassen, dass die Zeit unterschiedlich schnell vergeht.

Und jetzt?

Was ist also Zeit? Je genauer wir darüber nachdenken, um so rätselhafter wird sie. Gibt es die Zeit? Ist sie ein Kreislauf oder ein Pfeil? Ist sie diskret oder kontinuierlich? Und wie schnell oder langsam ist sie eigentlich? All das ist fraglich.

Die Zeittheorien der unterschiedlichen Jahrtausende, von der Antike bis in die Gegenwart, versuchen, auf all diese Fragen eine Antwort zu geben. Deshalb lohnt es, sie anzuschauen. Das werden wir in einem ersten Schritt tun.

In einem zweiten Schritt werden wir fragen, wie wir eigentlich mit der Zeit umgehen. Wie messen wir Zeit? Das Erstaunliche ist, dass unser Umgang mit der Zeit durchaus mit unserem Nachdenken über sie korrespondiert.

In einem dritten Schritt schließlich fragen wir uns, was all das für uns bedeutet. «Was hat die Zeit mit uns gemacht?», singt Udo Lindenberg. Und wir werden sehen, dass die Uhr – und nicht etwa die Dampfmaschine oder die Eisenbahn – das Schlüsselinstrument der Moderne ist. Schon 1377 hat der französische Philosoph Nicole d'Oresme den Ausdruck «Uhrwerksuniversum» geprägt. Der Begriff beschreibt sehr gut, wie die Zeit unser Leben bestimmt. Weil das so ist, müssen wir verstehen, was Zeit ist, wie wir sie denken und wie wir mit ihr umgehen. Nur so verstehen wir, wer wir selbst sind.

Auf diesen Weg begeben wir uns jetzt.

3. Das Denken der Zeit

Das Nachdenken über die Zeit ist so alt wie die Philosophie. Als Augustinus im 4. Jahrhundert seine «Bekenntnisse» schreibt und darin im elften Buch die Frage stellt: «Was ist also Zeit?», blickt er bereits auf eine Reihe von bedeutenden Zeittheorien zurück. Mit der abendländischen Philosophie beginnt auch das Nachdenken über das Wesen der Zeit.

Die Vorsokratiker: Von Schuld und Sein

Am Anfang dieses Nachdenkens stehen die sogenannten Vorsokratiker. Das ist eine Gruppe von Philosophen, die, wie der Name schon sagt, vor Sokrates (469-399 v. Chr.) lebte und wirkte. Wir wissen wenig bis nichts über sie. Ihre Schriften sind nicht erhalten. Unser gesamtes Wissen ist aus zweiter Hand, also aus Werken anderer antiker Philosophen und Schriftsteller, die darin Bezug auf die Vorsokratiker nehmen und sie zitieren.

Zu Beginn des 20. Jahrhunderts hat der Philosophiehistoriker Hermann Diels (1848-1922) diese Zitate gesammelt und als «Die Fragmente der Vorsokratiker» herausgegeben. Ab der fünften Auflage der «Fragmente» übernahm Walther Kranz (1848-1960) die Herausgabe. Zitiert wird die Ausgabe heute meistens als Diels/Kranz. Die dreibändige Ausgabe ist so etwas wie das «Urbuch» der Philosophie. Ich erinnere mich noch, dass ich immer in einer Heidelberger Universitätsbuchhandlung vor den drei Bänden stand, die ich mir damals als Student unmöglich leisten konnte. Erst nach längerem Sparen und einem großzügigen Geldgeschenk zu Weihnachten konnte ich mir schließlich die teure Ausgabe kaufen. Ein kleiner Schritt für die Philosophie, aber ein großer Schritt für mich. «Die Fragmente der Vorsokratiker» zu besitzen, fühlte sich an wie der endgültige Eintritt ins Reich der Philosophie, zurück in den Ursprung sozusagen. Und tatsächlich lässt sich bei vielen Philosophen beobachten, dass sie sich mit den Jahren immer öfter mit den Vorsokratikern auseinandersetzen.

Der philosophische Aufbruch, den die Vorsokratiker bedeuten, findet gar nicht in Griechenland selbst statt, sondern in den griechischen Kolonien im Westen Kleinasiens und im Süden Italiens. Die Vorsokratiker sind auf der Suche nach dem Ursprung der Natur. Sie fragen sich, aus welchem Stoff das Leben stammt.

Als erster Philosoph überhaupt gilt Thales (etwa 624-548 v. Chr.). Er war eine Art Multitalent, ein legendärer Gelehrter, der zu den sieben Weisen der Antike gezählt wurde. Berühmt wurde er unter anderem als Astronom. Wir wissen von ihm, dass er die Sonnenfinsternis vom 28. Mai 585 v. Chr. vorhergesagt hat. Er war ebenfalls Mathematiker und berechnete zum Beispiel die Höhe der ägyptischen Pyramiden. Noch heute lernen wir in der Geometrie den Satz des Thales, dass alle von einem Halbkreis umschriebenen Dreiecke rechtwinklig sind. Ebenfalls soll Thales für Seefahrer ein nautisches Handbuch geschrieben haben.[28]

Seine wesentliche Leistung als Philosoph besteht darin, dass er die gesamte Wirklichkeit mit all ihren unterschiedlichen Erscheinungen auf ein zentrales, grundlegendes Prinzip zurückgeführt hat: das Wasser. Wasser ist der Urstoff des Lebens. Laut Aristoteles ist Thales damit der Erste, der sich auf die Suche nach einem Prinzip macht, das hinter allem Seienden steht. Die Welt verändert sich. Aber was hält sich in all diesen Veränderungen durch? Das ist nichts anderes als die Wesensfrage. Und die Antwort Thales' lautet: Alles kommt aus dem Wasser, alles wird wieder zu Wasser. Die gesamte Welt ist eine Ausdifferenzierung von Wasser. Thales begründet das damit, dass alle Lebewesen Wasser brauchen zum Leben. Nahrung ist wässerig. Er war der Überzeugung, die Landmasse der Erde schwimme auf Wasser. Auch wenn Thales sich damit geirrt hat, wichtig ist die Art seiner Fragestellungen: Was steht hinter allen Veränderungen? Was bleibt? Was hält sich durch? Diese Frage bewegt die Wissenschaft bis heute.

Anaximander (etwa 610–547 v. Chr.) lebte wie Thales in Milet und gilt als dessen Schüler. Er ist der erste Denker, der uns eine Art rudimentärer Zeittheorie überliefert hat. Über das Leben des Anaximander wissen wir nur sehr wenig. Der Überlieferung nach soll er eine Gruppe von Auswanderern angeführt haben, die dann Apollonia am Schwarzen Meer gründeten. Er war wohl Astronom und Geograph und soll einen Himmelsglobus sowie eine Karte der Erde angefertigt haben. Von Anaximander ist nur ein einziger Satz überliefert:

> Anfang und Ursprung der seienden Dinge ist das Apeiron (das grenzenlos-Unbestimmbare). Woraus aber das Werden ist den seienden Dingen, in das hinein geschieht auch ihr Vergehen nach der Schuldigkeit; denn sie zahlen einander gerechte Strafe und Buße für ihre Ungerechtigkeit nach der Zeit Anordnung.[29]

Alles, was ist, die seienden Dinge, entsteht aus einem Urgrund heraus, den Anaximander das Apeiron (das Unendliche) nennt, das ist eine Art Urstoff, der selbst nicht genau zu bestimmen und ohne Eigenschaften ist, da eben alles aus ihm wird. Thales, der Lehrer Anaximanders, hatte das Wasser als Urstoff des Lebens erkannt, an der kleinasiatischen Küste ein durchaus plausibler Gedanke. Die Menschen lebten vom Fischfang. Das Meer bestimmte Rhythmus und Ablauf der Tage. Anaximander nun geht ab von dem Gedanken, dass das Leben aus einem konkret zu benennenden Stoff wie Wasser oder Luft ist, und abstrahiert den Stoff

zu einem eigenschaftslosen Apeiron, aus dem alles Leben kommt und in das es zurückfließt.
Leben ist also ein reversibler Prozess. Anfang und Ende gehören zusammen. Die Dinge kehren dorthin zurück, von wo sie kommen. Das Apeiron selbst ist ohne Alter, ohne Tod und Verderben. Aber die Dinge des Lebens unterliegen einer kreisförmig verlaufenden Zeit, die den Anfang an das Ende bindet. Während das Apeiron aber ohne Zeit ist, ist die Zeit für die Dinge, die aus dem Apeiron entstehen, eine Art Richter-Gott. Die Zeit bestimmt als eine Strafe oder Buße für die gerechten oder ungerechten Handlungen des jeweiligen Seienden, wann es in das Apeiron zurückkehrt.

Anaximander verbindet hier zwei Motive: zum einen das Konzept einer Zeit, bei der alle Dinge kreisen und in den Anfang zurückkehren, zum anderen das Motiv der Zeit als Richterin, die allen Dingen ihr Maß zuweist und die bestimmt, wann sie in den Ursprung zurückkehren; als Strafe für die verübten Ungerechtigkeiten, aber auch um Platz für das Kommende zu machen.

Heraklit (etwa 520-460 v. Chr.) stammte aus dem ionischen Ephesos an der kleinasiatischen Küste auf dem Gebiet der heutigen Türkei. Wir wissen, dass er aus einer aristokratischen Familie kam und wohl Anspruch auf das Königtum hatte, zugunsten seines Bruders aber darauf verzichtete. Ansonsten ist wenig über ihn sicher bekannt. Er hat ein Werk geschrieben, das er im Artemis-Tempel von Ephesos niederlegte. Ursprünglich hatte die Schrift, wie damals üblich, keinen Titel, wurde aber später «Über die Natur» genannt. Von dem Text ist – bis auf die rund 130 von Hermann Diels gesammelten Fragmente – nichts mehr erhalten.

Über die Zeit heißt es darin: «Denen, die in dieselben Flüsse hineinsteigen, strömen andere und wieder andere Wasserfluten zu.»[30] Und in einem anderen Fragment ähnlich: «In dieselben Flüsse steigen wir und steigen wir nicht, wir sind und wir sind nicht.»[31] Dazu passt eine berühmte Sentenz, die Heraklit zugeschrieben wird, die aber erst bei dem Neuplatoniker Simplikios rund tausend Jahre nach Heraklit auftaucht. Es ist das berühmte *panta rhei*, alles fließt.

Wir können aus diesem Wenigen herauslesen, dass Heraklit sich die Zeit als Fluss oder Pfeil im Flug vorgestellt hat. Identische Ereignisse lassen sich nicht wiederholen, die Dinge oder Ereignisse kehren nicht wieder. Zugleich verändere ich mich selbst ständig, mein Körper verändert sich, ich mache neue Erfahrungen. Selbst die Sonne ist «neu an jedem Tag».[32]

Daraus lässt sich schließen, dass Heraklit, anders als andere Denker seiner Zeit, das Grundprinzip des Kosmos nicht als ein statisches, festes Sein aufgefasst hat, sondern als ein ständiges Werden. In einem Fluss aber gibt es nichts Festes, alles strömt und ist ständig in Bewegung. Vielleicht kann man diese Weltsicht zurückführen auf die unsicheren politischen Verhältnisse in Heraklits Lebenszeit. Sie ist geprägt von den Kriegen zwischen Persern und Griechen. So fallen unter anderem die berühmte Schlacht bei den Thermopylen und die Seeschlacht von Salamis (beide 480 v. Chr.) in die Zeit Heraklits.

In einem Leben, in dem sich alles ständig verändert, gibt es keine dauerhaften Sicherheiten, nichts, auf das ich mich verlassen kann. Heraklit schreibt deshalb auch: «Die Lebenszeit ist ein Knabe, der spielt, hin und her die Brettsteine setzt: Knabenregiment!»[33] In einer ständig sich verändernden, wie ein reißender Fluss dahinrasenden Zeit gibt es keinen sicheren Halt. Wie in einem Würfelspiel werden wir im Leben hin- und hergeworfen. Nichts ist sicher, wenn alles fließt.

Parmenides (etwa 520–460 v. Chr.) lebte in der griechischen Kolonie Elea in Süditalien. Von der Hafenstadt in der Region Kampanien gibt es heute nur noch Ruinen zu sehen, die zur Stadt Ascea gehören. Parmenides gilt als der Begründer einer eigenen Philosophenschule, die nach der Stadt Elea die Eleatische Schule genannt wird. Ausgehend von Parmenides vertreten die Eleaten eine streng monistische Lehre, die Vielheit leugnet und ein einziges, unveränderliches Sein postuliert – und damit so etwas wie die Gegenthese zu Heraklits Lehre vom ständigen Werden und Vergehen liefert.

Parmenides selbst war zu Lebzeiten wohl ein ungeheuer einflussreicher Philosoph. Platon hat ihm sogar einen Dialog gewidmet, in dem er den alten Parmenides mit dem jungen Sokrates diskutieren lässt. Obwohl eine solche Begegnung historisch nicht unmöglich ist, hat sie wahrscheinlich nie stattgefunden, allein schon, weil Sokrates seine Heimatstadt Athen nie verlassen hat. Und über Leben und Reisen von Parmenides wissen wir praktisch nichts.

Wie von allen anderen Vorsokratikern sind auch von Parmenides nur Fragmente überliefert. Es handelt sich bei ihnen um etwa 160 Verse eines längeren Lehrgedichtes. Das Gedicht beginnt mit einer Einleitung, in der Parmenides von einer Fahrt auf dem Pferdewagen hin zur Göttin berichtet. «Die Rosse, die mich dahintragen, zogen mich fürder, soweit nur die Lust mich ankam, als mich auf den Weg, den vielberühmten, die Dämonen führend gebracht, der über alle Wohnstätten hin trägt den wissenden Mann.»[34] In einem zweiten Teil wird Parmenides von der Göttin erklärt, dass das, was ist, nicht nicht sein kann. In einem dritten Teil setzt sich Parmenides mit der normalen Meinung der Menschen auseinander, die im Licht der von der Göttin offenbarten Lehre falsch und scheinhaft ist.

Der Kern der Lehre der Göttin besagt: Es gibt nur ein einziges, unveränderliches Sein, denn man kann nur «ist» oder «nicht ist» behaupten, nicht beides gleichzeitig. Über das «Nicht-Ist» kann ich allerdings keinerlei Aussagen machen. Ich habe keinerlei Erkenntnisse davon. Wie auch? Es ist nicht, es existiert nicht. Wie soll ich über etwas, das es nicht gibt, etwas sagen? Bleibt also nur das «Ist». Darüber kann ich sprechen. Also kann es nur das «Ist» geben. Es existiert, weil ich darüber Aussagen machen kann. «Denn dasselbe ist Denken und Sein.»[35]

Für die Zeit bedeutet die Lehre vom unwandelbaren Ist, dass es ein War und ein Wird-Sein nicht geben kann. «Weil ungeboren ist es auch unvergänglich, denn es ist ganz in seinem Bau und unerschütterlich sowie ohne Ziel und es war nie und wird nie sein, weil es im Jetzt zusammen vorhanden ist als Ganzes, Eines, Zusammenhängendes.»[36]

Ganz anders als Heraklit erteilt Parmenides damit einer sich entwickelnden, werdenden Welt eine klare Absage. Ein Gedanke wie der von Darwins Evolution wäre für Parmenides völlig abwegig. Was ist, was existiert, hat auch Dauer. Wenn wir von etwas sagen, dass es war oder erst sein wird, dann ist dieses Etwas nicht wirklich und es hat keinerlei Bedeutung für uns. Der Gedanke ist so abwegig nicht. Wir finden ihn im Buddhismus und in allen sich darauf berufenden esoterischen Bewegungen, die lehren, dass unser Glück davon abhängt, dass wir nicht der Vergangenheit nachtrauern oder in der Zukunft auf etwas Besseres hoffen, sondern dass wir im Hier und Jetzt leben. Lebe den Moment, denn das ist alles, was du hast. Vielleicht ist eine solche Interpretation aber auch nur «Parmenides light» und er will uns sagen, dass man Veränderungen nicht wirklich denken kann. In dem Augenblick, in dem wir etwas denkend zu erfassen suchen, fixieren wir es. Und das heißt, nur das Identische, sich nicht Verändernde ist wirklich. Die wahre Welt ist eine Welt der Dauer, der Reversibilität. Newton wird in seiner Physik später eine solche Welt beschreiben.

Zenon (etwa 490-430 v. Chr.) lebte ebenfalls in Elea und war wahrscheinlich ein Schüler von Parmenides. Er hat vor allen Dingen daran gearbeitet, das Denken von Parmenides argumentativ zu stützen. Darum zielen seine Bemühungen darauf ab, die gedanklichen Schwierigkeiten aufzuweisen, in die man kommt, wenn man Vielheit, Werden, Vergehen, Vergangenheit, Zukunft zulässt, statt nur ein einziges Sein anzunehmen.

Bei dem Versuch, die absurden Konsequenzen vorzuführen, die eine nichtparmenideische Weltsicht zur Folge hat, hat Zenon eine Reihe von Paradoxien erdacht, die bis heute ein fester Bestandteil der Philosophie und ihrer Geschichte sind. Berühmt ist sein Paradoxon von Achilles und der Schildkröte. Achilles ist der große Held von Homers «Illias», ein starker, schneller und unerschrockener Held und Kämpfer. Achilles nun soll mit einer Schildkröte um die Wette laufen. Das ist natürlich lächerlich: der schnelle Pelide gegen die langsame Kröte. Eigentlich steht der Ausgang dieses Wettrennens von vornherein fest. Achilles weiß das. Und deshalb gewährt er der Schildkröte großzügig einen kleinen Vorsprung von, sagen wir, 10 Metern. Dann erfolgt der Startschuss. Achill muss nur ein paar Schritte machen, schon hat er den Punkt erreicht, an dem die Schildkröte gestartet ist. Inzwischen ist die Schildkröte 1 Meter gekrochen. Eine Kleinigkeit für Achilles! Aber in dem Augenblick, in dem Achilles den Punkt erreicht, an dem die Schildkröte gerade ist, ist die Schildkröte eben auch wieder ein Stückchen weiter. Und bis Achilles da ist, hat die Schildkröte wieder ein Stück geschafft. Und so weiter – bis in alle Unendlichkeit. Achilles kommt der Schildkröte immer näher, aber ganz einholen kann er sie nie.

Das ist natürlich absurd, denn wir alle wissen, dass Achilles das Rennen gegen die Schildkröte gewinnt. Das Argument führt uns aber vor Augen, dass wir in begriffliche Schwierigkeiten geraten, wenn wir eine endliche Strecke unendlich oft teilen wollen. Genau das tun wir aber auch mit der Zeit, wenn wir davon ausgehen, dass sie kontinuierlich ist. Zenon macht das am Pfeilparadoxon deutlich. Ein abgeschossener Pfeil ruht in jedem noch so winzigen Augenblick fest in der Luft, denn die Zeit besteht ja aus winzigen Zeiteinheiten, an denen der Pfeil jedes Mal einen festen Ort einnimmt. Er bewegt sich also eigentlich gar nicht.

Zenon will darauf hinaus, dass wir in all diese gedanklichen Schwierigkeiten gar nicht erst geraten, wenn wir davon ausgehen, dass es keine Vielheit, sondern bloß ein einziges, unveränderliches Sein gibt. Ein solcher Gedanke mag uns zunächst absurd erscheinen. Natürlich existieren Vielheit und Bewegung. Natürlich überholt Achilles die Schildkröte. Natürlich fliegt der Pfeil. Zenon hat das auch gewusst! Aber hinter diesem Augenscheinlichen liegt eine sich nicht verändernde Wirklichkeit. Das ist der Punkt, auf den er hinauswill. Und dieses Denken ist alles andere als absurd. Es treibt bis heute unsere gesamte naturwissenschaftliche Forschung an, wie Friedrich Cramer (1923-2003), Mediziner, Chemiker, Philosoph und Direktor des Max-Planck-Instituts für Experimentelle Medizin in Göttingen, schreibt:

> Daraus leitet sich das leidenschaftliche Streben der klassischen und auch der modernen Physik ab, hinter der Veränderlichkeit der Erscheinungen das unveränderlich Bleibende zu erkennen und nachzuweisen, zu zeigen, dass überall dort, wo das unbefangene Denken Entstehen und Vergehen festzustellen glaubt, sich in gewissem Sinne doch nichts verändert hat. Diesem Streben dienen die Erhaltungsgesetze für Materie, für Impuls, für Energie, der 1. Hauptsatz der Thermodynamik, die Einstein'sche Formel und die Suche nach der Weltformel.[37]

Hinter der Bewegung liegt das Bewegungslose, hinter der Veränderung das Bleibende, hinter der Zeit die Ewigkeit. Das ist der Gedanke von Pythagoras und Zenon. Und dieser Gedanke ist tatsächlich enorm wirkmächtig. Er hat direkten Einfluss auf das gesamte Denken von Platon, dessen Ideenlehre der Versuch ist, das Unveränderliche und Ewige hinter allem Werden und Vergehen erkenntnistheoretisch nachzuweisen. Und er hat seine Auswirkungen auch in der ersten, voll ausgearbeiteten Zeittheorie hinterlassen, die uns überliefert ist. Sie stammt aus Platons Dialog «Timaios», einem Text mit einer enormen Wirkungsgeschichte.

Platon: Abbild der Ewigkeit

Platon (428-348 v. Chr.) ist einer der bedeutendsten Philosophen der europäischen Geistesgeschichte. Der britische Philosoph Alfred North Whitehead meinte sogar, dass die gesamte westliche Philosophie nichts anderes sei als Fußnoten zum Werk Platons. Platons enormer Einfluss auf die Geistesgeschichte zeigt sich schon daran, dass er der erste Denker ist, dessen Werk fast vollständig überliefert ist. Angesichts dieser Tatsache ist es erstaunlich, dass wir über Platons Leben fast nichts wissen. Der Denker ist hinter seinem Werk verschwunden.

Immerhin wissen wir, dass Platon aus einer der ersten Adelsfamilien aus Athen stammte. Auf Grund seiner Geburt hätte er in der Politik oder im Militär hohe Ämter bekleiden können. Aber Platon lernte als junger Mann den Philosophen Sokrates (469-399 v. Chr.) kennen; eine Begegnung, die ihn zutiefst beeinflusste – und aus Sicht seiner Familie wahrscheinlich auf die schiefe Bahn brachte. Kein Wunder, dass man Sokrates schließlich vorwarf, er verderbe die Jugend Athens. Platon war das beste Beispiel dafür. Der zog mit Sokrates durch Athen und lauschte den Gesprächen dieses seltsamen Denkers, statt Karriere zu machen.

Der Prozess jedenfalls, den man 399 v. Chr. gegen Sokrates anstrengte und der mit der Hinrichtung Sokrates' endete, entsetzte Platon zutiefst und dürfte ihn endgültig darin bestärkt haben, von der Politik die Finger zu lassen. Das war eine viel zu unsichere Sache. Auf den Spuren von Sokrates machte Platon sich auf die Suche nach dem, was wirklich sicher ist. Auf diesem Weg unternahm er mehrere Reisen, die ihn bis nach Unteritalien führten, wo er in jedem Fall Kontakt zum Kreis der dort lebenden Pythagoräer hatte. Auch diese Begegnung hinterließ tiefe Spuren im Denken Platons.

Zurück in Athen gründete Platon 387 v. Chr. eine Schule. Sie lag im Hain des attischen Heros Akademos im Nordwesten von Athen und wurde auf Grund ihrer Lage bald die Akademie genannt. Diese Schule war der Anfang aller Universitäten, und sie war so bedeutend, dass man bis heute an ihrer Schließung 529 n. Chr. das Ende der historischen Epoche der Antike und den Beginn des Mittelalters festmacht.

Was nun dachte Platon? Was lehrte er in seiner Akademie? Das ist gar nicht so einfach zu beantworten. Denn Platon hat uns ausschließlich Dialoge hinterlassen, philosophische Theaterstücke oder Hörspiele, wenn man so will. Er hat keine Essays oder Abhandlungen geschrieben, in denen er uns darüber informiert, wie er die Dinge sieht. Bei ihm sitzen fast ausschließlich historisch verbriefte Personen zusammen und diskutieren eine Frage. Eingebettet sind diese Diskussionen in plastische Szenen: ein Gastmahl, ein Spaziergang vor den Toren Athens, ein Gespräch auf den Stufen des Gerichtsgebäudes. Die Hauptfigur der Dialoge ist Sokrates, dem Platon damit ein Denkmal errichtet hat, von dem wir allerdings nicht wissen, ob es Sokrates oder Platon zeigt. Denn genau das ist das

Problem: Platon selbst taucht in seinen Dialogen nicht wirklich auf. Immer stehen wir vor der Frage, wer da eigentlich spricht: Sokrates, Platon oder einer der Dialogpartner?

Die eigentliche Lehre Platons, wenn es sie denn gibt, liegt zwischen den Zeilen. Man muss sie selbst finden. Tatsächlich gehen am Ende vieler platonischer Dialoge die Gesprächspartner auseinander, ohne eine Antwort auf ihre Fragen gefunden zu haben. Sie haben mehrere Antworten geprüft und verworfen. Die Dialoge enden in der Aporie, der «Ausweglosigkeit». Das ist allerdings kein Mangel, sondern das eigentlich Faszinierende an Platon. Er stellt Fragen und diskutiert Antworten, aber er gibt keine Lehre vor. Man muss die Antworten selbst finden, denn das Eigentliche, das Bleibende hinter den Dingen lässt sich nicht lehren. Man muss es selbst erkennen. Jeder für sich.

Das ist auch im «Timaios» so, dem Dialog, in dem wir Platons Zeittheorie finden. Sie ist eingebettet in seine Naturphilosophie. Der Dialog gehört zu den späten Werken Platons. Und er ist einer seiner folgenreichsten Schriften und hat tiefe Spuren in der europäischen Geistesgeschichte hinterlassen.

Der «Timaios» spielt am Abend nach Platons großem Dialog «Politeia»/ «Der Staat». Die Teilnehmer treffen sich wieder, um die Gespräche des Vorabends fortzusetzen. Allerdings muss man das als Kunstgriff Platons verstehen, denn von den Teilnehmern des Gesprächs der «Politeia» ist am Abend des «Timaios» niemand zugegen. Und Sokrates, Kritias, Hermokrates und Timaios, die Teilnehmer des «Timaios»-Abends, haben sich bis auf Sokrates nicht an den Gesprächen des Vorabends beteiligt. So wird auch zu Beginn des «Timaios» eine Zusammenfassung der «Politeia» gegeben, die allerdings nur in Teilen dem großen Dialog entspricht. Die Kritiker haben sich über diesen Umstand die Köpfe zerbrochen. Aber es geht Platon nicht um eine direkte Fortführung der politischen Gedanken aus der «Politeia». Der eigentliche Hintergrund des «Timaios» ist Platons Ideenlehre, die in der «Politeia» ihren Ausdruck unter anderem in dem berühmten Höhlengleichnis findet.

Die Ideenlehre ist Platons Antwort auf die phytagoreische Frage nach dem Unveränderlichen und Ewigen hinter allem Werden und Vergehen. Platon hält die Welt, in der wir leben, für eine Art Abbild einer höheren geistigen Welt. Was wir hier in der Welt sehen – Hunde, Katzen, Stühle, Bäume etc. –, ist alles das Abbild von Ideen. Es gibt irgendwo zum Beispiel die Idee des Hundes. Und die Hunde, die bei uns hier unten herumschnobern, haben Teil an dieser Idee. Genau deshalb können wir Hunde erkennen und von Katzen und Stühlen unterscheiden. Wir erkennen die Idee im unvollkommenen Abbild. Unser – ebenfalls nur unvollkommener – Geist ist in der Lage, die geistigen Ideen hinter den Dingen zu «sehen». Tatsächlich bedeutet das griechische *idea* so viel wie Aussehen, Erscheinung, Urbild. Diese Ideen sind das Unveränderliche, Ewige. Die Dinge hier auf Erden sind nur ein Abklatsch des Eigentlichen. Platons Ideenlehre ist im Kern eine Erkenntnistheorie, die erklären soll, wie wir in der Lage sind, etwas über die Welt zu erfahren. Wie gelingt es uns, Hunde als Hunde zu identifizieren, obwohl sie doch teilweise sehr unterschiedlich aussehen? Und wie unterscheiden wir sie von Katzen? Eben dadurch, dass wir mit unserem Geist in der Lage sind, die Idee hinter dem einzelnen Kläffer zu erkennen. Die Theorie erklärt auch, wie das Neue in die Welt kommt. Wir stoßen sozusagen auf eine Idee, die bis dahin unentdeckt war. Das Auto, den Computer, das Handy, all das gab es auch schon zu Platons Zeiten. Wir hatten die Ideen nur noch nicht «gehabt».

Um nun an den Vorabend des «Timaios» wieder anzuknüpfen: Die höchste aller Ideen ist für Platon die Idee des Guten; im berühmten Höhlengleichnis steht dafür die Sonne, die wir nach einer langen Reise aus einer Höhle an die Erdoberfläche schließlich sehen. In der Politik geht es für Platon darum, diese Idee des Guten im Gemeinwesen umzusetzen, also das Leben der Menschen gut zu ordnen.

Platons Welt wird durch die Ideenlehre streng zweigeteilt. Es gibt die perfekte Welt der Ideen – und es gibt den Abklatsch davon. Eben darin leben wir. Nur: Warum ist das so? Warum ist unsere Welt nicht perfekt? Genau das ist das zentrale Problem des «Timaios».

Das ist eine schwierige Frage. Platon begibt sich mit ihr auf das Feld der Naturphilosophie. Und das ist ein Feld, das ihm eigentlich gar nicht behagt. Ihn interessiert – wie seinen Lehrer Sokrates – das Zusammenleben der Menschen. Platon geht es letztendlich um Ethik und Politik, nicht um den Urstoff der Welt. Weil die Frage so schwierig ist, schränkt Platon im «Timaios» auch gleich ein: Darüber könne man eigentlich nur in der «wahrscheinlichen Rede»[38] sprechen. Die größte Einschränkung aber ist wahrscheinlich der Hauptredner des Dialogs, eben der namengebende Timaios, denn im Gegensatz zu fast allen Rednern ist Timaios eben keine historische Figur, sondern eine Erfindung Platons. Wir haben also einen fiktiven Redner, der in wahrscheinlicher Rede spricht. Vorsichtiger kann man nicht sein.

Timaios nun erzählt Sokrates und seinen Freunden einen Schöpfungsmythos. Er berichtet, wie ein Demiurg, ein Schöpfer, die Welt erschaffen habe. Allerdings schöpft der Demiurg die Welt nicht aus dem Nichts, es gibt keine *creatio ex nihilo* wie in der Genesis der Bibel. Der Demiurg hat als Material seiner Schöpfung die ewige Welt der Ideen und die ungeformte Urmaterie. Aus dieser Urmaterie nun schafft der Demiurg die Welt nach dem Vorbild der Ideen. Und hier liegt auch der Grund, warum die Welt eben nicht so perfekt ist, wie es die Ideen sind: Es ist die Urmaterie. Ideen, in Materie gegossen, sind einfach nicht so perfekt wie die rein geistigen Ideen selbst, denn die Urmaterie ist «in ungehöriger und ordnungsloser Bewegung».[39] Sie ist chaotisch. Wenn man aber aus dem Chaos Ordnung schaffen will, dann bleibt immer auch ein Rest Unordnung. Und dieser Rest ist die Ursache für die Differenz zwischen dem Vorbild der Ideen und dem Abbild, das die Welt davon gibt.

Nun sind die Ideen ewig. Und der Demiurg denkt darüber nach, wie er diese Eigenschaft in der von ihm geschaffenen Welt abbilden kann. «So sann er darauf, ein bewegliches Abbild der Ewigkeit zu gestalten, und macht, indem er dabei zugleich den Himmel ordnete, von der in dem Einen verharrenden Ewigkeit ein in Zahlen fortschreitendes Abbild, und zwar dasjenige, dem wir den Namen Zeit beigelegt haben.»[40] Das ist Platons Definition der Zeit: Zeit ist ein in Zahlen fortschreitendes Abbild der Ewigkeit. Das heißt zunächst einmal, dass es die Zeit gar nicht «immer» gegeben hat. Sie wurde erschaffen – und das bedeutet auch, dass sie einmal aufhören kann. Es gibt, wenn man so will, eine «Zeit» vor und nach der Zeit. Aber auch das können wir eben nur sagen aus der Perspektive der Zeit. Aus der Perspektive der Ewigkeit betrachtet ist das sinnlos.

Zusammen mit der Zeit werden auch Tage und Nächte, Monate und Jahre geschaffen, ebenso Vergangenheit und Zukunft. All das gibt es in der Ewigkeit nicht. Die ist ein immerwährendes «Ist», das «Es-War» und das «Es-wird-Sein» von Vergangenheit und Zukunft kennt sie nicht. Entsprechend gibt es in der Ewigkeit auch kein Werden und Vergehen, denn all das findet nur in der Zeit statt.

Nun ist es die Materie, die für die Differenz zwischen Vorbild und Abbild, zwischen Idee und Wirklichkeit sorgt. Die Materie, aus der die Zeit geformt ist, sind bei Platon die Planeten. «Aufgrund solcher Überlegung und Absicht des Gottes bezüglich der Entstehung der Zeit sind nun, damit die Zeit erzeugt werde, Sonne und Mond und fünf andere Sterne, die den Namen Planeten führen, zur Abgrenzung und Bewahrung der Zahlenwerte der Zeit entstanden.»[41]

Die Zeit manifestiert sich in Sonne, Mond und den Planeten. Sie sind die Materie, auf der die Zeit beruht. Aber nicht die Himmelskörper selbst sind die Zeit. Es ist ihre Bewegung. Daran erkennen wir Tag und Nacht, den Monat und das Jahr. Und weil die Zeit die Ewigkeit möglichst vollkommen nachbilden soll, bewegen sich Sonne, Mond und die Planeten im Kreis, denn die Kreisbewegung bildet das Im-Einen-Verharren der Ewigkeit dadurch nach, dass in ihr Anfang und Ende der Bewegung ineinanderlaufen.

Die Sonne spielt dabei unter den Planeten eine besondere Rolle. Sie ist das Maß für die Bewegung aller anderen Planeten. Für Platon ist die Bewegung der Sonne, von der er noch nicht wusste, dass sich eigentlich ja die Erde um die Sonne bewegt, die vollkommenste, einheitlichste und «am meisten mit Vernunft begabte Kreisbewegung».[42] Diese Vorstellung passt gut in Platons gesamte Ideenlehre, in der die Sonne als Metapher für das Gute einen besonderen Platz hat. Wenn wir uns, so erzählt er im Höhlengleichnis, von unseren Fesseln befreit haben und der Höhle entkommen sind, in der wir nur Abbilder, nur Schatten eines Feuers gesehen haben, wenn wir uns also daraus befreit haben, dann sehen wir am Ende die Sonne, die Idee des Guten.

Das Gute ist vollkommen und mit Vernunft begabt. Und so ist es eben die – vermeintliche – Bewegung der Sonne um die Erde, die am meisten mit Vernunft begabt ist, was besagt, dass sie von allen Planetenbewegungen die wenigsten Unregelmäßigkeiten aufweist. Ihre Kreisbewegung bildet die Ewigkeit am besten nach. Mit ihrer möglichst vollkommenen Bewegung wird die Sonne damit zum Maß aller anderen Planetenbewegungen und Zeiteinheiten:

> So und deshalb ist also Tag und Nacht entstanden: der Umschwung der einen (ungeteilten) und am meisten mit Vernunft begabten Kreisbewegung; der Monat aber, wenn der Mond, der seine Kreisbahn durchlaufen hat, die Sonne einholt, und das Jahr, wenn die Sonne ihren Kreislauf vollendet hat.[43]

Platon führt diesen Gedanken noch weiter. Das In-sich-Zurücklaufen der anderen Planetenbewegungen habe freilich noch niemand beobachtet. Sei das allerdings einmal der Fall, dann habe man auch das «vollkommene Jahr»[44] erkannt. Dahinter steht die Vorstellung der antiken Astronomie vom Weltzyklus oder dem Großen Jahr, das ist die Zeit, nach deren Ablauf die Planeten wieder in ihrer ursprünglichen Anordnung zueinander stehen.

Platon schlägt mit seiner Zeittheorie eine Reihe von Akkorden an, deren Nachklang lange andauert. Da ist zunächst die grundsätzliche Unterscheidung zwischen Ewigkeit und Zeit. Was die Ewigkeit genau ist, sagt uns Platon nicht, aber während die Zeit mit Bewegung verbunden wird, verharrt die Ewigkeit im Einen. Die Ewigkeit ist göttlich, die Zeit menschlich. Der zweite Gedanke ist der von der Erschaffung der Zeit selbst. Die Vorstellung, dass die Zeit einen Anfang hat, finden wir heute in der modernen Physik mit der Urknalltheorie wieder. Und schließlich verbindet Platon Zeit mit Bewegung und Zahl. Nur dort, wo Bewegung ist, ist auch Zeit. Und diese Bewegung zählen wir. Die Umläufe von Sonne, Mond und der Planeten sind die Maßeinheiten für alle anderen Bewegungen. Dabei wird Bewegung in der antiken Philosophie nicht allein als Ortsbewegung verstanden. Auch qualitative Veränderungen sowie Werden und Vergehen werden als Bewegung verstanden. Bewegung hat allgemein die Bedeutung eines natürlichen Prozesses, einer Veränderung, die eben geregelt wird durch die Gesetze der Zeit.

Es ist genau dieser Gedanke, den Platons Schüler Aristoteles (384–322 v. Chr.) in seiner Zeittheorie aufgreifen und ausführen wird.

Aristoteles: Zahl der Bewegung

Die wohl berühmteste bildliche Darstellung der antiken griechischen Philosophie ist Raffaels Fresko «Die Schule von Athen», gemalt zwischen 1508 und 1511 für die Stanzen des Vatikans. In einer prächtigen Halle hat Raffael alle versammelt, die in der griechischen Philosophie Rang und Namen hatten. Im Zentrum des Bildes stehen Platon und Aristoteles. Während Platon zum Himmel zeigt, deutet

Aristoteles mit der einen Hand fast abwehrend zum Boden, während er in der anderen Hand ein Buch hält, seine «Nikomachische Ethik».

Die Handbewegungen der beiden Philosophen symbolisieren ihre unterschiedlichen denkerischen Ansätze. Platons Fingerzeig zum Himmel steht für seine Ideenlehre. Bei Aristoteles dagegen deutet die Handbewegung nicht auf einen bestimmten Lehrinhalt hin, sondern eher auf den empirischen Ansatz seiner Philosophie. Alles Denken beruht auf der Erfahrung. Tatsächlich hat Aristoteles bahnbrechende Werke zum Beispiel in der Zoologie geschrieben, einer Disziplin, die Platon schlicht und einfach nicht interessiert hat. Der französische Biologe Armand Marie Leroi beschreibt in seinem großartigen Buch «Die Lagune» die Zeit, die Aristoteles auf der griechischen Insel Lesbos verbracht hat und wie er dort die Naturwissenschaften geradezu erfunden hat.[45]

Es ist anzunehmen, dass die biologischen und zoologischen Interessen von Aristoteles in seiner Herkunft begründet liegen. Geboren wurde Aristoteles in Stageira, einer kleinen Stadt auf der griechischen Halbinsel Chalkidiki, von der heute nur noch Ruinen erhalten geblieben sind. Sein Vater war Arzt am makedonischen Königshof. Der Vater starb früh, und Aristoteles wurde von einem Vormund erzogen. Als es nach dem Tod von König Amynthas III. († 370 v. Chr.) am Königshof zu Unruhen kam, ging Aristoteles mit 17 Jahren nach Athen, wo er sich Platons Akademie anschloss. Aristoteles blieb zwanzig Jahre lang an der Akademie, bis zum Tode Platons etwa 348 v. Chr. Es gibt unterschiedliche Theorien, warum Aristoteles Athen verließ. Angeblich war er enttäuscht, weil nicht er, sondern Platons Neffe Speusipp der neue Leiter der Akademie wurde. Wahrscheinlicher ist aber, dass er Athen wegen der dort herrschenden starken antimakedonischen Stimmung verließ. Er ging zunächst nach Assos in Kleinasien, später auf die Insel Lesbos, auf der große Teile seines zoologischen Werkes entstanden. Etwa 324 v. Chr. wurde er zurück an den makedonischen Königshof gerufen und Lehrer des jungen Alexander, aus dem später Alexander der Große wird. Man hat viel in diese Beziehung hineininterpretiert, tatsächlich aber dürfte Aristoteles nur wenig Einfluss auf seinen Schüler gehabt haben. Politisch war Makedonien in dieser Zeit allerdings im Aufwind. Alexanders Vater Philipp II. besiegelte 338 v. Chr. mit dem Sieg in der Schlacht von Charoneia die Vorherrschaft Makedoniens über Athen und Theben. In der Folge kehrte Aristoteles 335 v. Chr. nach Athen zurück, wo er jetzt eine eigene philosophische Schule gründete. Sie lag in einem dem Apollon Lykeios geweihten Hain in der Stadt. Und da Aristoteles dort angeblich gern in der Wandelhalle, dem Peripatos, lehrte und beim Lehren hin- und herging, werden die Schüler bald Peripatetiker genannt. Diese Zeit, in der ein großer Teil der Lehrschriften von Aristoteles entstand, endete mit dem Tod von Alexander 323 v. Chr. in Babylon. In Athen wendete sich die Stimmung rasch wieder gegen Makedonien, und Aristoteles, der nun auch noch der Lehrer des verhassten Alexander war, musste die Stadt erneut verlassen. Diesmal floh er auf die Insel Euböa in das Haus seiner Mutter. Ein Jahr später starb er dort.

Aristoteles war ein ungeheuer fleißiger Mann. Viele seiner Schriften sind erhalten, allerdings handelt es sich dabei wohl nur um ein Viertel seines Werkes. So hat er in seinen ersten Athener Jahren zahlreiche Dialoge im Stile Platons verfasst, von denen wir sicher wissen, die aber alle verloren gegangen sind. Erhalten dagegen sind seine «Vorlesungen». Allerdings wurden sie nur zum Teil von Aristoteles selbst so zusammengestellt, wie wir sie heute kennen. Sein Werk lässt sich in etwa vier große Bereiche einteilen:

- Zum «Organon», dem «Werkzeug», zählen die Schriften zur Logik.
- Die Schriften zu Rhetorik und Dichtungstheorie gehören zu den poietischen Wissenschaften, also den herstellenden Wissenschaften.
- Zu den praktischen Wissenschaften gehören alle Texte zu Ethik und Politik.
- Zu den theoretischen Wissenschaften rechnet man die Texte zu Psychologie, Zoologie, Physik und Metaphysik.

Die Werkgruppen erstaunen uns heute, denn Zoologie und Physik sind alles andere als rein theoretische Wissenschaften. Aber bei Aristoteles beruht die Einteilung auf dem Zweck der Untersuchungen. Praktische und poietische Wissenschaften zielen dabei auf gutes Handeln beziehungsweise ein gutes Werk ab. Bei den theoretischen Wissenschaften wird das Wissen rein um seiner selbst willen gesucht. Es geht also nicht um eine Methode. Aristoteles führt bei der Zoologie durchaus Experimente durch und seziert Vögel und Fische. Im Rahmen der Physik aber liegen ihm Versuche völlig fern. Hier untersucht er die Prinzipien und Arten von Bewegung oder Veränderung allgemein, wobei er unter natürlicher Veränderung versteht, dass die Bewegung aus sich selbst heraus stattfindet. Niemand muss einen Baum dazu bringen zu wachsen, er tut das aus sich heraus. Wenn später aus dem Holz des Baumes ein Tisch gezimmert werden soll, dann geschieht das nicht mehr als eine natürliche Bewegung oder Veränderung des Baumes, es braucht einen Schreiner, der den Tisch baut. Aristoteles unterscheidet hier grundsätzlich zwischen natürlichen Dingen (dem Baum) und künstlichen Dingen (dem Tisch). Die Metaphysik schließlich untersucht die allgemeinen Prinzipien und Ursachen des Seienden. Es geht in diesen Untersuchungen um Begriffe wie Wesen, Einheit, aber auch Gott und Mathematik. Seine berühmte Schrift «Metaphysik» ist eigentlich nur eine allgemeine Sammlung von Texten zur Ontologie, also zur Lehre vom Seienden, und wurde wahrscheinlich von dem Philosophen Andronikos von Rhodos editiert. Er versuchte im 1. Jahrhundert n. Chr. Aristoteles' Werke zusammenzustellen, die er in einem Keller des Hauses des Historikers Strabon gefunden hatte. Da er bei dieser Textgruppe nicht genau wusste, wie er sie einordnen sollte, stellte er sie hinter die Schriften zur Physik, auf Griechisch: *ta meta ta physika*. Der Begriff Metaphysik, der heute noch die Philosophen mit Ehrfurcht erfüllt, war geboren.

Die Zeittheorie von Aristoteles findet sich in der «Physik». Das hat einen einfachen Grund. In der Physik geht es für Aristoteles um Bewegung. Und Zeit, das wissen wir schon von Platon, hat etwas mit Bewegung zu tun. Im dritten Buch der «Physik» entwirft Aristoteles sein Programm für den weiteren Gang der Untersuchungen: «Da Naturbeschaffenheit Anfangsgrund von Veränderung und Wandel ist, diese unsere Untersuchung aber um Naturbeschaffenheit geht, so darf nicht verborgen bleiben, was Veränderung ist.»[46] Der Begriff der Veränderung heißt auf Griechisch *kinesis,* was sich sowohl mit Veränderung wie auch mit Bewegung übersetzen lässt. Wir müssen den Begriff weiter fassen als die reine Ortsbewegung oder die Bewegung einer Hand, einer Pfote oder eines Flügels. Es geht auch um Wachstum, um qualitative Veränderungen wie den Wechsel von Farben etc. – all das ist *kinesis.*

Wenn man Veränderung verstehen will, so muss man auch alle Begriffe klären, die mit Veränderung zusammenhängen, führt Aristoteles aus. Dazu gehören die Begriffe des Zusammenhängenden, des Kontinuums, wir kennen den Begriff schon;[47] weiter die Begriffe Ort, Leere und eben die Zeit. Im Folgenden arbeitet er dieses Programm genau durch. Die Zeit wird im zehnten Kapitel des vierten Buches der «Physik» zum Thema.

Aristoteles beginnt seine Untersuchung mit «Zweifelsfragen»[48] und «äußerlich herbeigezogenen Überlegungen»[49], das sind zunächst offene Fragen zu einem Thema sowie Überlegungen, die andere Denker schon vor ihm zum Thema angestellt haben. Dieser Einstieg in eine Untersuchung ist typisch für Aristoteles. Er eröffnet damit eine Art Frageraum, vor dessen Hintergrund er dann seine eigene Antwort ausbreitet.

Ich stelle mir Aristoteles vor, wie er in der Halle des Lykeion langsam hin- und hergeht: «Nun, meine Herren, möchte ich mit Ihnen über die Zeit sprechen. Was irritiert uns an dem Thema eigentlich so? Und was wissen wir bereits darüber?»

Aristoteles beginnt mit der Frage nach der Existenz der Zeit. Gibt es sie überhaupt? Und wenn ja, wie? Das eine Teilstück von ihr ist doch vorübergegangen und das andere steht bevor. Wir kennen diese Frage bereits.[50] Aristoteles ist der Erste, der sie aufwirft. Er präzisiert noch: Jede Zeit, sowohl die ganze unendliche Zeit wie auch ein Teilstück, besteht doch nur aus diesen beiden Teilen. Was aber aus Teilen zusammengesetzt ist, die nicht existieren, das kann eigentlich unmöglich insgesamt existieren. Ich stelle mir an dieser Stelle vor, dass Aristoteles stehenbleibt und seine Schüler einen Moment lang anschaut und dann fragt: «Oder, meine Herren?» Und dann nimmt er gleich den Einwand vorweg, den jemand machen will: «Sie werden jetzt sagen, es gibt doch das Jetzt. Das existiert doch. Aber das Jetzt, meine Herren, das Jetzt ist kein Teil der Zeit.» Und dann begründet Aristoteles sehr ausführlich, warum das Jetzt kein Teil der Zeit ist. Allein die Ausführlichkeit dieser Begründung zeigt, dass wir es hier mit einem echten Problem zu tun haben. Die Frage nach dem Jetzt als «Trennpunkt» zwischen Vergangenheit und Zukunft beschäftigt Generationen von Philosophen und Physikern – bis heute.

Zunächst argumentiert Aristoteles, das Jetzt sei kein Teil der Zeit, weil man mit Teilen das Ganze messen könne. Wir machen das zum Beispiel mit dem Meter. Damit messen wir Längen, der Meter ist aber selbst eine Länge. Das geht beim Jetzt nicht. Auch wenn ich viele einzelne Jetzte zusammensetze, habe ich keine Zeit. Jetzt + Jetzt + Jetzt ergibt weder Vergangenheit noch Zukunft.

Die nächste Frage, die Aristoteles aufwirft, betrifft das Problem, ob wir es eigentlich immer nur mit einem einzigen Jetzt zu tun haben oder ob es immer ein anderes Jetzt ist, das Vergangenheit und Zukunft trennt. Ist das Jetzt also entweder eine Art Grundton, der sich trennend durch die Zeit zieht – oder sind es viele, sehr kurze Töne kurz hintereinander? Nehmen wir zunächst an, es sind immer verschiedene Jetzte. Wann soll ein Jetzt dann untergehen? Während es ist, kann das nicht sein. Denn dann *ist* es ja gerade. Während der Existenz eines anderen Jetzt kann es aber nicht sein, denn dann wären zwei Jetzte gleichzeitig. Das ist aber unmöglich, es liegen ja auch nicht zwei Punkte einer Linie ineinander. Wenn es aber nur ein einziges Jetzt gibt, dann kann man die Zeit nicht mehr teilen, denn jedes teilbare und begrenzte Ding hat zwei Grenzen. Und das Jetzt ist eine Grenze, nämlich die zwischen Vergangenheit und Zukunft. Was Aristoteles hier meint: Wenn ich einen Zeitabschnitt begrenzen will, zum Beispiel eine Stunde, dann brauche ich zwei Jetzte, von denen das eine den Beginn und das andere das Ende der Stunde markiert. Nun ist das Jetzt ein Grenzpunkt, der eben die Grenze von Vergangenheit und Zukunft markiert. Aber wenn es nur ein einziges Jetzt gibt, kann ich die Zeit nicht mehr weiter teilen. Was auffällt an dieser Argumentation, ist, dass Aristoteles die Zeit hier mit einer Linie vergleicht, auf der sich ein sich Richtung Zukunft bewegender Jetztpunkt befindet. Das ist unsere Vorstellung vom Zeitstrahl oder Zeitpfeil. Sie wird in der «Physik» des Aristoteles zugrunde gelegt.

Aristoteles bringt noch ein weiteres, sprachliches Argument gegen die Existenz eines einzigen Jetzt vor: Wir gebrauchen «jetzt» ja auch im Sinne von Gleichzeitigkeit. Alles, was im Jetzt ist, ist gleichzeitig. Gäbe es aber nur ein einziges Jetzt, dann wäre schließlich alles jetzt, dann wäre die Schlacht um Troja, die eigentlich so weit in der Vergangenheit liegt, auch heute – eben jetzt. Das aber ist absurd. Das Argument ist eher schwach, denn es unterscheidet nicht zwischen den Begriffen «jetzt» und «gleichzeitig». Die Fragen allerdings, die Aristoteles insgesamt zur Existenz des Jetzt aufgeworfen hat, und die dahinter liegende Vorstellung des Zeitpfeils sind tatsächlich grundsätzlicher Natur und beeinflussen unser Nachdenken über die Zeit bis in die Gegenwart.

Damit geht Aristoteles von den «Zweifelsfragen» über zu den «äußerlich herbeigezogenen Überlegungen», von denen er einleitend sprach. Gemeint sind

Beiträge seiner Vorgänger und Zeitgenossen zum Thema. Hat sich eigentlich schon einmal jemand mit dem Thema auseinandergesetzt? Aristoteles eröffnet viele seiner Untersuchungen mit dieser Frage. Sie bietet ihm sozusagen den Boden, auf dem er sich dann auf den Weg machen kann hin zu einer eigenen Antwort.

Was also haben andere Philosophen zur Frage nach dem Wesen der Zeit gesagt? Aristoteles schränkt hier gleich ein, dass die Frage bislang nicht endgültig geklärt sei. «Was aber die Zeit nun wirklich ist, was ihr Wesen ist, das bleibt gleichermaßen unklar.»[51] Und er referiert sehr knapp zwei Antworten auf die Frage nach dem Wesen der Zeit: «Die einen sagen nämlich, sie sei die Bewegung des Alls, die anderen setzen sie gleich mit der Weltkugel selbst.»[52]

Aristoteles verschweigt hier, von wem diese beiden Thesen stammen, aber wir können bei der Behauptung, Zeit sei die Bewegung des Alls, doch sehr sicher davon ausgehen, dass er sich auf Platon und dessen Zeittheorie im «Timaios» bezieht. Aristoteles macht kurzen Prozess mit der Behauptung. Wenn Zeit die Bewegung des Alls ist, dann kann es nicht sein, dass auch noch ein Teil der Bewegung in einer Zeit stattfindet, denn das Teil eines Ganzen ist nicht identisch mit dem Ganzen selbst. Wenn ich zum Beispiel die Menge A habe, die aus den Teilen x, y, z besteht, dann ist x als Teil von A eben nicht gleich A.

Als zweites Argument gegen Platon bringt Aristoteles ein, dass es ja auch mehrere Himmelskugeln geben könne. Und das würde dann bedeuten, dass es auch mehrere Zeiten gäbe. Das aber ist absurd. Aristoteles geht hier alles andere als gerecht mit Platon um. Er verkürzt seine Theorie aus dem «Timaios» stark. Wir wissen aus anderen Texten von Aristoteles, dass er den Dialog sehr gut gekannt hat.

Die zweite Theorie, Zeit sei die Himmelskugel selbst, ist wohl pythagoreischen Ursprungs. Aristoteles wischt diesen Ansatz regelrecht vom Tisch. Das sei nun wirklich «zu einfältig»,[53] als dass man sich damit auseinandersetzen müsse. Es ist fraglich, ob Aristoteles wirklich gerecht umgeht mit den Ansichten des Pythagoras. Wir kennen sie nicht, aber moderne Kommentatoren der «Physik» vertreten die Ansicht, Pythagoras habe gemeint, Zeit sei die Rotation der Himmelskugel. Das wäre dann gar nicht mehr so verschieden von Platon. Und es liegt auch nicht weit von dem entfernt, was Aristoteles als eigene Theorie entwickelt.

Wie hängen Zeit und Bewegung oder Veränderung zusammen? Mit dieser Frage beginnt Aristoteles dann, den eigenen Ansatz herauszuarbeiten. Dass Zeit in irgendeiner Weise etwas mit Bewegung zu tun hat, liegt auf der Hand. Genau deshalb ist die Zeit ja Thema in der «Physik», wie wir schon gesehen hatten. Zuerst fragt Aristoteles, ob Zeit und Bewegung nicht vielleicht dasselbe sind. Sind sie identisch? Zunächst einmal gibt es so etwas wie einen «Träger» von Bewegung. Da ist immer ein «Etwas», das in Bewegung ist. Da ist der Mann, der läuft, das Tier, das klettert, die Pflanze, die wächst. Zeit betrifft beides: den Träger der Bewegung sowie die Bewegung selbst. Beides ist «in» der Zeit. Wenn Zeit also identisch wäre mit der Bewegung, dann wäre der Träger von Bewegung nicht auch in der Zeit. Das ist das erste Argument gegen die Identität von Zeit und Bewegung. Das zweite Argument besagt, dass Bewegungen ja schnell oder langsam ablaufen können, die Zeit aber nicht. Die Geschwindigkeit einer Bewegung wird gerade durch die Zeit bestimmt. Wenn Koriskos in wenig Zeit eine weite Strecke läuft, ist er schnell. Läuft er in derselben Zeit nur ein kurzes Stück, ist er langsam. Da also Zeit Bewegung misst, können Zeit und Bewegung nicht identisch sein.

Man könnte an dieser Stelle einwenden, dass Uhren ja im Grunde auch nichts anderes tun, als Bewegung zu zählen, also Pendelschläge oder die Strahlungsübergänge der Elektronen freier Atome. Bewegung wird also durch Bewegung gemessen. Aber da Aristoteles solche Uhren nicht kannte, dürfen wir ihm das nicht vorwerfen. Sein eigentlicher Punkt ist, dass Zeit Bewegung misst und Zeit und Bewegung deshalb nicht identisch sein können.

Der nächste Punkt, den Aristoteles macht, wirkt harmlos, er hat aber eine enorme Wirkungsgeschichte entfaltet, wie wir noch sehen werden. Aristoteles sagt, gut, Zeit ist nicht identisch mit Bewegung, aber ohne Zeit gibt es Bewegung auch nicht. Nur wenn wir Bewegungen oder Veränderungen beobachten, merken wir, dass Zeit vergangen ist. Dazu führt er das Beispiel der sardischen Schläfer an. Das ist ein Mythos von sieben Heroen, die verfolgt werden und sich in einer Höhle verstecken. Dort schlafen sie von den Göttern behütet ein. Und als sie lange Zeit später wieder aufwachen, merken sie gar nicht, wie viel Zeit vergangen ist. Es gibt den Mythos auch in einer späteren christlichen Version als Heiligenlegende von Ephesus. In dieser Legende schlafen die sieben Heiligen immerhin 372 Jahre. Nehmen wir also Veränderung nicht wahr, so gibt es keine Zeit. Daran wird sich später die große Frage anknüpfen, ob Zeit vielleicht nur existiert, wenn es eine Seele gibt, die Zeit wahrnimmt. Heißt das etwa, dass es keine Zeit gibt, wenn es keine Menschen gibt?

Aristoteles geht hier auf die Frage nicht weiter ein. Sein Punkt ist: Zeit ist nicht gleich Bewegung, und Zeit ist nicht ohne Bewegung. Zeit muss also etwas *an* der Bewegung sein. Nur was?

Nun unterscheiden wir an Bewegungen ein «Davor» und «Danach». Die Begriffe «davor» und «danach» sind hier etwas irreführend, da es zeitliche Adverbien sind, aber im Griechischen haben *proteron* (davor) und *hysteron* (danach) sowohl zeitliche wie räumliche Bedeutung. Gemeint ist schlicht, dass Koriskos erst hier und dann dort ist. Seine Bewegung lässt sich in geordnete Phasen einteilen. Wenn wir auf dem kürzesten Weg vom Haus zum Supermarkt gehen, dann müssen wir erst an der Tankstelle vorbei und dann an der Bushaltestelle, um zum Supermarkt zu gelangen. Die Tankstelle ist dabei *vor* der Bushaltestelle und die Bushaltestelle *nach* der Tankstelle. Das lässt sich nicht umkehren. Es sei denn, wir laufen Umwege, aber dann gehen wir nicht mehr den kürzesten Weg zum Supermarkt.

Dieses «Davor» und «Danach» gibt es auch bei der Zeit. Der eine Zeitpunkt oder Zeitabschnitt liegt vor dem anderen, der andere danach. Diese Absetzung, sagt Aristoteles, gelingt uns dadurch, dass wir immer wieder Zeitpunkte, Jetzte, setzen, die sich entsprechend in ein Vorher und Nachher ordnen lassen. Oder wir «schneiden» mit Hilfe von Jetztpunkten Zeitabschnitte aus, die sich nacheinander ordnen lassen. Wenn wir genau das tun, nämlich Jetztpunkte in eine Abfolge bringen, dann haben wir Zeit, sagt Aristoteles. «Was nämlich begrenzt ist durch ein Jetzt, das ist offenbar Zeit.»[54]

Zeit vergeht also nur dann, wenn wir eine geordnete Folge von Jetztpunkten wahrnehmen, denen wir jeweils ein «Davor» oder «Danach» zuordnen können. Nehmen wir dagegen nur ein einziges Jetzt wahr, so ist auch keine Zeit vergangen. Zeit ist also eine Art geordnetes Fortschreiten des Jetzt: Jetzt 1 – Jetzt 2 – Jetzt 3 ... Damit kann Aristoteles die Zeit endgültig definieren: «Denn eben das ist die Zeit: Die Maßzahl der Bewegung hinsichtlich des *davor* und *danach*.»[55]

Aristoteles erläutert seine Definition noch einmal, indem er zwischen dem Gezählten unterscheidet und dem, womit wir zählen. Die Zeit ist dabei das Gezählte. Wir zählen also nicht mit ihr, sondern die Zeit ist das an der Bewegung, was gezählt wird. Man darf sich das praktisch vorstellen. Eine Bewegung dauert 60 Sekunden. Dann sind diese 60 Sekunden die Zeit. Das ist ein Aspekt der Bewegung, wenn man so will. Ein anderer Aspekt dieser Bewegung wäre zum Beispiel, dass ich damit 10 Meter Strecke zurücklege.

Wenn ich versuche, mir die Zeit des Aristoteles vorzustellen, dann denke ich immer an eine Digitaluhr, die Zeit rein mit Ziffern anzeigt: 18:23:54, 18:23:55, 18:23:56 und so weiter. Das, was diese Zahlen zählen, ist für Aristoteles die Zeit. Platons Uhr dagegen wäre rund, mit Zeigern, die sich im Kreis drehen und mit ihrer Kreisbewegung die Ewigkeit nachbilden. Die Uhr des Aristoteles ist deutlich moderner als die Platons. Wie Aristoteles zählen wir Zeit, wir rechnen mit ihr. Das entspricht unserem modernen Zeitgefühl, in dem es auf jede Sekunde ankommt und wir jede Minute zählen.

Aristoteles hat die Zeit definiert als Zahl der Bewegung, aber er hat in seiner Theorie noch ein paar Leerstellen, die er ausfüllen muss. Die größte Leerstelle ist der von ihm eingeführte Begriff des Jetzt, der in Platons Theorie ja gar nicht vorkommt. Was ist das Jetzt? Mit dieser Frage schlägt Aristoteles sich deutlich länger herum, als er gebraucht hat, um die Zeit zu definieren. Seine langen Ausführungen dazu sind kompliziert, und er unterscheidet verschiedene Aspekte des Jetzt immer wieder mit neuen Begriffen, über deren exakte Bedeutung die Philosophen bis heute diskutieren.

Das Zählen der Zeit geschieht für Aristoteles, indem wir sie immer wieder in Abschnitte unterteilen. Auch wenn die Zeit insgesamt ein zusammenhängendes Kontinuum ist, so können wir diese Abschnitte im Denken doch deutlich voneinander trennen. Ich kann mir im Geiste zum Beispiel einen Tag in 24 Stunden einteilen und diese «Stundenstücke» nebeneinanderlegen wie Bauklötze. Für die

Trennung, die wir machen müssen, um die Zeit zu zählen, brauchen wir das Jetzt. Und damit beginnt schon das erste Problem von Aristoteles. Gibt es eigentlich nur ein Jetzt oder gibt es mehrere? Denn wenn ich so ein «Stundenstück» nehme, dann wird das begrenzt durch zwei Jetzte, eines zu Beginn des Stücks, eines am Ende. Wir hätten also zwei Jetzte. Und bezogen auf unseren ganzen Tag, den wir in 24 Stücke zerlegt haben, sogar 48. Wenn ich dagegen den Zeitstrahl nehme, dann gibt es nur ein einziges Jetzt, das Vergangenheit und Zukunft voneinander trennt. Aber dieses Jetzt wandert gewissermaßen vorwärts. Bleibt es dabei immer ein und dasselbe Jetzt, oder ist es jedes Mal ein neues?

Aristoteles löst sein Problem, indem er zwischen Art und Individuum unterscheidet. Das Jetzt ist der Art nach nur eines. Aber es gibt viele einzelne Individuen davon. Allein an so einem Tag, den ich in 24 Stunden geteilt habe, sind es schon 48 verschiedene Jetztpunkte (Individuen). Diese Art der Unterscheidung ist typisch für Aristoteles. Er benutzt sie in vielen Bereichen seiner Untersuchungen, zum Beispiel in der Zoologie. Es gibt nur eine Art von etwas, Jack-Russell-Hunde zum Beispiel, aber viele einzelne Hunde, die zu dieser Art gehören, Dux, Socks, Anton und Pelle, um nur vier der Kerle zu nennen. Aristoteles teilt auf diese Art und Weise die ganze Welt ein. Es ist ein System, in dem jeweils ein Oberbegriff viele verschiedene Einzeldinge beinhaltet, die aber wieder selbst als Oberbegriff fungieren können.

Man kann sich die Welt des Aristoteles als einen sehr aufgeräumten Kleiderschrank vorstellen, dessen Ordnung die japanische Aufräumqueen Marie Kondo vor Neid erblassen ließe. Der Schrank hat zum Beispiel eine Tür für die Hemdenabteilung, eine andere für die Hosen und noch eine für die Wäsche. Wenn ich jetzt die Tür mit den Hemden (Oberbegriff) öffne, dann finde ich hier verschiedene Schubladen, in denen wiederum Hemden mit langen Ärmeln, Hemden mit kurzen Ärmeln und Polohemden liegen. Das wären dann die «Individuen» beziehungsweise Unterbegriffe. In der Schublade mit den Polohemden (Oberbegriff) liegen dann blaue, rote und gelbe Polohemden, das sind dann wiederum «Individuen». Diese Art, die Welt zu ordnen, geht auf Aristoteles zurück. Und sie war und ist enorm erfolgreich, in der Biologie zum Beispiel wird sie im Prinzip bis heute angewandt.

Und genauso unterscheidet Aristoteles zwischen dem Jetzt als Art oder Oberbegriff und den einzelnen Jetztpunkten, die ich brauche, um Zeitabschnitte zu begrenzen. Wie viele Jetzte also gibt es? Aristoteles antwortet darauf: der Art nach nur eines, der Zahl nach aber viele. Aristoteles spezifiziert das später noch einmal. Wir brauchen das Jetzt bei zwei gedanklichen Operationen, einmal um die Zeit in Abschnitte zu teilen, dann aber auch, um den Zusammenhang zwischen Vergangenheit und Zukunft herzustellen. Benutzen wir das Jetzt, um Zeitabschnitte wie Stunden oder Minuten zu separieren, haben wir es immer mit mehreren Jetztpunkten zu tun, jeweils eines am Anfang und eines am Ende jedes Zeitabschnittes, den wir herausgreifen. Stiftet das Jetzt dagegen den Zusammenhang von Vergangenheit und Zukunft, handelt es sich immer um ein und dasselbe Jetzt.

Diese Probleme und diese Fragestellungen mögen uns ein wenig akademisch erscheinen. Wir brauchen die Antworten auch nicht unbedingt, um zu verstehen, was Zeit ist. Aber sie zeigen uns, dass Aristoteles – im Gegensatz zu Platon – hier die erste begrifflich operierende Zeittheorie überhaupt vorlegt. Sein Verdienst ist es, die Begriffe, die wir zusammen mit der Zeit verwenden, erstmals zu klären. Bei der nächsten Frage, die Aristoteles stellt, wird das schwieriger, vor allen Dingen weil seine Antwort unserem Empfinden widerspricht. Das zweite Problem von Aristoteles nämlich ist, ob das Jetzt überhaupt ein Teil der Zeit ist.

Zeit und Jetzt, sagt Aristoteles, bedingen einander. Es gibt die Zeit nur, weil es ein Jetzt gibt. Aber ohne Zeit gäbe es das Jetzt auch nicht. Er vergleicht das Jetzt darin mit dem Punkt. Auch der Punkt hält die Linie zusammen und begrenzt Stücke, wenn wir bestimmte Längen aus der Linie herausnehmen. Der Punkt ist aber kein Teil der Linie, denn er ist ausdehnungslos, die Linie hat dagegen eine Ausdehnung, sie kann also nicht aus Teilen ohne Ausdehnung bestehen. Der Punkt ist eine Grenze. Und genauso verhält es sich mit dem Jetzt. Es ist eine Grenze. Und eine Grenze ist für Aristoteles kein Teil dessen, was durch sie begrenzt wird. Man darf diesen Gedanken nicht zu kompliziert machen, denke ich. Die Grenze eines Grundstücks ist eben nicht das Grundstück selbst. Mehr meint Aristoteles hier nicht. Für die Zeit hat das die befremdliche Folge, dass das Jetzt kein Teil der Zeit ist. Zeit besteht nur aus Vergangenheit und Gegenwart. Und das Jetzt wird zu einem rein gedanklichen Konstrukt, das Vergangenheit und Gegenwart trennt und uns hilft, Bewegung zu zählen – was ja die Zeit ist, Zahl der Bewegung.

Der Umstand, dass Aristoteles das Jetzt aus der Zeit herausnimmt und behandelt wie den ausdehnungslosen Punkt einer Linie, beschäftigt die Kommentatoren bis heute, denn wenn Vergangenheit und Gegenwart nicht mehr sind, das Jetzt aber kein Teil der Zeit ist, was ist Zeit dann? Woraus besteht sie? Der Physiker Richard A. Muller (*1944) hat dem Jetzt ein Buch gewidmet.[56] Er kommt darin zu dem Schluss, dass das Jetzt der äußerste Rand des sich in die Zukunft ausdehnenden Universums ist. Das ist sehr weit weg von Aristoteles, aber wir erkennen daran, welches Fass Aristoteles hier aufgemacht hat. Hätte er stattdessen von Gegenwart gesprochen, wäre die Diskussion vielleicht nie aufgekommen. Aber erstaunlicherweise fällt der Begriff Gegenwart bei Aristoteles nicht.

Im weiteren Fortgang seiner Ausführungen erörtert Aristoteles eine Reihe von weiteren Fragen. Stellen wir uns noch einmal die Situation im Peripatos vor, der Schule des Aristoteles. Der Meister hat den Schülern seine Gedanken über die Zeit vorgetragen. Er ist dabei langsam hin- und hergegangen, an wichtigen Stellen auch stehengeblieben, um den schwierigen Gedankengang genau fassen zu können. Jetzt nimmt er mit seinen Schülern den Gang wieder auf. Und es kommen Fragen: «Meister, Ihr sagt, Zeit sei die Zahl der Bewegung. Aber was ist dann mit der Ruhe? Ist sie nicht in der Zeit?» Und Aristoteles erläutert, dass auch die Ruhe in der Zeit ist, denn Ruhe bestimmt sich ja durch die Bewegung. Es ist die Abwesenheit davon. Und der gute Koriskos ist zwar der Sich-Bewegende, aber er muss nicht die ganze Zeit herumlaufen. «Und Bewegung? Gibt es die immer?» «Aber ja!» Aristoteles deutet zum Himmel. «Schaut euch nachts die Fixsterne an. Sie bewegen sich immer.» Noch ein Schüler meldet sich: «Und was ist mit Platon? Er sagt, Zeit sei das Abbild der Ewigkeit. Wie versteht Ihr Ewigkeit?» Aristoteles antwortet mit einer Gegenfrage: «Was bedeutet eigentlich ‹in der Zeit sein›? Zunächst einmal bedeutet das nicht, dann zu sein, wenn auch die Zeit ist. In diesem Sinne von «in sein» wäre praktisch alles gleichzeitig Existierende in-einander, auch der gesamte Kosmos in einem Hirsekorn», witzelt Aristoteles. «Vielmehr bedeutet ‹in der Zeit sein›, dass es immer eine größere Zeitspanne gibt, die das betreffende Element umgibt. Was in der Zeit ist, wird von Zeit umfasst. So wie die Minute die Sekunde umfasst oder beinhaltet, die Stunde die Minute und der Tag die Stunde. Das», so Aristoteles, «heißt auch, die Zeit macht etwas mit den Dingen, die in der Zeit sind. Sie altern, vergehen, verschwinden oder verändern sich einfach mit der Zeit.» Was heißt das nun alles für die Ewigkeit? «Die Ewigkeit», so Aristoteles, «ist ja immer. Es kann also kein Zeitstück geben, das größer ist als sie und sie entsprechend umfasst. Zugleich ist die Ewigkeit solchen Prozessen wie Altern und Vergehen nicht ausgeliefert. Also ist die Ewigkeit nicht in der Zeit.» Auch wenn Aristoteles den Begriff *äon* (Ewigkeit) nicht explizit gebraucht, sondern von *ta aiei onta*, dem Immer-Seienden spricht, ist seinen Zuhörern klar, dass es sich hier um eine Kritik an Platon handelt. Zeit ist nicht das Abbild von Ewigkeit, wie es Platon gelehrt hat. Die Zeit und das Ewige haben nichts miteinander zu tun.

Aristoteles erörtert im weiteren Text noch eine Reihe von Detailfragen zu seiner Theorie, aber wir wollen ihn an dieser Stelle verlassen. Er hat die erste begrifflich operierende Zeittheorie und neue Begriffe aufgestellt. Den Zusammenhang von Zeit und Zahl, den Platon nur angedeutet hatte, hat er präzisiert. Er hat das Problem der Existenz der Zeit aufgeworfen. Er hat den Zusammenhang von Zeit und Bewegung herausgestellt und den problematischen Begriff des Jetzt in die Diskussion eingeführt. Das macht seine Theorie zu einem Meilenstein im Nachdenken über die Zeit, auch wenn sie viele Fragen offenlässt. Zwei davon haben spätere Philosophen besonders beschäftigt: einmal die Frage nach der Natur des Jetzt sowie die Frage nach der Zeit als Zahl der Bewegung. Wenn wir Zeit so definieren, heißt das nicht auch, dass es keine Zeit gibt, wenn niemand zählt? Muss gewissermaßen immer irgendwo eine Uhr laufen, damit es Zeit gibt? Und verschwindet dann nicht die Zeit, wenn die letzte Uhr abgelaufen ist? Oder gibt es etwas, das immer da ist und die Zeit zählt? Bis in alle Ewigkeit? Das bringt uns zu Plotin.

Plotin: Leben der Seele

Plotin (205–270 n. Chr.) war einer der letzten antiken Philosophen. Neben Platon und Aristoteles zählt er zu den bedeutendsten Denkern der Epoche. Das liegt sicher auch daran, dass praktisch alle seine Schriften erhalten geblieben sind. Sie wurden nach seinem Tod von seinem Schüler Porphyrios gesammelt, geordnet und herausgegeben. Ein weiterer Grund aber ist, dass Plotin sich als Interpret Platons verstand. Er sah seine Aufgabe darin, Platons Lehre zu erläutern und zu verbreiten. Damit wurde er zum Gründer des sogenannten Neuplatonismus, der wiederum das frühe Christentum stark geprägt hat.

Über Plotins Leben wissen wir nur wenig. Er stammte aus Italien. Zum Studium ging er nach Alexandria in Ägypten. Er verließ 243 Ägypten, um sich dem römischen Feldzug Kaiser Gordians III. gegen die Perser anzuschließen. Plotin hoffte wohl, sich Kenntnisse der persischen und indischen Philosophie zu erwerben. Aber nachdem die Römer 244 eine empfindliche Niederlage erlitten hatten und kurz darauf auch noch der Kaiser gestorben war, floh Plotin nach Rom, wo er fast sein ganzes Leben lang blieb. Er lehrte dort und wurde von Kaiser Gallienus unterstützt. Plotin befasste sich sogar mit dem Gedanken, in Italien eine Stadt zu gründen, die nach den philosophischen und politischen Prinzipien von Platons «Politeia» regiert werden sollte. Im Alter reiste er nach Sizilien, später nach Kampanien, wo er schwer erkrankte, vermutlich an Lepra oder Tuberkulose. Porphyrios berichtet, Plotins letzte Worte seien gewesen, sein Ziel sei gewesen, das Göttliche in uns emporzuheben zum Göttlichen im All. In dem Augenblick sei eine Schlange unter Plotins Bett hindurchgekrochen und in einem Loch in der Wand verschwunden. Damit spielt Porphyrios auf den Gedanken der Seelenschlange an, nach dem man sich die beim Tod entweichende Seele wie eine Schlange oder einen Vogel vorstellte.

Der Bericht des Porphyrios von Plotins Tod stellte noch einmal heraus, wie stark Plotins Denken mit Platon verbunden ist: Im Tod bewegt sich das Göttliche in uns zum Göttlichen im All hinauf und geht in seinen Ursprung ein. Darin spiegelt sich das Verhältnis von Urbild und Abbild wider, das Platons Denken kennzeichnet. Die Ideen sind die Urbilder der vielfältigen Erscheinungen, hier unten in der Welt. Die höchste aller Ideen ist die Idee des Guten oder des Einen. In Platons berühmtem Höhlengleichnis wird sie dargestellt als die Sonne am Himmel. Diese eine Idee ist das Grundprinzip alles Seienden. Aufgabe der Philosophie ist es, dieses Eine zu erkennen oder, bezogen auf das Höhlengleichnis, nach dem beschwerlichen Aufstieg aus der Höhle unserer Unkenntnis so lange wie möglich in die Sonne zu schauen. Das hat Plotin, Platon folgend, versucht.

Seine Zeittheorie ist deshalb im Grunde eine Auslegung von Platons Theorie aus dem «Timaios», wobei er sich aber auch mit Aristoteles auseinandersetzt. Innerhalb der Geschichte der Zeittheorien ist Plotins Theorie deshalb von Bedeutung, weil er der Erste ist, der die Zeit aus ihrer kosmologischen Fundierung herausnimmt und sie in die Seele legt. Bei Platon ist der Himmel das bewegliche Abbild der Ewigkeit. Aristoteles braucht die Fixsternrotation, um die Ewigkeit der Bewegung zu garantieren, auf der die Zeit als Zahl der Bewegung basiert. Plotin nun psychologisiert die Zeit, wobei wir uns darunter keine moderne Psychologie vorstellen dürfen. Sein Ansatz hat nichts zu tun mit Begriffen wie Eigenzeit oder Ähnlichem. Plotins Seele, deren Leben die Zeit ist, ist die Weltseele, in der sich der Geist des Einen abbildet und die das belebende Prinzip des gesamten physisch erschaffenen Kosmos ist. Zugleich ist Plotins Seele die Antwort auf das offene Problem des Aristoteles, wer denn eigentlich immer zählt, wenn Zeit Zahl der Bewegung ist. Es ist die Weltseele.

Platon hatte die Zeit als Abbild der Ewigkeit verstanden. Aber er hatte im «Timaios» praktisch nichts darüber gesagt, wie wir uns die Ewigkeit vorzustellen haben. Plotin nun versucht Zeit zu verstehen, indem er vom Urbild zum Abbild geht. Sein Diktum: Um das Abbild wirklich zu begreifen, muss ich das Urbild kennen. Philosophisch gesprochen versucht er, das Wesen der Zeit metaphysisch zu begründen.

Was also ist Ewigkeit? Um die Frage beantworten zu können, müssen wir uns zunächst fragen: Wer oder was ist denn eigentlich ewig? Wir selbst sind es nicht. Wir werden sterben. Und um uns herum ist auch weit und breit nichts in Sicht, das wir als ewig bezeichnen würden. Von unserer Erde wissen wir, dass sie einen Anfang hat. Selbst der gesamte Kosmos ist erst mit dem Urknall entstanden, sagen uns die Physiker. Auch bei Platon hat die Welt einen Anfang. Wir wissen nicht, was vor dem Big Bang war, aber erst mit ihm hat das Leben des Kosmos begonnen. Wir wissen im Grunde nicht einmal, ob es die Zeit vor dem Urknall gab. Es gibt gute Gründe anzunehmen, dass auch sie erst mit dem Kosmos zusammen in die Welt gekommen ist. Für Welt, Kosmos und Zeit hieße das: Sie sind nicht ewig.

Man ist jetzt versucht zu sagen: Gott ist ewig. Und so ähnlich fällt auch Plotins Antwort aus. Nur spricht er als Platoniker nicht von Gott, sondern vom Einen und von dessen Geist. Dieses Eine – die Sonne in Platons Höhlengleichnis – ist absolute Einheit und Fülle. Und so wie das Licht zur Sonne gehört, gehört der Geist zum Einen. Er denkt, aber nicht diskursiv, nacheinander. Der Geist des Einen ist absolute Fülle. Alles in ihm ist zugleich. Es gibt keine Vergangenheit und keine Zukunft, nur ein immerwährendes Jetzt; wobei diese Beschreibung schon falsch ist, denn «immerwährend» und «jetzt» sind zeitliche Begriffe und Zeit gibt es in der Ewigkeit nicht. In der Ewigkeit des Geistes ist alles, was war, ist und sein wird, zugleich; wobei auch «zugleich» schon wieder ein falscher temporaler Begriff ist. Eigentlich haben wir keine Sprache, um über das Eine, den Geist und die Ewigkeit zu sprechen. Unsere Sprache ist darauf angewiesen, die Dinge, die wir sagen wollen, zeitlich zu ordnen und zu strukturieren. Mehr noch: Das Sprechen selbst braucht Zeit. Sprache ist deshalb nur ein unzureichendes Werkzeug, um die Ewigkeit zu beschreiben. Man merkt das sofort, wenn man Plotin liest:

Es bleibt also, dass es i s t in dem, was Sein ist (im «IST»). Was also weder war noch sein wird, sondern nur ist, was dieses Sein als Ständiges hat, da es sich weder wandelt in das ‹Wird sein›, noch sich gewandelt hat, das ist Ewigkeit. So ergibt sich also als die Ewigkeit, die wir suchen: das am Seienden sich vollziehende im Sein seiende Leben, das zugleich ganz und erfüllt und gänzlich unausgedehnt ist.[57]

Es ist ausgesprochen schwierig, sich diese Ewigkeit vorzustellen. Werner Beierwaltes (1931–2019), einer der großen Plotin-Kenner, vergleicht sie mit einem Punkt, der völlig ausdehnungslos ist, in dem aber alles versammelt ist. Die ganze Linie versammelt sich in diesem einen Punkt. Wenn man eine Ahnung von Plotins Ewigkeit bekommen will, ist vielleicht Ted Chiangs Kurzgeschichte «Story of Your Life»[58] hilfreich. Darin wird die Geschichte der Linguistin Louise Banks erzählt. Sie soll in Kontakt mit Außerirdischen treten, die auf der Erde gelandet sind. Louise versucht, die Sprache der Fremden zu entschlüsseln. Dabei versteht sie allmählich, dass die seltsamen Wesen, die gelandet sind, eine völlig andere Sprache sprechen, als sie schreiben. Während sie in der gesprochenen Sprache die Dinge linear darstellen, können sie in der geschriebenen Sprache Vergangenheit, Gegenwart und Zukunft gleichzeitig denken. Sie erinnern sich gewissermaßen an die Zukunft. Als Beispiel wird dabei auf das Fermat'sche Prinzip zurückgegriffen, das besagt, dass der schnellste Weg nicht unbedingt der kürzeste ist. Wir kennen dieses Prinzip zum Beispiel vom Navi, das uns fragt, ob wir den schnellsten oder den kürzesten Weg nehmen wollen. Louise versteht, dass die Fremden notgedrungen zwei verschiedene Sprachen nutzen, da sie in der gesprochenen Sprache immer gezwungen sind, die Dinge in eine Abfolge zu bringen, die die Dinge und Sachverhalte möglicherweise ja auch verfälscht. In den geschriebenen Sätzen dagegen haben sie die Möglichkeit, graphisch sowohl Gegenwart als auch Zukunft zugleich darzustellen. Chiangs Geschichte spielt auch mit der Sapir-Whorf-Hypothese, die besagt, dass Sprache unser Denken formt. Genau das zeigt sich bei den Fremden im Unterschied von gesprochener und geschriebener Sprache. In der Geschichte beginnt Louise deshalb, das Leben ihrer verstorbenen Tochter neu zu erzählen. Sie beginnt mit der Zeugung des Kindes, aber am Ende steht nicht dessen tragischer Unfall, sondern die Geburt. Der Unfall bildet den Mittelpunkt. Louise erzählt die Geschichte deshalb gleichzeitig in Vergangenheit und Zukunft, und sie kann Sätze sagen wie: «Ich erinnere mich, wie es sein wird, dich anzuschauen, wenn du einen Tag alt bist.»

So ähnlich müssen wir uns auch Plotins Ewigkeit vorstellen. Vergangenheit, Gegenwart und Zukunft fallen darin nicht auseinander und bilden eine Abfolge. Wie in einem Satz der Außerirdischen bilden sie eine Einheit im Jetzt, wobei dieses «Jetzt» eigentlich schon ein Paradoxon ist, da «jetzt» eben ein temporales Adverb ist, dessen Zeitlichkeit in der Ewigkeit gar nicht existiert. Gesehen aus der Perspektive der Ewigkeit ist das Leben von Louises Tochter immer in ganzer Fülle da: Geburt, Kindergarten, Schule, Tod. Alles ist da, alles ist jetzt. Nichts ist vorbei, nichts ist noch nicht. Alles ist immer, aber nicht im Sinne von immer mehr oder immer länger, sondern im Sinne von Ganzheit, Abgeschlossenheit, kurz: Ewigkeit. Wenn man so will, erzählt Louise in Ted Chiangs Geschichte das ewige Leben ihrer Tochter.

In der Ewigkeit des Einen nun liegt das Leben von Louises Tochter in seiner ganzen Fülle vor. Es ist aber nicht nur einfach irgendwie da oder vorhanden, sondern es wird gedacht, so wie das Louise auch tut, die in ihrer von den Außerirdischen inspirierten Erzählweise Vergangenheit und Zukunft zusammendenkt. Die Rolle von Louise übernimmt in der Ewigkeit der «Geist». Er ist das Sich-selbst-Denken des Einen. Das sind sehr komplexe Gedanken. Wir müssen uns einen Punkt vorstellen, in dem alles immer gleichzeitig im Jetzt ist. Und dieses «Alles» ist jederzeit (wobei auch das schon wieder eigentlich nicht gesagt werden kann) ganz bewusst. Nichts wird erwartet, nichts wird vergessen. Das Eine fließt im Geist gewissermaßen über. Und die Ewigkeit ist das Leben des Geistes.

Erinnern wir uns: Plotin will das Wesen der Zeit metaphysisch begründen. Platon folgend versteht er die Zeit als Abbild der Ewigkeit. Und um das Abbild zu verstehen, versucht er, sich ein Bild vom Urbild zu machen. Dazu geht er zurück auf das Eine und den Geist. Der «Inhalt» des Einen wird vom Geist in einem ewigen Jetzt und Zugleich gedacht, das nicht in verschiedene Zeitformen oder überhaupt irgendeine Zeit auseinanderfällt. Genau dieses Verhältnis bildet die Zeit nach, und zwar in der Seele – Weltseele, wohl gemerkt – als Abbild des Geistes und der Zeit als Abbild der Ewigkeit. Während im Geist Denken und Gedachtes, Subjekt und Objekt nicht auseinanderfallen, geschieht das in der Weltseele. Und die Zeit macht aus dem Jetztpunkt die Linie von Vergangenheit, Gegenwart und Zukunft. Einfach gesagt wird aus dem Punkt die Linie. Die Fülle wird in viele Einheiten geteilt.

Die eigentliche Untersuchung zur Frage nach dem Wesen der Zeit beginnt Plotin wie Aristoteles, dessen «Physik» er zweifellos gekannt hat, mit der Frage nach dem Zusammenhang von Zeit und Bewegung. Auch er ist der Ansicht, dass Zeit nicht die Bewegung selbst ist. Aber wenn Aristoteles Zeit als Zahl der Bewegung definiert, dann reicht das Plotin nicht aus, denn Zeit, so argumentiert er, sei ja keine Zahl. Zudem sei die Zeit unendlich (nicht ewig!), es gebe aber keine Zahl für das Unendliche. Und schließlich stellt Plotin die Frage, warum es Zeit eigentlich nicht geben solle, wenn keine Seele sie misst. Kurz, Zeit als etwas an der Bewegung zu bestimmen, lehrt nicht, was Zeit eigentlich ist. Das «Etwas» muss genauer bestimmt werden.

Dazu kehrt Plotin wieder zu seinem platonischen Grundgedanken aus dem «Timaios» zurück: Zeit als Abbild der Ewigkeit. Wie, fragt er, fiel die Zeit aus der Ewigkeit heraus?

> Es war aber dort [in der Weltseele] eine Natur, geschäftig und danach strebend, Herr ihrer selbst zu sein und sich selbst zu gehören; sie war gewillt, mehr zu suchen als bei ihr

war: so geriet sie in Bewegung, es geriet aber auch in Bewegung die Zeit, und wir wurden bewegt zum Immer-Künftigen und Späteren und niemals Selbigen hin, sondern zum Immer wieder Anderen – und haben wir ein Stück des Weges durchmessen, dann haben wir als Bild der Ewigkeit die Zeit hervorgebracht.[59]

In der Weltseele, in der sich für Plotin der Geist des Einen abbildet, liegt eine Kraft, die über sich hinausdrängt. Aus dieser Kraft heraus schafft die Seele das All, das sich in ihr bewegt – und damit auch die Zeit. Man kann sich hier fragen, ob in der absoluten Einheit des Einen eine solche Kraft überhaupt vorkommen kann, denn die Kraft ist ja schon etwas anderes als das Eine, dessen Einheit damit nicht mehr vollkommen ist, aber darum soll es hier nicht gehen. Was wir haben, ist ein Stufenverhältnis: Das Eine fließt über in den Geist, der sich abbildet in der Weltseele. Und so wie der Geist ewig ist, ist die Seele zeitlich.

Das klingt alles sehr abstrakt, aber man kann sich das in etwa vorstellen wie die Bewegung von einem Samenkorn hin zur Blüte. Es ist eine Entwicklung von Leben. Bei Plotin liest sich das so: «Das Auseinandertreten des Lebens nämlich nahm Zeit ein und das immer weitere Vordrängen des Lebens nimmt immer neue Zeit ein und das vergangene Leben nimmt vergangene Zeit ein.»[60] Zeit, so kann man sagen, entsteht, indem die Seele sich entfaltet und dadurch Welt schafft. Plotin definiert Zeit deshalb als «Leben der Seele».[61]

So wie die Ewigkeit im Geist ist, ist die Zeit in der Seele. Sie ist nichts, das der Seele später als Folge oder als Eigenschaft zukommt, sondern die Zeit gehört wesentlich zur Seele. Alle anderen Eigenschaften der Zeit wie die Zahl der Bewegung oder das Gemessenwerden der Zeit durch den Umschwung des Alls sind für Plotin akzidentelle, zufällige, unwesentliche Eigenschaften der Zeit. Und die Zeit, mit diesem Gedanken schließt Plotin seine Zeittheorie ab, ist überall, weil die Seele überall ist. «Als erste gerät also die Seele in die Zeit und hat die Zeit gezeugt und besitzt sie zugleich mit ihrer eigenen Tätigkeit. Wie aber vermag die Zeit überall da zu sein? Weil auch jene (die Seele) keinem Teil der Welt ferne ist, wie auch die Seele in uns keinem Teil von uns ferne ist.»[62]

Das verdeutlicht noch einmal, dass Plotins Psychologisierung der Zeit weit entfernt ist von jeder modernen Vorstellung von Psychologie. Die Seele, deren Leben die Zeit ist, ist Weltseele, das Abbild des Geistes des Einen. Weil die Weltseele überall ist, ist auch die Zeit überall. Unsere Seelen wiederum sind Abbilder der Weltseele. Weil das so ist, geht uns die Zeit an. Und so wie unsere Seelen überall in unseren Körpern sind, so ist die Weltseele – und mit ihr die Zeit – überall in der Welt.

Der Gedanke von der Zeit als Leben der Weltseele erscheint uns zunächst einmal fremd. Aber wenn wir die Weltseele als eine Kraft betrachten, die den gesamten Kosmos durchdringt und formt, und damit eben auch die Zeit, dann liegen Plotins Gedanken vielleicht gar nicht so fern von neuen Zeittheorien der Physik. Der Physiker und Kosmologe Richard A. Muller etwa versteht Zeit als

Folge der Ausdehnung des Universums. Dessen Expansion, die sogenannte Hubble-Expansion oder der Hubble-Flow, schafft nicht nur Raum, sondern eben Raum-Zeit. Und der äußerste Rand des sich ausdehnenden Universums ist das Jetzt. Muller schreibt: «Das Universum wird in jedem Augenblick ein wenig größer, und es existiert ein wenig mehr Zeit; diese vorderste Front ist das, was wir als Jetzt bezeichnen.»[63] Die Zeit ist also ein Produkt des sich entfaltenden Universums. Wahrscheinlich hätte Plotin der Gedanke gefallen, denn zusammen mit Platon versteht er Zeit und den gesamten Kosmos ja als Emanation des Einen, als dessen Ausstrahlung oder Abbildung. Die Unendlichkeit und Ewigkeit bilden sich ab in einem ständig expandierenden Kosmos, der bei seiner Ausdehnung Raum und Zeit und Welt erschafft.

Was die Zeit angeht, wendet sich der Blick allerdings nicht wieder auf den Kosmos, sondern auf die Weltseele. Aristoteles und Plotin haben zwei große Themen angerissen, die das Nachdenken über die Zeit weiterbewegen. Gibt es die Zeit überhaupt? Und wenn ja, wo? Plotins Antwort darauf war: in der Weltseele. Diesen Weg geht Augustinus weiter.

Augustinus: Ausdehnung des Geistes

Fast 130 Jahre nach Plotins Tod 270 n. Chr. verfasst Augustinus von Hippo (354–430 n. Chr.) in seinem autobiographischen Werk «Confessiones» («Bekenntnisse») die letzte der vier großen antiken Zeittheorien. Anders als Platon, Aristoteles und Plotin ist Augustinus Christ. Als er 397 mit der Niederschrift seiner «Bekenntnisse» beginnt, ist er ein Jahr zuvor zum Bischof der im heutigen Algerien gelegenen Stadt Hippo Regius – von der heute nur noch Ruinen existieren – geweiht worden. In den «Bekenntnissen» legt er wie in einem Gebet seine Lebens- und Glaubensgeschichte vor Gott dar.

Geboren wird Augustinus 354 im nordafrikanischen Thagaste (heute Souq Ahras). Sein Vater ist ein römischer Beamter und Heide. Die Mutter Monica ist Christin. Sie erzieht ihren Sohn christlich, lässt ihn aber nicht taufen, da damals die Kindstaufe noch unüblich war. Augustinus spricht Latein und studiert unter anderem in Karthago Rhetorik. Dort lebt er auch mit einer unbekannten Frau zusammen. 372 wird der gemeinsame Sohn Adeodatus geboren. Jostein Gaarder hat dieser namenlosen Geliebten in seinem Buch «Vita brevis» ein literarisches Denkmal gesetzt.[64] In Karthago studiert Augustinus vor allem Ciceros (106–43 v. Chr.) «Hortensius», eine in Dialogform gehaltene Einführung in die Philosophie, von der wir heute allerdings nur noch Fragmente kennen. Und er wendet sich für kurze Zeit dem Manichäismus zu; das ist eine gnostische Glaubensgemeinschaft, die damals allerdings verboten war. 375 wird er Rhetoriklehrer in seiner Heimatstadt Thagaste. Ein Jahr später geht er zurück nach Karthago, 383 dann nach Rom und 384 nach Mailand. Dort lernt er die Schriften der Neuplatoniker kennen, er liest Plotin und Porphyrios, durch die er in die platonisierende Bibelauslegung eingeführt wird. Zugleich liest er die Briefe des Apostels Paulus. In Mailand hat er am 15. August 386 ein religiöses Bekehrungserlebnis, das er in den «Confessiones» beschreibt. Er steckt in einer persönlichen und beruflichen Krise, die ihn körperlich und seelisch krank macht. Seinen Lehrberuf hat er aufgegeben. In dieser Situation geht er zusammen mit seinem Freund Alypius in den Garten seines Hauses. Er bricht in Tränen aus und entfernt sich von seinem Freund. Schließlich sitzt er weinend unter einem Feigenbaum. Dort hört er plötzlich eine feine Stimme, die ihm sagt: «Nimm es, lies es, nimm es, lies es.»[65] Was dann geschieht, gehört zu den berühmtesten und folgenreichsten Bekehrungserlebnissen der Geschichte:

> Ich hemmte die Gewalt der Tränen und stand vom Boden auf: ich wusste keine andere Deutung, als dass Gott mir befehle, das Buch zu öffnen und die Stelle zu lesen, auf die zuerst ich träfe. […] So ging ich eilends wieder an den Platz, wo Alypius saß; denn dort hatte ich das Buch des Apostels hingelegt, als ich aufgestanden war. Ich ergriff es, schlug es auf und las still für mich den Abschnitt, auf den zuerst mein Auge fiel: ‹Nicht in Schmausereien und Trinkgelagen, nicht in Schlafkammern und Unzucht, nicht in Zank und Neid, vielmehr ziehet an den Herrn Jesus Christus und pfleget nicht des Fleisches in seinen Lüsten.› Weiter wollte ich nicht lesen und weiter war auch nicht nötig. Denn kaum war dieser Satz zu Ende, strömte mir Gewissheit als ein Licht ins kummervolle Herz, dass alle Nacht des Zweifelns hin und her verschwand.[66]

Man mag von dem stark stilisierten Bekehrungserlebnis halten, was man will, aber von diesem Moment an krempelt Augustinus sein Leben radikal um. Er geht mit Freundin, Mutter und Sohn nach Cassiciacum, der Ort ist heute nicht mehr bekannt, aber wahrscheinlich war es ein Ort am Comer See. Dort lässt er sich mit seinem Sohn Adeodatus und dem Freund Alypius in der Osternacht 387 taufen. Dann will er nach Nordafrika reisen. Aber es ist Krieg, und die Reisegruppe bleibt in Ostia hängen. Dort stirbt Augustinus' Mutter Monica. Erst Ende 388 kommt Augustinus in seiner Heimatstadt Thagaste an, wo kurz darauf sein Sohn stirbt. Augustinus lässt jetzt alles hinter sich, wie es scheint. Er will ein Kloster gründen und wird zum Priester geweiht. 396 wird er Bischof von Hippo. Seine zentrale Aufgabe sieht er in der Stärkung der Kirche gegen die vielen konkurrierenden christlichen Strömungen wie die Manichäer oder die Donatisten. Er schreibt Buch auf Buch und wird so allmählich zu einem der wichtigsten Kirchenväter und Philosophen der Spätantike.

Am Anfang seiner schriftstellerischen Arbeit stehen die «Confessiones», die Augustinus zwischen 397 und 401 schreibt. Er ist also gerade erst Bischof geworden. Die «Confessiones» sind eine autobiographische Schrift. Augustinus erzählt sein Leben. Man muss genauer sagen, er bekennt vor Gott sein Leben. Das Buch ist Beichte und Gotteslob zugleich. Immer wieder spricht Augustinus Gott an: Du. Augustinus erzählt zunächst seine persönliche Entwicklung bis hin zu seinem Bekehrungserlebnis. Die letzten Bücher enthalten dann immer mehr philosophische Betrachtungen. Zentral dabei ist das elfte Buch mit der Untersuchung zum Thema Zeit.

Das ist kein Zufall, denn eigentlich geht es in erster Linie nicht um die Zeit, sondern um die Ewigkeit. Das sagt schon der erste Satz des elften Buches: «Herr, Dein ist die Ewigkeit.»[67] Man kann die «Confessiones» auch als Werbung für das Christentum lesen: wie aus einem Zweifler ein Christ wird. Und deshalb setzt sich Augustinus auch mit Argumenten gegen das Christentum auseinander. Ein Punkt dabei ist die Schöpfung aus dem Nichts. Denker wie Platon beschreiben zwar auch einen Schöpfungsakt, ihr Demiurg aber schöpft nicht aus dem Nichts durch das reine Wort, sondern er bearbeitet eine ungeformte Urmaterie. Aber wenn da laut Augustinus gar nichts ist, was hat Gott denn gemacht, bevor er die Welt schuf? Das ist die Ausgangsfrage der Untersuchung: «Was tat Gott, bevor er Himmel und Erde erschuf?»[68] Und Augustinus' Antwort darauf ist: nichts. «Ehvor Gott Himmel und Erde wirkte, hat er nicht irgend etwas gewirkt.»[69]

Wie Plotin entwickelt Augustinus sein Zeitverständnis im Gegensatz zum Begriff der Ewigkeit. Gott ist ewig. In dieser Ewigkeit gibt es kein Gestern und kein Morgen, es gibt nur ein Heute, in dem alles ist, mit der Betonung auf «ist». Denn nichts war und nichts wird sein: «Deine Jahre stehen ein für allemal zugleich, eben weil sie stehen, und da werden gehende nicht von anderen, die nun kommen, verstoßen, weil ja keine vorübergehen [...]. Dein Heute ist Ewigkeit.»[70] Die Zeit wird erst von Gott geschaffen. Aber was ist sie dann? Mit dieser Frage nach dem Wesen der Zeit setzt die eigentliche Untersuchung ein: «Was ist also Zeit? Wenn mich niemand danach fragt, weiß ich es; will ich einem Fragenden es erklären, weiß ich es nicht.»[71]

Augustinus beginnt seine Untersuchung mit der schon von Aristoteles bekannten Frage nach dem Sein von Zeit. Die Vergangenheit ist ja nicht mehr, die Zukunft ist noch nicht. Es gibt nur die Gegenwart (Präsens). Aber sie hat nichts zu tun mit dem ständigen Jetzt der Ewigkeit in Gott. Die Gegenwart verändert sich unaufhörlich, indem sie in die Zukunft ausgreift und in die Vergangenheit übergeht. Zeit, formuliert Augustinus es, flieht dem Nichtsein zu.[72]

Trotzdem sprechen wir von langer und kurzer Zeit. Die Gegenwart kann damit nicht gemeint sein. Augustinus fragt sich, ob 100 Jahre Gegenwart eine lange Zeit sind. Können 100 Jahre überhaupt gegenwärtig sein? Wenn das erste Jahr davon beginnt, sind 99 Jahre noch nicht. Ist das erste Jahr vergangen, ist 1 Jahr nicht mehr und 98 sind noch nicht. Das meiste der 100 Jahre ist also nicht gegenwärtig. Wie sieht es aus mit einem Jahr? Wenn der erste Tag angebrochen ist, sind 364 Tage noch nicht. Ist der erste Tag um, so ist 1 Tag vergangen und 363 Tage sind noch nicht. Ein Jahr ist also ebenso wenig gegenwärtig wie 100 Jahre. Ob ich einen Monat, eine Woche, einen Tag oder eine Stunde nehme, immer ist ein Teil dieser Zeitspanne noch nicht. Erst wenn ich beim Teilen der Zeit auf einen «Splitter von Augenblicken»[73] stoße, der sich nicht mehr teilen lässt, habe ich die Gegenwart gefunden. Und dieser Splitter rast in die Zukunft und lässt dabei Vergangenheit hinter sich. Wo also ist die Zeit, von der wir sagen, sie sei lang?

Sie muss in der Gegenwart sein, folgert Augustinus. Die Frage ist nur wie? Augustinus antwortet darauf, wir halten von der vorbeirasenden Zeit etwas in der Gegenwart fest, nämlich unsere Erinnerung. Unsere Kindheit ist lange her, sie liegt in einer Vergangenheit, die nicht mehr ist, aber wir können ein Bild von ihr in der Gegenwart hervorrufen. Wir können uns erinnern, von ihr erzählen, sie schildern. All das geschieht in der Gegenwart, weil ein Bild von uns als Kind in unserer Erinnerung ist. Dieses Bild freilich ist nicht die Wirklichkeit selbst. Wir machen nicht die Vergangenheit wieder gegenwärtig, es sind Worte und Bilder, als Spuren in uns, die wir in der Gegenwart wieder hervorrufen können. Wir erinnern uns heute an das Gestern.

Ähnlich ist es mit der Zukunft, zum Beispiel wenn ich die Morgenröte betrachte, die den Aufgang der Sonne ankündigt. Das reine Schauen auf den Osthimmel ist gegenwärtig. Auch die Sonne ist gegenwärtig. Aber sie ist noch nicht aufgegangen, das liegt in der Zukunft, der Sonnenaufgang «ist» noch nicht. Sehen kann ich den Sonnenaufgang nicht, aber da sich der Himmel rot gefärbt hat, weiß ich, dass die Sonne gleich aufgehen wird. Ich erwarte es. Genau das ist der Punkt für Augustinus: die Erwartung. Die Zukunft – der Sonnenaufgang – ist noch nicht. Aber in meinem Geist kann ich die Sonne jetzt schon sehen, denn ich weiß, dass sie erscheint, kurz nachdem der Himmel sich rot gefärbt hat.

Damit sind wir beim Kern der Zeittheorie von Augustinus. Sein hat nur die Gegenwart. Und Vergangenheit und Zukunft existieren nur als Erinnerung und Erwartung in der Gegenwart. «Denn es sind diese Zeiten als eine Art Dreiheit in der Seele, und anderswo sehe ich sie nicht: und zwar ist da Gegenwart von Vergangenem, nämlich Erinnerung; Gegenwart von Gegenwärtigem, nämlich Augenschein; Gegenwart von Zukünftigem, nämlich Erwartung.»[74]

Aber wenn alles nur Gegenwart ist, diese Splitter von Augenblicken, wie Augustinus das genannt hat, wie kommt es dann, dass Zeit eine Dauer hat, also eine Art von Ausdehnung? Das liegt daran, dass die Gegenwart eben nicht hauchdünn zwischen Vergangenheit und Zukunft sitzt, sondern sich mittels Erinnerns und Erwartens gewissermaßen in der Zeit ausdehnt. Augustinus erläutert das am Beispiel einer Melodie. Während sie erklingt, können wir sie hören, denn nur dann ist sie da. In ihrem Vorübergehen, ihrem Verklingen dehnt sie sich zu einer kurzen Dauer auf, die wir aber als Ganzes wahrnehmen, sonst würden wir die Melodie gar nicht als Melodie erkennen, sondern nur als Abfolge einzelner, zusammenhangloser Töne. Augustinus drückt das selbst nicht aus, aber spätere Denker wie Edmund Husserl oder William James haben Schlüsse daraus gezogen: Die Gegenwart ist nicht ein rasiermesserscharfer Jetztpunkt, der Vergangenheit und Zukunft trennt, wie Aristoteles sich das vorgestellt hat. Sie ist wie ein «Sattelrücken» (William James), auf dem wir stehen und in Vergangenheit und

Zukunft schauen. Das entspricht modernen Erkenntnissen.[75] Schon Ende des 19. Jahrhunderts hatte der Biologe Jakob von Uexküll (1864–1944) herausgefunden, dass die Dauer oder Spanne der Gegenwart bei verschiedenen Lebewesen unterschiedlich lang ist. Und entsprechend anders ist auch das Zeitempfinden. Wer einen Hund hat, wird das nachvollziehen können. Der Hund freut sich, wenn wir vom Briefkasten um die Ecke zurückkommen, als wären wir Jahre fort gewesen. Der Psychologe Ernst Pöppel (* 1940) hat versucht, die Dauer unserer Gegenwart auszumessen. Er kommt auf ein Fenster von drei Sekunden. So breit ist der Sattelrücken der Zeit, den wir als Gegenwart erleben. Danach treten neue Ereignisse in dieses Gegenwartsfenster und die alten verschwinden in der Vergangenheit. Zuerst sind sie noch präsent, aber allmählich verschwinden sie in der Dunkelheit. Es ist, als würden auf einem Band Dinge aus der Dunkelheit auf uns zukommen, unter einem Lichtstrahl an uns vorbeigleiten und dann wieder im Dunkel verschwinden. Wenn etwas von diesen Dingen, die da an uns vorbeigezogen sind, bleibt, dann in der Erinnerung.

So ähnlich muss Augustinus sich Zeit vorgestellt haben. Wir erwarten etwas (wie das Aufgehen der Sonne), das dann geschieht und ins Licht unserer Aufmerksamkeit gerät, und dann verschwindet es langsam wieder und bleibt nur noch in der Erinnerung: Was für ein herrlicher Sonnenaufgang! Dieser Prozess von Erwartung, Aufmerksamkeit und Erinnerung ist Zeit, und Augustinus kann deshalb auch die Zeit definieren als Ausdehnung des Geistes.[76] Damit trennt er das Phänomen Zeit von seinem kosmisch-kosmologischen Ursprung, den es von Platon bis Plotin hatte. Selbst dessen Weltseele ist ein kosmisches Phänomen und kein psychologisches. Der Kosmos ist beseelt, und das Leben dieser Weltseele ist die Zeit.

Bei Augustinus dagegen findet die Zeit in uns statt. Sie entsteht im Geist. Dort erleben wir die Phänomene gewissermaßen nacheinander, sie kommen aus der Zukunft auf uns zu, gleiten durch die Gegenwart und verschwinden in der Vergangenheit. Wir brauchen dieses Nacheinander, da wir eben nicht in der Lage sind, alles zugleich wahrzunehmen. Das kann nur Gott, das ist (man muss hier den Begriff «geschieht» wegen seiner Prozessualität vermeiden) in der Ewigkeit.

Mit Augustinus' Definition der Zeit als Ausdehnung des Geistes ist die Zeit vom Himmel herabgestiegen. Wir sind jetzt die Zeit, sie findet in uns statt. Wir sind die Zeit! Das ist tatsächlich eine radikale Umkehr der Verhältnisse. Aber dabei bleibt es auch. Lange tut sich wenig auf dem Gebiet der Zeittheorien. Die Philosophen des langsam heraufdämmernden Mittelalters setzen sich vor allem mit den vier großen Theorien von Platon, Aristoteles, Plotin und Augustinus auseinander. Denker wie Robert Grosseteste, Albertus Magnus, Heinrich von Gent oder Dietrich von Freiberg kommentieren und verfeinern sie. Erst mit Isaac Newton kommt wieder neue Bewegung in das Nachdenken über die Zeit.

Isaac Newton: Völlig losgelöst

Der englische Physiker Isaac Newton (1642–1726)[77] veröffentlichte 1687 seine «Philosophiae naturalis principia mathematica» («Mathematische Grundlagen der Naturphilosophie»). Die «Principia» sind eines der wirkmächtigsten Bücher der Geschichte. Mit ihnen begründet Newton die modernen Naturwissenschaften. Die Gesetze, die er darin beschreibt, wenden wir heute noch an, auch wenn sie inzwischen als Spezialfälle von Relativitätstheorie und Quantenphysik gelten. Für rund 200 Jahre hatte Newton mit seiner Mechanik das Paradigma der Physik entwickelt, das enorme Fortschritte in Wissenschaft und Technik ermöglichte.

Newton war Verwaltungsbeamter und Naturforscher. Kurz vor seiner Geburt war sein Vater gestorben, sodass Newton bei seiner Großmutter aufwuchs und erst mit neun Jahren wieder zu seiner Mutter zog. Ein Leben lang hatte er wohl deshalb psychische Probleme und galt als schwieriger Charakter, der im Streit mit zahlreichen anderen Denkern seiner Zeit lag. Da sein Vater ein Lord of the Manor war, erhielt Newton eine hervorragende Ausbildung. Mit 18 Jahren trat er ins Trinity College in Cambridge ein und wurde 1667 Fellow, was von Newton unter anderem verlangte, dass er die geistlichen Weihen und ein Zölibatsgelübde ablegte. 1669 übernahm Newton den Lucasischen Lehrstuhl für Mathematik in Cambridge, einen der bedeutendsten Lehrstühle an einer Universität überhaupt. Newton veröffentlichte jetzt eine Reihe von Büchern, doch da er mit Kritik an seinen Arbeiten nur schwer umgehen konnte, zog er sich im Laufe seines Lebens immer mehr aus der Öffentlichkeit zurück.

Äußerlich führte Newton ein eher ereignisloses Leben, das vor allem bestimmt war vom Streit mit Männern wie Robert Hooke (1635–1703), Christiaan Huygens (1629–1695), John Flamsteed (1646–1719) oder Gottfried Wilhelm Leibniz (1646–1716). Mit Leibniz zankte er sich darum, wer die Infinitesimalrechnung entwickelt hatte, ja, Newton rühmte sich, er habe Leibniz in diesem Streit das Herz gebrochen. Bei dem Astronomen John Flamsteed ging es um astronomische Beobachtungen und Daten, die Newton nutzen wollte. Newton erzwang mit einem königlichen Edikt die Veröffentlichung von Flamsteeds astronomischen Daten und gab sie mehr oder weniger als seine eigenen aus. Erst Jahre später wurde Flamsteed als deren Urheber anerkannt und Flamsteed kaufte alle von Newton auf Basis dieser Daten veröffentlichten Bücher und verbrannte sie öffentlich vor dem Royal Observatory. Das wiederum erboste Newton so sehr, dass er 1713 in der Neuauflage der «Principia» jeden Hinweis auf Flamsteed tilgte, dem er doch so viel zu verdanken hatte.

Flamsteed war Astronom und Gründungsmitglied des Royal Greenwich Observatory. Er befasste sich mit dem Thema der Zeitgleichungen, also dem Unterschied zwischen der wahren und der mittleren Sonnenzeit. Die Astronomie war damals die Speerspitze der Wissenschaft. Wer hier neue Erkenntnisse lieferte, gehörte zur Elite an den Universitäten. Das mag den Streit zwischen Newton und Flamsteed zum Teil entschuldigen. Vor allem aber zeigt sich an der erbitterten und persönlichen Auseinandersetzung, dass hier um ein großes Thema gerungen wurde, und zwar nicht nur um einen Paradigmenwechsel in der Astronomie. Es ging um viel mehr. Das bisherige Weltbild der Antike in der Tradition von Platon, Aristoteles und Ptolemäus war auf den Kopf gestellt worden. Die Rede ist von dem Umbruch, den wir heute als kopernikanische Wende bezeichnen. Dieser Umbruch war damals nicht Geschichte, man befand sich mittendrin.

Die kopernikanische Wende bedeutet auf der einen Seite die Abkehr vom geozentrischen Weltbild mit der Erde als Mittelpunkt des Kosmos. Das hatte nicht nur weitreichende Folgen für die Stellung des Menschen im Kosmos, der jetzt eben nicht mehr im Mittelpunkt der Schöpfung stand. Es hatte auch Folgen für die Art und Weise, wie wir über die Natur nachdenken. Es war die Abkehr vom Augenschein hin zu von der Vernunft geleiteten Erkenntnisprinzipien.

Nikolaus Kopernikus' (1473–1543) Theorie, dass sich die Erde um die Sonne dreht, stellte die bis dahin geltende aristotelische Physik vor unlösbare Probleme. Nach Aristoteles sucht jedes Element der vier Elemente Feuer, Wasser, Erde und Luft seinen natürlichen Ort. Alle erdhaften Dinge fallen dabei nach unten, zur Erde, weil eben das ihr natürlicher Ort ist. Wenn sich aber die Erde bewegt, wie es Kopernikus sich vorstellte, dann fielen die erdhaften Dinge weiter nach unten, einer festen Linie im Raum folgend, an der sich bewegenden Erde vorbei. Um dieses Problem zu lösen, ging man in der aristotelischen Physik davon aus, dass die Erde sich eben nicht bewegt, sondern sozusagen immer «unten» war. Kopernikus versuchte, das Problem durch eine Art Ganzheits- oder Ergänzungstheorie zu lösen. Die Erde und alle erdhaften Teile ziehen einander an, weil sie ein natürliches Streben haben, eine Ganzheit hervorzubringen.

Johannes Kepler (1571–1630) versuchte das Problem mit einer magnetischen Kraft zu lösen. Das war bereits ein Paradigmenwechsel. Bewegung wurde jetzt durch eine äußere Kraft erklärt, sie war kein Wollen des Körpers mehr, der an einen bestimmten Ort strebt. Das Prinzip der Entelechie, dass also jeder Gegenstand sein Ziel in sich selbst trägt, wurde damit aufgegeben. Kepler ist, wie Friedrich Cramer in «Der Zeitbaum»[78] schreibt, so etwas wie die Verkörperung der kopernikanischen Wende. Als junger Mann hatte er 1596 ein Planetenmodell vorgeschlagen, das noch den Idealen der antiken Philosophie verpflichtet war. Darin bewegten sich die Planeten auf Kugelschalen, denen die platonischen Körper eingeschrieben waren, also Tetraeder, Kubus, Ikosaeder und Pentagondodekaeder. Platon hatte diese Körper im «Timaios» entwickelt. Es war der Versuch, den Kosmos nach einem göttlichen Idealbild zu gestalten, eine Welt, die mathematisch vollkommen präzise gestaltet war. In Keplers System bewegten sich die Planeten auf Kreisbahnen. Das Problem war nur, dass sich mit seiner Theorie die Planetenbahnen und -bewegungen nicht erklären ließen. Die Rechenergebnisse stimmten nicht mit den Fakten überein. Kepler selbst war durch die für ihre Zeit erstaunlich präzisen Beobachtungen des dänischen Astronomen Tycho Brahe

(1546–1601) gezwungen, seine Theorie aufzugeben. Er konnte Brahes Beobachtungen nur erklären, wenn er annahm, dass die Erde sich in der Form einer Ellipse um die Sonne bewegt.

Das war eine erschreckende Überlegung. Es war, als hätte man Gott Pfusch am Bau nachgewiesen. Und wenn Gott nicht pfuschte, dann war die Welt nicht so göttlich, wie man es bis dato angenommen hatte. Kepler ging sogar noch weiter. Er machte aus dem Idealkosmos der Antike einen zeitlichen Kosmos, indem er in seinem zweiten Gesetz der Planetenbewegungen Zeit als Maß der Bewegung einführte – und nicht nur als Maß des Früher und Später wie bei Aristoteles. Das Gesetz besagt, dass die Verbindungslinie der Sonne zu einem Planeten in der gleichen Zeit gleich große Flächen überstreicht. Noch etwas veränderte sich mit Kepler. Bei ihm greift zum ersten Mal in der Geschichte der Naturwissenschaften das Primat der experimentellen Beobachtung. Der Zeitforscher Julius T. Fraser fasst die von Kopernikus und Kepler eingeleitete Wende so zusammen: «Kopernikus verjagte uns aus der Mitte der Welt. Kepler demokratisierte den Himmel und machte ihn zeitlich. Die mittelalterliche Unterscheidung zwischen Himmel und Erde verschwand und das Zeitalter der Vernunft und des Zweifels zog herauf.»[79]

Der dritte Physiker, der den Boden für Newton bereitete, war schließlich Galileo Galilei (1564–1642). Er ist einer der wichtigsten Begründer der modernen Naturwissenschaften, vor allem weil er konsequent genaue Experimente, Messungen und mathematische Analysen durchführte. Berühmt wurde Galilei, weil die Kirche ihn und seine Lehren verurteilte und Galilei widerrief. Davon handelt Bertolt Brechts Theaterstück «Leben des Galilei» aus dem Jahr 1939 (Uraufführung 1943), in dem Galilei den berühmten Satz sagt: «Die Winkelsumme im Dreieck kann nicht nach den Bedürfnissen der Kurie abgeändert werden.»

Galilei stellte altbekannte Begriffe der Physik neu auf den Prüfstand. In seinem «Dialog über die beiden hauptsächlichen Weltsysteme»[80] gibt es eine Diskussion über die Frage, warum Gegenstände nach unten fallen, die Frage also, die seit Aristoteles immer wieder diskutiert wurde. Simplicio, ein Vertreter des Aristotelismus in Galileis Dialog, sagt, das sei natürlich die Schwere. Daraufhin entgegnet ihm Salviati, es *heiße* bloß die Schwere. Galilei will damit sagen, man müsse alle Begriffe neu auf den Prüfstand stellen. Genau das ist das Anzeichen eines Paradigmenwechsels. Bekannte Einsichten, ja wissenschaftliche Dogmen geradezu, werden neu befragt und hinterfragt.

Eben das macht Isaac Newton auch mit dem Begriff der Zeit. Dabei bedient er sich allerdings eines Tricks. Er definiert Zeit nämlich gar nicht, sondern setzt sie als bekannt voraus: «Zeit, Raum und Ort sind allen wohlbekannt.»[81] Das erspart ihm mühsame Definitionen, und er kann einfach sagen: Ich aber benutze den Begriff Zeit so und so. Ähnlich verfährt er mit den Begriffen Raum, Ort und Bewegung. Und er ergänzt, dass man all diese Begriffe «in Beziehung auf sinnlich Wahrnehmbares»[82] auffasse.

Newtons eigentlicher Geniestreich nun ist es, die Zeit in zwei Modi aufzufassen. Er schreibt:

> Die absolute, wirkliche und mathematische Zeit fließt in sich und in ihrer Natur gleichförmig, ohne Beziehung zu irgendwas außerhalb ihrer Liegendem, und man nennt sie mit einer anderen Bezeichnung ‹Dauer›. Die relative Zeit, die unmittelbar sinnlich wahrnehmbar und landläufig so genannte, ist ein beliebiger sinnlich wahrnehmbarer und äußerlicher Messwert der Dauer, aus der Bewegung gewonnen (sei es ein genauer oder ungleichmäßiger), welchen man gemeinhin anstelle der wahren Zeit benützt, wie Stunde, Tag, Monat, Jahr.[83]

Dieser kurze Text über die Zeit ist enorm wirkmächtig. Wenn wir heute sagen, die Zeit fließe und sei völlig gleichmäßig, dann hat das hier seinen Ursprung.

Was macht Newton? Zunächst einmal erkennt er die Zeit, mit der wir alle täglich umgehen, durchaus an. Es ist die «relative Zeit». Wir gewinnen sie, indem wir Bewegungen messen. Das tun wir, indem wir den Himmel beobachten oder Uhren benutzen, die zur Zeit Newtons übrigens gerade ihren Siegeszug antraten. Aber diese Zeit ist nicht genau, ihr Messwert ist mal mehr, mal weniger genau. Dem steht die absolute Zeit gegenüber. «Absolut» bedeutet «losgelöst». Das heißt, diese Zeit ist nicht an irgendeine Bewegung gebunden, Newton sagt, sie habe keine Beziehung «zu irgendwas außerhalb ihr Liegendem».[84] Innerhalb der Physik steht für diese Zeit das t. Wenn ich also die Geschwindigkeit eines Gegenstands berechne ($v = s / t$), dann ist diese Zeit, von der hier die Rede ist, nicht die Zeit auf einer Uhr oder am Himmel, sondern eine ideale Zeit, die völlig losgelöst und rein verfließt.

Das Problem ist, dass wir diese absolute, rein im mathematischen Raum vorhandene Zeit im Grunde gar nicht messen können, denn die Uhren und sonstigen Zeitmesser, die wir haben, sind dazu viel zu ungenau. Newton weiß das, aber die Ungenauigkeit unserer Messmethoden tangiert die absolute Zeit nicht. Mit unseren Uhren, wie genau sie bis heute auch geworden sein mögen, reichen wir an die absolute Zeit nicht heran. Wir kommen ihr nur immer näher.

Das Problem der Zeitmessung bestand zu Newtons Zeit vor allen Dingen für die Astronomie. «Die natürlichen Tage, die man allgemein für passend hält, um die Zeit damit zu messen, sind nämlich ungleich.»[85] Diese Ungleichheit tangiert die absolute Zeit nicht, denn die relative Zeit, die sich auf die Bewegung von Uhren bezieht oder auf den Umlauf der Sterne, hat mit der Zeit, die Newton eigentlich meint, wenig bis nichts zu tun: «In der Tat wird die Dauer von ihren sinnlich erfahrbaren Messwerten mit Recht unterschieden.»[86] Und obwohl unsere Uhren genauer werden und sich relative und absolute Zeit einander annähern, ist es möglich, «dass es keine gleichförmige Bewegung gibt, durch die die Zeit genau gemessen werden kann. Alle Bewegungen können beschleunigt oder verzögert sein; aber der Fluss der absoluten Zeit kann sich nicht ändern.»[87]

Die Unterscheidung, die Newton in den «Principia» macht, bestimmt unseren Umgang mit Zeit und unser Denken über sie bis heute. Zum einen setzte etwa zur Zeit Newtons der endgültige Siegeszug der Uhren ein, die im Laufe der Jahrzehnte und Jahrhunderte immer präziser und zur eigentlichen Schlüsselmaschine der Moderne wurden. Wir werden uns damit noch ausführlich befassen. Zum anderen aber hat der Gedanke, dass die Zeit völlig unabhängig von uns fließt, unser Bild von ihr nachhaltig geprägt. Auch wenn wir heute alle wissen, dass Zeit im Sinne Albert Einsteins (1879–1955) relativ ist – «relativ» nicht im Sinne Newtons! –, so verhalten wir uns doch so, als wäre die Zeit immer noch absolut. Dieser nachhaltige Eindruck, den Newtons Bild von der absoluten Zeit hinterlassen hat, beruht tatsächlich darauf, dass seine Physik, in der er mit dem t der absoluten Zeit rechnete, so enorm erfolgreich war und unsere moderne, technisierte Welt erst ermöglicht hat.

Dieses Buch (das Sie gerade lesen) handelt davon, dass wir vergessen haben, dass Zeit eben nicht t ist. «Das sogenannte t der Physiker geht an allen Fragen nach der Natur der Zeit vorbei», so der Zeitforscher J. T. Fraser,[88] denn wir erfahren nichts darüber, was zum Beispiel Vergangenheit, Gegenwart und Zukunft sind. Eher im Gegenteil: In den Gleichungen der Newton'schen Physik ist es vollkommen gleichgültig, in welche Richtung die Zeit verläuft. Ob ein Zug, dessen Geschwindigkeit ich berechnen will, in die Zukunft oder in die Vergangenheit fährt, spielt für Newton keine Rolle. Die Formel $v = s : t$ ändert sich dadurch nicht. Wenn ich t definierte als «Zeit in Richtung Zukunft» und $-t$ als «Zeit in Richtung Vergangenheit», dann erhalte ich als Ergebnis einer Rechnung mit den Werten zum Beispiel $+50$ Stundenkilometer oder -50 Stundenkilometer. Die Geschwindigkeit bleibt gleich. Und die Vorzeichen $+$ und $-$ sagen mir nur, in welche Zeitrichtung der Zug gefahren ist. Kurz: Newtons absolute Zeit ist so losgelöst von jedem Inhalt, dass sie an keine Richtung der Zeit mehr gebunden ist. Das war, wie gesagt, physikalisch und technisch höchst erfolgreich. Nur mit der Wirklichkeit, die ja eigentlich von der Physik abgebildet und verstanden werden soll, hatte das nichts zu tun. Niemand von uns erlebt die absolute Zeit. Für uns bedeutet Zeit eben die «Bewegung» aus der Gegenwart in die Zukunft, wobei wir auf diesem Weg die Vergangenheit hinter uns lassen. All das spiegelt sich in Newtons t nicht wider. Newtons absolute Zeit ist leer, aber sie bestimmt unsere Vorstellung von Zeit bis heute. Und auch die Wissenschaft machte nach Newton enorme Fortschritte, obwohl sie mit einer Zeit rechnete, die so losgelöst von jedem Leben und Erleben ist, dass wir sie nie erreichen. Wie gesagt, Newtons Erfolg war groß, trotzdem war sein Zeitkonzept keineswegs unumstritten. Sein bedeutendster Widersacher war Gottfried Wilhelm Leibniz (1646–1716). Der Philosoph und Mathematiker war neben Newton wahrscheinlich der größte Geist der damaligen Zeit. Er hatte unabhängig von Newton ebenfalls die Infinitesimalrechnung erfunden, und die beiden stritten ein Leben lang darüber, wer der eigentliche Urheber war.[89]

Leibniz störte sich an Newtons Konzepten des absoluten Raumes und der absoluten Zeit, da es sich hier um «leere» Konzepte handelt. Raum und Zeit sind bei Newton nicht an Inhalte gebunden. Leibniz dagegen verstand den Raum als die Beziehung zwischen Gegenständen und die Zeit als das Aufeinanderfolgen von Ereignissen. Raum war nicht wie bei Newton eine Art leerer Karton, in den man Dinge legen konnte, sondern der Raum spannte sich gewissermaßen auf zwischen den Dingen. Ähnlich die Zeit: So wie die Dinge nicht *im* Raum sind, sind sie auch nicht *in* der Zeit. Vielmehr entsteht in der Abfolge von Ereignissen die Zeit. Wir erleben, wie die Sonne aufgeht und es dann langsam hell wird. Wir erleben, dass es regnet und die Erde nass wird. Das sind Ursache-Wirkung-Beziehungen. Immer folgt die Wirkung der Ursache. Und genau diese Abfolge, dieses Nacheinander von Ereignissen nennen wir, so Leibniz, Zeit.

Leibniz' Theorie von der Zeit hat nur wenig Widerhall gefunden. Das Konzept Newtons war einfach zu erfolgreich. Dabei nimmt Leibniz einen Gedanken vorweg, der zu Beginn des 20. Jahrhunderts unser Nachdenken über die Zeit radikal verändert. Wenn Zeit, wie Leibniz dachte, sich immer in der Beziehung oder Abfolge von Ereignissen manifestiert, dann ist Zeit relativ.

Immanuel Kant: Grüne Gläser

Auch Immanuel Kant (1724–1804) ist ein Kritiker Newtons. Sein Denken markiert eine Art Wasserscheide innerhalb der Philosophiegeschichte. Kant selbst spricht von einer kopernikanischen Wende. In der Vorrede zur zweiten Auflage seiner «Kritik der reinen Vernunft»[90] schreibt er:

> Es ist hiermit eben so, als mit den ersten Gedanken des Copernicus bewandt, der, nachdem es mit den Erklärungen der Himmelsbewegungen nicht gut fortwollte, wenn er annahm, das ganze Sternenheer drehe sich um den Zuschauer, versuchte, ob es nicht besser gelingen möchte, wenn er den Zuschauer sich drehen und dagegen die Sterne in Ruhe ließ. In der Metaphysik kann man nun, was die Anschauung der Gegenstände betrifft, es auf ähnliche Weise versuchen.[91]

Wegen dieser Einsicht zählt Karl Jaspers (1883–1969) Immanuel Kant neben Platon und Augustinus zu den drei grundlegenden Denkern des Abendlandes. Zugleich gilt Kant als Prototyp des Philosophen: weltabgewandt und pedantisch. Heinrich Heine hat gespottet, von Kant könne man keine Biographie schreiben, Kant habe weder ein Leben noch eine Geschichte gehabt, er sei sein ganzes Leben nicht aus Königsberg herausgekommen. Neuere biographische Forschungen jedoch belegen, dass dieses Bild falsch ist.[92]

Geboren wurde Kant am 22. April 1724 in Königsberg. Die Eltern waren stark vom Pietismus beeinflusst und ließen ihren Sohn entsprechend erziehen. Kant erlebte den Drill in der Schule als Jugendsklaverei, die ihn jeder Religion gegenüber skeptisch machte. 1740 hatte er die Schule hinter sich gebracht und konnte sich an der Universität Königsberg einschreiben. Für welche Fächer ist nicht ganz klar, belegt ist, dass er von Anfang an Vorlesungen in Philosophie hörte. Kurz bevor er sein Studium abschloss, starb sein Vater. Kant war 24 Jahre alt und ganz auf sich allein gestellt. Er verließ Königsberg und nahm eine Stelle als Hauslehrer an. Fünf Jahre lang blieb er, schrieb ein erstes Buch, dann kehrte er zurück an die Universität Königsberg und machte seinen Doktor in Philosophie. Er durfte jetzt als Privatdozent lehren, was er auch 15 Jahre lang tat. Leben musste er in dieser Zeit von den Kolleggeldern seiner Studenten. Da Kants Vorlesungen beliebt waren, hatte er viele Studenten. Er war zwar nicht reich, konnte es sich aber leisten, jeden Tag im Gasthaus zu essen. In Königsberg galt er bald als der «elegante Magister». Erst 1770, mit 46 Jahren, wurde Kant ordentlicher Professor. Die nächsten zehn Jahre war es still um ihn. In diesen Jahren arbeitete er an seinem Hauptwerk, der «Kritik der reinen Vernunft», die im Mai 1781 erschien und die Philosophie revolutionierte. Drei Fragen bewegten ihn: Was kann ich wissen? Was soll ich tun? Was darf ich hoffen? Jeder dieser Fragen widmete er ein eigenes Buch. Die «Kritik der reinen Vernunft» handelt vom Wissen. Die «Kritik der praktischen Vernunft» (1788) untersucht das Handeln, die «Kritik der Urteilskraft» (1790) die Moral. 1796 hielt Kant seine letzte Vorlesung. Seine körperlichen Kräfte ließen jetzt rasch nach, und er wurde etwas wunderlich. Das Bild, das wir uns heute von ihm machen, stammt aus dieser Zeit, hat aber mit Kant im Grunde wenig zu tun, denn als Denker war er höchst aktuell und inspiriert von den großen politischen und kulturellen Ereignissen seiner Zeit.

Vor allem die Frage aus der «Kritik der reinen Vernunft», wie wir zu sicherem Wissen über die Welt kommen, macht Kant zu einem grundlegenden Denker. Zu Kants Zeit lagen dabei die philosophischen Schulen von Rationalismus und Empirismus miteinander im Streit. Die Rationalisten, zu denen immerhin ein Schwergewicht wie René Descartes (1596–1650) mit seinem berühmten *cogito ergo sum* («Ich denke, also bin ich») zählte, waren der Ansicht, dass Erkenntnis reine Vernunfterkenntnis sei. Erfahrungen bräuchten wir dazu nicht, denn sie seien dunkel und unsicher, unsere Sinne könnten uns täuschen. Descartes' philosophisches Programm in seinen «Meditationen» von 1641 war eine radikale Reduktion alles bezweifelbaren Wissens, bis am Ende nur noch das zweifelnde – und damit denkende – Ich bleibt. Dem steht die Schule der Empiristen gegenüber, die vor allen Dingen von Engländern wie Francis Bacon (1561–1626), Thomas Hobbes (1588–1679) und John Locke (1632–1704) vertreten wurde. Sie gehen davon aus, dass alle Erkenntnis auf der sinnlichen Erfahrung und ihrer Reflexion im Verstand beruht.

Kant nun hält dem Rationalismus entgegen, dass unsere Sinne durchaus Ursache von Erkenntnissen sein können. Die Dinge, die wir sehen, hören oder riechen, sind sozusagen das Rohmaterial unseres Wissens von der Welt. Dem Empirismus entgegnete er, dass allerdings nicht alles Wissen rein aus der Erfahrung und Anschauung der Dinge stammen kann. Wir brauchen, sagt Kant, die Erfahrung des Empirismus und die Begriffe des Rationalismus. Dafür prägt er die Formel: «Gedanken ohne Inhalt sind leer, Anschauungen ohne Begriffe sind blind.»[93]

Es ist David Hume (1711–1776), der Kant schließlich auf die Lösung des Streits von Rationalisten und Empiristen bringt. Eines der großen Themen in Humes 1748 erschienenen Buch «An Enquiry Concerning Human Understanding»[94] ist die Kausalität. Das Verhältnis von Ursache und Wirkung ist ein zentrales Problem jeder Erkenntnistheorie. Hume erklärt diesen Zusammenhang nicht, indem er versucht, irgendwelche Verknüpfungen in der Natur oder in den Kausalzusammenhängen selbst zu finden. Er ist also nicht der Ansicht, dass der Apfel vom Baum fällt, weil er sich auf seinen natürlichen Ort hin zubewegt. Für ihn liegt der Zusammenhang darin, dass wir entsprechende Abfolgen immer wieder beobachtet haben und deshalb daraus schließen, dass hier Kausalität herrschen müsse. Es ist eine Art Spiel von Gewöhnung und Erwartung. Und dieses Spiel findet weder in der Natur noch in den Kausalzusammenhängen selbst statt – sondern im Geist des menschlichen Beobachters. Es sind diese Überlegungen Humes, die Kant aus seinem «dogmatischen Schlummer»[95] aufwecken, wie er das selbst nennt, und die kopernikanische Wende auslösen.

Die Wende liegt darin, dass wir nicht mehr davon ausgehen, dass unsere Erkenntnis auf der Natur der Dinge selbst beruht, sondern in der Art und Weise liegt, wie wir diese Dinge erkennen.

> Bisher nahm man an, alle unsere Erkenntniß müsse sich nach den Gegenständen richten; aber alle Versuche über sie a priori etwas durch Begriffe auszumachen, wodurch unsere Erkenntniß erweitert würde, gingen unter dieser Voraussetzung zu nichte. Man versuche es daher einmal, ob wir nicht in den Aufgaben der Metaphysik damit besser fortkommen, daß wir annehmen, die Gegenstände müssen sich nach unserem Erkenntniß richten, welches so schon besser mit der verlangten Möglichkeit einer Erkenntniß derselben a priori zusammenstimmt, die über Gegenstände, ehe sie uns gegeben werden, etwas festsetzen soll.[96]

Kants eigentliche Frage in der «Kritik der reinen Vernunft» ist also, wie menschliche Erkenntnis funktioniert. Wie arbeitet unser Verstand? Kant geht die Frage an, indem er die beiden Stämme oder Elemente der menschlichen Erkenntnis untersucht. In der «transzendentalen Elementarlehre» geht es um die Bedingung der Möglichkeit von sinnlicher Erkenntnis. Die «transzendentale Methodenlehre» fragt, wie wir mit den Erkenntnissen aus der Elementarlehre umgehen können. Kant selbst beschreibt den Aufbau mit dem Bild eines Hausbaus. Während die Elementarlehre untersucht, welche Art von Gebäude man mit dem vorhandenen Material – unseren Sinneseindrücken – bauen kann, skizziert die Methodenlehre den Bauplan des Gebäudes. Die Elementarlehre, die den weitaus größten Teil der «Kritik» ausmacht, untergliedert sich wiederum in zwei Teile. Die «transzendentale Ästhetik» liefert eine Theorie der Sinneseindrücke, die «transzendentale Logik» befasst sich mit den Verstandesleistungen, die wir haben und brauchen.

Kants Zeittheorie ist Teil der «transzendentalen Ästhetik». Man nähert sich der Theorie schon, wenn man den Begriff der «transzendentalen Ästhetik» genau anschaut. «Transzendental» bezeichnet dabei Strukturen oder Begriffe, die nicht durch empirische Erfahrung gewonnen werden können, die also vor der Erfahrung liegen. Den Begriff «Ästhetik» verwendet Kant nicht im modernen Sinne einer Theorie des Schönen, sondern im Sinn einer Lehre von der sinnlichen Wahrnehmung. Wenn die Untersuchung der Zeit also Teil der transzendentalen Ästhetik ist, dann bedeutet das, sie ist eine Struktur unserer sinnlichen Wahrnehmung, die vor aller Erfahrung liegt.

Im Grunde ist allein mit dieser Einordnung Kants Zeittheorie beschrieben: Zeit ist eine Struktur unserer sinnlichen Erfahrung. Der zweite, zur transzendentalen Ästhetik gehörende Begriff ist der Raum, auch er ist eine Struktur der Wahrnehmung. Alles, was wir sehen, sehen wir in einer räumlichen und zeitlichen Ordnung. Die Dinge stehen nebeneinander, hintereinander, übereinander, der Stuhl steht vor dem Tisch, die Lampe auf dem Tisch, der Tisch steht links neben der Tür. Zuerst wurde der Tisch ins Zimmer gebracht, danach der Stuhl, dann die Lampe. Jetzt wird gerade der Computer ins Zimmer getragen, die Bücher kommen morgen. Zeit und Raum sind «Bedingung a priori von aller Erscheinung überhaupt».[97] Anders ausgedrückt: Wir können uns vorstellen, dass der Raum leer ist, wir können uns vorstellen, dass sich nichts verändert (Zeit), was wir uns aber nicht vorstellen können, ist, dass Raum und Zeit nicht sind.

Als Form der Anschauung ist Zeit eine «subjektive Bedingung»[98] von Erkenntnis, das heißt auch, es gibt keine Zeit (und keinen Raum), wenn es kein erkennendes Subjekt gibt. Damit bezieht Kant klar Stellung gegen Newton und seine Theorie der Absolutheit von Raum und Zeit. «Dagegen bestreiten wir der Zeit allen Anspruch auf absolute Realität».[99] Wenn man versucht, Zeit von der sinnlichen Anschauung zu lösen, Kant sagt *zu abstrahieren,* dann ist sie verschwunden, sie ist gar nichts. Zeit also gibt es nur, weil es Menschen gibt. Kant hat das klar gesehen und auch formuliert: «Wenn man von ihr die besondere Bedingung unserer Sinnlichkeit wegnimmt, so verschwindet auch der Begriff der Zeit, und sie hängt nicht an den Gegenständen selbst, sondern bloß am Subjekte, welches sie anschaut.»[100]

Zeit ist die Bedingung der Möglichkeit von Anschauung. Sie ist eine innere Erfahrung, die vor aller konkreten Wahrnehmung liegt, und strukturiert dadurch alles, was wir sehen, hören, riechen, schmecken, fühlen in eine Abfolge von davor, jetzt und danach. Das heißt auch, dass wir die Zeit nicht objektiv anschauen können, denn unser Blick auf sie findet immer schon in der Zeit statt. Ich kann die Zeit nicht beschreiben, ohne schon in der Zeit zu sein; einen archimedischen Standpunkt, von dem aus ich sie «von außen» anschauen könnte, gibt es nicht.

Insofern sagt Kant lediglich, was die Zeit *für uns* ist – Bedingung der Möglichkeit von Anschauung –, aber nicht, was sie *wirklich* ist. Am Ende läuft die gesamte Erkenntnistheorie von Kant auf diese Einsicht hinaus: Wir können über die Welt nur sagen, was sie für uns ist – wie sie wirklich ist, werden wir nie herausbekommen. Das berühmte Ding an sich bleibt für uns ein Geheimnis, «was die Dinge an sich sein mögen, weiß ich nicht».[101] Selbst Raum und Zeit sind keine Bestimmungen der Dinge an sich, sondern Bestimmungen nur an ihren Erscheinungen, also an dem, was sich uns davon zeigt.

Dieser Abschied von der objektiven Erkenntnis hat Heinrich von Kleist (1777–1811) zutiefst erschüttert und in eine Lebenskrise gestürzt. Am 22. März 1801 schreibt er an seine Verlobte Wilhelmine von Zenge:

> Wenn alle Menschen statt der Augen grüne Gläser hätten, so würden sie urteilen müssen, die Gegenstände, welche sie dadurch erblicken, sind grün und nie würden sie entscheiden können, ob ihr Auge ihnen die Dinge zeigt, wie sie sind, oder ob es nicht etwas zu ihnen hinzutut, was nicht ihnen, sondern dem Auge gehört. So ist es mit dem Verstande. Wir können nicht entscheiden, ob das, was wir Wahrheit nennen, wahrhaft Wahrheit ist, oder ob es uns nur so scheint.[102]

Von dieser Einsicht hat Kleist sich nie mehr wirklich erholt. Am 21. November 1811 erschießt er sich in Berlin.

Zeit ist so ein grünes Glas, das wir vor Augen haben (auch wenn es nicht das einzige ist). Wir können dieses Glas, diese Brille, einfach nicht abnehmen, auch wenn wir wissen, dass wir sie tragen. Wir können uns im Spiegel betrachten und die Brille anschauen – aber wir tun das nur durch die Brille. Wir wissen, dass die anderen diese Brille ebenfalls aufhaben, immerhin funktioniert die «Sache» mit der Zeit ja. Wir können uns ohne Probleme mit anderen zu einem bestimmten Zeitpunkt verabreden, die Züge fahren pünktlich, die Uhren gehen gleichmäßig. Aber wie die Brille aussähe, wenn wir sie abnehmen könnten, das bleibt uns ein Leben lang verborgen. Die Zeit ist im höchsten Grad subjektiv und abhängig vom Betrachter. Bezogen auf Isaac Newton und seine Theorie von der Absolutheit der Zeit ist Kants Zeittheorie eine kopernikanische Wende. Die Zeit liegt nicht außerhalb von uns, sondern in uns. Sie ist damit relativ. Etwas mehr als ein Jahrhundert nach dem Erscheinen der «Kritik der reinen Vernunft» macht die gesamte Physik eine solche Wende und wird relativ.

Albert Einstein: Alles relativ

Albert Einstein (1879–1955) ist eine Ikone der Moderne, eine Art Popstar der Physik. Sein Bild mit der herausgestreckten Zunge ist eines der berühmtesten Fotos des 20. Jahrhunderts. Und wenn wir heute sagen, alles sei eben relativ, dann beziehen wir uns dabei letztendlich auf Einsteins Relativitätstheorie, die er 1905 in den «Annalen der Physik» veröffentlichte und 1915 erweiterte. Für diese beiden Arbeiten wurde er 1921 mit dem Nobelpreis ausgezeichnet, den er 1922 entgegennahm.

Einstein war Jude und wurde deshalb in Deutschland schon früh angefeindet. Als 1933 Hitler an die Macht kam, war Einstein gerade in Pasadena in den USA. Er legte sofort sein Amt an der Preußischen Akademie der Wissenschaften nieder, um zu verhindern, dass die Nazis ihn herauswerfen konnten, und ging nach Princeton, wo er eine neue Stelle annahm. 1939 unterzeichnete er als einer von vielen Wissenschaftlern in den USA eine Aufforderung an den Präsidenten, den Bau der Atombombe voranzutreiben, da viele Physiker befürchteten, dass auch die Nazis an der Bombe bauten. Nach dem Abwurf der ersten beiden Atombomben im August 1945 gründete Einstein allerdings das Emergency Committee of Atomic Scientists, das sich für eine friedliche Nutzung der Atomenergie einsetzte. Am 8. April 1955 starb Einstein in Princeton, New Jersey.

Einsteins Relativitätstheorie hat die Art, wie wir über Raum und Zeit nachdenken, grundsätzlich verändert, denn sie hat Newtons Mechanik als Paradigma der Physik abgelöst. Dabei ist ein Paradigma eine Art Rahmen, in dem sich Forschung bewegt und Fragen stellt. Ein Paradigma ist wie eine Brille mit bunten Gläsern, durch die man die Welt sieht. Es bestimmt, wie die Welt gesehen wird. Und je nachdem wie die Farbe meiner Gläser ist, passen Farben zusammen oder nicht. Setzt man eine andere Brille auf, sieht die Welt plötzlich anders aus und ganze neue Farben sehen plötzlich gut aus, wenn man sie kombiniert. Kleist hatte mit seinem Bild von den grünen Gläsern also gar nicht so Unrecht. Zum Wechsel eines Frage- oder Theorierahmens kommt es erst, wenn es im alten Paradigma zu viele Fragen gibt, die sich nicht mehr lösen lassen.

Genau so sah es Ende des 19. Jahrhunderts mit Newtons Physik aus. Newton hatte Geschwindigkeit definiert in Bezug auf den absoluten Raum, denn er befindet sich innerhalb von Newtons Theorie in absoluter Ruhe. Dieser Gedanke hängt mit unserer Wahrnehmung zusammen. Wenn ich am Straßenrand stehe und ein Auto fährt an mir vorbei, definiere ich seine Geschwindigkeit in Bezug auf mich am Straßenrand. Mein Eindruck als Fußgänger ist, dass der Wagen rast. Wenn ich selbst Auto fahre und von dem anderen Wagen überholt werde, definiere ich dessen Geschwindigkeit in Bezug auf mich hinterm Lenkrad. Dann fährt das andere Auto gar nicht mehr so schnell. Was ist nun die Geschwindigkeit des Autos? Die in Bezug auf mich am Straßenrand oder im Auto? Das heißt, um die Geschwindigkeit des vorbeifahrenden Wagens zu messen, brauche ich einen allgemeinen Ruhepunkt, auf den ich mich beziehe.

Zunächst, noch vor Newton, dachte man, die Erde als Mittelpunkt der Welt sei in absoluter Ruhe. Jede Bewegung bezog sich auf die Erde als Ruhepol: Die vorbeiziehenden Wolken flogen ebenso über eine stillstehende Erde hinweg wie Sonne, Mond und die Sterne. Mit Kopernikus verlor die Erde ihre Sonderstellung als Mittelpunkt der Welt und wurde zu einem Planeten unter anderen, die um die Sonne kreisten, die jetzt als der Ruhepol galt, auf den sich alle Bewegungen bezogen.

Newton wies die Rolle des Ruhepols nicht mehr einem bestimmten Körper zu, sondern dem absoluten Raum. Er postulierte einfach, dass es diesen absoluten Raum geben müsse. Und als eine seiner Eigenschaften setzte er die absolute Ruhe fest. Irgendwo könne es ja auch ein Objekt in absoluter Ruhe geben, schrieb Newton, und sollte das nicht so sein, müssten wir uns eines denken. Jede Bewegung und ihre Geschwindigkeit wurden in der Physik jetzt auf den absoluten Raum als «Nullpunkt» bezogen. Postkutschen, Spaziergänger, Kanonenkugeln, all das bewegte sich, weil es seine Lage bezogen auf den absoluten Raum änderte.

Im 19. Jahrhundert verabschiedete man sich von der Idee des absoluten Raums Abstand. Aber man brauchte einen Ruhepol, um Bewegung und Geschwindigkeit zu definieren. Dazu nahm man den Äther, einen Stoff, durch den sich alle Dinge ohne jede Störung und ohne jeden Widerstand bewegen konnten. Bewegung bezog sich jetzt auf den ruhenden Äther. Das Problem lag nur ähnlich wie das mit dem absoluten Raum: Es war reine Theorie. Äther ließ sich nirgendwo nachweisen. Allerdings stellte man sich das Licht als Wellenbewegung des Äthers vor. Wenn man etwas über den Äther wissen wollte, musste man also das Licht fragen.

Das taten 1887 die Physiker Albert Abraham Michelson (1852–1931) und Edward W. Morley (1838–1923). Sie wollten die Geschwindigkeit der Erde im Bezug zu den Lichtstrahlen messen, um daraus Rückschlüsse auf den Äther ziehen zu können. Das Ergebnis war erstaunlich. Die Erde schien sich praktisch nicht zu bewegen, Michelson und Morley kamen auf eine Geschwindigkeit von 5 bis 8 Kilometern pro Sekunde. Erwartet hatten sie sehr viel höhere Geschwindigkeiten. Zunächst dachte man an Messfehler, aber das Experiment wurde nicht besser, im Gegenteil, je genauer die Messdaten waren, umso mehr nahm die Geschwindigkeit ab. Das ließ sich mit der Newton'schen Physik einfach nicht erklären. Um für das nachgewiesene Phänomen eine Erklärung zu finden, musste man Newton hinter sich lassen. Genau das tat Albert Einstein. Und damit kam es zum Paradigmenwechsel in der Physik.[103]

Als Einstein seine bahnbrechende Arbeit von 1905 «Zur Elektrodynamik bewegter Körper» schrieb und veröffentlichte, ging es ihm nicht darum, das Michelson-Marley-Experiment zu erklären. Aber er lieferte doch eine Interpretation des Experiments. Er sagte nämlich, es gebe in der Natur nichts, was der absoluten Ruhe entspreche, weder einen ruhenden Äther noch irgendeinen anderen Punkt, mit Hilfe dessen man sagen könne, dass alle anderen Dinge sich bewegten, wenn sie ihre Lage in Bezug auf diesen Punkt oder Raum veränderten. Einstein postulierte etwas anderes, nämlich eine absolute Bewegung, also eine Bewegung, die immer dieselbe Geschwindigkeit hat, völlig unabhängig davon, wie schnell oder langsam die anderen Bewegungen sind. Die Geschwindigkeit der absoluten Bewegung ist völlig unabhängig von der Geschwindigkeit des Beobachters. Das entspricht überhaupt nicht unseren Erfahrungen. Wenn ich im Auto mit der Geschwindigkeit von 50 Kilometern pro Stunde aus der Stadt fahre und ein Zug fährt mit 80 Kilometern pro Stunde in die Stadt hinein, dann beträgt die Geschwindigkeit von Auto und Zug zueinander 130 Kilometer pro Stunde. Wenn wir beide aus der Stadt fahren, beträgt unsere Geschwindigkeit zueinander 30 Kilometer pro Stunde. Einstein sagte nun, das stimmt durchaus bei deinem Auto und dem Zug. Aber es gibt eine Bewegung, deren Geschwindigkeit sich nicht verändert, ob ich sie nun auf das Auto, den Zug oder eine Rakete beziehe. Diese Geschwindigkeit ist die Lichtgeschwindigkeit: c = 299792458 Meter pro Sekunde.

Das erklärte, warum Michelson und Morley bei der Messung der Erdgeschwindigkeit in Bezug auf das Licht immer auf das gleiche Ergebnis kamen. Wenn das Licht die absolute Bewegung oder Geschwindigkeit ist, dann hat jede Bewegung, bezogen auf das Licht, die Geschwindigkeit c. Und dabei ist es völlig unwichtig, ob es sich um eine Schnecke, ein Auto, eine Rakete oder die Erde handelt.

Die Geschwindigkeit des Lichtes ist der Dreh- und Angelpunkt der Relativitätstheorie. Und das hat auch Konsequenzen für das Verständnis der Zeit. Nehmen wir zum Beispiel an, wir sitzen mit Mr. Spock und Captain Kirk in der Enterprise und fliegen mit der Geschwindigkeit von 50.000 Kilometern in der Sekunde einem Klingonenschiff nach, das mit Lichtgeschwindigkeit c, also etwa 300.000 Kilometern in der Sekunde, fliegt. Dann beträgt für uns in der Enterprise der Geschwindigkeitsabstand zu den Klingonen nicht 250.000 Kilometer pro Sekunde, sondern er bleibt bei 300.000 Kilometern pro Sekunde, da die Lichtgeschwindigkeit ja absolut ist. Nun beschleunigt Kirk auf 100.000 Kilometer pro Sekunde. Der Abstand zur Geschwindigkeit der Klingonen verändert sich laut Einstein nicht. Er bleibt bei den absoluten 300.000 Kilometern pro Sekunde der mit Lichtgeschwindigkeit fliegenden Klingonen. Der Abstand der Enterprise zur Lichtgeschwindigkeit verändert sich nicht, dabei hat sie ihre Geschwindigkeit verdoppelt. Was also verändert sich, wenn wir schneller werden in Bezug auf die Lichtgeschwindigkeit? Die Antwort lautet: die Zeit! Sie wird langsamer, je schneller die Enterprise fliegt. Anders ausgedrückt: Je schneller eine Uhr sich bewegt, um so langsamer geht sie. Das heißt wohlgemerkt nicht, dass die Uhr nicht funktioniert. In der Relativitätstheorie steht die Zeit in einer direkten Relation zur Geschwindigkeit.

Für Newton als Vertreter der absoluten Zeit war es undenkbar, dass die Zeit irgendeinem Einfluss unterliegt. Sie ist losgelöst – absolut – von allen äußeren Einflüssen und fließt in einer vollkommen konstanten Geschwindigkeit. Das entspricht auch unserem Gefühl. Uhren haben gleichmäßig zu gehen, sonst können wir sie nicht gebrauchen. Dem würde Einstein gar nicht widersprechen. Er ergänzt nur, dass Uhren, die sehr schnell bewegt werden – wie in der Enterprise –, anders gehen als Uhren, die gar nicht oder nur langsam bewegt werden. Das hat, wie ich das in Kapitel 2 bereits beschrieben habe, erstaunliche Auswirkungen.

Nehmen wir das Zwillingspaar Isaac und Albert. Isaac arbeitet bei der NASA in der Bodenstation, Albert ist Astronaut. Die NASA schickt Albert auf eine Mission, bei der er zehn Jahre lang mit 270.000 Kilometern pro Sekunde unterwegs ist, also annähernd mit Lichtgeschwindigkeit. Am Tag von Alberts Abflug feiern die Zwillinge ihren 35. Geburtstag. Bei der Rückkehr des Raumschiffs ist Issac zehn Jahre älter, er feiert seinen 45. Geburtstag. Albert aber, der sich die ganze Zeit mit 90 Prozent der Lichtgeschwindigkeit bewegt hat, ist nur fünf Jahre älter geworden und feiert erst seinen 40. Geburtstag.

Das klingt für uns fast irreal, was daran liegt, dass wir hier auf der Erde kaum Geschwindigkeiten erreichen, bei denen sich diese Veränderung der Zeit, die Zeitdilatation, bemerkbar macht. Aber wie real sie ist, zeigt sich bei unseren GPS-Systemen. Wenn das Navi in unserem Auto die Zeitdilatation nicht berücksichtigen würde, also die Tatsache, dass die Satelliten, auf die wir uns beziehen, ungleich schneller unterwegs sind als unser Auto, dann würden wir uns ständig verfahren.

Nach seinem bahnbrechenden Aufsatz von 1905 «Zur Elektrodynamik bewegter Körper», in dem die spezielle Relativitätstheorie mit ihrem neuen Verständnis von Raum und Zeit begründet wurde, veröffentlichte Einstein bis 1915 mehrere Arbeiten zur allgemeinen Relativitätstheorie. 1908 erschien «Über das Relativitätsprinzip und die aus demselben gezogenen Folgerungen» im «Jahrbuch der Radioaktivität und Elektronik», darin beschrieb Einstein die gravitative Zeitdilatation. Sie besagt, dass nicht nur die Geschwindigkeit Einfluss auf die Zeit hat, sondern auch die Schwerkraft. Nicht nur Uhren in sich schnell bewegenden Fahrzeugen laufen langsamer, auch Uhren, die der Schwerkraft stärker unterworfen sind, gehen langsamer. Mit anderen Worten: Wir altern auf der Zugspitze schneller als auf Rügen.

Ähnlich wie bei den Geschwindigkeiten, die wir hier auf der Erde annehmen können und bei denen die Zeitdilatation kaum ins Gewicht fällt, ist zwar auch der Unterschied der Schwerkraft zwischen Rügen und der Zugspitze nur gering. Aber er ist da, und er ist ebenso messbar wie die Zeitdilatation. Wirklich spürbar wird der Unterschied erst bei großen Differenzen in der Schwerkraft.

Zeit, das hat Einstein uns gezeigt, hängt ab von dem Ort, an dem wir uns befinden. Ist die Schwerkraft an diesem Ort groß oder klein? Und sie hängt ab von der Geschwindigkeit, mit der wir uns dort bewegen. Sind wir schnell oder langsam? Und der Einfluss von Geschwindigkeit und Gravitation bezieht sich nicht nur auf Uhren: Er bezieht sich auf das Leben.

Das ist meilenweit entfernt von unserem normalen Verständnis von Zeit, das immer noch der absoluten Zeit von Newton verhaftet ist: die Zeit als ruhiger und gleichmäßiger Fluss. Und es macht Schluss mit unserer Vorstellung, dass Raum und Zeit zwei völlig getrennte und unabhängige, «absolute» Dimensionen sind. Raum und Zeit bilden eine Einheit. Wir sprechen deshalb seit Einstein von der Raumzeit.

Nebenbei macht die Relativitätstheorie auch noch Schluss mit unserer Vorstellung von Gleichzeitigkeit. Eigentlich haben wir uns immer vorgestellt, dass dieser Begriff kein Problem ist. Sie und ich haben beide ein und denselben Blitz gesehen. Und laut Newton hat dieser Blitz auch nur an einem einzigen Zeitpunkt auf der Zeitachse stattgefunden. Dank Einstein wissen wir jetzt: Wenn Sie den Blitz aus einem fliegenden Flugzeug heraus beobachten und ich am Boden stehend, dann sind Sie schneller als ich und unterliegen einer geringeren Schwerkraft. Das hat Einfluss auf Ihre Zeit, während die höhere Schwerkraft und meine Geschwindigkeit Einfluss auf meine Zeit haben. Aus unseren beiden «Eigenzeiten» heraus sehen wir den Blitz – zu einem unterschiedlichen Zeitpunkt.

Schwer vorstellbar, nicht wahr? Das liegt daran, dass das Licht so schnell ist, dass wir den Unterschied praktisch nicht bemerken. Aber dass ich etwas nicht bemerke, heißt ja nicht, dass es nicht existiert. Man kann sich den Unterschied aber zum Beispiel durch den zum Blitz gehörenden Donner klarmachen. Die Schallgeschwindigkeit liegt bei 343 Metern pro Sekunde. Zum Vergleich: Das Licht ist 300.000 Kilometer pro Sekunde schnell. Das heißt, Sie hören den Donner viel eher als ich, wenn Sie näher am Blitz sind. Anders ausgedrückt: Für uns donnert es nicht gleichzeitig. Warum sollte es also gleichzeitig blitzen? So schnell das Licht ist – es braucht eben auch seine Zeit: Ihre und meine.

Einstein stellt unsere Vorstellung von Zeit, die sich eng an Newtons Idee des völlig unabhängigen Flusses der Zeit anlehnt, völlig auf den Kopf. Es ist für uns kaum vorstellbar, dass die Zeit im Gebirge schneller vergeht als im Flachland und in einem Flugzeug langsamer als in der Eisenbahn. Das liegt natürlich daran, dass die Unterschiede für uns praktisch nicht ins Gewicht fallen. Und wir verhalten uns nicht so, als wäre die Zeit relativ. 1914, zu Beginn des Ersten Weltkriegs und nur neun Jahre nach Einsteins bahnbrechendem Aufsatz «Zur Elektrodynamik bewegter Körper» wurde die gesamte Deutsche Wehrmacht mit Armbanduhren ausgestattet, um ihre Angriffe zeitlich besser koordinieren zu können. Und auch die Arbeit in den Fabriken mit ihren Stechuhren und das immer komplexer werdende Leben in Berlin hielten sich streng an Newton, denn dessen absolute Zeit machte es möglich, sehr viele Menschen und sehr komplizierte Vorgänge exakt koordinieren zu können. Tatsächlich basiert unsere gesamte moderne Welt auf der Zeitvorstellung von Newton. Ausnahmen bilden hochkomplexe Systeme wie das GPS.

Dass Einstein unsere Vorstellung von der Zeit zwar revolutioniert, aber nicht geprägt hat, liegt vielleicht auch daran, dass Einstein den Begriff der Zeit nicht definiert. Er geht wie Newton einfach davon aus, dass wir schon wissen, was Zeit ist. Einstein rüttelt auch nicht an der bestehenden zeitlichen Ordnung von Vergangenheit, Gegenwart und Zukunft. Aber er setzt in Physik und Philosophie Bewegungen in Gang, die unsere Vorstellungen von dem, was das t in den physikalischen Gleichungen eigentlich bedeutet und was unsere Uhren anzeigen, weiter auf den Kopf stellt.

Quantenphysik: Die Zeit und Schrödingers Katze

Einsteins Relativitätstheorie zu Beginn des 20. Jahrhunderts hat unseren Blick auf die Welt radikal verändert. Raum und Zeit sind plötzlich keine absoluten Größen mehr, wie Newton das gelehrt hatte, sondern abhängig vom Betrachter, abhängig von uns. Das hat zunächst vor allem die Maler beeinflusst. Picassos kubistische Bilder der frühen 1920er Jahre zeigen eine Person aus mehreren Perspektiven gleichzeitig. Marcel Duchamps «Akt, eine Treppe herabsteigend» von 1912 versucht, den gesamten zeitlichen Verlauf der Bewegung in ein Bild zu binden. Ruhe und Bewegung fallen zusammen. Einsteins Physik hat sogar Auswirkungen auf die Architektur. Erich Mendelsohns Potsdamer Einsteinturm, gebaut 1922, dient der Sonnenbeobachtung und versucht damit, moderne Baukunst dafür nutzbar zu machen, die Vorhersagen der Relativitätstheorie experimentell zu bestätigen. Auch die Architekten des Bauhauses wie Mies van der Rohe und Walter Gropius sind von Einstein begeistert. Mit Hilfe von offenen Grundflächen, viel Glas und tiefen Fluchten sollen Nähe und Ferne zusammenfallen. Dieses Konzept des fließenden Raums will die Zeit in die Architektur mit hineinnehmen. Einstein inspiriert Schriftsteller wie Hermann Broch, Robert Musil und Thomas Mann. Musiker wie Philip Glass schreiben Opern über ihn. Selbst die digitale Kunst des Picture Processing bezieht sich noch auf Einstein. Ein berühmtes Beispiel ist Herbert W. Frankes Arbeit «Digitaler Einstein» von 1973.

Neben dem Rummel um Einstein bleibt die zweite große physikalische Theorie des 20. Jahrhunderts eher unbeachtet. Das liegt wahrscheinlich daran, dass sie noch sperriger und schwieriger ist als die Relativitätstheorie. Dabei spielt die Quantenphysik eine ebenso wichtige Rolle in unserem Leben wie die Relativitätstheorie. Ohne Quantenphysik gäbe es weder Handys noch Computer. Leider wären uns ohne Quantenphysik allerdings auch Atomstrom und Atombombe erspart geblieben.

Wie bei der Relativitätstheorie steht bei der Quantenphysik die Frage nach dem Licht am Anfang. Ist das Licht eine Welle oder setzt es sich aus winzigen Teilchen zusammen? Lange war diese Frage ungeklärt. Erst 1802 konnte der englische Physiker Thomas Young (1773–1829) durch das sogenannte Doppelspaltexperiment zeigen, dass Licht aus Wellen besteht. Dabei schickte er Licht durch zwei schmale, parallele Spalten auf einen Beobachtungsschirm in einer Distanz zur Blende, die sehr viel größer war als der Abstand der beiden Spalten untereinander. Dort zeigte sich das für Wellen typische Interferenz- oder Überlagerungsmuster. Licht, so schien mit Young bewiesen, war eine Welle und bewegte sich ähnlich im Raum wie Wasser. Nur gab es andere Beobachtungen, die Eigenschaften des Lichtes zeigten, die nicht mit dem Wellencharakter zusammenpassten. Beim sogenannten Fotoeffekt wurden Elektronen durch Licht aus Metalloberflächen gelöst, als würden winzige Teile auf die Oberfläche prallen und die Elektronen wegsprengen. Seltsam war auch, dass dieser Effekt nicht von der Helligkeit des Lichts abhing, sondern von der Farbe.

Zu erklären war das nur, wenn das Licht aus winzigen Teilchen bestand und eben keine «weiche» Welle war. Max Planck (1858–1947) hatte für solche geheimnisvollen Teilchen den Begriff «Quant» eingeführt, wobei Quant vom Lateinischen *quantum* kommt und «wie groß» oder «wie viel» bedeutet. Quanten waren also messbar und zählbar, eben quantifizierbar.

Woraus also besteht das Licht? Aus Wellen oder Teilchen? Die erstaunliche Antwort der Quantenphysik darauf lautet: aus beidem. Dieser Dualismus von Welle und Teilchen gilt nicht nur für das Licht, sondern für alle subatomaren Elemente. Die Eindeutigkeit der physikalischen Aussagen und Bestimmungen, die es bei Newton und auch bei Einstein gibt, ist mit der Quantenphysik vorbei. Das betrifft auch die Vorhersage von zukünftigen Ereignissen. Für Einstein und Newton stellt es kein Problem dar, den zukünftigen Ort eines Zuges zu bestimmen, wenn ich weiß, wo er gerade ist, wo er hinfährt und wie schnell er ist. Wenn er um 10 Uhr am Ort X ist und mit 100 Kilometer Stundengeschwindigkeit fährt, ist er um 11 Uhr am Ort Y. Solche klaren Aussagen sind in der Quantenphysik nicht mehr möglich. Ich kann nur noch sagen, dass die Wahrscheinlichkeit, dass etwas so und so ist, bei n Prozent liegt. Dieses Phänomen ist bekannt geworden als Heisenbergs Unschärferelation. Der Name geht zurück auf den deutschen Physiker Werner Heisenberg (1901–1976). Er hat herausgefunden, dass es prinzipiell unmöglich ist, Ort und Impuls eines Elektrons gleichzeitig genau zu bestimmen. Man kann Ort und Impuls nur mit einer gewissen statistischen Wahrscheinlichkeit bestimmen bzw. vorhersagen. Das liegt durchaus in der Natur der Sache, denn wir haben es im subatomaren Bereich ja nicht mit einzelnen Elementen zu tun, sondern mit Systemen, die teilweise extrem viele einzelne Elemente haben. 1 Liter Luft hat 10^{21} Moleküle. Wie die sich bewegen, kann nur noch statistisch ermittelt werden.

Die Tatsache, dass ich es in der Quantenphysik mit Wahrscheinlichkeiten zu tun habe, hat auch Auswirkungen auf ein mögliches Verständnis der Zeit. Die Vergangenheit ist abgeschlossen und ein Faktum. Sie hätte nicht so entstehen müssen, aber sie ist doch den Gesetzen der Physik zufolge so entstanden. Für die Zukunft sieht das anders aus. Man kann in etwa bestimmen, wie sie aussieht. Es gibt verschiedene Möglichkeiten, für deren Eintreten es verschieden hohe Wahrscheinlichkeiten gibt. Einen genau bestimmbaren Jetztpunkt, so wie wir ihn zum Beispiel bei Aristoteles haben, gibt es nicht. Der Unschärferelation zufolge lässt er sich nicht bestimmen. Der strenge Determinismus der klassischen Physik inklusive der Relativitätstheorie gilt für die Quantenphysik nicht.

Am deutlichsten wird das am Beispiel von Schrödingers Katze. Es handelt sich dabei um ein Gedankenexperiment des Physikers Erwin Schrödinger (1887–1961), der zu den Begründern der Quantenmechanik gehört. Hier ist das Experiment, so wie es Schrödinger selbst beschrieben hat:

> Eine Katze wird in eine Stahlkammer gesperrt, zusammen mit folgender Höllenmaschine (die man gegen den direkten Zugriff der Katze sichern muß): in einem Geigerschen Zählrohr befindet sich eine winzige Menge radioaktiver Substanz, so wenig, daß im Laufe einer Stunde vielleicht eines von den Atomen zerfällt, ebenso wahrscheinlich aber auch keines; geschieht es, so spricht das Zählrohr an und betätigt über ein Relais ein Hämmerchen, das ein Kölbchen mit Blausäure zertrümmert. Hat man dieses ganze System eine Stunde lang sich selbst überlassen, so wird man sich sagen, daß die Katze noch lebt, wenn inzwischen kein Atom zerfallen ist. Der erste Atomzerfall würde sie vergiftet haben. Die Psi-Funktion des ganzen Systems würde das so zum Ausdruck bringen, daß in ihr die lebende und die tote Katze (s. v. v.) zu gleichen Teilen gemischt oder verschmiert sind. Das Typische an solchen Fällen ist, daß eine ursprünglich auf den Atombereich beschränkte Unbestimmtheit sich in grobsinnliche Unbestimmtheit umsetzt, die sich dann durch direkte Beobachtung entscheiden läßt. Das hindert uns, in so naiver Weise ein «verwaschenes Modell» als Abbild der Wirklichkeit gelten zu lassen. An sich enthielte es nichts Unklares oder Widerspruchsvolles. Es ist ein Unterschied zwischen einer verwackelten oder unscharf eingestellten Photographie und einer Aufnahme von Wolken und Nebelschwaden.[104]

Der Punkt, der uns an Schrödingers Katzenbeispiel so irritiert, ist nur zum Teil, dass die Katze eine Weile lang statistisch sowohl tot als auch lebendig ist. Einstein hat diesen Aspekt abgetan mit der Bemerkung, Gott würfle nicht. Irritierend ist auch, dass über das Leben der Katze entschieden wird in dem Augenblick, in dem wir hinschauen. Der Beobachter bzw. das Experiment spielen in der Quantenphysik eine entscheidende Rolle. Das Licht ist Welle *und* Teilchen. Erst wenn ich es beobachte, ist es nur noch Welle oder Teilchen. Man kann auch sagen, die Zukunft ist so lange offen, bis ich mich entscheide, dieses oder jenes zu tun. Dann steht fest, wie die Dinge sind.

Damit entspricht die Quantenphysik mit ihrer Vorstellung einer «offenen» Zukunft, in der bestimmte Zustände und Ereignisse nur wahrscheinlicher oder unwahrscheinlicher sind als andere, durchaus unserer täglichen Erfahrung. Die klassische Physik, die uns sagt, dass Dinge so und nicht anders eintreten müssen, ist im Grunde viel weiter entfernt von unserem Alltag. Natürlich ist es sehr wahrscheinlich, dass ich morgen wieder zur Arbeit gehe. Aber einhundertprozentig sicher ist es nicht. Ich kann krank werden, die Bahn fällt aus, viele andere Dinge können geschehen. Allerdings haben wir von der klassischen Physik auch gelernt, dass die Dinge so eintreten müssen, wie sie es dann tun. Wenn ich auf den Lichtschalter drücke, geht das Licht an. Darauf verlasse ich mich. Und meist passiert es ja auch. Aus der quantenphysikalischen Sicht ist es allerdings alles andere als sicher und eigentlich ein kleines Wunder, wie oft es hell wird, wenn ich den Schalter drücke.

Die Tatsache, dass unsere Welt so ist, wie sie ist, stellt die moderne Physik inzwischen vor zahlreiche Fragen. Auf der einen Seite hatten die Physiker gleich zu Beginn des 20. Jahrhunderts mit der Relativitätstheorie und der Quantenphysik zwei Theorien entwickelt, die beide experimentell bestätigt werden konnten, die nur das Problem haben, dass sie nicht kompatibel sind. Die Relativitätstheorie ist sozusagen die Theorie für das Große: für den Kosmos. Und die Quantenphysik ist die Theorie der kleinsten Teile. Idealerweise sollten im Kosmos die gleichen Gesetze gelten wie im Atom. Das ist aber nicht der Fall. Die Physiker versuchen seitdem immer wieder, beide Theorien in einer Art Weltformel zusammenzubringen. 1958 etwa schien Werner Heisenberg, einer der Väter der Quantenphysik, eine solche Theorie gefunden zu haben, eine Formel also, aus der sich Relativitätstheorie und Quantenphysik ableiten lassen. Aber Heisenberg hatte sich geirrt. Bis heute gibt es keine Weltformel. Das andere Problem bezieht sich rein auf die Quantenphysik. Die Welt der kleinsten Teilchen funktioniert einfach völlig anders als die Welt, in der wir leben. Wie geht das zusammen? Wie entsteht aus etwas, das entweder Welle oder Teilchen ist, schließlich ein Stuhl, der einfach nur ein Stuhl ist und sonst nichts?

Die Antwort auf die zweite Frage liefert möglicherweise die sogenannte Dekohärenztheorie des deutschen Physikers Dieter Zeh (1932–2018). Sie besagt, dass zwischen einem System und der Umwelt Wechselwirkungen entstehen, die nicht mehr umkehrbar sind. Schon wenn ich ein Experiment mit Licht (das System) durchführe und dabei eine bestimmte Versuchsanordnung (die Umwelt) aufbaue, entsteht eine Wechselwirkung, die sich nicht mehr umkehren lässt. Ich kann das Licht dann nur entweder als Welle oder Teilchen sehen. Die de facto existierende Welt, in der wir leben, geht laut Dekohärenztheorie zurück auf solche Wechselwirkungen. Anders formuliert: Wir fällen Entscheidungen, in denen sich die Welt manifestiert. Solange ich den Deckel der Höllenmaschine, in der Schrödingers Katze sitzt, geschlossen lasse, ist es offen, ob die Katze noch lebt oder nicht. Aber wenn ich ihn abmache, tritt das System der Höllenmaschine in eine Wechselwirkung mit mir (als Umwelt) und die Entscheidung ist gefallen: Die Katze lebt. Die Katze ist tot. Und da sich Systeme eben nie isoliert vorfinden lassen, sondern immer in Wechselwirkungen stehen, gibt es nie eine rein mögliche, sondern eine faktische Welt.

Der derzeit aktuellste Versuch, Quantenphysik und Relativitätstheorie zusammen in eine Theorie zu fassen, ist die Quantengravitation. Die Theorie ist allerdings noch kein allgemeiner Konsens unter den Physikern, und sie ist experimentell auch nicht bestätigt. Während in der Quantenphysik das Thema Zeit nur eine Nebenrolle spielt, ist es in der Quantengravitation durchaus präsent, da hier auch die letzten uns bekannten Vorstellungen von Zeit am Ende sind. Die Relativitätstheorie hatte uns zwar gezeigt, dass Zeit unterschiedlich schnell vergehen kann und wir unsere allgemeinen Vorstellungen von Gleichzeitigkeit aufgeben mussten. Aber sie hatte doch an Vorstellungen wie der Existenz von Vergangenheit und Zukunft festgehalten, auch wenn schon Einstein befunden hatte: «Für diejenigen unter uns, die an die Physik glauben, ist die Unterscheidung von Vergangenheit, Gegenwart und Zukunft nur eine Illusion, so hartnäckig diese Illusion auch sein mag.»[105]

Die Quantengravitation verlangt jetzt von uns, auch diese Illusion aufzugeben. Die Zeit selbst ist jetzt gequantelt, sie zerfällt in viele Eigenzeiten. Und jede dieser Zeiten «schwingt» und ist «wie in einer Wolke verteilt», so der Physiker Carlo Rovelli (* 1956).[106] Wissenschaftler wie Rovelli gehen davon aus, dass auch Raum und Zeit quantisiert sind, das heißt, es gibt auch für sie kleinste Elemente, eben die Quanten. Für die Zeit ist das die Planck-Zeit, eine Dauer von 10^{-44} Sekunden. Messen kann man diesen Hauch von Zeit nicht mehr. Das stößt die uralte, auf Aristoteles zurückgehende Vorstellung von der Zeit als Kontinuum um. Die Zeit hängt nicht mehr so zusammen, dass ich immer Zeit erhalte, wenn ich Zeit teile. Irgendwann bin ich laut Quantengravitation an einem Punkt, an dem die unendliche Teilbarkeit des Kontinuums am Ende ist. Zwischen den Teilen der Planck-Zeit ist keine Zeit mehr. Die Zeit springt jetzt von einem Zeitquant zum anderen.

Dazu kommt der Indeterminismus, den wir schon aus der Quantenphysik kennen, wir erinnern uns an Schrödingers Katze. Elektronen tauchen mal hier und mal dort auf, man kann den Ort ihres Auftauchens nicht genau vorhersagen. Vor allem aber weiß man nicht, wo sie in der Zwischenzeit waren. Die Physiker sagen, ein Elektron befindet sich in einer «Superposition» von Orten, es schwebt sozusagen über ihnen und erscheint dann irgendwo.

Genau das gilt auch für die gequantelte Zeit. Ein Zeitteilchen befindet sich auch in einer Superposition und ist dann plötzlich da. Wenn wir uns die Zeit immer noch als Strahl vorstellen wollen (was hilfreich ist, der Zeit der Quantengravitation aber nicht entspricht), dann kann das Zeitteilchen an jeder beliebigen Stelle des Strahls erscheinen: sowohl in der Vergangenheit wie auch in der Zukunft. Das heißt konkret: «Wie ein Teilchen diffus im Raum verteilt sein kann, so kann auch der Unterschied zwischen Vergangenheit und Zukunft verschwimmen: Ein Ereignis kann gleichzeitig vor und nach einem anderen stattfinden.»[107]

Damit sind wir wieder bei der Frage, wie aus indeterminierten Zeitquanten die Zeit wird, die wir täglich am eigenen Leib erleben, die Zeit, die unbarmherzig vergeht und uns altern lässt, die Zeit, die sich im Kreis des Jahres dreht, kurz: die Zeit unseres Lebens. Auch hier greift wohl wieder die Dekohärenztheorie. Aus den unbestimmten Zeitquanten ohne festgelegte Werte wird erst durch die Wechselwirkung mit anderen Systemen eine klar definierte Zeitabfolge. Das Staunen aber bleibt, dass im Innersten der Welt der Unterschied zwischen Vergangenheit und Zukunft gar nicht mehr existent sein soll und die Zeit keine Richtung hat. Zwischen den Quanten der Planck-Zeit existiert sie schließlich gar nicht. «Was bleibt von der Zeit?», fragt der Physiker Carlo Rovelli[108] und zitiert aus Grateful Deads Song «Walk in the sun»: «You got to deep-six your wristwatch, you got to try and understand / The time it seems to capture is just the movement of its hands».[109]

John McTaggart Ellis McTaggart: Wer A sagt ...

Unsere Reise durch die Geschichte der Zeittheorien hat uns weit geführt. Wir haben sie begonnen mit der Zeit als Richterin über Gut und Böse. Dann drückt sich im Sternenhimmel die Zeit als Abbild der Ewigkeit aus. Wir haben die enge Beziehung von Zeit und Bewegung kennengelernt und die Zeit in unserer Seele gesucht. Mit Isaac Newton hat uns der Weg auf der Suche nach dem Wesen der Zeit in die Physik geführt. Ist Zeit absolut oder relativ? Oder besteht sie aus den winzig kleinen Teilen der Planck-Zeit? Gibt es vielleicht sogar Bereiche in der Welt, in der die Gesetze der Zeit ganz aufgehoben sind?

Natürlich waren das nicht alle Zeittheorien, die sich kluge Köpfe im Lauf von mehr als 2000 Jahren ausgedacht haben. Wenn wir jetzt als letzte Zeittheorie die von John McTaggart Ellis McTaggart (1866–1925) behandeln, dann heißt das nicht, dass es danach keine anderen Theorien mehr gibt. Die Zeittheorie von Martin Heidegger (1889–1976) etwa ist zu nennen, auch die von Norbert Elias (1897–1990). Diese Theorien sind innerhalb der Philosophiegeschichte von Bedeutung, aber sie haben dem Nachdenken über das Thema keine wirklich neuen Aspekte hinzugefügt. Das ist bei McTaggart anders. Er hat mit seinem Aufsatz «The Unreality of Time» («Die Irrealität der Zeit»)[110] von 1908 dem Thema noch einmal einen wesentlichen Aspekt hinzugefügt, der vor allem in der sogenannten analytischen Philosophie Spuren hinterlassen hat.

McTaggart war keiner der großen Geister der Philosophie wie Aristoteles oder Kant. Er wurde in London geboren und starb dort auch. Von 1897 bis 1922 lehrte er Philosophie am berühmten Trinity College in Cambridge. Dabei interessierte er sich vor allem für das Denken von Georg Friedrich Wilhelm Hegel (1770–1831) und wird deshalb auch der Strömung des Neuhegelianismus und des Britischen Idealismus zugerechnet. Seine Schriften zu Hegel sind heute eigentlich vergessen. Aber seine knapp 20 Seiten über die Unwirklichkeit der Zeit waren und sind enorm einflussreich, er ist wohl einer der einflussreichsten Texte über das Thema Zeit überhaupt. Die Ironie ist, dass McTaggart eigentlich beweisen will, dass es die Zeit nicht gibt. Aber, das sei gleich gesagt, es wird ihm nicht gelingen. Auf dem Weg zu diesem «Beweis» macht McTaggart eine sprachliche Unterscheidung – und um die geht es:

> Die Positionen in der Zeit unterscheiden sich – so wie die Zeit uns *prima facie* erscheint – in zwei Hinsichten. Jede Position ist früher als einige und später als einige der anderen Positionen. Und jede Position ist entweder vergangen, gegenwärtig oder zukünftig. Die Unterscheidungen der ersten Klasse sind permanent, diejenigen der letzteren jedoch nicht. Wenn M jemals früher ist als N, dann ist es immer früher. Aber ein Ereignis, das jetzt gegenwärtig ist, war zukünftig und wird vergangen sein.[111]

McTaggart führt hier die Unterscheidung früher – später und vergangen – gegenwärtig – zukünftig ein. Positionen in der Zeit, die wir von der Vergangenheit über die Gegenwart bis zur Zukunft ordnen, nennt er die A-Reihe. Positionen, die von früher zu später verlaufen, nennt er die B-Reihe.

Es geht darum, wie wir Ereignisse in der Zeit ordnen und beschreiben. Entweder beschreibe ich das Verhältnis zweier Ereignisse in der B-Reihe als früher oder später. Newton wurde früher als Einstein geboren bzw. Einstein wurde später als Newton geboren. An dieser Ordnung ändert sich nichts, egal, ob ein solches Ereignis in der Vergangenheit, Gegenwart oder Zukunft stattfindet. Der Satz «Das Osterfest des Jahres 2030 ist früher als das Pfingstfest des Jahres 2030» stimmt jetzt, er hat vor 100 Jahren gestimmt, und er wird auch in 100 Jahren stimmen.

Ich kann Ereignisse aber auch im Schema der A-Reihe beschreiben. Wenn ich sage: «Morgen hat X Geburtstag», dann stimmt das nur heute. Morgen muss ich sagen: «Heute hat X Geburtstag», und übermorgen heißt es: «Gestern hatte X Geburtstag». Ein und dasselbe Ereignis, der Geburtstag von X, wird als zukünftig, gegenwärtig und vergangen beschrieben. Man sagt, die Sätze der A-Reihe seien indexikalisch, das heißt, sie ändern ihren Wahrheitswert von der Position des Sprechers in der Zeit. Es ist also hier wie im Raum mit rechts und links, auch diese Beschreibung hängt ja ab von der Position des Sprechers. Die Sätze der B-Reihe dagegen sind unabhängig von unserer Position in der Zeit. Man kann hier auch die Unterscheidung zwischen modalzeitlich (A-Reihe) und lagezeitlich (B-Reihe) benutzen.

Je nachdem, welche der beiden Reihen ich für wesentlich erachte, ergibt sich daraus eine Reihe von Konsequenzen, wie unsere Welt eigentlich aussehen könnte. McTaggart hat mit Hilfe der Unterscheidung von A- und B-Reihe versucht, die Zeit ganz abzuschaffen. Er argumentiert, dass die B-Reihe allein nicht ausreiche, um Zeit zu konstituieren, denn die B-Reihe ist auf die A-Reihe angewiesen, da die Beschreibungen früher und später die Zeit schon voraussetzen, sie also nicht begründen können. Bleibt nur die A-Reihe. Hier sieht McTaggart allerdings einen Widerspruch. Sein Argument besagt zunächst, dass jedes Ereignis die Eigenschaft hat, gegenwärtig, vergangen oder zukünftig zu sein. Nun kann ich aber einem Ereignis immer nur eine der Eigenschaften zusprechen: Ein Ereignis, das gegenwärtig ist, ist nicht vergangen und nicht zukünftig. Ein Ereignis, das zukünftig ist, ist nicht vergangen und nicht gegenwärtig. Und ein Ereignis, das vergangen ist, ist nicht gegenwärtig und nicht zukünftig. Hier sieht McTaggart einen Widerspruch, denn entweder hat ein Ereignis die drei Eigenschaften, vergangen, gegenwärtig und zukünftig zu sein – oder es hat sie eben nicht. McTaggart folgert daraus, dass die Zeit irreal ist. Er übersieht dabei allerdings, dass ein Ereignis die Eigenschaften, vergangen, gegenwärtig und zukünftig zu sein, nicht alle gleichzeitig haben muss. Man kann das Problem noch verschieben, indem man sagt, ein Ereignis habe die Eigenschaft, «jetzt gegenwärtig», «jetzt zukünftig» zu sein, aber die Einführung solcher zweistelligen Prädikate, die immer noch den Zeitraum angeben, wann ich gerade spreche, ändert nicht grundsätzlich etwas daran, dass Philosophen wie McTaggart überzeugt sind, die A-Reihe biete keine ausreichende Basis für die Existenz der Zeit.

McTaggarts Unterscheidung zwischen A- und B-Reihe ist vor allen Dingen von Denkern der analytischen Philosophie aufgegriffen worden. Ihnen geht es darum, philosophische Probleme durch formale Logik oder eine genaue Analyse der normalen Sprache zu lösen. An Problemen der Zeitphilosophie interessiert sie vor allem die Frage, was Aussagen über zeitliche Ereignisse eigentlich wahr macht. Was macht den Satz «Das Konzert findet heute statt» wahr? Hat es etwas damit zu tun, dass das Konzert tatsächlich «heute» stattfindet? Hat es etwas mit dem Datum zu tun oder damit, was vor und was nach dem Konzert geschieht? Das sind auf den ersten Blick triviale Fragen, sie haben aber je nach Antwort erstaunliche Konsequenzen.

Wenn ich davon ausgehe, dass Sätze, völlig unabhängig davon, ob sie sich auf Gegenwärtiges, Vergangenes oder Zukünftiges beziehen, wahr sind, dann vertrete ich so etwas wie die Vorstellung von einem «Blockuniversum», einer Welt also, in der wahre Sätze bis in alle Ewigkeit wahr und falsche Sätze bis in alle Ewigkeit falsch sind.[112] Man spricht deshalb auch von «Eternalismus». Die Position hat einiges für sich, denn der Satz «Mozart wurde 1756 geboren» ist wahr, gleichgültig, ob ich ihn nun heute ausspreche, in 100 Jahren oder im Jahr 1825. Selbst ein trivialer Satz wie «Morgen scheint die Sonne» ist eine Tatsache, die entweder wahr oder falsch ist, unabhängig von dem Zeitpunkt, an dem ich den Satz sage. «Morgen» bezieht sich auf ein bestimmtes Datum, und an dem Tag scheint die Sonne oder sie scheint eben nicht. Die Vorstellung eines solchen Blockuniversums wird vertreten von Philosophen, die der Ansicht sind, dass McTaggarts B-Reihe grundlegend ist für die Zeit. Wichtig ist nicht, ob etwas in der Vergangenheit oder in der Zukunft stattfindet, wichtig ist, dass das Ereignis in der Abfolge von früher und später am richtigen Ort ist.

Die Philosophen, die dagegen wie McTaggart die A-Reihe für zeitkonstituierend halten, neigen eher zu Positionen, die mit Wahrscheinlichkeiten arbeiten. Der Possibilismus geht davon aus, dass ich über zukünftige Ereignisse keine wahren oder falschen Aussagen machen kann, da diese Ereignisse ja noch nicht eingetreten sind. Ein Satz wie «Morgen scheint die Sonne» ist also weder wahr noch falsch. Er hat einfach keinen Wahrheitswert, über den entscheidet das Wetter des nächsten Tages. Wahre Aussagen kann ich allerdings über die Gegenwart und Vergangenheit machen. Die Welt der Possibilisten wächst also mit jedem Tag weiter um die Summe aller wahren Aussagen – die im Blockuniversum der Eternalisten ja alle schon da sind.

Eine dritte Gruppe von Philosophen schließlich gesteht nur Aussagen einen Wahrheitswert zu, die sich auf gegenwärtige Ereignisse beziehen. Der Satz «Heute scheint die Sonne» ist also entweder wahr oder falsch. Aber das Wetter von gestern gibt es nicht mehr und das Wetter von morgen noch nicht. In der Welt des Präsentismus herrscht also das ewige Heute.

Allen drei Positionen haften Fragen und Probleme an, auf die ich hier nicht näher eingehen will. Wie ist es zum Beispiel mit der Vorhersage von Ereignissen in der Physik oder von Ereignissen, die sich auf physikalische Gesetze beziehen? Ist ein Satz wie «Wenn der Zug jetzt am Ort X ist und mit 50 Stundenkilometern fährt, wird er um 15 Uhr in Hamburg sein» in einer possibilistischen oder präsentistischen Welt wahr oder nicht? Andererseits: Lässt eine eternalistische Welt überhaupt noch Veränderungen zu? Kann der Zug eine Panne haben? Oder ist alles vorbestimmt? Das sind Fragen, die teilweise weit abführen von unserer Frage nach der Zeit. Aber sie zeigen uns, dass die Frage nach der Zeit sehr grundlegend ist. Unsere Antwort darauf entscheidet mit darüber, wie wir uns die Welt vorstellen.

Dabei geht es nicht allein um philosophische «Gedankenspiele», ob und wie Sätze mit einem Zeitbezug wahr sein können. Es geht im Grunde ums Ganze, darum, wie das Universum aufgebaut ist und funktioniert. Würden wir tatsächlich in einem Blockuniversum leben, wie sich das die Eternalisten vorstellen, in dem alles bereits entschieden ist, dann müssen wir uns fragen, wie es um unseren freien Willen bestellt ist. Gibt es vielleicht einen Gott, der alles bereits bis ans Ende der Zeit festgelegt hat? Und wie sieht es aus mit der von den Physikern beobachteten Ausdehnung des Universums? Spricht sie gegen ein Blockuniversum? Oder ist das Teil des festgelegten Programms? Und kommt eigentlich überhaupt jemals etwas Neues in die Welt?

Das präsentistische Universum dagegen erinnert an den Gang über ein dünnes Seil, das buchstäblich im Nichts aufgespannt ist. So etwas wie Wahrheit über unsere Vergangenheit scheint es nicht zu geben. Aber wir alle haben eine Vergangenheit. Und wir wissen sehr genau, wie der Tag war, an dem wir zum Beispiel den Menschen unseres Lebens kennengelernt haben. Die Erinnerung mag uns in vielen Fällen täuschen, aber das ändert nichts daran, dass es möglich ist, über Vergangenheit zu urteilen, und unsere Sätze entsprechend wahr oder falsch sind.

Das possibilistische Universum schließlich scheint einem Weltbild der Physik in etwa zu entsprechen, das von einem sich ausdehnenden Universum ausgeht. Der Physiker Richard A. Muller nimmt an, das Jetzt sei die vorderste Front der Zeit, deren Voranschreiten an der Ausdehnung unseres Universums liege. Jetzt, das ist der äußerste Rand der Ausdehnung. Muller schreibt:

> Ist der Urknall eine Explosion des dreidimensionalen Raumes? Ja, aber nach einer vernünftigeren Annahme, die dem Geist der Vereinheitlichung von Raum und Zeit näher steht, ist der Urknall eigentlich eine Explosion der vierdimensionalen Raumzeit. Demnach wird durch die Hubble-Expansion nicht nur der Raum geschaffen, sondern auch die Zeit. Die ständige, fortdauernde Entstehung neuer Zeit gibt sowohl die Richtung als auch das Tempo des Zeitpfeils vor. Das Universum wird in jedem Augenblick ein wenig größer, und es existiert ein wenig mehr Zeit; diese vorderste Front der Zeit ist das, was wir als Jetzt bezeichnen.[113]

Was ist Zeit? Von dieser Frage ausgehend sind wir bis an den äußersten Rand des Universums gekommen. Ob unsere Sätze darüber nun einen Wahrheitswert haben oder nicht – der Weg, den wir, beginnend bei den Vorsokratikern, zurückgelegt haben, zeigt uns, wie wesentlich die Frage nach der Zeit ist.

Während der über 2000 Jahre, die wir in der Geschichte der Zeittheorien durchstreift haben, haben sich Astronomen, Mechaniker und Computisten auf eine ganz andere Art und Weise mit der Zeit beschäftigt. Sie haben Zeit gemessen und immer neue Kalender entwickelt sowie Uhren gebaut, deren Ganggenauigkeit bis heute zunimmt. Wir haben die Zeit nicht nur bedacht, wir haben auch mit ihr gearbeitet. Dabei hängen unsere Vorstellung vom Wesen der Zeit und unsere Bemühungen um das Messen der Zeit durchaus miteinander zusammen. Um das Wesen der Zeit besser zu verstehen, lohnt es deshalb, dass wir uns anschauen, wie wir die Zeit gemessen haben.

4. Das Messen der Zeit

Die Zeit messen

Als Kind hatte ich unendlich viel Zeit. Die sechs Wochen der Sommerferien erschienen mir unvorstellbar lang. Das Ende der Ferien und der Beginn des neuen Schuljahres lagen in weiter Ferne. Bei so viel Zeit musste ich nicht auf die Uhr blicken. Und einen Kalender brauchte ich erst, wenn das neue Schuljahr bedrohlich näherkam. Eine ganze Woche noch, bis es wieder losging. Das war immer noch so viel Zeit, dass ich mich sogar noch langweilen konnte und einfach zu viel Zeit hatte, die ich gar nicht ausfüllen konnte.

Erst mit dem Älterwerden steht uns immer deutlicher vor Augen, dass unsere Zeit begrenzt ist. Jede und jeder Einzelne von uns weiß das nur allzu gut. Wir tragen eine Uhr am Handgelenk, der Startbildschirm unseres Smartphones zeigt die Uhrzeit und das Datum. Fast nebenbei schauen wir nach. 14 Uhr, noch eine Stunde bis zum Meeting. Selbst die Ferien liegen nicht mehr wie in unserer Kindheit als ein Meer von Zeit vor uns. Die kostbaren freien Tage sind knapp bemessen. Deshalb planen wir sie gut durch. Montag Strand, Dienstag Museum, Mittwoch Ausflug in die Stadt und Shoppen. Die Zeitplanung in den Sommerferien ähnelt oft der im Job. Dabei, das erleben alle, die einmal mehr als nur zwei Wochen Ferien machen, stellt sich das Gefühl der Erholung erst dann wirklich ein, wenn wir mit unseren Tagen so umgehen können, als hätte wir genügend davon. Der Besuch im Museum lässt sich auch verschieben auf einen Regentag. Warum nicht einfach am Strand spazieren und anschließend so lange lesen, bis man über dem Buch einschläft? Erst dann lassen wir allmählich die Uhr liegen und schauen nicht mehr in den Kalender.

Dass wir Zeit messen, hängt mit dem Gefühl zusammen, nicht genug von ihr zu haben. Zeit ist ein kostbarer Stoff. Wir müssen sorgsam mit ihm umgehen. In den Anfängen unserer Geschichte beschränkte sich dieser sorgsame Umgang darauf, den richtigen Zeitpunkt für Aussaat und Ernte zu finden oder Gott am richtigen Tag zu ehren. Auf 30.000 Jahre alten Knochen hat man Zeichen gefunden, die sich als zu- und abnehmender Mond während dreier Mondphasen identifizieren lassen. Ein 10.000 Jahre altes Knochenplättchen zeigt die Mondphasen über dreieinhalb Jahre hinweg, dazu die Kerndaten des Sonnenjahres, also die Sonnenwenden sowie Tagundnachtgleichen. Da es sich bei der Verehrung der Götter und dem Bestellen der Felder um existenzielle Fragen handelte, wurden oft Priester mit der Beobachtung der Himmelserscheinungen beauftragt, denn man hielt die Himmelserscheinungen für vollkommen und göttlich. Dass sie nicht so regelmäßig sind, wie sie scheinen, wusste man nicht. Der gestirnte Himmel repräsentierte Vollkommenheit, Stabilität, Ewigkeit. Dagegen erlebten und erleben wir Menschen Unvollkommenheit, Krankheit, Katastrophen, Tod und Not.

Der Himmel ist auch die erste Uhr. Sie genügte uns für Tausende von Jahren. Erst als unsere Gesellschaften immer komplexer wurden, als es darum ging, Arbeit und Aktivitäten von vielen Menschen zu organisieren – zum Beispiel in einer Stadt oder in einem Kloster –, genügte uns der Himmel nicht mehr. Es wurden präzisere Geräte gebraucht. Die Zeit der Uhren begann. Ihr Siegeszug war unvergleichlich. Wir haben uns Gott deshalb als genialen großen Uhrmacher vorgestellt und das Universum als Uhr. Im Laufe der Jahrhunderte haben wir die Uhren immer weiter verkleinert, bis wir alle eine am Handgelenk tragen konnten. Unsere Funk- und Atomuhren heute, die Zeitansagen von «Alexa» und «Siri» oder die Uhr im Smartphone haben eine Präzision, die sich unsere Urgroßeltern nicht vorstellen konnten. Ja, wir verdanken unseren Wohlstand den Uhren, mit denen wir unser kompliziertes und komplexes Leben steuern. Jeden Morgen stehen wir mit dem Weckerklingeln auf, duschen und frühstücken mit dem Blick auf die Uhr, gehen dann zum Bus, der meist pünktlich abfährt, sind rechtzeitig in der Firma und im ersten Meeting. Die Arbeit von Millionen Menschen wird koordiniert: Ich selbst und die Kolleginnen und Kollegen im Büro, die Busfahrer, Schaffner, Zugführer, das Personal anderer Firmen, all das greift fast naht- und reibungslos ineinander, weil wir alle die gleichen Methoden der Zeitmessung und hochpräzise Uhren nutzen. Uns erscheint das normal, tatsächlich aber hat es Tausende von Jahren gebraucht, um das zu ermöglichen. Es ist eine Leistung unserer Kultur, über die wir viel zu wenig staunen. Wie sehr unser Denken über Zeit mit unserem messenden Umgang mit ihr zu tun hat, ist mir einmal bewusst geworden, als ich eine Bekannte an einem frühen Morgen in einer Kirche in der Normandie getroffen habe. Natürlich sind wir beide pünktlich zu dieser Verabredung erschienen, die wir Wochen zuvor in Deutschland verabredet hatten: Wir sehen uns am 21. Juni um 9:30 Uhr. Das funktionierte reibungs- und problemlos. Und auch unsere Freunde in Argentinien stehen pünktlich am Flughafen, wenn wir in Buenos Aires landen.

In diesem Kapitel erzähle ich Ihnen die Geschichte von Kalendern und Uhren. Sie beginnt in Babylonien und Ägypten. Es ist müßig, darüber zu streiten, ob der Kalender zuerst im Zweistromland oder am Nil entstanden ist. Wesentlich ist, dass an diesen Flüssen der Kalender seinen Ursprung genommen hat, der heute unser Leben bestimmt. Natürlich haben andere Kulturen andere Kalender entwickelt. In China oder bei den Maya sind erstaunlich präzise Kalendersysteme entwickelt worden, die teilweise heute noch in Gebrauch sind. Aber sie führen ein Schattendasein neben dem Kalender von Euphrat, Tigris und Nil. Die Tatsache, dass meine Verabredung am 21. Juni in der Normandie geklappt hat, hat dort ihren Ursprung.

Babylonien: Der Mond zwischen Euphrat und Tigris

Babylonien ist das uralte Kulturland zwischen den Flüssen Euphrat und Tigris. Zu den frühesten Völkern, die dort siedelten, gehörten die Sumerer. Ihr wichtigster Gott war Nanna oder Sin, der Mondgott, Vater von Sonne und Venus. Sein wichtigster Tempel Ekišnugal lag in Ur, noch heute eine riesige Tempelanlage, von der das Zikkurat, der berühmte Stufentempel, teilweise rekonstruiert wurde. Geschrieben wird der Name Nanna in Keilschrift mit dem Zeichen, das auch für die Zahl 30 steht, ein deutlicher Hinweis auf den Mondmonat. Aus der schlichten Tatsache, dass Nanna der wichtigste Gott war, ergibt es sich ganz natürlich, dass er genau beobachtet wurde.

Die Verehrung für den Mond ist verständlich. In einer Region, die bis heute geprägt ist von starken Klimaschwankungen, von Hitze und Trockenheit, von sintflutartigen Regenfällen, von unregelmäßigen Hochwassern der beiden Hauptflüsse Euphrat und Tigris, war der Mond ein absolut zuverlässiger Begleiter. Auch die politischen Verhältnisse waren unsicher. Sumerer, Babylonier und Assyrer beherrschten das Land abwechselnd. Entsprechend unsicher waren die gesellschaftlichen und existenziellen Verhältnisse. Das spiegelt sich wider im «Gilgamesch-Epos», das vor etwa 4000 Jahren entstanden ist. Erzählt wird die Geschichte von Gilgamesch, einem König von Uruk. Nach dem Tod seines Freundes Enkidu begibt er sich auf die gefahrvolle Suche nach Unsterblichkeit. Am Ende seiner Suche aber muss er einsehen, dass der Tod ein Teil des menschlichen Lebens ist, die Unsterblichkeit bleibt den Göttern vorbehalten. Eine große Rolle in dem Epos spielt eine verheerende Flut, die fast alles Leben zerstört hat. Eine solche Flut kann jederzeit wiederkommen. Das ist das Grundgefühl des Epos. Rainer Maria Rilke hat es deshalb einmal «Epos der Todesfurcht» genannt: «Der Menschheit Tage aber, sie sind gezählt / Eitel Wind ist, was immer sie wirken mag!»[114]

Wenn das so ist, dann kommt der Bestimmung der Zeit eine besondere Bedeutung zu. So entsteht in Babylonien der Mondmonat. Er ist, wie der Kalenderexperte Rudolf Wendorff schreibt, «die erste unveränderliche Zeitgröße in der Geschichte der Menschheit».[115] Der babylonische Mondmonat ist 29,53 Tage lang. Das ist bereits erstaunlich präzise, im 6. Jahrhundert berechneten die Astronomen die Dauer des Mondumlaufes um die Erde mit 29 Tagen, 44 Minuten und 3,5 Sekunden.[116] Tatsächlich liegt die durchschnittliche Dauer der sogenannten Lunation laut Wikipedia bei 29,530589 Tagen (29 Tage, 12 Stunden, 44 Minuten, 2,9 Sekunden), allerdings schwankt die Dauer jahreszeitlich bedingt zwischen 29,3 und 29,8 Tagen. Von der Dauer des Mondumlaufs ausgehend, bestimmten die Babylonier das Jahr, also den Umlauf der Erde um die Sonne, als Dauer von 12 Mondmonaten.

Damit sind zwei wesentliche Kalendergrößen bestimmt: Monat und Jahr. Beide orientieren sich an astronomischen Gegebenheiten: an Mond und Sonne. Wir sehen jede Nacht, wie der Mond zunehmend weiter aufgeht, aus der Sichel wird der Vollmond, der dann wieder abnimmt. Und wir erleben den Wechsel der Jahreszeiten: Frühling, Sommer, Herbst und Winter. Diese beiden Ereignisse, deren Wechsel sich in großer Präzision am Himmel ablesen lässt, bestimmt die beiden, bis heute genutzten, Grundtypen des Kalenders: den lunaren und den solaren Kalender.

Noch etwas anderes kommt ins Spiel: die Nutzung des Sexagesimalsystems zur Kalenderbestimmung. Die auf der 6 bzw. der 60 beruhenden Systeme bestimmen unsere Unterteilung der Zeit: Die Stunde hat 60 Minuten, der Tag zweimal 12 Stunden, der Monat hat (etwa) 30 Tage, das Jahr 12 Monate und (etwa) 360 Tage. Die Bevorzugung des Sexagesimalsystems beim Kalender dürfte darauf beruhen, dass der Monat etwa 30 Tage hat und das Jahr 12 Monate.

Die Zuverlässigkeit, mit der die Babylonier den Mondgott Nanna am Himmel erlebten, führte auch dazu, dass sie sich bemühten, aus den Himmelskonstellationen die Zukunft vorherzusagen. Aus praktischen Gründen fassten sie die Konstellation der Sterne im Bereich der Sonnenbahn zu Sternbildern zusammen, die sie, beginnend beim Frühlingspunkt am 21. März, zwölf Symbolen zuordneten: Widder, Stier, Zwillinge, Krebs, Löwe, Jungfrau, Waage, Skorpion, Schütze, Steinbock, Wassermann und Fische. Jeweils drei dieser Symbole entsprechen einer Jahreszeit. Diese Einteilung nutzen wir heute noch beim Horoskop.

Es lag nahe, das Jahr als ein Mondjahr von 12 Vollmonden oder Mondumläufen zu bestimmen. Das sind etwa 360 Tage, entspricht damit also nicht ganz dem Sonnenjahr von 365 Tagen. Als etwa 2000 v. Chr. die Sumerer allmählich durch die Babylonier verdrängt wurden und die eigentliche Zeit der babylonischen Hochkultur begann, änderten sich nicht nur die politischen Verhältnisse. Auch in den Götterhimmel kam Bewegung. Šamaš, der Sonnengott und Sohn von Nanna, kam stärker in den Blick als Gott der Gerechtigkeit und des Wahrsagens. Das hatte eine genauere Beobachtung der Sonne zur Folge, und das Jahr wurde als Zeiteinheit stärker betont als der Monat. Damit tauchte das Problem auf, dass man das bislang genutzte Mondjahr mit dem längeren Sonnenjahr in Übereinstimmung bringen musste. Es ging darum, 12,368 Mondmonate mit 12 Monaten zu verrechnen. Das ist ein Problem, das die Menschheit seitdem immer wieder beschäftigt hat und regelmäßige Kalenderkorrekturen und -anpassungen erfordert. Die Babylonier lösten das Problem recht praktisch, indem sie Monate mit 29 und mit 30 Tagen festlegten und einen zusätzlichen Monat mit 30 Tagen einschoben, um Mond- und Sonnenjahr wieder aneinander anzupassen. Der 13. Monat wurde zunächst gewissermaßen nach Bedarf eingeführt, wenn die Astronomen also feststellten, dass Mond- und Sonnenjahr sich zu stark auseinanderentwickelt hatten. Erst nach rund 1500 Jahren wurde die Korrektur regelmäßig alle 19 Jahre vorgenommen.

Mit Monat und Jahr waren zwei Kalendereinheiten geschaffen, die überschaubar waren und eine Art zeitlichen Horizont für das tägliche Leben bildeten. Vor allem das Jahr hatte dabei eine große Bedeutung. Es prägte das Leben durch den jahreszeitlichen Ablauf des Ackerbaus, von Hitze und Trockenheit. Der Beginn eines neuen Jahres wurde deshalb besonders gefeiert, wie wir das ja auch heute noch tun. Das Neujahrsfest wurde in Babylonien zur Frühlingstagundnachtgleiche gefeiert, also um den 21. März herum. Die Neujahrsfeier hatte sowohl religiöse wie politische Aspekte. Das alte Jahr wurde ausgetrieben mit all seinen Nöten, Ängsten und Krankheiten, die man hinter sich lassen wollte. Man lud sie einem Bock auf den Rücken, den man mit viel Lärm in die Wüste hinaustrieb. Das Wort vom Sündenbock erinnert noch heute an diese Sitte, die später die Juden von den Babyloniern übernahmen. Zugleich diente das Fest der Festigung der Herrschaft von Gott Marduk, Stadtgott von Babylon und Chef im babylonischen Götterhimmel. Mit der Bestätigung Marduks wurde zugleich der Machtanspruch der babylonischen Könige unterstrichen. Dass dies ausgerechnet zum Jahresanfang stattfindet, ist eine Tradition, die sich bis heute gehalten hat, man denke an die Tradition der Neujahrsansprachen von Regierungschefs und Staatsoberhäuptern.

Die dritte Kalendereinheit, die sich neben Monat und Jahr ganz natürlich ergibt, ist der Tag. Die Sumerer folgten auch bei der Gliederung des Tages dem Sexagesimalsystem, das sie auch bei Monat und Jahr anwandten. Der volle Tag, also der Lichttag und die Nacht, wurde in 12 Stunden geteilt, die Danna genannt wurden. 1 Danna hatte dann wieder 30 Ges, womit 1 Ges 4 Minuten entspricht. Der Tag begann dabei mit dem Sonnenuntergang. Da sich die Dauer von Lichttag und Nacht mit den Jahreszeiten veränderte, wurde die Länge der Stunden für jeden Monat neu berechnet. Die Babylonier änderten später dieses Stundenschema und teilten den Tag in je 12 Tages- und Nachtstunden, behielten aber die jahreszeitlichen Schwankungen der Dauer einer Stunde bei, ein Verfahren, an dem bis ins Mittelalter hinein festgehalten wurde.

Jahr, Monat, Tag – es fehlt noch die Woche. Das Erstaunliche an ihr ist, dass ihr keinerlei natürliche Gegebenheit entspricht. Die Länge einer Woche ist eine rein willkürliche Festsetzung, was im Laufe der Kalendergeschichte dazu führte, dass an ihr immer wieder Veränderungen vorgenommen wurden. Während Tag, Monat und Jahr astronomischen Gegebenheiten folgen, auf die der Mensch keinen Einfluss hat, ist die Woche gewissermaßen der kulturelle Bestandteil des Kalenders.

So hatten die Sumerer eine Fünf-Tage-Woche, später führten die Babylonier die Sieben-Tage-Woche ein. Diese Einteilung, die ja alles andere als selbstverständlich ist, da sie auf keinem Naturphänomen beruht, wurde von den Ägyptern, Griechen, Juden und Römern übernommen. Eigentlich hätte man annehmen müssen, dass eine Sechs-Tage-Woche im Sinne des Sexagesimalsystems genutzt würde, aber die sieben Tage der Woche gehen vielleicht zurück auf die fünf Wandelsterne plus Sonne und Mond, also Saturn, Sonne, Mond, Mars, Merkur, Jupiter und Venus.

Wie heute noch war ein Tag der Woche Ruhetag. Vielleicht lag das daran, dass man glaubte, an einem bestimmten Tag führe jede Handlung zu einem Unglück. Der assyrische König Assurbanipal legte später, im 7. Jahrhundert v. Chr., fest, dass der 7., 14., 21. und 28. Tag jedes Monats als Ruhetage galten.

Der Kalender, den wir heute nutzen, geht also in Teilen zurück auf die Region zwischen Euphrat und Tigris im Alten Orient. Wie schon erwähnt, ist Ägypten das andere Ursprungsland unseres heutigen Kalenders; dazu später mehr. Woher kommt dieses Interesse, die Zeit zu messen? Welche Motive stehen hinter der Entwicklung eines Kalendersystems? Das hat offensichtlich damit zu tun, dass die Menschen eine Art Zeitgitter brauchten, um ihre Alltagsprobleme zu bewältigen. Ein zentraler Punkt dabei war die Ernährungsfrage. Euphrat und Tigris schwemmten zwar fruchtbaren Schlamm an, der Getreide, Gemüse und Obst gut gedeihen lässt, aber da es im Zweistromland auch sehr heiß und trocken ist, war ein effektives Bewässerungssystem eine unabdingbare Voraussetzung, damit auf dem guten Boden auch wirklich etwas wuchs. Wasser musste also gespeichert und sorgfältig eingesetzt werden. Das war schwierig, da Euphrat und Tigris zu unterschiedlichen Zeiten Hochwasser führen. Es brauchte also ein System, um die entsprechenden Mengen Wasser nicht nur zu speichern, sondern auch die Felder damit effektiv und nachhaltig zu bewässern. Der überlebenswichtige Rohstoff Wasser musste quantitativ und zeitlich klug eingesetzt werden, vor allem als sich immer mehr Menschen in der Gegend ansiedelten, die es zu ernähren galt.

Ein zweiter Punkt, der ein Zeitgitter erforderlich machte, war eben genau diese Menge der Menschen. Für sie mussten Häuser, Straßen und Brunnen gebaut werden. Zur Zeit des babylonischen Königs Nebukadnezar, also rund 600 Jahre vor Christus, war Babylon eine Großstadt, in der bis zu 300.000 Menschen lebten. Es gab Tempel, eine Mauer schützte die Stadt, durch die Be- und Entwässerungskanäle flossen. Die Stadtmauer der anderen großen mesopotamischen Stadt Uruk war 5 Meter dick und fast 10 Kilometer lang. Um ein solch gewaltiges Bauwerk zu errichten, mussten Tausende Menschen jahrelang arbeiten. Ihre Arbeit musste geplant und zeitlich koordiniert werden. Sie benötigten Material, Werkzeug, Wasser, Lebensmittel, Unterkünfte und vieles mehr. Um all das zur Verfügung zu stellen, brauchte es eine klare zeitliche Ordnung. Die nötigen Dinge mussten nicht nur hergestellt, sondern auch gelagert werden. Dazu musste man wissen, welche Mengen in welchem Zeitraum verbraucht werden.

Eine weitere Rolle spielte das Geld. Je komplexer und größer das gesellschaftliche System und die Städte wurden, umso dringlicher wurde die Einrichtung einer Geldwirtschaft, die klar definierte Preise vorgab und den Handel erleichterte. Zu einer Geldwirtschaft gehört der Zins. Bei ihm spielt das

Zeitmoment eine zentrale Rolle. Man leiht sich Geld, das man in einer bestimmten Zeit zurückzahlt. Und dafür zahlt man Zinsen. Deren Höhe hängt wiederum unter anderem ab vom Zeitraum der Rückzahlung.

Je komplexer die gesellschaftlichen Verhältnisse wurden, je mehr Menschen auf engem Raum zusammenlebten, umso wichtiger war eine zeitliche Struktur, die ihr Zusammenleben regelte und taktete. Diese Struktur bietet ein Kalender. Wir werden später sehen, dass die Präzision der Zeitmessung in dem Maße zunimmt, in dem auch die Komplexität der gesellschaftlichen Verhältnisse zunimmt. Rechnet der Kalender noch mit Tagen, Wochen, Monaten und Jahren, so leben wir heute im Takt von Sekunden, Minuten und Stunden. Doch bis dahin ist es noch ein weiter Weg, der uns jetzt von Euphrat und Tigris an den Nil führt.

Ägypten: Der Sirius über dem Nil

Der Taktgeber für das Leben in Ägypten ist der Nil. Ende Juni steigt der Fluss allmählich an. Das beginnt im Süden des Landes und wird in Kairo in der ersten Juliwoche spürbar. Im August werden die Dämme geöffnet. Das Wasser überschwemmt das Land und hinterlässt seinen fruchtbaren Schlamm, wenn es sich nach dem höchsten Wasserstand im November dann immer weiter zurückzieht bis zum tiefsten Punkt im Mai. Der griechische Geschichtsschreiber Herodot (490–430 v. Chr.) hat Ägypten einmal als ein Geschenk des Nils bezeichnet und den Beginn des Hochwassers auf die Zeit der Sommersonnenwende im Juni festgesetzt. Das Anschwellen und Abflachen des Flusses hat dem Leben in Ägypten seinen Stempel aufgedrückt. Es ist wie das Ein- und Ausatmen, ein ewiger Kreislauf. Tatsächlich betrachteten die Ägypter Zeit als eine Folge wiederkehrender Zyklen. Alles verschwindet und kehrt zurück. Das erklärt auch den Totenkult der Ägypter, die ihre Leichen einbalsamierten und mit reichen Gaben ins Grab legten. Man wollte auf die Wiederkehr bestens vorbereitet sein. Zeit war in Ägypten vor allen Dingen das Hier und Jetzt. Die Vergangenheit interessierte wenig. Das zeigt sich schon allein daran, dass die Jahre nicht etwa fortlaufend gezählt wurden, sondern mit jedem neuen Pharao begann auch eine neue Chronologie. Seine Inthronisierung war der Beginn einer neuen Zeitrechnung mit dem Jahr 1.

Dass die Ägypter dennoch den Kalender hervorgebracht haben, den wir im Prinzip noch heute benutzen und den der Mathematiker und Astronom Otto Neugebauer (1899–1990) «den einzigen intelligenten Kalender in der Geschichte der Menschheit»[117] genannt hat, liegt am Auf- und Abschwellen des Nils. Der Fluss gab dem Leben seinen Rhythmus und bestimmte die drei Jahreszeiten des ägyptischen Jahres: die jeweils vier Monate von Überschwemmung, Aussaat und Ernte.

Der Nil war auch der Grund dafür, dass sich die Astronomen in Ägypten nicht so sehr auf den Mond konzentrierten wie die in Babylonien. In Ägypten war das Jahr die wesentliche Zeiteinheit. Das Jahr begann an einem bestimmten Punkt des Nilhochwassers und dauerte genau 365 Tage. Herodot sprach von der Zeit der Sommersonnenwende, genau begann das neue Jahr am 19. Juni. Von da aus teilt es sich auf in drei Jahreszeiten zu jeweils vier Monaten. Jeder Monat hat dreißig Tage. Dazu kommen dann noch einmal fünf zusätzliche Tage.

Das Problem, das sich in Babylonien stellte, nämlich der Ausgleich zwischen dem Sonnen- und dem Mondjahr, gab es in Ägypten nicht. Es wurde von Hochwasser zu Hochwasser gezählt. Die religiösen und astronomischen Mühen der babylonischen Astronomen, Mond und Sonne im Kalender zu vereinen, hatte man am Nil nicht. Der Fluss gab die 365 Tage des Jahres einfach vor. Diese Zeiteinheit wurde gewissermaßen auch noch göttlich abgesegnet, denn mit dem Beginn des Nilhochwassers tauchte auch der Sirius, den die Ägypter für die Verkörperung der Göttin Sothis hielten, wieder am Himmel auf, nachdem er über Monate hinweg unsichtbar gewesen war. Sothis war die Verkünderin und die Mutter der Nilüberschwemmung. Sie stand für Fruchtbarkeit, Wiedergeburt und den Ursprung der Welt.

Der Kalender der Ägypter erfüllte damit zivilisatorische Bedürfnisse, indem er das Leben der Menschen ordnete und strukturierte. Er bettete die Zeit auch in einen größeren Sinnzusammenhang und einen kosmischen Rahmen ein. Das war eine erstaunliche Leistung, wenn man sie mit den Bemühungen der Babylonier vergleicht, die Umläufe von Sonne und Mond auf einen Nenner zu bringen. Dies zeugt nicht nur von Vernunft, sondern auch von einer erstaunlichen Freiheit.

Im Laufe der Zeit fanden die ägyptischen Astronomen heraus, dass das sothische Jahr, dessen Beginn durch den Aufgang des Sirius markiert wurde, nicht genau 365 Tage dauerte, sondern rund 6 Stunden länger war. Der genaue Wert ist 365,2422 Tage. Das Sonnenjahr war also etwas zu kurz, und es brauchte viermal 365 Jahre, also 1460 Jahre, bis Sonnenjahr und sothisches Jahr wieder übereinstimmten. Die Astronomen rechneten zwar mit der sogenannten Sothis-Periode. In der Praxis blieb man aber bei dem einfach zu handhabenden Kalender mit seinen 365 Tagen.

Im Grunde benutzen wir diesen Kalender – mit einigen Verbesserungen – heute noch. Der Kalender war praktisch, da man nicht ständig auf die Abstimmung der Zyklen von Sonne und Mond achten musste, und er eignete sich hervorragend, um astronomische Aufzeichnungen zu machen. Es gab deshalb verschiedene Versuche, ihn auch in anderen Reichen und Kulturen einzuführen. Darius I. (549–486 v. Chr.), genannt der Große, probierte es im 6. Jahrhundert v. Chr. im Persischen Reich, scheiterte aber damit. Die Griechen, die ansonsten sehr ägyptenaffin waren, hielten sich an den babylonischen Kalender und versuchten, ihn zu verbessern. Erst Julius Caesar (100–44 v. Chr.) schaffte es, den ägyptischen Kalender im gesamten Römischen Reich einzuführen. Er verbesserte ihn dadurch, dass er alle vier Jahre einen Schalttag einführte, um die Differenzen zwischen Sonnenjahr und sothischem Jahr aufzufangen. Danach gab es nur noch eine Korrektur durch Papst Gregor XIII. (1502–1585) im 16. Jahrhundert. Seitdem benutzen wir den ägyptischen Kalender mehr oder weniger unverändert.

Es hatte durchaus im alten Ägypten schon Versuche gegeben, das Schaltjahr einzuführen. Im Jahr 238 v. Chr. erließ Ptolemäus III. Eugertes (284–222 v. Chr.) dazu das sogenannte Edikt von Kanopus. Aber die Priester sabotierten diese Neuerung einfach. Immerhin war der alte Kalender schon zweieinhalb Jahrtausende in Gebrauch. Vielleicht lag es aber auch daran, dass die Idee mit dem Schaltjahr nicht von einem ägyptischen Astronomen kam, sondern von den Griechen Erathostenes (276–194 v. Chr.) und Archimedes (287–212 v. Chr.). So hielt man an alten, eher ungenauen Vorstellungen fest, obwohl man es eigentlich besser wusste.

Wie in Babylonien wurde auch in Ägypten früh die Zählung der Tagesstunden eingeführt. Während im Zweistromland die Tage in 12 Doppelstunden geteilt wurden, führten die Ägypter etwa im 3. Jahrtausend v. Chr. den 24-Stunden-Tag ein, allerdings hatte er wenig mit unserem Tag heute gemein. Die Tagesstunden wurden in zehn Einheiten aufgeteilt, die Nachtstunden in zwölf. Dazu kamen je eine Zwielichtstunde am Morgen und am Abend. Der Tag begann am Morgen mit der Dämmerung. Es ergab sich also für den gesamten Tag eine 1+10+1+12-Teilung. Die Länge der einzelnen Stunden variierte je nach Jahreszeit. Im Sommer waren Tagesstunden länger und die Nachtstunden kürzer, im Winter war es umgekehrt. Die Einteilung der Stunden des Tages war eine Aufgabe für die Priester. Sie nutzten dazu zum Beispiel Wasseruhren. Es ist anzunehmen, dass der 24-Stunden-Tag vor allem dazu diente, die Arbeit von vielen Menschen besser zu organisieren und zu koordinieren, also beim Bau der Pyramiden etwa.

Die Sieben-Tage-Woche schließlich ist in Ägypten eine recht späte Entwicklung. Man rechnete zunächst mit einer Zehn-Tage-Woche, einer Dekade. Das Jahr bestand dann aus 36 Wochen plus die Epogamenen, also die 5 zusätzlichen Tage. Die Monatseinteilung scheint sich ursprünglich daraus entwickelt zu haben, dass man die Dekaden jeweils in Dreiereinheiten zusammenfasste, die aber, anders als in Babylonien, sich nicht am Mond orientierten, was die Kalenderberechnungen in Ägypten so einfach und universal machten, dass wir sie, wenn auch in verbesserter Form, heute noch nutzen.

Die julianische Kalenderreform

Auf dem Weg vom ägyptischen Kalender bis zu unserem heutigen Kalender stehen noch zwei Reformen, die sich beide damit auseinandersetzen, wie die Tage des Jahres aufgeteilt werden. Es geht um die Länge von Monaten und die Frage von Schaltjahren.

Der erste, der den ägyptischen Kalender reformierte, war der römische Staatsmann und Feldherr Julius Cäsar (100–44 v. Chr.). Das Römische Reich, das Cäsar regierte, war ein Weltreich. Um es effizient verwalten zu können, war ein ebenso funktionstüchtiger wie praktischer Kalender eine unabdingbare Voraussetzung. Der römische Kalender, der bis zur sogenannten julianischen Kalenderreform benutzt wurde, hatte auf Grund seiner Einteilung in 12 Monate eigentlich nur 355 Tage. Die 10,5 Tage Differenz zur Länge des Sonnenjahres wurden durch Manipulationen beim Februar ausgeglichen, es gab Jahre mit 355 Tagen und solche mit 378 oder 377 Tagen, um die Differenzen auszugleichen.

Wir verdanken dem alten römischen Kalender auch unsere Monatsnamen. Der Januar wurde nach dem doppelgesichtigen Gott Janus benannt, der sowohl vorwärts wie rückwärts blicken konnte. Der Februar hatte seinen Namen vom Februum, einem Sühne- und Reinigungsfest. Der März erinnerte an den Gott Mars, der nicht Kriegsgott war, sondern auch Gott des Landbaus. April kam vom Verb *aprire*, öffnen, es war der Monat, in dem sich die Knospen öffneten. Der Mai verdankte seinen Namen der Göttin Maja, der Juni der Göttin Juno. Ab Juli wurde dann nur noch gezählt: achter, neunter, zehnter, elfter und zwölfter Monat.

Cäsar war so klug, bei seiner Kalenderreform an den Monatsnamen nichts zu ändern, denn die Einführung eines neuen Kalenders ist vor allem deshalb schwierig, weil es dabei immer auch um Gewohnheiten und kulturelle Identität geht. Je behutsamer eine Reform also ist, umso besser lässt sie sich durchsetzen.

Der Monat wurde im alten römischen Kalender allerdings nicht in Wochen geteilt, und die Tage wurden auch nicht einfach von 1 bis 31 durchgezählt. Wir alle haben im Latein- oder Geschichtsunterricht gehört, dass Cäsar in den Iden des März ermordet wurde. Die Monatseinteilung richtete sich dabei nach den Mondphasen. Der Monat begann am Neumond mit den Kalenden. Das Erscheinen der Sichel des Mondes zu melden, war Aufgabe der Priester, die den Tag ausriefen. Genau das bedeutet das lateinische Verb *calendare*, dem wir unser Wort Kalender verdanken. Das erste Viertel waren dann die Nonen, der neunte Tag des Monats vor dem Vollmond. Die Iden bezeichneten die Monatsmitte, also den Vollmond. Es gab eine Weile auch noch das Tubilustrium, das am neunten Tag nach den Iden den abnehmenden Mond bezeichnete. Aber das geriet bald in Vergessenheit, die drei Haupttage des Monats waren die Kalenden, Nonen und Iden. Die einzelnen Tage wurden dann von den Haupttagen aus vor- oder zurückgezählt. Man sagte also «am dritten Tag vor den Iden des März» und meinte damit den 13. März. Das System war insgesamt kompliziert, zumal sich die Lage der Tage Monat für Monat änderte. Im März, Mai, Juli und Oktober fielen die Iden auf den 15. Tag des Monats, in allen anderen Monaten auf den 13. Tag. Wenn Cäsar also in den Iden des März ermordet wurde, war das am 15. März des Jahres 44 v. Chr.

Die Sieben-Tage-Woche wurde erst am Ende des 1. Jahrhunderts n. Chr. eingeführt. Die einzelnen Tage der Woche wurde nach den Planeten benannt, zu denen man Sonne, Mond, Merkur, Jupiter, Venus und Saturn rechnete. So war Sonntag, der Tag der Sonne, der erste Wochentag. Montag war der Tag des Mondes, Dienstag Tag des Mars, Mittwoch Tag des Merkur, Donnerstag Tag des Jupiters, Freitag Tag der Venus und Samstag Tag des Merkur; auf Lateinisch: *dies Solis, dies Lunae, dies Martis, dies Mercurii, dies Iovis, dies Veneris, dies Saturni.* In unseren deutschen Bezeichnungen erinnern Sonn- und Montag noch an ihren lateinischen Ursprung. Der Tag des Wettergottes Jupiter wurde bei uns der Donnerstag – nach Donar, dem Gewittergott. Der Liebesgöttin Venus entspricht Freia, die für Liebe und Ehe zuständig war.

Das eigentliche Problem des altrömischen Kalenders war aber nicht die komplizierte Berechnung der Tage des Monats. Daran änderte Julius Cäsar nichts. Es war die Jahreslänge, denn immer wieder war das Jahr aus politischen oder persönlichen Gründen der Machthaber mal verlängert und mal verkürzt worden. Zu Cäsars Zeit lag die Differenz zwischen Kalender- und Sonnenjahr bei 90 Tagen, also fast 3 Monaten. Der Winter begann im kalendarischen Frühling.

Das Vorbild für Cäsars Kalenderreform war, wie gesagt, der ägyptische Kalender, also ein Jahr mit 12 Monaten zu 30 Tagen plus 5 weitere Tage. In Ägypten wurden die fünf zusätzlichen Tage ans Jahresende gehängt. Aber diese fünf zusätzlichen Tage waren etwas, was dem ordnungsliebenden Cäsar nicht gefiel. Er verteilte die zusätzlichen Tage auf das Jahr. Jeder Monat mit einer geraden Ordnungszahl hatte 30 Tage, die Monate mit der ungeraden Ordnungszahl bekamen 31 Tage. Eine Ausnahme machte nur der Februar. Er hatte 28 Tage. Da das Sonnenjahr aber 365,25 Tage hat, wurde dem Februar alle 4 Jahre ein Schalttag hinzugefügt, das war der 24. Februar, den es dann als Doppeltag zweimal gab. Dass ausgerechnet der Februar als verkürzter Schaltmonat genommen wurde, lag daran, dass das Jahr im alten Kalender mit dem 1. März begann. Cäsar legte allerdings den 1. Januar als Jahresbeginn fest, den er auf den Tag des ersten Neumonds nach der Wintersonnenwende festlegte.

Die neue Aufteilung der Monate war der eine Teil der Kalenderreform. Der zweite Teil bestand darin, das Kalenderjahr wieder an das Sonnenjahr anzupassen. Da der neue Kalender mit dem Jahr 45 v. Chr. beginnen sollte, mussten im Jahr 46 v. Chr. insgesamt 90 zusätzliche Tage eingeschoben werden. Das Jahr 46 v. Chr. dauerte also insgesamt 445 Tage.

Zwei Jahre nach Einführung des neuen Kalenders schlug Marcus Antonius (86–30 v. Chr.) vor, Gaius Julius Cäsar dadurch zu ehren, dass man den Monat seiner Geburt nach ihm benannte. Aus Quintilis, dem fünften Monat des alten, mit dem März beginnenden Jahres, wurde der Juli. Das Jahr des neuen julianischen Kalenders bestand also aus den Monaten Januarius, Februarius, Mars, Aprilis, Maia, Juno, Julius, Sixtilis, September, Oktober, November, Dezember.

Ein Jahr nach Einführung des neuen Kalenders wurde Cäsar ermordet. Das hatte einen Fehler zur Folge, der mit der Zählung der Schaltjahre zusammenhing. Cäsar hatte angeordnet, jedes vierte Jahr als Schaltjahr anzusetzen. Die Priester verstanden das nach der Inklusivzählung als Schaltung alle drei Jahre. Es handelte sich dabei also um einen sogenannten Zaunpfahlfehler, bei dem die Zahl der zu zählenden Objekte mit der Zahl der Zwischenräume zwischen den Objekten verwechselt wird. Um ein Beispiel zu nennen: Das Jahr 2000 war ein Schaltjahr. Die Priester zählten dieses Jahr mit und kamen dann auf die Zählung 2000, 2001, 2002, 2003, sie rechneten also das Jahr 2003 als nächstes Schaltjahr. Tatsächlich aber musste gezählt werden 2001, 2002, 2003 und 2004, da 2000 ja bereits ein Schaltjahr war. Es wurden also zu viele Schaltjahre gezählt. Korrigiert wurde der Fehler von Kaiser Augustus (63 v. Chr. – 14 n. Chr.), indem er die Schaltjahre 5 v. Chr., 1 v. Chr. und 4 n. Chr. ausfallen ließ und erst das Jahr 8 n. Chr. wieder als Schaltjahr aufnahm. Das hatte die Folge, dass bis heute Schaltjahre Jahre sind, deren Zahl sich durch 4 teilen lässt.

Augustus nahm noch eine andere Änderung an Cäsars Kalender vor. Anscheinend war es ihm ein Dorn im Auge, dass der Juli nach seinem Großonkel Cäsar benannt war. Er verfügte deshalb, auch nach ihm einen Monat zu benennen. So wurde aus dem Sixtilis der August. Nun hatte der Juli 31 Tage. Nach dem System des julianischen Kalenders, in dem sich die Monate mit 31 und 30 Tagen Länge abwechseln, hätte der August also 30 Tage haben müssen. Der Legende nach war es aber Augustus nicht recht, dass «sein» Monat einen Tag weniger hatte als der Monat seines Großonkels. Er soll also bestimmt haben, dass auch der August 31 Tage hat. Der Tag, den der August jetzt zu viel hatte, wurde dem Februar weggenommen, der damit in normalen Jahren 28 und in einem Schaltjahr 29 Tage hatte. Allerdings ist es umstritten, ob die Verteilung der Tage auf die Monate durch Augustus geändert wurde.

Wie dem auch sei: Cäsar hatte mit seiner Kalenderreform den bis dahin modernsten Kalender geschaffen. Der Kalender hatte nur einen winzigen Fehler, und man muss hier betonen, dass der Fehler zunächst wirklich winzig war. Das Jahr des julianischen Kalenders hatte 365,25 Tage. Also 365 Tage plus 6 Stunden. Tatsächlich aber ist das Sonnenjahr etwas kürzer, nämlich 365 Tage, 5 Stunden, 48 Minuten und 46 Sekunden. Die Differenz beträgt also 11 Minuten und 14 Sekunden. Diese winzig erscheinende Differenz summierte sich allerdings im Laufe der Zeit, und der Kalender wich damit jedes Jahr ein wenig mehr vom Sonnenjahr ab: alle 128 Jahre um einen Tag. Irgendwann musste diese Differenz auffallen. Das tat sie nach über 1600 Jahren.

Die gregorianische Kalenderreform

Die 11 Minuten, die das julianische Jahr zu lang war, führten mit den Jahrhunderten zu einer Reihe von Problemen, die nicht erst von Papst Gregor XIII. (1502–1585) gesehen wurden. Schon im frühen Mittelalter war Astronomen die Differenz aufgefallen. Man merkte sie vor allem daran, dass die Differenz zwischen dem Osterfest und dem Frühlingsanfang immer größer wurde. Schon um 1200 machten Gelehrte darauf aufmerksam. Der Franziskanermönch und Philosoph Roger Bacon (1220–1292) plädierte für eine Kalenderreform, nachdem er die Abweichung des julianischen Kalenders vom Sonnenjahr mit 1 Tag in 125 Jahren berechnet hatte, was der tatsächlichen Differenz schon sehr nahekam. 1345 bekamen Pariser Mathematiker vom Papst den Auftrag, einen Vorschlag zur Verbesserung des Kalenders zu machen. Der Kalender wurde auf den Konzilien in Rom 1412, Konstanz 1415 und Basel 1434 erörtert. Der deutsche Astronom Johannes Müller, genannt Regiomontanus (1436–1476), entwickelte 1474 einen deutlich verbesserten Kalender, der allein deshalb in der Schublade blieb, weil Regiomontanus 1476 starb. Es gab weitere Konzilien und Traktate, berühmte Köpfe wie Tycho Brahe (1546–1601) und Nikolaus Kopernikus (1473–1543) plädierten für eine Kalenderreform. Aber nichts passierte. Es brauchte einen Mann, der die nötige Reform nicht nur in Angriff nahm, sondern auch die Macht hatte, sie umzusetzen, denn Kalenderfragen waren heikel. Man hielt an Gewohnheiten fest, es gab religiöse Bedenken und vieles mehr. Nur ein Beispiel dafür waren die unterschiedlichen Festlegungen des Jahresanfangs. Der wurde teilweise am 25. Dezember gefeiert, teilweise am 25. März, dann wieder am 1. März oder auch am 1. Januar, wie es im julianischen Kalender eigentlich festgelegt ist. Dieses Datum aber passte der Kirche nicht, weil es heidnischen Ursprungs war. Beim Konzil von Tours im Jahr 576 etwa wurde festgelegt, dass die Feier des Jahresbeginns am 1. Januar mit Exkommunikation bestraft werden sollte.

Erst Papst Gregor XIII. war der Mann, eine Kalenderreform tatsächlich in die Wege zu leiten. In seiner Amtszeit von 1572 bis 1585 berief er eine Kommission von Wissenschaftlern ein, die die Reform vorbereiten sollten. Die großen europäischen Universitäten wurden in das Projekt eingebunden, um es auf eine möglichst breite Basis zu stellen. Schließlich konnte Gregor am 24. Februar 1582 die Bulle «Inter gravissimas» («Zu den wichtigsten Aufgaben unseres Hirtenamtes») unterzeichnen, mit der der neue Kalender eingeführt wurde. Die Reform beinhaltete zwei Kernpunkte: zunächst die Beseitigung der Differenz von zehn Tagen zwischen dem julianischen Kalender und dem Sonnenjahr, dann eine Neuregelung für die Schalttage, die eine Abweichung wie beim julianischen Kalender vermeiden sollte. Die Angleichung des Kalenders an das Sonnenjahr wurde dadurch vorgenommen, dass 1582 zehn Tage übersprungen wurden. In dem Jahr folgte auf Donnerstag, den 4. Oktober, Freitag, der 15. Oktober. So war die Abfolge der Wochentage eingehalten. Das war ein mutiger, aber klarer Schnitt.

Die Regelung der Schaltjahre wurde so verändert, dass zwar alle vier Jahre ein Schaltjahr eingefügt wurde, dessen Jahreszahl musste aber durch vier teilbar sein. Eine Ausnahme bildeten die Säkularjahre, also die Jahre, die ein Jahrhundert abschließen. Ein Säkularjahr war nur dann noch ein Schaltjahr, wenn es durch 400 teilbar war. Das heißt, die Jahre 1600, 2000, 2400, 2800 etc. sind Schaltjahre; die Jahre 1700, 1800, 1900, 2100 sind es nicht. Die Regelung verhindert, dass die Differenz zwischen Kalenderjahr und Sonnenjahr zu groß wird. Sie beträgt seit der Reform nur noch 26 Sekunden. Das führt zu einer Differenz von 1 Tag in 3323 Jahren. Nach Einführung der Kalenders 1582 ist das im Jahr 4905.

So einfach und vernünftig die Reform war, es dauert lange, bis sie sich allgemein durchgesetzt hatte. In den katholisch regierten Staaten Europas wie Frankreich, Italien und Spanien wurde der Kalender zügig eingeführt. Luther lehnte den neuen, katholischen Kalender ab. Er fand schlicht, angesichts der Ewigkeit komme es nicht so sehr darauf an, ob der Kalender stimme oder nicht. Entsprechend wurde in Deutschland bzw. dem Heiligen Römischen Reich Deutscher Nation der Kalender erst spät eingeführt. Das Reich war zerstückelt in katholische und protestantische Territorien. Diese konfessionelle Spaltung machte es schwer, sich auf die Reform zu einigen. In Deutschland gab es deshalb ein kalendarisches Durcheinander. Die damals gedruckten Kalender zeigten notgedrungen den alten neben dem neuen Kalender. In den unterschiedlichen Regionen wurden Weihnachten und Ostern zehn Tage früher oder später gefeiert. Bei der Unterzeichnung des Westfälischen Friedens zum Beispiel behalf man sich damit, dass man zwei Datierungen in das Dokument aufnahm: Osnabrück, den 27. Juli/6. August 1648.

Erst 1700 war der gregorianische Kalender in ganz Deutschland eingeführt. Etwa gleichzeitig zogen Großbritannien, Nordamerika und Schweden nach. Es dauerte aber noch bis ins 20. Jahrhundert, bis Länder wie Albanien, China, Bulgarien, Griechenland, Rumänien und 1927 die Türkei unter Kemal Atatürk den gregorianischen Kalender benutzten.

Andere Kalender

Der Kalender, den wir heute weltweit führen, ist der ägyptische Kalender in seiner julianisch-gregorianisch reformierten Form. Tatsächlich aber gibt es viel mehr Kalender. Im Laufe der Geschichte wurden nicht nur zwischen Euphrat und Tigris und am Nil Methoden entwickelt, die Zeit zu messen, sondern weltweit. Und einige der Systeme sind heute noch in Gebrauch, auch wenn sie ein Schattendasein führen und für das tägliche Leben wenig Relevanz haben.

Die frühen Griechen hatten zum Beispiel einen eigenen Kalender. Aber er scheint für ihre Kultur nur wenig Bedeutung gehabt zu haben, weswegen sie darauf kaum Mühe verwendeten. Das Jahr bestand zunächst aus 6 Monaten mit jeweils 30 und 6 Monaten mit 28 Tagen. Die Zählung beruhte auf den Mondumläufen. Aus praktischen Gründen wurde später der Monat mit 30 Tagen eingeführt, etwa um bei Gericht Fristen festsetzen zu können. Solon (640–560 v. Chr.) führte Schaltmonate von 30 Tagen ein, die alle 2 Jahre eingesetzt wurden, um die Differenz zwischen Mond- und Sonnenjahr auszugleichen. Es gab immer wieder Versuche, hier praktikable Änderungen durchzusetzen. Aber während die griechische Kultur allmählich zu einer Art Weltkultur wurde, hatte das Jahr als kalendarische Einheit für sie kaum Bedeutung. Entsprechend gab es zum Beispiel keine religiösen oder politischen Feiern zum Jahreswechsel. Und auch die Zählung der Jahre wurde nicht sehr präzise gehandhabt. Man begann sie mit jeder Regierungszeit neu. Man sprach also vom zehnten Jahr unter Solon. Das allerdings war eine durchaus übliche Methode der Chronologie, die auch in Ägypten und anderswo genutzt wurde.

Den wichtigsten Fixpunkt innerhalb der griechischen Zeitmessung bildeten die Olympiaden, die alle vier Jahre stattfanden. Die ersten Olympischen Spiele wurden im Sommer 776 v. Chr. gefeiert. Sie waren der eigentliche Beginn der griechischen Chronologie. Seit diesem Jahr wurden die Siegerlisten geführt. Die Zählung der drei bis fünf Tage dauernden Spiele geht auf den antiken Historiker Timaios von Tauromenion (345–250 v. Chr.) zurück. Mit ihm begann die Datierung von Ereignissen nach Olympiaden, wobei eine Olympiade den vier Jahren zwischen den olympischen Spielen entspricht. Insgesamt gab es die Olympischen Spiele über 1100 Jahre lang, die letzten Spiele der Antike wurden 393 n. Chr. durchgeführt und dann beendet, weil sie heidnischen Ursprungs waren. 1896 wurde die Tradition der Olympischen Spiele wieder aufgenommen.

Der jüdische Kalender bestand aus 12 Monaten, die jeweils 29 oder 30 Tage hatten. Damit wich das kalendarische Jahr vom Sonnenjahr ab. War die Differenz zu groß, wurde ein zusätzlicher Monat eingeschoben. Dabei wurden die Monate einfach durchgezählt, erst spät erhielten sie Namen. Das Erstaunliche am jüdischen Kalender aber ist, dass die Juden die Woche zur zentralen Zeiteinheit ihres Kalenders machten. Die sieben Tage der Woche gehen zurück auf den Schöpfungsbericht der Genesis. Dort heißt es: «Am siebten Tag vollendete Gott das Werk, das er gemacht hatte, und er ruhte am siebten Tag, nachdem er sein ganzes Werk gemacht hatte. Und Gott segnete den siebten Tag und heiligte ihn; denn an ihm ruhte Gott, nachdem er das ganze Werk erschaffen hatte.»[118]

Die Woche mit dem siebten Tag zur Verehrung Jehovas als zentrale Kalendereinheit entkoppelt sich im jüdischen Kalender völlig von allen natürlichen Einheiten wie dem Monat oder dem Jahr. Das hat auf der einen Seite die Folge, dass der jüdische Kalender nicht sehr präzise ist, was die Jahreslänge angeht. Das Einschieben von Schaltmonaten wurde, wie erwähnt, nicht sehr stringent behandelt, die Jahreslänge variierte immer wieder. Auch nachdem man im 4. Jahrhundert v. Chr. begann, das Jahr des babylonischen Kalenders einzuführen, gab es noch Jahre mit insgesamt sechs unterschiedlichen Längen. Salopp gesagt, kam es einfach nicht so darauf an. Wichtig war, dass der Ablauf der Woche stimmte und der Sabbat als Ruhetag eingehalten wurde.

Das ist dann auch die zweite wesentliche Differenz des jüdischen Kalenders. Hier wird versucht, die gesamte Zeiteinteilung in einen religiösen und geschichtlichen Zusammenhang zu stellen. Nicht mehr Mond oder Sonne sind wichtig, sondern die Heilsgeschichte des jüdischen Volkes mit Jehova. Der Kalender ist für die Juden vor allen Dingen ein Zeithorizont, in dem sich die Geschichte ihres Volkes und der Welt abbildet. Deshalb spielen die Feiertage im jüdischen Kalender eine bedeutende Rolle. Sie vergegenwärtigen diese Geschichte, indem sie an vergangene Ereignisse erinnern. Das Passahfest im Frühling erinnert an den Auszug des jüdischen Volkes aus Ägypten, das Laubhüttenfest an die Wüstenwanderung nach dem Auszug aus Ägypten.

Die Einbindung des Kalenders in einen historischen Zusammenhang bedeutet schließlich auch, dass der jüdische Kalender einen klaren Anfang hat. Er beginnt mit der Erschaffung der Welt, die präzise auf den 7. Oktober 3761 v. Chr. datiert wird. Und die Geschichte wird ein Ende haben. Diese Einbindung des Kalenders in historische Gegebenheiten ist die eigentliche Leistung des jüdischen Kalenders, denn sie stellt das Vorbild dar für die sogenannte Chronologie, das heißt für die Bestimmung des Anfangszeitpunktes eines Kalenders, nach dem wir dann die Jahre zählen. So wie der jüdische Kalender mit der Erschaffung der Welt beginnt, beginnt unser Kalender heute mit der Geburt Christi als Jahr 0 und Start unserer Zeitrechnung.

Bisher haben wir uns nur mit Kalendern befasst, die rund um das Mittelmeer entstanden sind. Das liegt daran, dass in Babylon, Ägypten und Rom im Laufe der Jahrhunderte der Kalender entstanden ist, den wir heute nutzen und der weltweit in Gebrauch ist. Das erweckt vielleicht den Eindruck, Kalender seien nur im Vorderen Orient und in Europa entwickelt worden. Dem ist allerdings nicht so. Deshalb lohnt es, auch einen Blick auf andere Kalenderkulturen und -systeme zu werfen.

Die Maya, ein indigenes Volk in Mittelamerika, haben um etwa 100 n. Chr. einen Kalender entwickelt, der völlig anders aufgebaut ist als die Systeme in Europa. Die zentrale Kalendereinheit ist dabei ein Zeitraum von 260 Tagen, eingeteilt in 13-mal 20 Tage, wobei sich die Zahl 20 wahrscheinlich aus dem Rechnen mit 10 Fingern und 10 Zehen ergeben hat. Das Wort *uinic* für 20 in der Maya-Sprache bedeutet auch «Mensch». Die 13 als zweite wichtige Zahl des Maya-Kalenders hatte einen religiösen Hintergrund und symbolisierte den Himmel.

Der Maya-Kalender hat keinen Bezug zu Sonne oder Mond, es ist ein Kunst- oder Kulturprodukt. Die 20 Tage wurden nach Göttern benannt. Dazu kam dann eine Zahl, um einen bestimmten Tag zu bezeichnen. Die Tage hießen also zum Beispiel Caban8 oder Manik3. Dabei wurden die Tage von 1 bis 13 durchgezählt, dann begann die Zahlenreihe erneut. Das System war streng logisch, aber bezogen auf unseren Kalender nicht besonders intuitiv.

Das Problem des Kalenders war, dass er keinerlei Bezug zum Sonnenjahr hatte. Da die Maya aber auch Bauern waren, musste ihr Kalender sich auch auf den natürlichen Jahresablauf beziehen. Die Lösung bestand in der Formel 18 x 20 + 5. Die Uinal genannten 20 Tage Einheiten erhielten 18 feste Namen, vergleichbar mit unseren Monaten. 18 x 20 ergibt 360. Dazu kamen dann noch fünf Tage, die als Unglückstage galten und an denen man nicht arbeitete. Damit war der Kalender, den die Maya Haab nannten, an das Sonnenjahr angepasst. Jahresbeginn war der 26. Juli.

Größere Zeiteinheiten wurden – bis auf das Sonnenjahr – jeweils in 20er-Einheiten gerechnet. 1 Kin war 1 Tag, 20 Kin 1 Uinal. 18 Uinal waren 1 Tun (360 Tage), also fast 1 Jahr. 20 Tun waren 1 Katun (7200 Tage, was fast 20 Jahren entspricht), 20 Katun = 1 Baktun (fast 400 Jahre) und 20 Baktun = 1 Pictun (8000 Jahre). Die Ungenauigkeit beruht darauf, dass 1 Tun eben kein volles Sonnenjahr ist, sondern dass ihm 5 Tage fehlen. Um ein Datum zu bezeichnen, ging man von einem fiktiven Tag aus, an dem die Zeitrechnung begann, wobei nicht ganz klar ist, ob es sich dabei um den 8. September 3114 v. Chr. oder den 10. August 3113 v. Chr. handelt. Ab einem dieser Tage wurde dann gerechnet: 10 Baktun + 5 Katun + 7 Tun + 3 Uinal + 6 Kin. Da schließlich dem kalendarischen Jahr mit seinen 260 Tagen und dem Sonnenjahr mit seinen 365 Tagen eine Differenz bestand, hatte die Zahl 52 eine besondere Bedeutung, denn alle 52 Jahre stimmten Kalender und Sonnenjahr überein, wobei die 52 = 4 x 13 ist und damit die heilige Zahl 13 wieder im Spiel ist.

Der chinesische Kalender wurde erst 1873 durch den gregorianischen Kalender abgelöst. Das Erstaunliche an diesem Kalender ist, dass er keine Woche kennt. Vielmehr besteht das Jahr aus 6 Einheiten zu 60 Tagen. Das ergibt 360 Tage. Zur Anpassung an das Sonnenjahr und zum Ausgleich der fehlenden fünf Tage wurde regelmäßig ein Schaltmonat eingefügt. Neben diesen 60-Tage-Einheiten spielt der Mondmonat im Kalender eine bedeutende Rolle. Da die chinesischen Astronomen wussten, dass der Mondzyklus 29,5 Tage dauerte, man aber im Kalender nicht mit halben Tagen rechnen konnte, wechselten sich Monate mit 29 und 30 Tagen ab. Das Jahr bestand aus 12 Monaten. Ein solches Jahr war mit 354 Tagen natürlich zu kurz. Es musste an das Sonnenjahr und an die 60-Tage-Zyklen angepasst werden. Deshalb wurde alle paar Jahre ein Schaltmonat eingefügt. Solche Jahre hatten dann 13 Monate.

Die einzelnen Mondmonate hatten keine Namen, sondern wurden durchgezählt, allerdings mit der Ausnahme des zusätzlichen Schaltmonats, der die Nummer des vorangehenden Monats mit dem Zusatz *jun* bekam. Der chinesische Kalender wurde auch in Japan genutzt, dort gab es zusätzlich zur Zahl der Monate noch poetische Namen wie Hasenmonat oder Frostmonat. Die Einzeltage schließlich wurden nicht nummeriert, sondern sie hatten zusammengesetzte Namen: das Wasser mit dem Hahn, der Baum mit der Maus.

Der islamische Kalender ist noch relativ jung, da auch der Islam, der im frühen 7. Jahrhundert n. Chr. durch Mohammed gestiftet wurde, noch recht jung ist. Es handelt sich dabei um einen reinen Mondkalender. Das Jahr besteht aus 12 Mondmonaten, die jeweils 29 oder 30 Tage lang sind, es ist also 10 bis 12 Tage kürzer als das Sonnenjahr. Hintergrund der Entscheidung für einen reinen Mondkalender ist die Religion. In der zehnten Sure des Koran heißt es: «Er ist es, Der die Sonne zu einer Leuchte und den Mond zu einem Licht gemacht und ihm

Himmelspunkte zugemessen hat, damit ihr die Zahl der Jahre und die Zeitrechnung wisst.» Aus dem kürzeren Jahr des islamischen Kalenders folgt unter anderem, dass 33 islamische Jahre etwa 32 Jahren des gregorianisch-christlichen Kalenders entsprechen. In dieser Zeit wandert der islamische Kalender einmal durch das Sonnenjahr. Das hat zur Folge, dass sich aus der Perspektive des Sonnenjahres islamische Feiertage immer wieder verschieben. Der Fastenmonat Ramadan beginnt innerhalb des Sonnenkalenders jedes Jahr zehn bis zwölf Tage früher und wandert durch das Jahr.

Der islamische Kalender ist ein Kalender, der religiösen Zwecken dient. Das zeigt sich besonders deutlich an seiner Chronologie, die mit der Auswanderung, der Hidschra, des Propheten Mohammed von Mekka nach Medina beginnt. Nach dem christlichen Kalender war das am 24. September 622, ein Freitag, weshalb der Freitag der wöchentliche Feier- und Ruhetag im Islam ist, es ist ein Tag der Versammlung und Erinnerung an die Hidschra.

Der islamische Kalender bestimmt bis heute das Leben von rund 1,6 Milliarden Muslimen weltweit. Er legt fest, wann sie beten, feiern und fasten. Im Alltag jedoch wird heute in den islamischen Ländern der gregorianische Kalender verwendet, der seit Beginn des 20. Jahrhunderts als internationaler Kalender eingeführt wurde. Nach ihm wird das weltliche Leben geregelt, also zum Beispiel Miet- und Arbeitsverträge sowie internationale Beziehungen.

Die bislang beschriebenen Kalender wurden mehrere Hundert Jahre lang genutzt, teilweise spielen sie sogar heute noch eine Rolle. Es gibt allerdings auch Kalendersysteme, die bereits nach kurzer Zeit wieder aufgegeben wurden. Das hatte mit praktischen Problemen zu tun, die durch die neuen Kalender entstanden, aber auch mit der Gewöhnung an die alten Kalender.

1793, vier Jahre nach der Französischen Revolution, bestimmte der Nationalkonvent am 24. November die Einführung eines neuen Kalenders. Es herrschte eine neue Zeit. Und die sollte ihren Ausdruck auch in einer neuen Zeitrechnung finden. Die Revolution hatte Staat und Kirche streng getrennt. Für den Kalender hieß das, dass er praktisch alle alten Verbindungen zur «vulgären Zeit» der Kirche und des gregorianischen Kalenders abbrechen sollte. Der neue Kalender wollte deutlich machen, dass jetzt ein Zeitalter der Vernunft und strengen Rationalität angebrochen war. Das Vernunftprinzip spiegelte sich im Kalender vor allem darin wider, dass er auf dem Dezimalsystem basierte. Zwar hatte das Jahr noch 12 Monate. Aber jeder Monat hatte 30 Tage. Die zum Sonnenjahr fehlenden 5 bzw. 6 Tage wurden als Schalttage ans Jahresende gelegt. Das entsprach in etwa der Praxis des alten ägyptischen Kalenders und hatte mit der gleichmäßigen Länge der Monate durchaus Vorteile. Jahresanfang war jetzt nicht mehr der 1. Januar, sondern der Tag der Ausrufung der Republik, also der 21. September. Das fiel praktischerweise auf die Tagundnachtgleiche des Herbstanfangs. Die Chronologie, die Zählung der Jahre, begann nicht mehr mit Christi Geburt, sondern mit dem 15. Juli 1789, dem Tag nach der Erstürmung der Bastille.

Die zwölf Monate des Jahres bekamen neue Namen, die versuchten, den Jahresablauf der Natur darzustellen. So begann das Jahr mit dem Monat des Weins, dem alten September also. Es ging weiter mit den Monaten des Nebels, des Reifs, des Schnees, des Regens, des Windes, der Saat, der Blüte, der Wiesen, der Ernte, der Wärme und der Frucht. Die fünf zusätzlichen Tage am Jahresende erhielten Namen, die an allgemeine Werte erinnern sollten. Es gab den Tag des Genies, der Arbeit, der guten Tat, der Auszeichnung und der Meinungsfreiheit.

Der eigentliche Kern der Veränderungen des Kalenders betraf die Untergliederung des Monats in drei Zehn-Tage-Wochen. Das ließ sich gut merken und rechnen. Um die neue, Dekade genannte, Woche rational und klar zu gestalten, bekamen die Tage keine Namen, sondern wurden einfach durchgezählt. Das war völlig anders als beim gregorianischen Kalender mit seiner Sieben-Tage-Woche. Das Problem war nur, dass die Menschen jetzt nicht mehr nach sechs Tagen einen Ruhetag zugestanden bekamen, sondern erst nach neun Tagen. Der neue Kalender, der die Zeit der befreiten Massen symbolisieren sollte, verdonnerte eben diese Massen zu mehr Arbeit, was sie als Willkürherrschaft politischer Intellektueller empfanden. Entsprechend groß war der Widerstand gegen den neuen Kalender.

Und die Veränderungen gingen noch weiter: Selbst an der Uhr drehten die Revolutionäre und führten die Dezimalzeit ein. Der Tag hatte jetzt zehn 10 Stunden zu je 100 Minuten mit jeweils 100 Sekunden. Damit war die Sekunde kürzer als die alte Sekunde und die Minute länger. Die neue Stunde war sogar mehr als doppelt so lang wie die alte. Es sollte wirklich eine ganz neue Zeit anbrechen. Das Problem war nur, dass die Menschen die neue Zeit nicht wollten. Nachdem Napoleon Bonaparte mit dem Staatsstreich vom 18. Brumaire des Jahres VIII, was im übrigen Europa dem 9. November 1799 entsprach, an die Macht gekommen war und er sich am 2. Dezember 1804 zum Kaiser krönen ließ, schaffte er den ungeliebten Kalender mit Wirkung des 1. Januars 1806 wieder ab.

Den zweiten Revolutionskalender gab es von 1929 bis 1940 in der Sowjetunion. Kern auch dieser Kalenderrevolution war die Abschaffung der Sieben-Tage-Woche. Im August 1929 wurde die «rollende» Arbeitswoche mit nur fünf Tagen eingeführt. Das Jahr bestand aus 12 Monaten mit jeweils 30 Tagen à 6 Wochen. Dazu kamen fünf Feiertage, die an Revolutionsereignisse erinnerten und in Schaltjahren noch ein zusätzlicher Tag der Industrialisierung. Der Kerngedanke hinter der Verkürzung der Woche war wirtschaftlicher Natur. Die mit wertvollen Devisen aus dem kapitalistischen Westen angeschafften Maschinen sollten ununterbrochen laufen, um den neuen Staat voranzubringen. Jeder Arbeiter hatte an jedem fünften Tag frei. Praktisch hieß das: Jeden Tag fehlten 20 Prozent der Belegschaft. Damit brach die gesamte Synchronisation des Lebens zusammen, die ein Kalender eigentlich regeln sollte. In den Betrieben fehlte immer jemand. Der Abteilungsleiter wollte einen Brief diktieren, aber die Sekretärin hatte frei. War sie wieder da, fehlte der Abteilungsleiter. Wer eine Konferenz organisieren wollte, brauchte einen langen Atem, bis er den Tag errechnet hatte, an dem alle Beteiligten gleichzeitig im Haus waren. Zugleich brach das private Leben auseinander. Die Menschen hatten nur selten am gleichen Tag frei. Es wurde schwierig, sich zu verabreden oder eine gemeinsame Feier zu planen. Vor allem wirtschaftlich ergab die Fünf-Tage-Woche keinen Sinn für den neuen Staat. Deshalb wurde sie in immer mehr Betrieben außer Kraft gesetzt. 1931 unternahm Stalin den Versuch, eine Sechs-Tage-Woche einzuführen. Der Monat hatte jetzt fünf Wochen zu sechs Tagen. 1940 war man wieder bei der Sieben-Tage-Woche angekommen.

Die französischen und sowjetischen Experimente mit dem Kalender zeigen, wie schwierig es ist, einen neuen Kalender einzuführen. Kalender sind ein Kulturgut von hohem Wert und mit einer langen Lebensdauer. Und gerade das Experiment in der Sowjetunion belegt, wie wichtig ein Kalender ist, um das gesellschaftliche – und religiöse – Leben einer Gemeinschaft zu organisieren und zu synchronisieren. Dabei spielt, auch das haben die beiden Kalenderexperimente gezeigt, die Woche eine besondere Rolle. Es lohnt deshalb, die Woche genauer zu betrachten.

Die Woche: *Eight days a week*

Kalender bestehen aus Jahren, Monaten, Wochen und Tagen. Während Jahre, Monate und Tage sich an natürlichen Gegebenheiten orientieren, ist das bei der Woche anders. Ihr entspricht keine wie auch immer geartete Bewegung am Himmel. Die Woche als Strukturelement des Monats ist ein kulturelles Phänomen. An ihrer Länge und an ihrer Einteilung erkennen wir zum Beispiel, ob jemand Muslim, Jude oder Christ ist. Der Freitag ist der muslimische Feiertag, der Samstag der jüdische, der Sonntag der christliche. Und wir haben gesehen, dass die Versuche, revolutionäre Kalender in Frankreich und der Sowjetunion einzuführen, im Kern stets eine Veränderung der Woche bedeuteten. In Frankreich sollte die «neue» Woche zehn Tage haben, in der Sowjetunion nur fünf.

Die eigentliche Funktion der Woche ist es, einer Gesellschaft Struktur und Rhythmus zu geben. Deshalb legt die Woche fest, wann Markt- oder Waschoder Feiertag ist. Solche Festlegungen synchronisieren Abläufe, und sie verlaufen damit reibungsloser. Das Beispiel der «rollende Woche» im sowjetischen Revolutionskalender hat gezeigt, wie wichtig in sozialer und wirtschaftlicher Hinsicht eine solche Synchronizität ist. Später, wenn mehr Menschen in den Dörfern und Städten leben, wird der Synchronizitätsdruck weiter steigen und eine präzisere Einteilung des Tages nötig machen. Das ist der Beginn des Siegeszugs der Uhr, wie wir noch sehen werden.

Doch auch wenn die Sieben-Tage-Woche heute ganz natürlich erscheint und auch wenn die Woche bei Muslimen, Juden und Christen religiös aufgeladen wurde, geht es zunächst einmal bei der Woche nur darum, die doch recht lange Spanne eines Mondumlaufs in irgendeiner Weise weiter zu unterteilen. Das kann man durchaus unterschiedlich handhaben bei einer Monatslänge von 29 bis 30 Tagen. Die Griechen teilten den Monat ebenso wie die französischen Revolutionäre in dreimal zehn Tage. Die römische Woche war acht Tage lang. Maya und Chinesen hatten mit 30 und 60 Tagen keine wirkliche Woche.

Die heute übliche Sieben-Tage-Woche ergibt sich also nicht unbedingt zwingend. Sie beruht sehr wahrscheinlich auf den vier Mondphasen, also Neumond, den beiden Halbmonden und dem Vollmond. Jede Phase, zum Beispiel die von Neu- zum Halbmond, entspricht dabei einem Viertel des Mondumlaufs bzw. sieben Tagen. Der Mond gibt also den Takt vor.

Diese an den Mondphasen orientierte Einteilung wurde von den Babyloniern eingeführt. Die Juden dagegen nahmen die sieben Schöpfungstage aus der Genesis als Grundlage für ihre Wocheneinteilung. Es gab dabei zwei Unterschiede: Zunächst einmal berücksichtigte die babylonische Woche die Mondphasen und hielt sich an sie. Die hebräische Woche dagegen ging völlig unabhängig von den Mondphasen einfach weiter. Wichtig war nicht der Mond, sondern das Durchzählen von 1 bis 7. Dann endete die babylonische Woche mit dem siebten Tag als einem Unglückstag, ein Tag, an dem man die Arbeit ruhen ließ, damit nichts geschehen konnte. Dieser Tag allerdings wurde nur von den Priestern und Königen und anderen hochgestellten Persönlichkeiten eingehalten. Der hebräische Sabbat erinnerte daran, dass Gott an diesem Tag ruhte, nachdem er die sechs Tage zuvor die Welt geschaffen hatte. «Am siebten Tag vollendete Gott das Werk, das er gemacht hatte, und er ruhte am siebten Tag, nachdem er sein ganzes Werk gemacht hatte. Und Gott segnete den siebten Tag und heiligte ihn; denn an ihm ruhte Gott, nachdem er das ganze Werk erschaffen hatte.»[119] Dieser Tag der Ruhe Gottes wurde vom ganzen Volk eingehalten. Dabei begann die Zählung der Wochentage mit dem Sonntag, sodass der Sabbat auf einen Samstag fiel.

Die Christen hielten zwar an der Tradition des Sabbat als allgemeinem Ruhetag fest, aber sie verlegten den Ruhetag vom Samstag auf den Sonntag, den ersten Tag der jüdischen Woche, denn an einem Sonntag war Jesus von den Toten auferstanden. «Am ersten Tag der Woche gingen die Frauen mit den wohlriechenden Salben, die sie zubereitet hatten, in aller Frühe zum Grab. Da sahen sie, dass der Stein vom Grab weggewälzt war; sie gingen hinein, aber den Leichnam Jesu, des Herrn, fanden sie nicht.»[120]

Der Islam schließlich bezieht sich zwar auch auf den mosaischen Schöpfungsbericht, aber laut Koran hatte Gott es nicht nötig, am siebten Tag zu ruhen, er fing sofort mit dem Regieren der Welt an. Das begründet zunächst, warum der Sonntag kein muslimischer Feiertag ist. Der Freitag bezieht daher seine Bedeutung nicht vom Wochentag, vielmehr erhält der Tag seinen Sinn durch das gemeinsame Gebet, zu dem sich die Gläubigen versammeln. Der Tradition entsprechend fand dieses Gebet an einem freitäglichen Markttag in Medina statt. Da viele Menschen in der Stadt waren, war das Mittagsgebet in der Moschee besonders gut besucht. Diese Tradition wurde im Koran dann aufgegriffen: «O Gläubige, wenn ihr am Tage der Versammlung zum Gebet gerufen werdet, so eilt zum Gedächtnis Allahs hin und lasst ab von allen Handelsgeschäften.»[121]

Die hebräische Sieben-Tage-Woche war keineswegs konkurrenzlos. In Ägypten und im antiken Griechenland gab es die Dekaden, die Einteilung des Monats in dreimal zehn Tage. Der römische Kalender teilte den Monat nach den Fixtagen der Kalenden, Nonen und Iden, hielt sich also wie die Babylonier an den Mond. Auch die Maya, die Chinesen und afrikanische Völker kannten die Sieben-Tage-Woche nicht. Nachdem sie sich aber durchgesetzt hatte, wurde es immer schwieriger, gerade diese Kalendereinheit zu ändern. Wie wir gesehen haben, versuchten die Revolutionäre in Frankreich und der Sowjetunion auch, eine neue Woche einzuführen. Während die französische Zehn-Tage-Woche zu lang war und den Menschen zu wenig Freizeit bot, war die sowjetische Fünf-Tage-Woche sozial und wirtschaftlich ein Flop.

Wie es scheint, sind sieben Tage mit einem Tag zur Erholung ein Zeitraum, mit dem wir Menschen gut leben können. Wenn in diesem Zeitraum zum Beispiel ein Markttag stattfindet, an dem wir unsere Lebensmittel einkaufen, dann kommt das der Vorratshaltung entgegen. Man kauft Lebensmittel bis zur nächsten Woche ein und kann davon ausgehen, dass sie in dieser Zeit nicht verderben. Trotz Kühlschrank gibt es in vielen Familien heute noch die Tradition des Wocheneinkaufs, auch wenn der nicht mehr auf dem Wochenmarkt, sondern im Supermarkt gemacht wird. Zugleich greift die Woche große religiöse Traditionen auf: Sabbat, Sonntag und Freitagsgebet. Sie strukturiert damit das Leben praktisch jedes Menschen auf der Erde. Das ist eine gewaltige Leistung, wie der Historiker Hutton Webster schreibt:

> Die Ablösung der Woche vom Mondmonat, ihre Verwendung als eine anerkannte kalendarische Einheit sowie die Festlegung eines Tages der Woche für religiöse Zwecke, all das sind Neuerungen von größter Tragweite, die – solange keine gegenteiligen Beweise vorliegen – dem hebräischen Volk, und diesem allein, zugeschrieben werden müssen.[122]

Chronologie: Die Jahre 0

Ein Kalenderdatum setzt sich aus Tag, Monat und Jahr zusammen: der 27. Juni 2019. Die Frage, die wir uns beim Kalender noch stellen müssen, ist die nach der Jahreszahl. Wie kommen wir auf das Jahr bzw. die Zahl 2019? Denn diese Jahreszahl ist keinesfalls gesetzt. Im jüdischen Kalender ist 2019 das Jahr 5779, im islamischen Kalender ist es das Jahr 1440. Würde der Kalender der Französischen Revolution noch gelten, wären wir im Jahr 227. Die Frage, ab wann wir mit der Zählung der Kalenderjahre beginnen, wird Chronologie genannt.

Es ist die Aufgabe der Chronologie, einen geeigneten Bezugspunkt zu finden, an dem die kalendarische Rechnung verankert werden kann. Ereignisse werden so unter Bezug auf ein bestimmtes Ereignis, das Bezugsepoche oder einfach Epoche genannt wird, Kalenderdaten zugeordnet. Die Jahre, die dieser Epoche folgen, bilden eine Ära.[123]

Nun wissen wir, dass unsere Jahreszählung mit der Geburt Christi beginnt. Aber das ist eben keinesfalls selbstverständlich – und das war es auch lange Zeit nach Christi Geburt nicht. Die Geschichte unserer Jahreszählung oder unsere Chronologie beginnt erst im Jahr 496. In diesem Jahr 496 kam der Mönch Dionysius (470–540) nach Rom. Der gebürtige Armenier, dessen Beiname Exiguus, also der Geringe, lautet, sollte eine undankbare Aufgabe übernehmen. Der Papst persönlich hatte den sprachgewandten Mönch nach Rom gerufen, um das päpstliche Archiv in Ordnung zu bringen, das seit dem Überfall der Vandalen auf Rom im Jahr 455 in einem katastrophalen Zustand war; wie katastrophal, lässt sich schon daran erkennen, dass Dionysius fast dreißig Jahre mit seinen Aufräumarbeiten beschäftigt war. Erst als es Streit um den Ostertermin für das Jahr 526 gab, erinnerte sich Papst Johannes I. († 526) wieder an Dionysius, denn die Berechnungen der Gelehrten unterschieden sich um mehrere Tage. Das war an sich nichts Ungewöhnliches. Das frühe Christentum war von einer einheitlichen Organisation noch weit entfernt. Ein Indiz dafür war die Festlegung des Ostertermins. Fast jedes Jahr kam es zu Streit unter den Bischöfen, da die Gelehrten bei ihren Berechnungen unterschiedliche Ergebnisse vorlegten. Diese Gelehrten waren die «Computisten». Es sind, wenn man so will, die frühesten Computerexperten der Geschichte. Unser Computer sowie die Bezeichnung Computisten stammen beide ab vom lateinischen Verb *computare*, zählen, berechnen. Da die Computisten in den unterschiedlichen Diözesen immer wieder zu anderen Ergebnissen kamen, feierten die Christen der einen Diözese schon mit einem üppigen Mahl die Auferstehung des Herrn, während in der Nachbardiözese noch gefastet wurde. In dieser Streitfrage nun wollte der Papst ein Machtwort sprechen. Die Grundlage dazu sollte ihm sein Archivar Dionysius liefern.

Der griff auf Altbewährtes zurück. Nach dem Vorbild Cyrills von Alexandrien machte er sich daran, eine sogenannte Ostertafel zu erstellen, die die Ostertermine für die nächsten Jahre festlegen sollte. Allerdings gab es in den Tabellen Cyrills ein Detail, das dem frommen Mönch Dionysius Kopfzerbrechen bereitete, denn Cyrill hatte, nach ägyptischer Gepflogenheit, die Jahre nach dem Regierungsantritt von Diokletian im Jahr 284 datiert. Diokletian aber war ein schlimmer Christenverfolger gewesen, und genau das wollte Dionysius nicht in den Kopf. Wie konnte man das Fest der Auferstehung des Herrn nach jemandem datieren, der dessen Anhänger hatte hinrichten lassen? Dionysius fasste einen folgenschweren Entschluss.

> Da der erste Zyklus des heiligen Cyrill im Jahre 153 nach Diokletian beginnt und im Jahre 247 endet, [...] wollten wir unseren Zyklus nicht mit der Erinnerung an diesen Gottlosen

und Christenverfolger verbinden, sondern haben es vorgezogen, zu Beginn die Zeit nach Jahren seit der Geburt unseres Herrn Jesus Christus zu notieren, damit der Anfang unserer Hoffnung uns vertrauter werde und die Ursache der Wiederherstellung der Menschheit, nämlich das Leiden unseres Erlösers, klarer hervortrete.[124]

Dionysius bestimmte also eine neue Epoche: Nicht mehr das Jahr des Regierungsantritts von Diokletian, sondern das Jahr der Geburt Christi bestimmte er als das Jahr 1. Damit begann er eine neue Ära: die christliche Zeitrechnung. Allerdings gab es dabei eine Reihe von Schwierigkeiten. Zunächst begann das Jahr für Dionysius nicht am 1. Januar. Dieser Jahresanfang bezieht sich auf den Kalender des Julius Caesar. Auch Cäsar war Heide gewesen. Der 1. Januar als Jahresanfang setzte sich erst im 13. Jahrhundert allgemein durch. Dionysius feierte den Anfang des neuen Jahres am 25. März, also an Mariä Verkündigung. Und noch eine andere, viel schwierigere Frage musste Dionysius lösen: Wann war eigentlich das Jahr 0? Wann wurde Christus geboren? Erst wenn er das wusste, konnte er mit seiner Neuberechnung der Osterdaten beginnen.

Also studierte Dionysius die Evangelien. Dabei ignorierte er ebenso souverän wie konsequent alle vorhandenen Geschichtsquellen aus der Antike, da diese für ihn nichts als heidnische Pamphlete waren. Er ging schließlich von der damals weitverbreiteten Meinung aus, Christus sei an einem 25. März auferstanden. Und nun suchte er nach einem Ostertermin in der Vergangenheit, der auf den 25. März gefallen war. Er stieß dabei auf den 25. März des Jahres 784. Wohlgemerkt: 784 nach der alten römischen Zeitrechnung, deren Jahreszählung mit der Gründung Roms im 8. Jahrhundert v. Chr. einsetzte. Man muss dazu sagen, dass Dionysius keine proleptische Zeitrechnung kannte. Das heißt, er rechnete nicht mit Daten, die vor dem Epochenbeginn liegen, so wie wir das tun, wenn wir sagen, dass Alexander der Große 356 v. Chr. geboren wurde. Im Fall von Dionysius war der Epochenbeginn der Anfang der Herrschaft von Kaiser Diokletian im Jahr 284. Wenn Dionysius die Jahre vor Diokletian berechnen wollte, musste er auf eine andere Epoche zurückgreifen. Das tat er, indem er sich auf die Gründung Roms bezog und auf dieser Basis errechnete, dass Jesus am 25. März 784 auferstanden sein musste. Es gab keinen anderen 25. März, der mit Ostern zusammenfiel.

Da die Bibel darauf schließen lässt, dass Jesus im Alter von etwa 30 Jahren gekreuzigt wurde, war der Rest eine simple Rechenaufgabe. Wenn Christus am 25. März 784 nach Gründung Roms auferstanden war, dann musste er im Jahre 754 römischer Zeitrechnung geboren sein. Aus diesem Jahr machte Dionysius das Jahr 1 der christlichen Zeitrechnung.

Warum bezeichnete Dionysius das Jahr der Geburt Christi als Jahr 1 und nicht als Jahr 0? Dionysius war Historiker. Und Historiker und Chronologen rechnen nicht mit einem Jahr 0 – im Gegensatz zu Astronomen. Überhaupt waren es die Sternkundler, die später dem System des Dionysius Ärger bereiteten.

Nachdem es fast zwei Jahrhunderte gedauert hatte, bis sich die Zeitrechnung «nach Christus» hatte durchsetzen können, tauchte 1604 ein Stern am Himmel auf, der die Berechnungen des frommen Archivars ins Wanken brachte, allerdings doch nicht stürzen konnte.

Der neue Stern, der 1604 am Himmel auftauchte, sorgte für Unruhe in ganz Europa. Eine Heerschar von Sterndeutern verängstigte die Öffentlichkeit mit abenteuerlichen Spekulationen über den Stern, der sich später als eine Supernova entpuppen sollte. Das Phänomen rief auch den anerkannten Hofmathematiker des Kaisers Rudolf II. (1552–1612) auf den Plan. 1606 veröffentlichte Johannes Kepler (1571–1630) nach langen Beobachtungen seinen «Gründlichen Bericht von einem ungewöhnlichen Neuen Stern». Darin beschreibt er diesen Stern als eine Zerstäubung von Materie, was einer Supernova ziemlich nahekommt. In seinem «Gründlichen Bericht» nun bemerkte Kepler beiläufig, astronomische Beobachtungen ließen auch darauf schließen, die Geburt Christi habe schon einige Jahre vor der Zeitenwende stattgefunden. Das schlug ein wie eine Bombe. Kepler sah sich bald genötigt, sich zu verteidigen, und legte er 1613 seinen «Bericht über das Geburtsjahr Christi» vor.

Kepler stellte darin die Berichte der römischen und jüdischen Geschichtsschreiber gleichwertig neben das Zeugnis der Evangelien, und mit diesem höchst modernen Ansatz gelang es ihm, seine These zu untermauern, dass Jesus fünf Jahre vor der Zeitenwende geboren worden war. Im Mittelpunkt von Keplers Argumentation stand Herodes. Im Matthäus-Evangelium wird ein enger Zusammenhang zwischen der Geburt Jesu und dem Tod von Herodes hergestellt. Josef floh mit seiner Frau Maria und dem Kind nach Ägypten. Dort blieben sie bis zum Tod des Herodes, heißt es. Keplers Argumentation war genial einfach. Wenn man wusste, wann Herodes gestorben ist, dann wusste man auch, wann das Jesuskind geboren wurde. Nach Auswertung aller historischen Quellen ermittelte Kepler 4 v. Chr. als Todesjahr Herodes'. Doch die Astronomie brachte ihn noch weiter. Der Geschichtsschreiber Flavius Josephus (37–100) notierte in seinem «Bellum Judaicum», kurz vor dem Tod von Herodes habe eine Mondfinsternis stattgefunden. Damit hatte Kepler ein Ereignis, das sich exakt datieren ließ. Er rechnete aus, dass die erwähnte Mondfinsternis in der Nacht vom 12. zum 13. März des Jahres 4 v. Chr. stattgefunden hatte. Herodes war also irgendwann im Frühjahr eben dieses Jahres gestorben. Kepler folgerte nun weiter, dass Jesus gegen Ende des Jahres 5 geboren wurde. Er entdeckte auch noch, dass um die Geburt Christi herum ein astronomisches Großereignis stattgefunden hatte, und zwar das Zusammentreffen von Jupiter und Saturn im Sternbild der Fische. Wegen fehlender Daten konnte Kepler diese sogenannte Konjunktion allerdings nicht näher untersuchen. Das gelang erst 200 Jahre später dem Astronomen Christian Ludwig Ideler (1766–1846).

Ideler stellte die Konjunktion von Jupiter und Saturn in den Mittelpunkt seiner Überlegungen zur Zeitenwende. Auf der Basis neuer Daten rechnete er aus, dass die beiden Planeten im Jahre 7 v. Chr. zusammengetroffen mussten. Gestützt auf den Bericht des Matthäus-Evangeliums über die drei Weisen aus dem Morgenland behauptete Ideler nun, dieses Ereignis sei mit dem Stern von Bethlehem identisch. Entsprechend wäre Jesus sieben Jahre vor der Zeitenwende geboren worden.

Inzwischen ist Idelers Theorie durch die astronomischen Aufzeichnungen aus dem wiederentdeckten babylonischen Tempelarchiv erhärtet worden. Die moderne Astronomie ist sogar in der Lage, mit Hilfe des Computers ein genaues Bild des Himmels über Jerusalem im Jahre 7 v. Chr. zu simulieren. Der Astronom Konradin Ferrari d'Occhieppo (1907–2007) stellte bei diesen Simulationen etwas Erstaunliches fest: Wer in der Nacht vom 12. auf den 13. November des Jahres 7 v. Chr. von Jerusalem nach Bethlehem gereist war, der hatte genau das Himmelsphänomen erlebt, das Matthäus in seinem Evangelium beschreibt. Dort heißt es über die drei Weisen aus dem Morgenland: «Und der Stern, den sie hatten aufgehen sehen, zog vor ihnen her bis zu dem Ort, wo das Kind war; dort blieb er stehen.»[125] Wenn der Bericht des Matthäus über die drei Weisen stimmt, dann müssen sie in der Nacht des 12. November 7 v. Chr. dem Jesuskind ihre Gaben dargebracht haben.

Es spricht also einiges für die Theorie Idelers, dass die Zeitenwende auf das Jahr 7 v. Chr. zu datieren ist. Eine einzige Frage bleibt dabei offen, nämlich ob die Konjunktion von Jupiter und Saturn wirklich mit dem Stern von Bethlehem identisch ist. Das ist umstritten. Möglich ist auch, dass Kepler mit seiner These Recht hat, dass Christus fünf Jahre vor der Zeitenwende geboren wurde. Sicher ist nur, dass Dionysius Exiguus, dem wir unsere Zeitrechnung verdanken, geirrt hat. Das Erstaunlich ist, dass der Irrtum nie korrigiert wurde. Es belegt, wie schwierig es ist, Kalender zu reformieren.

Nun ist, wie wir gesehen haben, die Geburt Christi nicht das einzige epochale Ereignis in der Geschichte der Menschheit bzw. der Zeitrechnung. Der jüdische Kalender beginnt mit der Erschaffung der Welt nach mosaischer Tradition am 7. Oktober 3761 v. Chr. Der römische Kalender beginnt mit der Gründung der Stadt Rom am 21. April 753 oder 752 v. Chr. Die islamische Zeitrechnung setzt ein mit der Hidschra, der Flucht Mohammeds von Mekka nach Medina, am 24. September 622. Der französische Revolutionskalender zählt ab dem 1. Januar 1789, dem Jahr, in dem am 14. Juli die Bastille gestürmt wurde. Es gibt sogar eine Microsoft-Windows-Epoche, das ist der 1. Januar 1601. Ab diesem Datum beginnt die Zeitzählung im Windows-Betriebssystem.

Wir sehen, Kalender werden nicht nur von Sonne und Mond bestimmt, es geht immer auch um unseren Glauben und unsere Überzeugungen. Deshalb gehören zu vielen Kalenden auch eschatologische Überlegungen vom Ende der Zeit. Wenn die Zeit(rechnung) mit der Geburt Christi beginnt, dann endet sie mit seiner Wiederkunft. Auch die letzten Dinge spielen in Kalendern eine Rolle.

Das ist die Frage nach dem Ende der Welt. Die Zeit beginnt in vielen Chronologien mit der Erschaffung der Welt. Das ist bei Platon im «Timaios» ebenso wie in der jüdischen und christlichen Tradition – auch wenn die christliche Tradition die Jahre erst ab der Geburt Christi rechnet. Die Vorstellung aber, dass es auch ein Ende der Welt und der Zeit gibt, ist dem jüdisch-christlichen Denken eigentümlich. Zwar existieren durchaus Geschichten und Mythen vom Ende der Welt, aber die sind nicht endgültig. Das «Vishnu Purana» im alten Indien erzählt von einer fortschreitenden Erschöpfung der Erde, an deren Ende aber ein Wiedererwachen steht. Die nordische Mythologie kennt die Sage von Ragnarök, dem Weltuntergang. Aber auch da beginnt schließlich das Leben wieder wie der Frühling nach einem langen, harten Winter. Die Zeitvorstellungen sind hier zyklisch. Nach dem Untergang kommt das neue Erwachen.

Das ist, wie gesagt, in der jüdisch-christlichen Tradition anders. Am Ende der Bibel steht die Apokalypse. Das griechische Wort bedeutet zwar eigentlich nur Offenbarung oder Entschleierung. Es ist aber für uns fast gleichbedeutend mit dem Weltuntergang. Man denke nur an Filme wie Francis Ford Coppolas «Apocalyse now», der vom Horror des Vietnamkrieges handelt. In der biblischen Apokalypse beschreibt der Autor Johannes den Untergang der Welt. Erst werden die Menschen krank, dann verdirbt das Wasser, es folgen Hitze, Dürre und Finsternis. Am Ende zerstört ein gewaltiges Erdbeben die gesamte Menschheit.

Auch wenn man heute die Offenbarung theologisch anders deuten mag, so hat sie historisch doch das Gefühl bewirkt, dass die Zeit von uns Menschen begrenzt ist. Das ist ein Gefühl, das jeder von uns gut nachvollziehen kann, denn unsere Zeit selbst ist ja auch begrenzt. Wir haben eine ganz eigene Chronologie, die mit unserer Geburt beginnt und mit unserem Tod endet. Das Gefühl, dass die Zeit begrenzt ist, hat zu einem anderen Umgang mit ihr geführt. Wenn Zeit ein knappes Gut ist, dann sollten wir sie gut nutzen. J. T. Fraser fasst das prägnant zusammen: «Unterstützt durch komplexe historische Kräfte hat das Christentum mitgeholfen, die unverhüllte Eile zu schaffen, die zu einem Merkmal der Kultur des Abendlandes geworden ist.»[126]

Wir werden uns mit dieser Eile und der Beschleunigung des Lebens noch ausführlich befassen. Zunächst aber schauen wir uns an, wie eben diese Eile zu einer immer genauer werdenden Messung der Zeit führt. Die Jahre, Monate und Wochen sind durch den Kalender bestimmt. Jetzt geht es nur noch darum, den Tag genau aufzuteilen, um jeden Moment nutzen zu können. Diese Aufteilung lässt sich mit Hilfe von Sonne und Mond nur ungenau vornehmen. Wir brauchen dazu ein Instrument, das Tag und Nacht vermisst und uns darin unterstützt, unsere Zeit von Augenblick zu Augenblick einzuteilen und gemeinsame Arbeiten zu synchronisieren.

Dieses Instrument ist die Uhr. Sie hat eine lange Geschichte und unser Leben wahrscheinlich mehr verändert als die Erfindung der Dampfmaschine, ja, wahrscheinlich sogar mehr als Computer und Smartphones. Die Uhr bestimmt unser aller Leben. Sie sagt uns am Morgen, wann wir aufstehen müssen, wann wir das Haus verlassen müssen, um rechtzeitig zur Arbeit zu kommen. Sie koordiniert die Arbeit mit den Kolleginnen und Kollegen im Beruf. Wir machen Pause, wenn die Uhr uns das erlaubt. Wir hören auf zu arbeiten, wenn die Uhr den Feierabend anzeigt. Und selbst unsere Freizeit bestimmt die Uhr. Sonntagabends sitzen wir pünktlich um 20:15 Uhr vor dem Fernseher und schauen den «Tatort».

Die Uhr ist das Schlüsselinstrument der Moderne. Schon im 14. Jahrhundert vergleicht Nikolaus von Oresme (1323–1382) den Aufbau des Universums mit einem Uhrwerk. Je weiter die Wissenschaft und die Präzision der Uhren voranschreiten, umso mehr drängt sich dieser Gedanke auf. Für Denker wie Johannes Kepler (1571–1630) oder Robert Boyle (1627–1691) wird die Uhr zur Metapher für eine Welt, die präzise wie ein Uhrwerk läuft, nachdem der geniale Uhrmacher Gott sie einmal in Gang gesetzt hat. Das Universum

> gleicht einer seltenen Uhr, etwa der des Straßburger Münsters, in der alle Dinge so klug ersonnen sind, dass sie, nachdem die Maschine einmal in Gang gesetzt ist, nach dem ursprünglichen Entwurf des Erbauers von alleine funktionieren und die Bewegungen keine besonderen Eingriffe von Seiten des Erbauers oder irgendeines von ihm beauftragten, vernunftbegabten Wesens erfordern. Sie erfüllt vielmehr ihre Aufgaben zu bestimmten Zeiten, wie dies in dem allgemeinen und primitiven Entwurf der Maschine vorgesehen ist.[127]

Gott verschwindet damit praktisch aus der Welt. Er steht nur noch an ihrem Anfang. Aus einem animistisch-beseelten Universum wird die große Maschine des Uhrwerkuniversums. Und wir alle werden darin zu kleinen Zahnrädern, deren Aufgabe es ist, möglichst präzise zu funktionieren. Das hat unser Leben grundsätzlich geändert. Schauen wir also auf die Uhr.

Wie lang dauert eine Stunde?

Wenn wir heute von einer Stunde reden, dann meinen wir die Zeitspanne von 60 Minuten, die Minute zu 60 Sekunden, insgesamt 3600 Sekunden. Auf unseren Uhren dreht sich der große Zeiger einmal um 360 Grad von der 12, bis er wieder auf der 12 steht. Das gilt am Tag und in der Nacht, im Sommer und im Winter, in Berlin ebenso wie in Hongkong, New York und Buenos Aires. Der Tag besteht aus 24 Stunden und beginnt um Mitternacht, um 0 Uhr. Von da an zählen wir die 24 Stunden bis zur nächsten Mitternacht durch. Entweder von 0 bis 24 oder zweimal bis 12, ante meridiem und post meridiem, abgekürzt a. m. und p. m. Die Stunden a. m. sind die Stunden ante, vor dem Mittag, also von 0 bis 11:59 Uhr, die Stunden p. m. stehen für post, nach dem Mittag, also 12 bis 23:59 Uhr.

Der Tag wiederum ist die kleinste Kalendereinheit und bezeichnete ursprünglich die Spanne von einem Sonnenaufgang bis zum nächsten, manchmal auch von einem Sonnenuntergang bis zum nächsten. Insgesamt entspricht der Tag damit einer Umdrehung der Erde um die Sonne. Die Stunde wiederum gliedert den Tag.

Die Einteilung des Tages ist so alt wie die Kalenderrechnung selbst. Die Babylonier teilten den ganzen Tag, also den Lichttag und die Nacht, zunächst nach dem Schema, mit dem sie auch ihren Kalender aufgebaut hatten, also das Jahr zu 12 Monaten und der Monat zu 30 Tagen. Dieses 12–30-Schema übertrugen sie auf den Tag, der damit 12 Einheiten (Danna) zu 30 Untereinheiten (Ges) hatte. Praktisch hieß das, 1 Danna entspricht 2 Stunden, 1 Ges hat 4 Minuten. Später teilten die Babylonier dann den Tag in zweimal 12 Einheiten, der Lichttag hatte 12 Stunden und die Nacht hatte 12 Stunden. Das bedeutete aber, dass die Stundenlänge am Tag und in der Nacht je nach Jahreszeit schwankte. Im Sommer, wenn die Tage lang sind, waren die 12 Stunden des Tages deutlich länger als in der Nacht. Zur Zeit der Sommersonnenwende liegen 16 bis 17 Stunden zwischen Sonnenaufgang und Sonnenuntergang, die Stunde hat also über 80 Minuten. Im Winter ist das Verhältnis genau umgekehrt, dann sind die Stunden der Nacht deutlich länger. Nur zur Tagundnachtgleiche im Frühling und im Herbst sind die Tag- und Nachtstunden in etwa gleich lang. Die unterschiedlichen Stundenlängen führten zu praktischen Problemen. Wer sich für einen halben Tag verdingt hatte, musste im Sommer dafür deutlich länger arbeiten als im Winter. Um diese jahreszeitlichen Schwankungen auszugleichen, versuchten schon die Babylonier, die Stundenlänge mit Wasseruhren zu vereinheitlichen.

Die Teilung des Tages in Stunden war keineswegs üblich. Die Griechen teilten den Tag in verschiedene Abschnitte. Man traf sich nach dem Frühstück, aber auch am späten Vormittag. Die Nacht wurde überhaupt nicht eingeteilt, nur beim Militär gab es für die Wachen festgelegte Zeitabschnitte, die ihre Ablösung bestimmten. Die Teilung des Tages in zwölf Zeitstunden wird bewusst von den Babyloniern übernommen und ist etwa ab der Zeit Alexanders des Großen (365–323 v. Chr.) nachweisbar. Plinius der Ältere (23–79) schreibt mit seiner «Naturgeschichte»[128] auch eine Art Geschichte von Erfindungen der Menschheit und zählt dabei die Einführung der Temporalstunden ebenso auf wie die Einführung der Schrift und das Rasieren.

Auch in Rom übernahm man die Stundenteilung von den Babyloniern, die allerdings im täglichen Leben kaum eine größere Bedeutung hatte. Wichtiger war die Teilung des Tages in je vier Tag- und vier Nachtwachen. Diese Zeitabschnitte wurden in Rom öffentlich signalisiert. Das reichte im Grunde aus, um sich am Tag und in der Nacht zeitlich zu orientieren. Praktisch gab es nur geringen Bedarf für die Zeiteinteilung nach Stunden. Wer sich verabreden wollte, tat das zu «Uhrzeiten» wie dem Hahnenschrei, zur Morgenröte, zum Sonnenaufgang oder zur Dämmerung, zum Sonnenuntergang oder dem Auftauchen des Abendsterns. Genutzt wurden Stundenangaben vor allen Dingen im Kontext astrologischer und astronomischer Überlegungen.

Die frühe Kirche, deren Zentrum ja Rom war, übernahm auch die römische Teilung von Tag und Nacht in vier Teile. Daran orientierte sie sich mit ihren Gebetszeiten. Das passte gut zur Passionsgeschichte, in der die dritte, sechste und neunte Stunde eine Rolle spielen. In der Frühe beraten die Hohenpriester, in der dritten Stunde wird Jesus gekreuzigt, von der sechsten bis zur neunten Stunde fällt Finsternis auf die Erde, am Ende der neunten Stunde stirbt Jesus und wird mit beginnender Dunkelheit ins Grab gelegt. Nach diesem Ablauf wurden die Gebetszeiten festgelegt: Matutin, Prim, Terz, Sext, Non, Vesper, Komplet; Matutin bei Sonnenaufgang, Komplet bei Sonnenuntergang. Die Sext lag am Mittag und teilte den Tag.

Diese sogenannten Horen oder kanonischen Stunden waren allerdings alles andere als präzise Zeitangaben. Die Zeiten, zu denen gebetet wurde, unterschieden sich von Ort zu Ort und von Kloster zu Kloster. So sollte das Gebet jeweils am Ende von Terz, Sext und Non liegen; es war aber auch kein Problem, es vorzuziehen. Wichtig war, dass gebetet wurde, nicht wann. Da die Gebetszeiten nicht an die Uhr gebunden waren, entfernten sie sich allmählich von den Stunden des Lichttages. Das wurde vor allem an der Non deutlich, die zunehmend am Mittag gebetet wurde. Deutlich wird das zum Beispiel daran, dass im Englischen *noon* heute für 12 Uhr mittags steht. Das Münster von Hameln hat zwei Sonnenuhren. Auf der älteren steht als Zeichen für den Mittag noch das «M» von *meridies,* auf der jüngeren Uhr wird der Mittag mit «N» (Non) bezeichnet.[129]

Der Tag im Kloster war aufgeteilt in Gebet und Arbeit, *ora et labora.* Dabei strukturierten die Zeiten von Gebet und Gottesdienst den Tag. Zwar gibt es in der Regel des Heiligen Benedikt Ermahnungen, die Gebetszeiten sorgfältig einzuhalten, aber an eine Befolgung der Gebetszeiten auf die Minute genau hat Benedikt nicht gedacht. Die Regel weist sogar darauf hin, dass man zu Beginn der Gebetszeiten etwas langsamer beten solle, um Zuspätkommenden den Anschluss zu ermöglichen. Das Einhalten der Gebetszeiten wurde also pragmatisch gehandhabt und an die täglichen Bedürfnisse angepasst. Auf die genaue Übereinstimmung der Tageszeit und der Gebetszeit kam es schlicht nicht an. Insofern kann sicher nicht die Rede davon sein, dass in den Klöstern das Zeitdiktat der modernen Industriegesellschaft geformt wurde, wie das Autoren wie Max Weber oder Lewis Mumford behaupten.[130]

Das Leben in den Klöstern hatte sicher einen eigenen Rhythmus. Es mag auch ein eigenes Zeitbewusstsein geformt haben, da der Tag klar gegliedert war. Aber es war kein Leben nach Gottes Stechuhr. Wie das Leben aller Menschen war es an den Lichttag gebunden und an die Jahreszeiten. Im Grunde gab es nur einen Zeitpunkt, der etwas kritisch war, nämlich die nächtlichen Vigilien. Sie sollten möglich genau um Mitternacht stattfinden. Zugleich sollten die Mönche genügend Schlaf bekommen, sodass die Matutin bei Sonnenaufgang gebetet werden konnte. Ein ähnliches Problem hatten die Soldaten, um in der Nacht die richtigen Zeiten für den Wachwechsel zu bestimmen. Am Tag ließ sich das mit dem Sonnenstand abgleichen. In der Nacht brauchte man einen Zeitgeber. Das Problem der Bestimmung der Nachtstunden stammte ursprünglich sogar aus dem Militär. Vigil heißt nichts anderes als Nachtwache. Der Begriff wurde von den Mönchen übernommen.

Eine Änderung schließlich führten die Mönche ein, die auch in unser Alltagsleben eingriff. Um alle Mönche zum Gebet zu versammeln, brauchten sie ein Zeitsignal. Das war das Läuten der Glocken. Deren Verbreitung beginnt im 5. und 6. Jahrhundert und wird bald ins städtische Leben übernommen. Man darf sich eine mittelalterliche Stadt nicht als leise vorstellen. Es wurde ständig geläutet. Neben den Kirchenglocken gab es städtische Glocken, es gab Glocken, die Rats- und Gerichtstermine einberiefen und beendeten, die einzelnen Zünfte signalisierten Beginn und Ende der Arbeitszeiten mit einer Glocke, es gab Marktglocken und Glocken, die den Armen anzeigten, dass Almosen verteilt wurden. Einer mittelalterlichen Beschreibung nach gab es am Ende des 13. Jahrhunderts in Mailand mehr als 200 Glocken. Und wer sich Florenz am Morgen eines Festtages näherte, hörte über 80 Glocken läuten. Wer eine Glocke haben und wann er damit läuten durfte, war streng geregelt. Die Bedeutung der Glocken für das städtische Leben spiegelt sich immer noch wider in Ausdrücken wie «an die große Glocke hängen». Die Glocken wurden bald mit den ersten Uhren gekoppelt, wobei die Entwicklungen von Läut- und Uhrwerk Hand in Hand gehen und einander befruchten. Zunächst aber waren Glocken, als eine Art Vorstufe der Uhren, das erste Mittel, um ein komplexes öffentliches Leben zeitlich zu strukturieren. Das Läuten der Glocken wurde erst dann überflüssig, als in praktisch jedem Haus eine Uhr stand.

Von Wasserdieben und anderen Uhren

Eine Uhr zu bauen ist einfach. Nehmen Sie einen Pfahl und schlagen Sie ihn auf einer flachen, ebenen Fläche senkrecht in die Erde. Das ist alles. Sie haben gerade eine sehr einfache Sonnenuhr gebaut. Jetzt können Sie den Schatten beobachten, den der Pfahl wirft. Im Lauf des Tages verändern sich je nach Sonnenstand und Jahreszeit seine Position und seine Länge. Sie können die Uhr verbessern, indem Sie zum Beispiel bestimmte Positionen des Schattens markieren. Damit haben Sie eigentlich alles, was eine Uhr braucht. Jetzt können Sie sich zum Beispiel mit einem Freund oder Ihrem Ehepartner zu einer bestimmten Zeit verabreden. «Wir trinken etwas, wenn der Schatten am längsten ist.»

Sie können diese einfache Sonnenuhr entscheidend verbessern, indem Sie den Pfahl nicht senkrecht in die Erde schlagen, sondern schräg, und zwar in einem solchen Winkel, dass er parallel zur Erdachse ist. Damit machen Sie Ihre Uhr unabhängig von der Jahreszeit. Ihre Uhr zeigt jetzt im Sommer und im Winter die gleiche Zeit an. Das ist schon ein ziemlich kompliziertes Gerät, in dem eine Menge Wissen und Erfahrung stecken.

Sonnenuhren sind die ältesten Uhren, die es gibt. Man konnte den Schatten eines Pfahles beobachten, den Schatten einer Säule, einer Gebäudekante, sogar den eigenen Schatten. Die Länge des eigenen Schattens war eine Sonnenuhr, die man immer mit sich trug, und Zeitangaben machte man in der Antike entsprechend in Fuß oder Schuh. Ein frühes Beispiel dafür finden wir bei dem Komödiendichter Aristophanes (ca. 450–380 v. Chr.). In seinem Stück «Die Ekklesiazusen» («Frauen in der Volksversammlung»), das etwa 392 v. Chr. entstand, wirft die Heldin Praxagora ihrem Mann vor: «Dein ganzes Geschäft ist, nach dem Schatten zu schaun: wenn zehn Fuß er misst, dann verfügst du gesalbt dich zum Essen.»[131]

Die Messung der eigenen Schattenlänge war natürlich sehr ungenau. Spätere Sonnenuhren arbeiten mit der Sonne als Schattenpunkt, der über ein Liniennetz wandert, das die Stunden angibt. Doch bei aller Verfeinerung und Ausarbeitung haben Sonnenuhren ein grundsätzliches Problem: Sie funktionieren nur am Tag. Schon früh tauchte die Frage auf, wie man die Zeit bei Nacht misst, um zum Beispiel Wachwechsel zu koordinieren.

Die ältesten tageslichtunabhängigen Uhren, die wir kennen, sind die Klepsydren, wörtlich übersetzt bedeutet das Wasserdiebe. Es handelt sich um Wasseruhren, die Zeit mit Hilfe von austretendem Wasser messen. Wir kennen das Prinzip der Wasseruhr vom tropfenden Wasserhahn. Wer nachts schlaflos liegt und einem Wasserhahn zuhört, der langsam und regelmäßig tropft, spürt geradezu körperlich, wie die Zeit vergeht. Hinter der Wasseruhr stand die Überzeugung, dass Wasser mit einer gleichmäßigen Geschwindigkeit durch eine Öffnung fließt. Gemessen wird die Zeit entweder an der Höhe des Wasserspiegels im oder am Gefäß, aus dem das Wasser austritt. Oder es gibt Markierungen an einem zweiten Gefäß, worein das Wasser läuft. Diese Form der Zeitmessung oder Bestimmung einer Zeitdauer (zum Beispiel der Befristung von Redezeiten) ist sehr alt, wir finden sie schon im 1. Jahrtausend v. Chr. in China und Indien. Auch aus Babylonien und Ägypten kennen wir Texte, in denen von Wasseruhren die Rede ist. Dort wurden sie zum Einteilen der nächtlichen Wachen genutzt. In Griechenland tauchen Wasseruhren im 5. Jahrhundert v. Chr. auf. Vor Gericht begrenzten sie die Redezeiten von Klägern, Beklagten und Richtern. Das hatte auch damit zu tun, dass Redezeiten teilweise nach dem Streitwert befristet wurden. Damit sollte verhindert werden, dass ein Prozess, in dem es um Kleinigkeiten ging, übermäßig lang dauerte. Je nach Streitwert bekam man eine bestimmte Zahl von Kannen zugeteilt. Waren diese ausgelaufen, musste der Prozess abgeschlossen sein und ein neuer konnte beginnen. Die Römer haben diese Befristung der Redezeit vor Gericht übernommen. Man wollte den Juristen Zügel anlegen, lateinisch *frenum*. Später wurde *frenum* das Fachwort für die Hemmung an der Räderuhr – ein interessantes Beispiel dafür, wie Fachbegriffe entstehen, wenn sich eine neue Technologie entwickelt.

Bei den Wasseruhren handelt es sich nicht um eine abstrakte Zeitdauer, so wie unsere Stunde das ist. Es ging praktisch darum, Fristen festzulegen und zu begrenzen. Wer muss wie lange auf Wache stehen? Wer darf wie lang reden? Vereinzelt gibt es auch Berichte, nach denen Wasseruhren für wissenschaftliche Zwecke eingesetzt wurden. So soll der Arzt Herophilos von Chalkedon (325–255 v. Chr.) im 3. Jahrhundert v. Chr. mit einer Wasseruhr die Pulsfrequenz von Kranken gemessen haben. Das würde Sinn ergeben. Allerdings beginnt man in der gesamten Medizin erst im 17. Jahrhundert, den Puls zu zählen. Vorher wird er nur als schwach, stark, regel- oder unregelmäßig beschrieben. Insofern ist der Bericht über Herophilos mit Skepsis zu betrachten. Wenn er so vorgegangen sein sollte, hat sich dieser Gebrauch der Klepsydra jedenfalls nicht durchgesetzt. Auch in der Astronomie sollen Wasseruhren Verwendung gefunden haben, zum Beispiel um das Verhältnis des Durchmessers von Sonne und Mond zu ihrer Bahn um die Erde zu berechnen. Den Wahrheitsgehalt der Berichte hat man allerdings schon in der Antike angezweifelt.

Besonders aufwändige Wasseruhren wurden in China gebaut. Dort floss das Wasser nicht nur von einem Gefäß in ein anderes, sondern es gab viele Gefäße, eine Schale entleerte sich in die nächste. Dadurch blieb der Druck in der vorletzten Schale, an der die Zeit genommen wurde, immer gleich. Solche Uhren ähnelten dem berühmten Gedicht «Der römische Brunnen» von Conrad Ferdinand Meyer. Auch wenn es darin nicht explizit um Zeitmessung geht, so doch um Zeit.

> Aufsteigt der Strahl und fallend gießt
> Er voll der Marmorschale Rund,
> Die, sich verschleiernd, überfließt
> In einer zweiten Schale Grund;
> Die zweite gibt, sie wird zu reich,
> Der dritten wallend ihre Flut,
> Und jede nimmt und gibt zugleich
> Und strömt und ruht.[132]

Das Problem an Wasseruhren war, dass im Winter das Wasser gefror. Die Chinesen verwendeten dann teilweise Quecksilber anstatt Wasser. Man hat lange Zeit versucht, die Technik der Wasseruhren zu verbessern. Es gab Einlaufwasseruhren, die versuchten, den Wasserdruck mit Hilfe einer Überlaufrinne konstant zu halten. Der Wasserspiegel im Einlauftank sollte möglichst immer gleich hoch bleiben. Stieg er zu sehr an, floss Wasser in den Überlauf. Man hat an den Öffnungen des Auslaufes getüftelt und an Schwimmern, die die Stunden anzeigten. Es soll sogar Wasseruhren gegeben haben, mit denen astronomische Modelle angetrieben wurden, die die Bewegung der Sterne darstellten.

Natürlich gab es noch andere Möglichkeiten, die Zeit zu messen. Der Wasseruhr ähnlich war die Sanduhr, die statt Wasser die Zeit durch ausfließenden Sand misst. Wir nutzen solche Uhren heute noch als Eieruhren in der Küche. Der Gebrauch macht aber auch deutlich, dass eine Sanduhr zwar gut eine Zeitdauer angeben kann, sie ist aber kein geeignetes Instrument, um die Uhrzeit anzuzeigen. Sanduhren wurden überall dort genutzt, wo es um Zeitfristen ging. Weiter gab es Kerzenuhren, mit denen Zeit gemessen wurde. Man konnte die Dauer des Abbrennens einer Kerze auch noch dadurch unterteilen, indem man Markierungen an der Kerze anbrachte. In den Geisha-Häusern in Japan wurden duftende Räucherstäbchen genutzt, um das Verstreichen der Zeit anzuzeigen. Der Gedanke, den Tag mit Hilfe von Gerüchen einzuteilen, ist dabei gar nicht so abwegig. Wenn man Acht gibt, merkt man, dass Morgen, Mittag und Abend sich auch olfaktorisch unterscheiden lassen. Der Morgen riecht vielleicht nach Kaffee, der Mittag nach Braten, der Abend nach Parfüm oder Wein. Schließlich gab es noch einfache Möglichkeiten, um eine Zeitdauer zu beschreiben oder festzulegen. Man sagte, etwas habe so lange gedauert wie ein Vaterunser oder ein Avemaria. Das Avemaria ist deutlich kürzer als das Vaterunser. Wenn also etwas nur so lange gedauert hatte, wie ein Avemaria aber keinesfalls so lange wie ein Vaterunser, dann war das ein recht kurzes Ereignis.

Der Zeit Zügel anlegen: Mechanische Uhren

Die Uhr gehört wie die Dampfmaschine, die Eisenbahn oder das Telefon zu den Instrumenten oder Maschinen, denen wir unsere moderne Gesellschaft verdanken. Aber es gibt keinen eigentlichen Erfinder der mechanischen Uhr. Wir können sagen, dass Thomas Newcomen die Dampfmaschine erfunden hat. Richard Trevithick verdanken wir die Eisenbahn bzw. die Dampflokomotive. Philipp Reis hat das Telefon erfunden. Irgendwann zwischen 1280 und 1300 tauchen die ersten mechanischen Uhren plötzlich auf. Den wohl frühesten schriftlichen Beleg für eine mechanische Uhr finden wir in Dante Alighieris (1265–1321) «Göttlicher Komödie», die zwischen 1307 und 1321 entstand. Dort wird an zwei Stellen eine Uhr erwähnt:

> Dann sah ich, gleich dem Uhrwerk, das zur Stunde,
> Wo, um die Gunst des Bräut'gams zu gewinnen,
> Sich Gottes Braut erhebt zur frühen Mette,
> Uns ruft, und, wie die Räder zieh'n und treiben,
> Tin Tin erklingen lässt, so süßen Tones,
> Dass liebend schwillt der gottbereite Geist,
> Sich jenes ruhmesreiche Rad bewegen
> Und Stimm' und Stimme also sich in Wohlklang

Und Süß' entsprechen, als man nur verstehn kann,
Wo solcher Wonne Ewigkeit gewährt ist.[133]

Die zweite Stelle lautet:

> Und so wie Räder in der Uhr Gefüge
> Sich so bewegen, dass wer aufmerkt, glaubt
> Das erste stehe still, das letzte fliege,
> So ließen jene Kreisenden, indem sie
> Verschiedenartig tanzten, ihren Reichtum
> An mehr und mindrer Schnelle mich bemessen.[134]

Dantes Ausdruck «Tin Tin» deutet darauf hin, dass die Uhr, die er beschreibt, eine Glocke hatte bzw. eine Art Weckmechanismus. Tatsächlich scheint hier der Ursprung der mechanischen Uhren zu liegen. Ihre Technik muss entstanden sein im Zusammenhang mit der Arbeit an einem zuverlässigen Läut- und Weckmechanismus, also einer automatischen Glocke. Darauf deutet zum Beispiel auch das englische Wort für Uhr *clock* hin.

Trotzdem ist und bleibt es erstaunlich, dass Uhren wie aus dem Nichts auftauchen. In Köln soll es seit 1183 sogar eine Uhrmacherzunft gegeben haben und im 13. Jahrhundert eine Uhrmachergasse. Das wäre in vieler Hinsicht wenig wahrscheinlich. Zunächst ist das Zunftwesen Ende des 12. Jahrhunderts kaum ausgeprägt. Hochspezialisierte Berufe wie der des Uhrmachers waren damals nicht in Zünften oder Gewerbeverbünden organisiert. In Köln lassen sich die als Gaffeln bezeichneten Zünfte sogar erst Ende des 14. Jahrhunderts nachweisen. Zudem besteht die Frage, wieso ausgerechnet Köln eine Art europäisches Zentrum des Uhrmacherwesens gewesen sein soll. Nichts vorher und nichts nachher deutet darauf hin. Es scheint sich bei dem Namen der Kölner «Horlogesgazen» um einen Schreibfehler zu handeln.[135] Trotzdem bleibt festzuhalten, dass Ende des 13. Jahrhunderts plötzlich in Italien und dann in ganz Europa überall Uhren auftauchen. Klöster und Städte verzeichnen jetzt Rechnungen für den Bau von Uhren. Uhrmacher beziehen Gehalt. Auch wenn ihr Ursprung oder ihre Erfindung im Dunkeln bleibt, die Uhren sind jetzt unbezweifelbar in der Welt.

Die mechanische Uhr arbeitet mit einem Zugseil und einem Gewicht, das die Uhr antreibt, sowie mit Zahnrädern. Das ist noch nichts Neues. Der eigentliche Kernpunkt der Erfindung ist die Hemmung, die die Umdrehungen des Zahnrades taktet, indem sie dem Zahnrad erlaubt, sich um einen Zahn weiterzudrehen. Dann wird die Bewegung kurz angehalten, dann geht die Umdrehung um einen Zahn weiter. Wie funktioniert die Hemmung? Sie besteht aus zwei Teilen, einmal einer vertikalen und drehbaren Stange, das ist die Spindel. Auf der Spindel sitzt ein waagerechter Stab, der Waagbalken, an dessen beiden Enden kleine Gewichte angebracht sind. An der Spindel sitzen zwei Blätter, die Spindellappen, die in ein Zahnrad greifen, das mit Hilfe eines an einer Trommel hängenden Gewichts angetrieben wird. Das Zahnrad nun will sich, bedingt durch das angehängte Gewicht, drehen. Dabei wird es durch die beiden Spindellappen gehemmt. Angetrieben vom Zahnrad, dreht sich die Spindel jeweils in die eine und dann in die andere Richtung, wodurch die Schwingbewegung des Waagbalkens entsteht. Es ist also eine Rechts-Links-Rechts-Links-Rechts-Links-Bewegung. Und das ist der Taktgeber für die Uhr: tick, tack, tick, tack. Die Geschwindigkeit des Tickens lässt sich durch die Gewichte am Waagbalken und dessen Länge bestimmen. Der Uhrzeiger wird angetrieben bzw. gedreht vom Seilgewicht an der Trommel. Dieses Gewicht dreht über das Zahnrad den Uhrzeiger. Damit der sich aber nicht rasend schnell dreht, während das Gewicht herabschnurrt, hält die Hemmung die Drehbewegung auf und erlaubt nur kleine Bewegungen des Uhrzeigers. Dieses System der mechanischen Uhr ist sehr einfach und sehr robust. Es funktioniert hervorragend, solange alle Teile gut geölt und geschmiert sind, sodass sich Zahnrad und Hemmung gut bewegen können.

Wie gesagt ist nicht bekannt, wer dieses einfache System der gehemmten Drehbewegung erfunden hat. Erstmals erwähnt und beschrieben wird es wohl 1283 in den «Annals of Dunstable Priory» von Bedfordshire.[136] Etwa gleichzeitig wird eine Reihe weiterer Kirchen erwähnt, die alle über eine solche Uhr verfügen. Welche Uhr auch immer die erste war, es lässt sich festhalten, dass mit Ende des 13. Jahrhunderts plötzlich überall in Europa Uhren auftauchen. Das Problem an diesen einfachen mechanischen Uhren ist, dass sie keine eigene Schwingungsperiode besitzen. Die Genauigkeit, mit der sie gehen, hängt an der Einstellung des Waagbalkens und daran, wie gut die Uhren geschmiert sind, um Reibungsverluste zu vermindern. Tatsächlich liefen die Uhren für unsere heutigen Verhältnisse sehr ungenau. Und sie waren höchst empfindlich und mussten regelmäßig gewartet werden. Mit der neuen Technik setzt ein wahrer Entwicklungsschub ein. Und bald wurden aus den einfachen Uhren regelrechte Kunstwerke, die nicht nur die Zeit anzeigten, sondern auch den Lauf der Gestirne und den Kalender. Ein besonders berühmtes Beispiel für eine solche Uhr war das Astrarium des italienischen Gelehrten Giovanni de Dondi (1319–1389). Das zunächst in Padua stehende Astrarium war eine der ersten astronomischen Uhren. Die Uhr zeigte den Lauf von Sonne und Mond sowie der fünf Planeten Venus, Mars, Saturn, Merkur und Jupiter, die sich im damals herrschenden Weltbild allerdings noch um die Erde als Zentrum drehten. Das Datum wurde angegeben ebenso wie der Name des Heiligen, der an diesem Tag verehrt wurde. Die Uhrzeit in Stunden und Minuten zeigte diese Uhr eher nebenbei an. 1630 ging das Astrarium verloren, allerdings gibt es heute in mehreren großen Museen Nachbauten.

Die Uhr stellt das gesamte damalige Weltbild als eine Maschine dar und ist damit das wohl früheste Beispiel für den später aufkommenden Gedanken von der Uhr als Metapher für den Aufbau und Lauf der Welt mit Gott als genialem Uhrmacher, der dieses Kunstwerk geschaffen hat. Hans Magnus Enzensberger hat Giovanni de Dondi und seiner Uhr das Gedicht «Himmelsmaschine» gewidmet, das diesen Gedanken präzise auf den Punkt bringt:

> Giovanni de' Dondi aus Padua
> verbrachte sein Leben
> mit dem Bau einer Uhr.
>
> Einer Uhr ohne Vorbild, unübertroffen
> vierhundert Jahre lang.
> Das Gangwerk mehrfach,
> elliptische Zahnräder,
> verbunden durch ein Gelenkgetriebe,
> und die erste Spindelhemmung:
> eine unerhörte Konstruktion.
>
> Sieben Ziffernblätter
> zeigten den Zustand des Himmels an
> und die Revolutionen
> der Planeten.
>
> Ein achtes Blatt,
> das unscheinbarste,
> wies die Stunde, den Tag und das Jahr:
> A.D. 1364.
>
> Zwecklos und sinnreich wie die Trionfi,
> eine Uhr aus Wörtern,
> erbaut von Francesco Petrarca.
>
> Eine Rechenmaschine, und zugleich
> der Himmel noch einmal.
> Aus Messing, aus Messing.
> Unter diesem Himmel leben wir immer noch.[137]

Im 14. und 15. Jahrhundert nimmt die Zahl der mechanischen Uhren in Europa rasch zu. Meist sind es Kirchenuhren oder öffentliche Uhren an Stadttürmen. Die Uhren werden zu einem städtischen Prestigeobjekt, deren Ausbreitung in Italien beginnt. Zuerst wird in den Protokollen von Orvieto 1307/1308 eine Steuer erwähnt, die für die Reparatur einer Uhr erhoben wird. Dies ist wohl einer der frühesten Hinweise auf eine öffentliche Uhr.[138] Im Jahr darauf folgt Modena, 1317 wird in Parma eine Uhr mit einer Glocke als Pausensignal für die Lohnarbeiter der Stadt eingeführt. Es folgen unter anderem Ragusa, Mailand, Padua und Monza. 1351 erhält Windsor Castle in England eine Uhr, bezeichnenderweise gebaut von einem Uhrmacher aus Italien. In Deutschland bekommt 1358 Regensburg eine Uhr auf dem Marktturm.

Es sind zuerst die großen Städte, die sich eine Uhr leisten können. Die neuen Maschinen sind teuer. Und es gibt kaum Handwerker, die in der Lage sind, eine solche Maschine zu bauen. Dazu kommt, dass die Uhren wartungsaufwändig sind. Alle Zahnräder sind von Hand gefertigt. Die Uhr muss geschmiert und beaufsichtigt werden, wenn sie einigermaßen genau gehen soll. Deshalb muss oft nicht nur die Uhr bezahlt werden, es muss auch ein Uhrwärter eingestellt werden, der sich um sie kümmert. All das ist teuer. Für die Städte ist die Uhr ein politisches Prestigeobjekt. Die «Magdeburger Chronik» von 1425 vermerkt, die neue Uhr habe man «der Stadt zu Ehren und den Bürgern zum Nutzen und zur Bequemlichkeit» angeschafft.[139] Es gehört zunehmend zum Selbstverständnis einer Stadt, dass sie eine Uhr besitzt. Das fördert die Verbreitung der Uhren enorm. Man kann das auf der einen Seite den städtischen Chroniken entnehmen, in denen jetzt immer öfter Ausgaben für die Anschaffung und Wartung einer Uhr auftauchen. Man kann es aber auch in den Städtebildern verfolgen, die etwa ab dem 14. und 15. Jahrhundert entstehen. Immer öfter sieht man dort Uhren. Bald gehören sie überall zum Stadtbild und sind ein wesentliches Attribut des städtischen Lebens im Gegensatz zum dörflich-ländlichen Leben. Dort steht man lange Zeit noch mit den Hühnern auf und geht zu Bett, wenn es dunkel wird.

Die Uhr ist *die* Maschine des Mittelalters. Ihre Bedeutung ist vergleichbar mit dem Computer und den Smartphones, die unser Leben entscheidend verändert haben. Und auch die Entwicklung bei der Einführung der Uhr ähnelt der des Computers. Zunächst haben wir es mit Maschinen zu tun, die so teuer in der Anschaffung sind und auch so schwierig zu bedienen sind, dass ihr Besitz nur für wenige in Betracht kommt. Bei der Uhr waren das die großen Städte, beim Computer große Forschungseinrichtungen. Allmählich werden die Geräte dann einfacher in der Handhabung und weniger wartungsaufwändig. Und sie werden kleiner und günstiger, was es schließlich praktisch jedem erlaubt, sich ein solches Gerät anzuschaffen. Geändert hat sich an der Entwicklung nur die Geschwindigkeit, in der sie verlaufen ist. Von der großen, städtischen Uhr bis zur Armbanduhr hat es Jahrhunderte gedauert, vom Zuse-3-Computer 1941 bis zum ersten iPhone 2007 waren es keine 60 Jahre.

Das Uhrwerksuniversum

Weil die Uhr eine solche enorme wissenschaftliche und technische Errungenschaft war, hat sie auch das Denken ihrer Zeit tief beeinflusst. Der große Philosoph Nikolaus von Oresme (1323–1380) befasst sich mit der Frage, ob die Bewegungen der Himmelskörper kommensurabel oder inkommensurabel sind. Lassen sie sich also mit ein und demselben Maß messen und vergleichen? Anders gefragt: Ist das Universum nach verstehbaren Prinzipien eingerichtet, die wir Menschen nachvollziehen können? Oder ist es irgendwie zufällig zusammengeschustert? Für Oresme ist der Fall klar: «Denn wenn jemand vorhätte, eine mechanische Uhr zu bauen, würde er dann nicht alle Räder so harmonisch wie möglich bewegen?»[140] Damit ist der Gedanke in der Welt, dass Gott das Universum gebaut hat wie eine Uhr, wie eine Maschine. Er hat alle Teile nach vernünftigen Prinzipien zusammengesetzt, die wir irgendwann auch alle verstehen werden. Jedes «Rädchen» in der Welt greift sinnvoll und mit Gründen in ein anderes und hält so das Ganze in Bewegung. Und ist das Ganze erst einmal in Gang, dann kann sich Gott aus der Welt, die er geschaffen hat wie ein großer, weiser Uhrmacher, zurückziehen. Das ist die alte aristotelische Idee vom ersten, unbewegten Beweger. Gott hat eine Welt geschaffen, die völlig von allein abläuft, ist sie erst einmal in Gang gesetzt. Schon Thomas von Aquin (1225–1274), der ein Jahrhundert vor Oresme lebte, hatte, auf der aristotelischen Physik fußend, Gott zu einem genialen Handwerker oder Künstler gemacht, der die Welt sozusagen fachmännisch gebaut hatte. Bei Thomas galt es allerdings noch, das Werk im Nachhinein zu vervollkommnen.

Durch Oresme wird die Rolle Gottes bei der Schöpfung jetzt näher bestimmt. Gott bekommt einen Beruf: Er ist Uhrmacher, der seine Welt nach den physikalischen und mechanischen Prinzipien zusammengesetzt hat, nach denen auch eine Uhr läuft. Anders als der Gott des Alten Testaments, der sich immer wieder handelnd, zürnend und liebend in seine Schöpfung eingemischt hat, ist der Gott des neuen Zeitalters jemand, der alles in Bewegung setzt und dann nicht mehr eingreifen muss.

Der Gedanke, dass das Universum eine große Maschine ist, gewinnt zu Beginn der 17. Jahrhunderts weiter an Popularität. Wissenschaftler wie Tycho Brahe (1546–1601), Johannes Kepler (1571–1630) und Galileo Galilei (1564–1642) machen aufregende neue Entdeckungen am Himmel. Sie werfen damit nicht nur endgültig das alte aristotelisch-ptolemäische Bild des Universums mit der Erde als Mittelpunkt der Welt um. Sie sind auch in der Lage, die Bewegungen der Sterne präziser als je zuvor zu messen und vorauszuberechnen. Gott offenbart sich in der Welt nicht mehr durch vereinzelte Wunder, wie wir sie aus den Evangelien kennen oder aus den Heiligenlegenden. Das eigentliche Wunder Gottes sind die Präzision und Regelmäßigkeit, die wir in den Naturgesetzen finden. Der Naturwissenschaftler Robert Boyle (1627–1692) formuliert schließlich ein Verständnis von der Natur, aus der alle Spuren von Animismus und Wunderglauben verschwunden sind. Das Universum funktioniert nach rein mechanistischen Prinzipien, so Boyle:

> Es gleicht einer seltenen Uhr, etwa der des Straßburger Münsters, in der alle Dinge so klug ersonnen sind, dass sie, nachdem die Maschine einmal in Gang gesetzt ist, nach dem ursprünglichen Entwurf des Erbauers von alleine funktionieren und die Bewegungen keine besonderen Eingriffe von seiten des Erbauers oder irgendeines von ihm beauftragten,

vernunftbegabten Wesens erfordern. Sie erfüllt vielmehr ihre Aufgabe zu bestimmten Zeiten, wie dies in dem allgemeinen und primitiven Entwurf der Maschine vorgesehen ist.[141]

Der Philosoph Gottfried Wilhelm Leibniz (1646–1716) zieht daraus den Schluss, dass wir in der besten aller möglichen Welten leben. Schließlich hat Gott sie genau so gebaut, wie sie ist. Und wie ein Perpetuum mobile läuft sie von selbst, nachdem Gott sie angestoßen hat.

Denker wie Francis Bacon (1561–1626) verglichen den Gang der Planeten und den Puls der Tiere mit dem Ineinandergreifen von Zahnrädern eines Uhrwerks. René Descartes (1596–1650) führte diesen Gedanken sogar noch weiter und verstand Tiere als seelenlose Automaten, die sich wie Puppen nach den Gesetzen bewegten, die Gott ihnen gegeben habe. Isaac Newton schließlich gelingt es zu beweisen, dass in der kleinsten Taschenuhr dieselben Gesetze angewendet werden, die auch die Bewegungen von Erde und Sonne bestimmen. Und er gewinnt daraus eine neue Auffassung von Zeit, wie wir gesehen haben: die Zeit als objektives, absolutes Phänomen.

Man hat immer wieder die Dampfmaschine als eine Art Schlüsselmaschine der Moderne beschrieben. Das ist sicher nicht falsch. Aber man kann das Gleiche mit Fug und Recht von der Uhr sagen. Wie kaum eine andere Maschine reguliert sie unser Leben. Sie ist zur Metapher für das Verhältnis von Gott und Welt geworden. Mit ihr gelingt es, komplexe Gesellschaften genau aufeinander abzustimmen und zu takten. Sie bestimmt unser Verhältnis zu Arbeit und Geld, denn mit ihr messen wir, wie viel Geld jemand für eine Leistung bekommt, Stichwort hier ist der Stundenlohn. Selbst Zinsen und ähnliche Geldgewinne werden heute oft nicht mehr über Jahre, Wochen oder Tage angesetzt, sondern im Sekundentakt. Entsprechend wurde die Uhrenmetapher auch in der politischen Philosophie und in den Wirtschaftswissenschaften genutzt. Der Philosoph John Locke (1632–1704) forderte, die politischen Verhältnisse der Menschen auf Erden müssten nach eben den uhrwerksgleichen Naturgesetzen geordnet werden, die auch das Universum beherrschen. Und der große Wirtschaftswissenschaftler Adam Smith (1732–1790) erklärte, die Regulierung von Angebot und Nachfrage auf dem Markt funktioniere so wie das Pendel einer Uhr.

Das Bild vom Uhrwerksuniversum wurde nicht nur genutzt, um die gesetzmäßige Einrichtung der Natur zu beschreiben. Es wurde auch eingesetzt, um die Ordnung des menschlichen Lebens zu gestalten – von der Struktur der Gesellschaft bis zur Einrichtung der Arbeitszeit an der neuen Dampfmaschine. Und die Philosophen und Politiker konnten sich dabei noch auf das Argument berufen, dass die neue Gesellschaft ja nur den gottgewollten Prinzipien des Universums entspreche. Damit ein solches Uhrwerk funktioniert, braucht es große und kleine Räder. Und nur wenn jedes Rad an seinem Platz bleibt, kann sich die gesamte Maschine weiterdrehen. Ich werde darauf noch zurückkommen, wenn es um die konkreten Auswirkungen der Uhr auf das tägliche Leben geht.[142]

Natürlich gab es auch Kritik an der Vorstellung eines Uhrwerksuniversums. Das Diktat der Uhr wurde als Störung des natürlichen Lebens empfunden. Andere Kritiker wandten sich gegen die cartesianische Vorstellung, dass Tiere nur Maschinen waren, die wie Uhren funktionierten.

1726 veröffentlichte der englische Schriftsteller Jonathan Swift (1667–1745) den Roman «Gullivers Reisen». Das Werk machte Karriere als putziges Kinderbuch, das von Gullivers Reisen in das Land der Zwerge und später der Riesen erzählte. Aber in seiner ursprünglichen Fassung war es eine bittere Antiutopie, die in eine Reihe gehört mit anderen kritischen Gesellschaftsentwürfen wie dem «Sonnenstaat» von Tommaso Campanella (1568–1639) oder «Nova Atlantis» von Francis Bacon. Im Buch gibt es auch eine Passage über die neue Anbetung der Uhr. Nach einem verheerenden Sturm, bei dem das Schiff untergeht, auf dem Gulliver reist, findet sich Gulliver auf einer ihm unbekannten Insel wieder. Als er dort aufwacht, haben winzige Wesen ihn am Boden gefesselt. Sie untersuchen, welche Gegenstände er bei sich trägt. Dabei fällt ihnen besonders eine unbekannte Maschine auf, die an einer silbernen Kette hängt und in seiner Weste steckt:

> Aus dem rechten Behälter hing eine dicke silberne Kette mit einer wunderbaren Maschine am Ende. [...] Als er die Maschine an unsere Ohren hielt, machte sie ein fortwährendes, dem einer Wassermühle ähnliches Geräusch: wie wir vermuten, ist dasselbe entweder ein unbekanntes Thier, oder der Gott, den er verehrt. Wir sind aber zu der letzteren Meinung geneigter, weil er uns versicherte (wenn wir ihn nämlich recht verstanden haben, denn er ist noch immer nicht im Stande, sich richtig auszudrücken), er tue selten etwas, ohne jenes Ding um Rat zu fragen. Er nannte es sein Orakel und sagte, es bezeichne die Zeit jeder Handlung seines Lebens.[143]

Der Pendelschlag der Zeit

Es ist kein Zufall, dass in der Zeit, als die Uhr zur Metapher für ein neues, mechanistisches Weltbild wird, auch die Uhrentechnik einen entscheidenden Fortschritt macht. Der Hintergrund ist die Entdeckung der Gesetze der Pendelbewegung durch Galilei. Der sogenannte Isochronismus besagt, dass alle Schwingungen eines Pendels die gleiche Zeit benötigen, und zwar unabhängig von der Weite der Schwingung, der Amplitude. Die Dauer der Schwingung hängt allein von der Länge des Pendels ab. Mit dieser Entdeckung hatte man eine Bewegung, die vollkommen gleichförmig war – anders als der plumpe Waagbalken der mechanischen Uhr, dessen Schwingungsrate abhing von der antreibenden Kraft. Galilei wollte das Pendel für eine Uhr nutzen, er konnte diesen Plan allerdings nicht mehr in die Tat umsetzen. Die Zeit hatte ihn eingeholt, er war zu alt und starb, bevor er eine Uhr mit Pendel bauen konnte. So geht der entscheidende Impuls zum Bau der ersten Pendeluhr von dem niederländischen Astronomen, Mathematiker und Physiker Christiaan Huygens (1629–1695) aus, einem Verfechter des mechanistischen Weltbildes, was wohl auch kein Zufall sein dürfte. Im Auftrag von Huygens baute der niederländische Uhrmacher Salomon Coster (1622–1659) im Jahr 1657 die erste Pendeluhr. Dafür erhielt er das Recht, 21 Jahre lang als einziger Uhrmacher in den Niederlanden solche Uhren herzustellen und zu verkaufen. Allerdings ging es ihm ähnlich wie Galilei. Zwei Jahre nach dem Bau der ersten Pendeluhr starb Coster.

Die erste Uhr, die Coster baute, hatte eine Gangdauer von 8 Tagen und eine Ganggenauigkeit von 10 Sekunden am Tag. Das war sensationell, und es dauerte fast 100 Jahre, bis noch genauere Uhren gebaut werden konnten. Zwei Jahre später entdeckte Huygens, dass die Schwingungsdauer des Pendels immer dann vollkommen gleich ist, wenn man die Pendelscheibe eine zykloide Kurve beschreiben lässt. 1673 veröffentlichte er dazu die Abhandlung «Horologium Oscillatorium», die eine von einem Zykloidenpendel betriebene Uhr beschreibt. Das war eine großartige Theorie, die allerdings in der Praxis nicht funktionierte, da die Uhren zu Huygens' Zeit im wahrsten Sinne des Wortes nicht reibungslos funktionierten. Das lag daran, dass Huygens' Uhren mit der Spindelhemmung liefen, bei der zwei sogenannte Lappen in die Zahnräder eingreifen. Das System lief stabil, aber nicht reibungslos. Das verbesserte die neue Ankerhemmung, die um 1670 herum auftauchte. Bei ihr haken sich zwei Zähne wie Finger in das Zahnrad. Die Ankerhemmung war zwar präziser als die Spindelhemmung, hatte aber den Nachteil, dass Uhren mit einer Ankerhemmung auf einer ebenen Fläche stehen müssen, damit der Anker frei schwingen kann. Praktisch hieß das, dass die Ankerhemmung für tragbare Uhren nicht in Frage kam.

Eine weitere Verbesserung in der Uhrentechnik war die Erfindung der Unruh. Das ist ein Spiralenschwingsystem, das statt eines Pendels die Spiralfeder als Hemmungssystem für tragbare Uhren nutzt. Der englische Universalgelehrte Robert Hooke (1635–1702) und Huygens behaupteten beide von sich, dieses System erfunden zu haben. Wie dem auch sei, auf Hooke jedenfalls geht das Elastizitätsgesetz oder Gesetz über die Federkraft zurück, das besagt, die Kraft einer Feder sei proportional zu ihrer Spannung.

Die weitere Geschichte der Pendeluhren dreht sich vor allem um die Ganggenauigkeit. Huygens' erste Uhr hatte eine Ganggenauigkeit von 10 Sekunden am Tag. Das konnte erst 100 Jahre später auf 1 Sekunde am Tag verbessert werden. Moderne Uhren heute sind bis auf 0,1 Sekunden am Tag genau. Präzisionsuhren wie die 1921 von dem englischen Ingenieur William Hamilton Shortt (1881–1971) entwickelte Shortt-Uhr, bei der das Pendel in einem Vakuum schwingt, bringen es sogar auf eine Ganggenauigkeit von wenigen Millisekunden.

Noch genauer wurden die Uhren, als man nicht mehr die Schwingungen eines im Gravitationsfeld der Erde befindlichen Pendels nutzte, sondern die Schwingungen eines mineralischen Quarzkristalls. 1932 entstanden die ersten Quarzuhren, gebaut zunächst noch zu wissenschaftlichen Zwecken. Ihre Ganggenauigkeit lag bei wenigen Millisekunden am Tag, im Jahr liegt die Abweichung heute bei einfachen Quarzuhren bei rund 60 Sekunden im Jahr. 1942 ersetzte eine Quarzuhr die Shortt-Uhr, die in Greenwich als Standardzeitmesser benutzt wurde. Zunächst waren Quarzuhren etwas fürs Labor. Ab etwa 1970 war die Technik, insbesondere auch die Batterientechnik, so weit fortgeschritten, dass man Quarzuhren für den Massenmarkt bauen konnte. Die ersten Quarzarmbanduhren waren allerdings sündhaft teuer. Der Preis sank nach einigen Jahren so rapide, dass traditionelle Uhrenfabriken in eine wirtschaftliche Krise gerieten.

Die immer genauer gehenden Uhren brachten noch eine andere bedeutende Veränderung mit sich. Je präziser die Uhren waren, umso klarer wurde es, dass unsere Erde nicht richtig tickte. Deren Umdrehungsgeschwindigkeit hatte viele Jahrhunderte lang als das Maß gegolten, an dem man die Genauigkeit der Uhren maß. Jetzt stellte sich heraus, dass die Rotationsgeschwindigkeit der Erde eben nicht völlig gleichbleibend ist. Die Erde ist ein massiver Körper, dessen Umdrehungen jahreszeitlichen Schwankungen unterliegt: Das Eis der Polkappen zum Beispiel schmilzt oder nahm in der Vergangenheit zu. Das beeinflusst die Erdumdrehung so, dass die Länge eines Tages im Laufe des Jahres um etwa 0,001 Sekunden schwankt. Außerdem verlangsamt sich die Erdumdrehung auch noch über die Jahre hin. Diese winzigen Schwankungen hatte über Jahrhunderte keine Uhr messen können. Jetzt war das möglich, was dazu führte, dass man auf die Suche nach einem anderen Zeitnormal ging, an dem die Genauigkeit der Uhren gemessen werden kann.

1952 wurde die sich drehende Erde ersetzt durch die Ephemeridenzeit, die auf der Länge des tropischen Jahres beruht. Man definierte die Ephemeridensekunde als 31556925,9747sten Teil der Zeit zwischen zwei gleichen Zeitpunkten im Jahr, also zum Beispiel von einer Tagundnachtgleiche zur nächsten. Dabei war von vornherein klar, dass ein Jahr nicht immer gleich lang ist. Genau diese Unregelmäßigkeit hatte jahrhundertelang Probleme bei der Erstellung eines funktionierenden Kalenders gemacht. Man definierte deshalb zusätzlich auch noch, welches tropische Jahr gemeint war: nämlich das, welches am 31. Dezember 1899 um 12 Uhr begann.

Doch auf Grund der kontinuierlich präziser werdenden Zeitmessung reichte bald auch die Ephemeridenzeit nicht mehr als Zeitnormal. Also ging man auf die Suche nach einem Normal, das eben nicht mehr den Schwankungen der Natur wie Erdrotation oder Jahr unterworfen war. Seit 1967 wird deshalb die Schwingung des Cäsiumatoms als Zeitnormal benutzt. 1 Sekunde wird definiert als die Zeit, in der 9.192.631.770 Schwingungen eines Cäsiumatoms stattfinden. Dass die Wahl ausgerechnet auf die Schwingungen eines Cäsiumatoms fiel, hatte praktische Gründe: Die Frequenz der Schwingungen liegt im Radiowellenbereich und lässt sich relativ einfach messen. Die koordinierte Weltzeit (Universal Time Coordinated, UTC), nach der alle Uhren gestellt werden, ist heute so genau, dass der Fehler nur 1 Sekunde in 3 Millionen Jahren beträgt. Das Bureau International de l'Heure (BIH) am Pariser Observatorium vergleicht und mittelt die Zeit von über achtzig Atomuhren in 24 Ländern und koordiniert ihre Zeit zur offiziellen Weltzeit UTC, nach der alle Uhren rund um den Globus gestellt werden.

Spätestens mit der Erfindung der Pendeluhr und der Entwicklung der Uhr hin zu einem Präzisionsgerät verändert sich unser Verhältnis zur Zeit grundlegend. Sie koppelt sich langsam ab von den natürlichen Abläufen wie Tag und Nacht, dem Lauf des Mondes oder den Jahreszeiten, aber auch von unseren natürlichen körperlichen Rhythmen wie unseren Wachzeiten und dem Schlaf. Zeit verwandelt sich in das, was die Uhr zeigt. Sie wird zu einem Fetisch, wobei ich den Begriff Zeitfetisch in etwa so verstehe wie Marx den Begriff des Warenfetischs nutzt, also als quasireligiöses, verdinglichtes Verhältnis zu Produkten bzw. eben zur Zeit.[144]

So wie Waren als Konsumgüter für immer mehr Menschen zugänglich werden, ist es auch mit der Uhr. Ihre Geschichte weist eine Entwicklung auf, die der von anderen großen Erfindungen wie Elektrizität, Telefon, Auto, Computer oder Smartphone ähnlich ist. Jeder kann sich heute eine Uhr leisten, die eine Ganggenauigkeit hat, von der vor 150 Jahren Wissenschaftler nur träumen konnten. Ähnlich leistet ein Smartphone heute mehr als die ersten Computer. Und so wie Autos unsere Art der Fortbewegung revolutioniert haben, wie Telefon, Computer und Smartphone unsere Art zu kommunizieren revolutioniert haben, so hat die Uhr unsere gesamte Art und Weise zu leben verändert. Die Uhr bestimmt darüber, wann wir aufstehen, wann wir schlafen, wie lange und wie wir arbeiten und was und wie wir essen.

Der Takt des Lebens

Lange Zeit war der Takt unseres Lebens an natürliche Abläufe gebunden. Der Beginn von Tag und Nacht bestimmte, wann wir aufstehen und zu Bett gehen. Die Jahreszeiten gaben uns die Arbeit vor. Das Frühjahr war die Zeit der Aussaat, der Sommer die Zeit der Pflege, der Herbst die Zeit der Ernte und der Winter die Zeit der Ruhe. Dabei wurde im Sommer länger gearbeitet als im Winter, einfach weil die Tage länger sind.

Dieser natürliche Rhythmus änderte sich mit der Industrialisierung, denn jetzt konnte man dank neuer Beleuchtungstechniken wie Gas oder Elektrizität nicht nur unabhängig vom Sonnenlicht arbeiten. Die neuen, teuren Maschinen sollten auch möglichst ununterbrochen genutzt werden, um die Investitionen möglichst rasch zu kompensieren. Zeit war also Geld. Je länger die Maschinen liefen, umso eher rentierten sie sich. Unter diesem Gebot der Ökonomie der Zeit waren zu Beginn der Industrialisierung die Arbeitszeiten fast unmenschlich ausgedehnt, teilweise gab es gab 16-Stunden-Tage. Deshalb war die Geschichte der Arbeiterbewegung gerade in ihren Anfängen vor allen Dingen ein Kampf um Arbeitszeit.

Lange Zeit war Arbeitszeit eine relativ unklare Größe. Wann begann der Arbeitstag, wann endete er? Zählten Hin- und Rückweg zur Arbeit schon zur Arbeitszeit? Wie lang durften die Pausen sein? Und an welchen Tagen wurde überhaupt gearbeitet? Der Lichttag als Arbeitszeit war eine unklare Größe, denn wann genau begann er und wann endete er? Mit Sonnenaufgang und -untergang? Oder wenn die Sonne schon hoch am Himmel stand bzw. vollständig untergegangen war? Solche Fragen waren schwierig, und man versuchte, sie zu klären, etwa indem man festsetzte, dass für die Tuchwalker in Paris im Winter der Arbeitstag begann, sobald man einen Menschen auf der Straße im Tageslicht erkennen konnte. 1324 galt für die Weißgerber als Arbeitsbeginn das Kriterium, dass man zwei Münzen voneinander unterscheiden konnte. In den Städten nutzte man das Läuten von Kirchen oder Klöstern als Signal für den Arbeitsbeginn. Die Bindung der Arbeitszeit an den Lichttag war durchaus problematisch. Es ließ sich auf der einen Seite nur schwer berechnen, wie lange ein Projekt wie der Bau eines Hauses dauerte und wie teuer es wurde. Die Arbeiter hatten das Problem, dass sie im Winter weniger verdienten als im Sommer.

Arbeitszeit war ein Streitthema. Adel und Klerus klagten, dass die Arbeiter überhöhte Löhne forderten und die Arbeit viel zu früh beendeten. Die Arbeiter beschwerten sich, dass sie zu lange arbeiten müssten und schlecht bezahlt würden. Man versuchte, das Problem durch Werkglocken zu lösen. Einzelne Zünfte hatten eigene Glocken, die Beginn und Ende der Arbeitszeit anzeigten. Aber wer ließ wann läuten? Kurz gesagt war mit dem Aufkommen der Uhren die Hoffnung verbunden, das Problem der Arbeitszeiten für alle Seiten befriedigend lösen zu können, da Uhren die Zeit objektivierten.

1358 wurde in Valenciennes, einer bedeutenden Textilstadt, deshalb eine Uhr gekauft, um das Läuten der Werkglocken zu regeln. Das ist der Startschuss für eine rasche Ausbreitung von Uhren zur Festsetzung der Arbeitszeit. Um die Länge von Pausen zu bestimmen, nutzte man meist Sanduhren. In den Protokollen und Dokumenten der Städte finden sich ab dem Zeitpunkt immer wieder Regelungen über Arbeitszeiten und Pausen. Das änderte zwar nichts an der Länge der Arbeitszeit, aber deren genaue Bestimmung bildete die Grundlage, auf der man überhaupt erst über die Länge verhandeln konnte.

Thomas Morus (1478–1535) berichtete 1516 in seinem fiktiven Reisebericht zur Insel Utopia, dass die Menschen dort den Tag in 24 Stunden einteilten. Davon seien sechs Stunden für die Arbeit bestimmt, jeweils drei am Vormittag und drei am Nachmittag. Von solchen Arbeitszeiten war man in der Wirklichkeit weit entfernt. Zwar gab es immer wieder vereinzelte Bestrebungen, Arbeitszeiten genau zu regeln. Aber erst mit dem Beginn der industriellen Produktion zu Beginn des 18. Jahrhunderts gewann das Problem der Arbeitszeit wirklich an öffentlichem Interesse. Die Uhr wurde jetzt auf der einen Seite zu einem Symbol der Herrschaft über die Arbeiter. Wer sie kontrollierte, hatte die Macht über deren Zeit. Auf der anderen Seite war die Uhr aber auch das Instrument, diese

Macht zu kontrollieren. Fabrikbesitzer verboten ihren Arbeitern deshalb teilweise, eigene Uhren mit in die Fabrik zu bringen. Und es gibt bis in die Anfänge des 20. Jahrhunderts hinein Berichte, dass sich Arbeiter gemeinsam eine möglichst präzise Uhr kauften, um die Fabrikuhr zu kontrollieren.

Die Uhr wurde nicht nur zur Kontrolle der Arbeitszeit benutzt, sondern auch zur Optimierung der Arbeitsabläufe. Der sogenannte Taylorismus, der namentlich erst mit den beiden Hauptwerken von Frederick Winslow Taylor (1856–1915) «Shop Management» (1903) und «The Principles of Scientific Management» (1911) aufkam, hat allerdings Vorläufer, die bis ins 18. Jahrhundert zurückgehen. Für die Crowley Ironworks, seinerzeit Europas größte Eisenhütte, wurde schon vor dem Jahr 1700 eine Arbeitszeitregelung verfasst, die jeden Arbeitsschritt minutiös festlegte, und zwar in «nahezu pathologischer, kaum realisierbarer Perfektion».[145] Die Arbeitszeiten wurden von einem «Monitor» überwacht, der die Zeit jedes einzelnen Arbeitsschrittes präzise notierte. Da das Gelände der Crowley Ironworks allerdings sehr groß war, mussten die Monitore immer wieder von einem zum anderen Gebäude gehen, wobei sie die Zeit dieser Gänge auch wieder notieren mussten. Die für das Unternehmen geleistete Arbeitszeit jedes einzelnen Arbeiters wurde schließlich addiert und bezahlt.

Der französische Ingenieur Bernard Forest de Bélidor (1697–1761) verfasste 1739 die «Architectura Hydraulica» (Band 2 1766) über den Bau von Hafen- und Festungsmauern. Dabei entwarf er Zeit- und Kostenrechnungen für das Einrammen von Pfählen, wobei er in die Berechnungen auch einbezog, dass die Ramme aus dem Lot geraten kann und die Leistung der Arbeiter bei der schweren körperlichen Tätigkeit kontinuierlich nachlässt.

Das Beispiel der aus dem Lot geratenen Ramme zeigt die Grenzen dieser Vorformen des Taylorismus auf. Es gab zahlreiche technische Probleme wie den ungleichen Wasserdruck bei vom Wasser angetriebenen Maschinen, die eine exakt berechenbare Arbeitsdauer und entsprechende Kostenrechnungen erschwerten. Erst mit dem Aufkommen der Dampfmaschine ändert sich das. Und da das Betreiben der Maschinen Geld kostet und die Maschinen selbst teuer sind, müssen sie möglichst ohne Unterbrechung laufen, um ihre Kosten zu amortisieren und Gewinn zu bringen. Jetzt erst wird Zeit wirklich zu Geld. Die Arbeitszeit wird vom Lichttag und von den Jahreszeiten unabhängig, die Schichtarbeit und die Stechuhr werden eingeführt. Den Arbeitgebern kommt es auf eine möglichst rationale und effektive Nutzung der Arbeitszeit an. Für die Arbeitnehmer wird die Arbeitszeit zu einem politischen Thema. Der Kampf darum führt allmählich zum normalen Arbeitstag mit acht Stunden Arbeitszeit und genau bemessener Freizeit. Auch wenn viele Errungenschaften, um die lange gestritten wurde, heute als selbstverständlich gelten, ist das Thema Arbeitszeit immer noch prominent. Heute diskutieren wir über Themen wie Home-Office, Vertrauensarbeitszeit, Gleitzeit und Renteneintrittsalter, um nur einige Aspekte zu nennen. Und da Zeit

Geld ist, achten Arbeitgeber und Arbeitnehmer darauf, dass sie von Präzisionsuhren exakt gemessen wird.

Die Einführung der Weltzeit

Auch wenn die von den Uhren angezeigte Zeit immer genauer wurde, weil die Uhren besser geworden waren, so zeigten die Uhren in Deutschland (und in vielen anderen Ländern) unterschiedliche Ortszeiten an. Es gab eine Münchener Zeit und eine Ludwigshafener Zeit, eine Stuttgarter Zeit und eine Karlsruher Zeit. Berlin, Köln, Frankfurt am Main, Leipzig und viele andere Städte mehr hatten eigene Zeiten. Wer durch das Land reiste, musste immer wieder die Uhr umstellen. Und dabei war das Reich klein. In den USA wurden über 70 Ortszeiten gezählt. Das war anfänglich kaum ein Problem. Es wurde erst schwierig, als Anfang des 19. Jahrhunderts die Geschwindigkeiten des Transportverkehrs zunahmen. Die Post hatte die maximal mögliche Geschwindigkeit erreicht, die man mit Pferd und Wagen erlangen konnte. Pünktlichkeit war ein Gebot und stand für Qualität, die mit den genau und unbestechlich gehenden Uhren leicht zu überprüfen war.

Zu einem Problem wurden die örtlichen Unterschiede, als die Transportgeschwindigkeit durch die Eisenbahn radikal und kontinuierlich erhöht wurde. Je größer das Eisenbahnnetz wurde und je mehr Züge fuhren, umso genauer musste man den Fahrplan abstimmen, um Unfälle zu vermeiden. Dazu wurde zunächst eine Eisenbahnzeit eingeführt. 1874 wurde in Deutschland die Berliner Zeit für den gesamten Fahrplan in Deutschland vorgeschrieben. Das erhöhte zwar die Sicherheit der Bahn, machte das Chaos der Uhrzeiten allerdings noch größer, denn jetzt mussten sich Reisende nach der Zeit der Bahn richten, die nur zum Teil die Zeit war, die bei ihnen vor Ort galt.

Aus den USA, die auf Grund ihrer Größe die meisten Probleme mit den unterschiedlichen Ortszeiten hatten, kam daher vom Chefingenieur der Canadian Pacific Railways der Vorschlag, die Ortszeiten anhand der 360 Längengrade zu bestimmen. Alle 13 Grad sollte die Uhr eine Stunde vorgestellt werden. Das hatte den Vorteil, dass es zwar durchaus unterschiedliche Ortszeiten gab, aber überall die Minuten und Sekunden übereinstimmten. Es gab mehrere internationale Konferenzen zu dem Thema, auf denen vor allem darüber gestritten wurde, wo mit der Zählung begonnen werden sollte: in Greenwich, in Jerusalem oder irgendwo im Meer als eine Art neutralem Ort? Schließlich einigte man sich auf Greenwich als Ort, durch den der Nullmeridian führt, denn irgendwo musste mit der Zählung begonnen werden. Die Weltzeit war also die Greenwich Mean Time (GMT), die mittlere Sonnenzeit in Greenwich. In Deutschland wurde sie 1893 eingeführt: «Die gesetzliche Zeit in Deutschland ist die mittlere Sonnenzeit des fünfzehnten Längengrades östlich von Greenwich.»[146]

Die Entscheidung für Greenwich war umstritten, nicht unbedingt aus praktischen oder wissenschaftlichen Gründen, sondern aus politischen. Vielerorts hing man einfach an seiner Ortszeit. In Frankreich hätte man gern gesehen, dass sich die Uhren der Welt nach der Pariser Zeit drehten. Man verzichtete deshalb dort zunächst auf die GMT. Erst 1911 wurde die Greenwich-Zeit eingeführt, allerdings ohne Greenwich zu nennen. Gesetzliche Zeit in Frankreich und Algerien war jetzt die Pariser Zeit minus 9 Minuten und 21 Sekunden. Und das ist die Greenwich-Zeit.

Seit Beginn des 20. Jahrhunderts ticken alle Uhren der Welt gleich. Bewegt man sich vom Nullmeridian in Greenwich nach Westen, wird die Zeit addiert, in Deutschland um eine Stunde plus. Reist man dagegen nach Osten, wird die Zeit subtrahiert. 1972 wurde aus der GMT die UTC, die nicht mehr astronomisch bestimmt wird durch die astronomische mittlere Sonnenzeit der Sternwarte von Greenwich, die auf dem Nullmeridian liegt, sondern die Zeit wird mit einer Atomuhr gemessen, die genauer geht als die Sonne.

Zur UTC gehört, wenn man sie präzise angeben will, nicht nur eine Uhrzeit, sondern auch eine Kalenderangabe. Durch die Zeitverschiebung entlang der Längengrade verschieben sich auch die Datumsangaben weltweit. Wir alle kennen vom Silvesterabend die Bilder aus den Nachrichten. Während wir in Deutschland noch auf die Silvesteransprache nach den 20-Uhr-Nachrichten warten, hat in Neuseeland und Australien das neue Jahr schon vor Stunden begonnen.

Die UTC, die jetzt, beim Schreiben dieser Zeilen 6:05 Uhr ist, sagt mir, dass ich mich langsam sputen muss. Der Zug, den ich erreichen muss, damit ich pünktlich zur Arbeit komme, fährt in einer halben Stunde ab. Um 9 Uhr UTC habe ich den ersten Termin. Es ist höchste Zeit. Ich muss mich beeilen.

5. Das Rasen der Zeit

Jeden Morgen, so erzählt eine afrikanische Geschichte, wachen in der Weite der Steppe Gazellen auf, deren erster Gedanke ist: Wir müssen heute schneller rennen als die schnellsten Löwen, wenn wir den Tag überstehen wollen. Jeden Morgen wachen auch die Löwen auf. Sie sind hungrig. Ihr erster Gedanke: Wenn wir heute unseren Hunger stillen wollen, müssen wir schneller rennen als die langsamste Gazelle. Es kommt also nicht darauf an, ob man Gazelle oder Löwe ist. Wenn die Sonne aufgeht, müssen alle rennen.

Ich denke, fast alle können diese Geschichte bestätigen. Leben heißt rennen. Wer mithalten will, muss sich beeilen. Unser Tag ist geprägt von Terminen, immer die Uhr im Blick, damit wir nicht zu spät kommen. Der Auftrag muss erledigt werden. Jemand erwartet unseren Anruf. Wenn der Brief heute nicht mehr auf die Post geht, ist es zu spät. Selbst wenn wir Feierabend haben, hört das Rennen nicht auf. In Fitnessstudios und in den Stadtparks laufen wir gegen die Uhr, um in Form zu bleiben. Wir müssen uns beeilen, damit wir noch Kinokarten bekommen. Um 20 Uhr sind die Gäste da und wir haben noch nicht einmal eingekauft und den Wein kaltgestellt. Es ist wie bei den Gazellen und den Löwen. Wenn die Sonne aufgeht, rennen wir bis zum Sonnenuntergang. Und wenn uns dann unser Fitnesstracker mitteilt, dass wir uns kaum bewegt haben, rennen wir sogar noch länger.

Das war nicht immer so. Die Geschichte der Moderne lässt sich erzählen als eine Geschichte großartiger technischer Fortschritte: von der Dampfmaschine über die Eisenbahn weiter zum Auto und zum Flugzeug, vom Brief zum Telegramm bis zur E-Mail, von der Zeitung bis zum Live-Fernsehen. Jede dieser Entwicklungen ist gekennzeichnet durch eine enorme Zunahme von Geschwindigkeit. Aus dem gemächlichen ruhigen Fluss der Monate, Wochen und Tage ist ein reißender Strom der Stunden und Sekunden geworden, der unser gesamtes Leben verändert hat.

Möglich geworden ist das alles auf der einen Seite natürlich durch die Erfindungen selbst. Aber diese Entwicklung wird begleitet durch ein sich änderndes Verhältnis des Menschen und der Gesellschaft zur Zeit selbst. Die Zeit ist zu einer von uns selbst losgelösten – absoluten – Entität geworden, die wir mit Hilfe der immer besseren Kalender und genaueren Uhren präzise berechnen können. Und: Wir können scheinbar Zeit «sparen»: entweder indem wir in einer bestimmten Zeiteinheit mehr leisten oder indem wir die gleiche Arbeit in weniger Zeit schaffen.

Von dieser Entwicklung erzählt dieses Kapitel. Es ist eine Art Geschichte der Beschleunigung in drei Akten. Zunächst geht es um die Beschleunigung der Körper, dann um die Beschleunigung des Nachrichtenverkehrs und schließlich um die Beschleunigung unseres Lebens selbst, die eine Folge davon ist.

Die Beschleunigung der Körper

Wer von Geschwindigkeit und Beschleunigung erzählen will, muss mit der Langsamkeit beginnen, denn lange Zeit waren wir langsam. Wir sind gegangen, manchmal auch gerannt. Wir konnten reiten oder die Kutsche benutzen oder ein Schiff nehmen. Aber wirklich schnell wurden wir dadurch nicht. Wer auf Reisen ging, musste Zeit mitbringen. Die Straßen waren schlecht, mit Schlaglöchern übersät. Wenn es regnete, blieb man oft im Schlamm stecken. Selbst mit dem Pferd oder der Kutsche war man auf relativ kurzen Strecken Tage und Wochen unterwegs. Wenn die Straßen gut waren, flach, trocken, nicht sandig und nicht ausgefahren, schaffte man bestenfalls 60 Kilometer am Tag. Trotz dieses geringen Tempos kam es zu Unfällen. Gegenpapst Johannes XXIII. (1370–1419) landete während der Reise zum 16. Allgemeinen Konzil, das 1414 bis 1418 in Konstanz stattfand, im Straßengraben. Pilger auf dem Weg nach Rom oder Santiago de Compostela stürzten in Felsspalten oder kenterten beim Passieren von Flüssen. Wer klug war, ließ vor seiner Abreise eine Messe lesen.

Trotzdem zwang die Natur Reisende immer wieder in die Knie. Gebirge, Regen, Schnee, Hitze und Kälte waren Gewalten, die das Reisen zu einer Gefahr machten. Und daran änderte sich lange nichts. Wer sich im 15. Jahrhundert auf den Weg über die Alpen begab, war immer noch auf den Wegen und Pässen unterwegs, die Hannibal Barkas schon im Zweiten Punischen Krieg (218–202 v. Chr.) benutzt hatte.

Wir können uns diese «Geschwindigkeiten» bzw. das Nichtvorhandensein von Geschwindigkeit heute kaum noch vorstellen. Wir fliegen für ein Wochenende zum Einkaufen nach Mailand oder Rom. Stellen wir uns einfach vor, wir müssten dafür zu Fuß über die Alpen. Natürlich fiele die Shoppingtour aus. Man wäre nicht 48 Stunden, sondern Wochen und Monate unterwegs. Geschwindigkeit bzw. Langsamkeit bedeutete also auch Sesshaftigkeit. Wer langsam ist, bleibt, wo er ist. Man kann sein Geld ja auch verdienen, indem man es den wagemutigen Reisenden abnimmt. Tatsächlich erschweren lange Zeit Steuern das Leben und Fortkommen der Reisenden noch zusätzlich. Man muss bezahlen, wenn man eine Brücke überqueren will, wenn man durch ein Stadttor gehen möchte. Überall gibt es Zäune, Schlagbäume und andere Barrieren, die Reisende am Fortkommen hindern. Im 14. Jahrhundert gibt es allein auf dem Rhein 46 Zollstationen, alle 27 Kilometer eine. Auf Elbe und Donau sieht es nicht viel anders aus. Und wenn man als Kaufmann in den größeren Städten übernachtet, fällt man unters Stapelrecht und man muss einen Teil seiner Waren in der Stadt verkaufen, meist zu schlechten Preisen. Reisen ist teuer, gefährlich, und man braucht viel Zeit. Im Grunde lohnt es nicht, sich auf den Weg zu machen.[147]

Wer es wirklich eilig hat, nimmt das Schiff. Im 15. Jahrhundert benötigt man für die 700 Kilometer von Lübeck nach Brügge im Sommer 11 bis 20 Tage, im Winter bis zu 24 Tage. Lange Zeit änderte sich daran nichts. Ein Reisen nach Plan, wie wir es kennen, ist praktisch unmöglich. Unsere heutigen Beschwerden über die Bahn, die unpünktlich ist und sich immer wieder verspätet, sind dagegen lächerlich. Was sind schon zwei Stunden gegen zwei Wochen.

Die Geschwindigkeiten waren natürlich. Man ging zu Fuß, ritt, nahm die Postkutsche oder das Schiff. Schneller ging es nicht. Während der Römischen Republik, also noch vor Christi Geburt, war ein Brief zehn Tage von Rom nach Paris unterwegs. Zur Zeit der Französischen Revolution ging es nicht schneller. Natürliche Geschwindigkeit, das besagt: Die Grenzen der Geschwindigkeit liegen in der Natur selbst: erschöpfte Reisende, lahmende Pferde, Hochwasser, Schnee, Wind. All das machte ein Reisen nach Zeitplan unmöglich.

Wenn man sich unter diesen Umständen überlegt, dass Alexander der Große mit seinem Heer von Griechenland bis an die Grenzen Indiens gelangt ist, wobei er dabei auch noch einen Umweg über Ägypten machte, dann ist das eine mehr als erstaunliche Leistung. Allein der direkte Weg von Athen bis etwa Karatschi sind mehr als 5000 Kilometer. Laut Google Maps braucht man für den Weg zu Fuß über 1000 Stunden. Das sind rund 42 Tage, wenn man 24 Stunden am Tag geht. Aber Alexander ging eben nicht den direkten Weg. Hannibal nahm von Karthago, dem heutigen Tunis, den Weg entlang der nordafrikanischen Küste durch Spanien und Frankreich über die Alpen bis nach Rom. Und die Römer herrschten über ein Reich, das von London bis Damaskus reichte und das gesamte Mittelmeer umspannte. All diese Strecken mussten mit dem Pferd, zu Fuß oder auf dem Schiff zurückgelegt werden. Man brauchte Monate für die Strecke. Reisen kostete nicht nur Geld und war gefährlich. Es kostete auch Zeit. Deshalb reiste man nur, wenn man es unbedingt wollte oder es sich nicht vermeiden ließ. Noch Goethe nahm sich für seine Reise von Weimar nach Italien fast zwei Jahre Zeit.

Die Zeit der Beschleunigung beginnt in den Städten des späten Mittelalters, etwa ab dem 13. Jahrhundert. Das ist kaum ein Zufall, denn zur gleichen Zeit tauchen auch die ersten mechanischen Uhren auf. Zeit wird ein Faktor, mit dem es zu rechnen gilt. Die Ersten, die das erkennen, sind die Kaufleute. Sie verstehen: Zeit ist Geld, Zeit ist ein ökonomischer Faktor. Wer seine Waren zum richtigen Zeitpunkt kauft und wieder verkauft, macht Gewinn. Und wer schneller ist als die Konkurrenz, kann höhere Preise erzielen. In einem zeitgenössischen Geschäftsbrief der Großen Ravensburger Handelsgesellschaft, einem der bedeutendsten Handelsunternehmen des späten Mittelalters, heißt es: «Kommt man mit der ersten Passage, so verkauft man statt 15 Ballen deren 50.»[148] Das heißt nichts anderes, als dass es sich lohnt, sich zu beeilen. Wer schnell ist, verdient mehr Geld. Deshalb drücken die Kaufleute in ganz Europa aufs Tempo.

Als der Kaufmann Hildebrand Veckinhusen aus Brügge im Jahr 1420 erfährt, dass in diesem Jahr kein Salz ins Baltikum verschifft wird, will er alle Salzvorräte dort aufkaufen, um sie später, wenn das Salz knapp werden wird, umso teurer zu verkaufen. Also schickt er einen Boten nach Riga. Der Bote muss sich beeilen, damit das Geschäft gelingt, denn auch andere Kaufleute wittern die Chance auf hohe Gewinne. Für die Kaufleute liegt der Zusammenhang von Zeit und Geld auf der Hand: Wer seine Waren als Erster auf den Markt bringt, verkauft am meisten und am teuersten. Sie drängen deshalb auf den Bau schnellerer Schiffe für den Warentransport und auf besser ausgebaute Häfen, um die Waren schneller löschen zu können. Auch beim Nachrichtenverkehr auf den Straßen drängen die Kaufleute auf ein höheres Tempo. Die Folge davon ist der Aufbau des Postwesens. In ganz Europa entsteht ein Botennetz mit Stationen zum Wechseln der Pferde und der Boten. Die Reiter müssen bald eine Art Fahrtenbuch mitführen, in dem sie Rechenschaft ablegen über ihre Reisezeiten und ihre Pausen. Wer schnell ist, erhält eine Prämie. Wird die vorgeschriebene Laufzeit überschritten, drohen schwere Strafen. Es geht schon nicht mehr um Tage, sondern um Stunden. Auf einer Mailänder Depesche von 1427 steht: «Bei Strafe von tausend Galgen soll durch unseren Boten tag und nacht befördert werden, nicht schnell, sondern blitzartig, schnell, schnell, schnell, schnell, schnell, schnell; aufgegeben in Mailand in der einundzwanzigsten Stunde.»[149]

Die Kaufleute haben den Zusammenhang von Zeit und Geld rasch verinnerlicht. Sie konnten ihn an ihrem Kontostand ablesen. Aber die Identifikation von Zeit und Geld veränderte unser Verhältnis zur Zeit, denn sie machte Zeit zu einem Gegenstand außerhalb von uns, den wir behandeln können wie das Geld auch. Wir können Zeit scheinbar sparen, horten, ansammeln. Denken wir an die berühmten grauen Männer aus der Zeitsparkasse in Michael Endes Roman «Momo».

Aber bis dahin ist es noch ein weiter Weg. Es waren zunächst fast nur die Fernkaufleute, die über die Zeit als Kapital nachdachten. Die Uhren bestimmten und ordneten weiterhin nur das Leben innerhalb einer Stadt. Die Tatsache, dass sie in der nächsten Stadt vielleicht eine andere Zeit anzeigten, spielte noch keine Rolle. Das Leben verlief für unsere heutigen Vorstellungen unendlich langsam. Nach wie vor blieb man besser zu Hause, wenn es sich nicht irgendwie vermeiden ließ. Der eigene Radius war eng. Und das Leben verlief gemächlich. Und trotzdem wussten zumindest die Kaufleute: Wenn es schneller ginge, würden wir mehr Geld verdienen.

Gegen Ende des 18. Jahrhunderts sind alle Möglichkeiten der Beschleunigung ausgereizt. Die Schiffe sind schneller geworden, die Kutschen erzielen höhere Geschwindigkeiten, die Wege sind ausgebaut. Das Postsystem ist optimiert. Natürlich lassen sich immer noch kleine Verbesserungen einführen. Man kann auf einem Weg eine weitere Poststation bauen, um ein weiteres Mal ein frisches und schnelles Pferd für den Reiter bereitzustellen. Das bringt etwas Zeit. Man kann die Schiffe mit zusätzlichen Segeln ausrüsten, man kann noch leichtere Kutschen bauen. All das spart Zeit. Aber noch hat das Rasen der Zeit nicht begonnen.

Der eigentliche Anstoß dazu kommt aus den Städten. Dahinter stecken jedoch zunächst nicht die Kaufleute, sondern die Theologen. Mit Luther und der Reformation kommt ein neues Arbeitsethos: Arbeit gegen das Laster, gegen Faulheit, gegen das Nichtstun. Müßiggang ist aller Laster Anfang. Arbeit wird zunehmend als Gottesdienst verstanden und von den Kanzeln herunter wird gegen die Faulheit gewettert, die des Teufels ist, wenn nicht sogar der Teufel selbst, wie der lutherische Theologe Joachim Westphal (1510–1574) etwa vermutet, der dem «Faulteuffel» 1569 sogar eine Schrift widmet. Solche Predigten haben durchaus Erfolg. Soziologen wie Max Weber (1864–1920) verbinden dieses Denken vor allem mit dem Protestantismus und sehen hierin den Kern des Kapitalismus.[150]

Arbeit ist eine Form der Frömmigkeit. Allmählich setzt sich dieser Gedanke durch. Allerdings führte er nicht zu einer Beschleunigung der Arbeit, sondern lediglich zu einer Verlängerung der Arbeitszeiten. Wer die Produktion erhöhen will, muss länger arbeiten. Der Philosoph Adam Smith (1723–1790) erklärt die Arbeit zu einem Wert an sich und begründet die Nationalökonomie.[151] Von Smith stammt auch der Gedanke der Arbeitsteilung zur Erhöhung der Produktion. Das alles verändert unser Verhältnis zur Arbeit entscheidend. Während man auf die Frage «Wer bist du?» lange Zeit antwortete, indem man seinen Vater nannte, wird jetzt der Beruf zum prägenden Merkmal der Person. Ältere Leserinnen und Leser werden sich noch an Robert Lembke «heiteres Berufeaten» im Fernsehen erinnern können, das den bezeichnenden Titel «Wer bin ich?» trug.

Da der Mensch zwar mehr und länger arbeiten kann, aber das kaum Einfluss auf die Geschwindigkeit oder die Höhe der Produktion hat, braucht er Hilfsmittel, ein Werkzeug zur Beschleunigung. Das ist die Maschine, wobei Maschine, der Begriff stammt ursprünglich aus dem Altgriechischen, eben genau das bedeutet: Werkzeug, Hilfsmittel. Der Einsatz von Maschinen ist nicht neu. Menschen haben schon immer Maschinen benutzt: zunächst einfache Geräte wie Hammer und Messer, später kompliziertere wie Hebekräne oder Wasserräder. Die Wasserräder trieben Mühlsteine an oder bewegten die schweren Schwanzhämmer, um große Schmiedestücke wie Schiffsanker zu bearbeiten. Allerdings dienen die frühen Maschinen nicht der Beschleunigung der Arbeit, sondern der Erleichterung.

Eine dieser Maschinen ist die Dampfmaschine. Meist wird James Watt (1736–1819) als ihr Erfinder genannt. Aber das ist falsch, ihre Geschichte geht mehr als anderthalb Jahrtausende weiter zurück. Schon im 1. Jahrhundert n. Chr.

entwickelte der Mathematiker Heron von Alexandria († nach 62) eine rudimentäre Dampfmaschine. Bei dem sogenannten Heronsball wird Wasser in einem geschlossenen Kessel erhitzt. Über zwei Rohre wird der Dampf in eine drehbar gelagerte Kugel geleitet. Die Kugel hat wiederum zwei Austrittslöcher. Durch diese Löcher entweicht der Dampf und setzt die Kugel in Bewegung. Heron wollte damit das Rückstoßprinzip anschaulich zeigen. Aber er hat damit auch das Prinzip der Dampfmaschine erfunden. Dampf setzt Wärmeenergie in eine mechanische Bewegung um.

Die erste funktionsfähige, also Arbeit verrichtende Dampfmaschine stammt von Thomas Newcomen (1663–1729). Der englische Erfinder nutzte bei seiner atmosphärischen Dampfmaschine das Prinzip von Druck und Unterdruck. Erst füllte er einen Zylinder mit Dampf, den er anschließend durch das Einspritzen von Wasser wieder abkühlte, wodurch ein Unterdruck gegenüber der Atmosphäre entsteht. Dieser Druckunterschied drückt einen Kolben nach unten und zieht ihn anschließend durch das Eigengewicht der Pumpenstange wieder nach oben. Eine einfache Auf-und-ab-Bewegung entsteht. Newcomens Maschine wurde ausschließlich zur Wasserhebung in Bergwerken eingesetzt. Sie erleichterte zwar die Pumparbeit, war allerdings mit einem Wirkungsgrad von 0,5 Prozent ein echter Energiefresser.

Der eigentliche Fortschritt in der Entwicklung der Dampfmaschine war die Umwandlung der Auf-und-ab- oder Hubbewegung in eine Drehbewegung durch ein sogenanntes Planetengetriebe. Mit Hilfe von zwei ineinandergreifenden Zahnrädern ist die Dampfmaschine jetzt ein Schwungrad. Die Erfindung aus dem Jahr 1781 stammt von James Watt (1736–1819), dem deshalb immer wieder auch die Erfindung der Dampfmaschine selbst zugeschrieben wird, was aber, wie gesagt, falsch ist. Außerdem gelang es Watt, die Dampfmaschine deutlich effektiver zu machen, indem er die Dampfexpansion durch Ventile kontrollierte. Und er nutzte den schon aus Mühlen bekannten Fliehkraftregler, um die Geschwindigkeit der Maschine kontrollieren zu können. Etwa zeitgleich mit Watt arbeiteten der Amerikaner Oliver Evans (1755–1819) und der Brite Richard Trevithick (1771–1833) daran, den Wirkungsgrad der Maschine durch Hochdruck und Heißdampf weiter zu erhöhen. Ende des 18., Anfang des 19. Jahrhunderts war die Dampfmaschine so weit entwickelt, dass sie tatsächlich effektiv eingesetzt werden konnte.

Das geschah zuerst in der Textilindustrie. Dort hatte die Industrialisierung bereits begonnen. Legendär ist die «Spinning Jenny» aus dem Jahr 1767, eine Maschine zum Verspinnen von Baumwolle zu Garn, eine Erfindung des britischen Webers James Hargreaves (1721–1778). Die Spinning Jenny verspinnt Baumwollfasern zu Garn. Im Prinzip ähnelt sie einem herkömmlichen Spinnrad, allerdings kann sie nicht nur einen Faden spinnen, sondern viele gleichzeitig. Angetrieben wurde sie durch Muskelkraft, ein Mann drehte ein Schwungrad. Die Jenny machte den Prozess des Garnspinnens wesentlich effektiver. Bislang waren acht Spinner nötig, um einen einzigen Weber mit ausreichend Garn zu versorgen. Mit der Jenny brauchte man nur einen Spinner, um den Weber an der Arbeit zu halten. Die Spinning Jenny ist der Einstieg in eine enorme Beschleunigung innerhalb der Textilindustrie. Ihr Nachfolger war die «Waterframe» (1769), die nur noch mit Wasserkraft arbeitete. Die «Spinning Mule» und der «Selfaktor» arbeiteten dann mit Dampfkraft. Fast gleichzeitig kam 1784 mit dem «Power Loom» auch der erste dampfbetriebene Webstuhl auf.

Die neue Geschwindigkeit beim Spinnen löst zwar Probleme, schafft zugleich aber auch neue, denn jetzt laufen die Prozesse vor und nach dem Spinnen zu langsam. Das Kardieren, also die Ausrichtung der losen Fasern zu einem Vliesstoff, dauert zu lange. Auch hier werden schließlich Maschinen eingesetzt, die zuerst mit Handkurbeln betrieben werden, später mit Dampf. Die technischen Neuerungen der Baumwollverarbeitung, die zu einer stark gestiegenen Nachfrage führen (zwischen 1760 und 1800 verdreizehnfacht sich der Verbrauch), werfen die Frage auf, wie man die Baumwolle schneller bleicht. Das alte Verfahren mit Sauermilch, Waschen und Sonne dauert zu lange. Die Stoffe müssen fast ein halbes Jahr auf den Bleichwiesen liegen. Zudem sind riesige Bleichwiesen nötig. Um den Vorgang zu beschleunigen, nutzt man Schwefelsäure. Die ist anfangs noch teuer, weil sie nur in kleinsten Mengen hergestellt werden kann. Den Chemikern gelingt es aber um die Mitte des 18. Jahrhunderts, Schwefelsäure industriell herzustellen. Aus dem teuren Rohstoff wird eine billige Industriechemikalie, die in großen Mengen produziert werden kann. Die Preise für das Bleichen von Baumwolle fallen auf ein Sechzehntel. Und statt Monaten braucht es nur noch Stunden, um die Baumwolle zu bleichen. Zugleich fordert die neue Geschwindigkeit auch Opfer. Die Bleicher müssen jetzt gut aufpassen, um die Ware nicht zu verderben. Und der Umgang mit den neuen Chemikalien gefährdet die Gesundheit der Arbeiter. Immer wieder kommt es zu Unfällen. Viele werden durch die entstehenden Gase, denen sie ausgesetzt sind, schwer krank.

Doch wohin mit dem vielen Garn? Die Beschleunigung am Anfang der Herstellungskette zwingt die nachfolgenden Schritte ebenfalls zu einem höheren Tempo. 1785 meldet der englische Pfarrer Edmund Cartwright (1743–1823) mit der «Power Loom» die erste dampfbetriebene Webmaschine zum Patent an. Doch Cartwrights Maschine ist ein einziger Energiefresser. Noch arbeitet sie kaum schneller als ein herkömmlicher Weber, verbraucht dafür aber große Mengen an Kohle zum Betreiben der Dampfmaschine. Cartwright macht gigantische Verluste. Eine entscheidende Verbesserung, und das heißt vor allem eine Beschleunigung, bringt 1805 die Webmaschine des französischen Seidenwebers Joseph-Marie Jacquard (1752–1834). Mit dem Jacquardwebstuhl geht es nicht nur schneller, es lassen sich auch gemusterte Stoffe weben. Die neue Technik vernichtet Tausende von Arbeitsplätzen. In der Folge kommt es zu mehreren Weberaufständen, die Maschinen werden gestürmt und zerstört. Das alte Handwerk, das über Jahrhunderte Familien ein Auskommen ermöglicht hatte, ist in gerade einmal 20 Jahren am Ende. Gerhart Hauptmanns (1862–1946) 1892 erschienenes Drama «Die Weber» behandelt den schlesischen Weberaufstand von 1844 und erzählt eindrücklich von der Not der Weberfamilien.

Beschleunigt wird schließlich auch das Bedrucken der Stoffe. Die Baumwolle wird jetzt nicht mehr in zeitaufwändigen Schritten nach und nach in der Blockpresse gedruckt, sondern die Muster und Farben werden ab 1783 in einem Arbeitsschritt mit Hilfe einer schnellen Druckrolle aufgebracht.

Das alles hat zur Folge, dass die Produktivität in der Textilindustrie rasant ansteigt. Zwischen 1760 und 1800 verdreizehnfacht sich die Menge an verarbeiteter Baumwolle. Die Frage, die sich die Kaufleute stellten, war nun, wie sie die viele Ware zu den Käufern bringen sollten, denn der Warentransport lief immer noch quälend langsam. Die Kaufleute blieben buchstäblich auf ihren Waren sitzen, weil sie nicht in der Lage waren, die großen Mengen zum Verkauf in die Städte zu bringen. Dabei war die Nachfrage enorm. Die größere Warenmenge ließ die Preise sinken. Nicht nur die Herstellung der Waren musste also beschleunigt werden, sondern auch ihr Transport. Die Lösung des Problems war die Eisenbahn. Sie benutzt die Dampfmaschine, die schon in den Fabriken für Tempo gesorgt hat, zur schnellen Überwindung des Raumes.

1804 nimmt Richard Trevithick (1771–1833) die erste Dampflokomotive in Betrieb. Er hatte für das Eisenwerk der walisischen Stadt Merthyr Tydfil eine Hochdruckdampfmaschine gebaut, die er auf ein Fahrgestell setzte. Schienenbahnen gab es zu dieser Zeit schon seit Hunderten von Jahren, sie wurden vor allem im Bergbau genutzt, um die schweren Loren sicher zu führen. Das Patent der Maschine verkaufte er an den Besitzer des Eisenwerks, der gleich mit dem Besitzer des benachbarten Eisenwerks eine Wette einging: Die neue Dampfmaschine auf Rädern sollte 10 Tonnen Eisen über eine Distanz von fast 16 Kilometer ziehen. Sie schaffte das spielend und zog 10 Tonnen Eisen, 5 Waggons und 70 Männer, und das mit einer Geschwindigkeit von etwa 4 Stundenkilometern, also der eines langsamen Spaziergängers. Leer sollte die neue Maschine es sogar auf 25 Stundenkilometer bringen. Mit Trevithicks neuer Maschine begann die Experimentierphase der Eisenbahn, die bis 1825 dauerte, als die Strecke der Stockton und Darlington Railway in England eröffnet wurde. Die 40 Kilometer lange Strecke verband die Orte Bishop Auckland und Port Darlington, das heutige Middlesbrough. Bezeichnend ist, dass die Strecke nicht vom Staat gebaut wurde, sondern von Kaufleuten. Damit war das Problem des schnellen Warentransports gelöst. Jetzt mussten nur noch Eisenbahnstrecken gebaut werden. Die Kaufleute drückten auch dabei aufs Tempo.

Die Reisezeiten schrumpfen jetzt radikal. Von Köln nach Berlin braucht man zu Beginn des 19. Jahrhunderts nur noch 14 Stunden. Vorher waren es mindestens 8 Tage. Im Laufe des 19. Jahrhunderts wächst durch die Eisenbahn die Welt zusammen. Zugleich wird die Eisenbahn als kulturelles Phänomen verstanden. Die Bahnhöfe werden zu den Kathedralen der neuen Zeit. Es ist kein Zufall, dass in Köln der Hauptbahnhof direkt neben dem Dom gebaut wird. Die Zeitgenossen spüren das. Heinrich Heine (1797-1856) vergleicht die Bedeutung der Eisenbahn mit der Erfindung des Buchdrucks und des Schießpulvers. Ein neues Zeitalter beginnt.

Das Neue an diesem Zeitalter ist, dass es Geschwindigkeit als Selbstzweck begreift. Das zeigt sich schon früh. 1829, nur vier Jahre nach der Eröffnung der ersten Eisenbahnstrecke, fand zwischen Liverpool und Manchester ein bezeichnender Wettbewerb statt: die «Rainhill trials». Es ging um die Frage nach der schnellsten Lokomotive. Die Siegermaschine hieß «Rocket», also Rakete, und sie erreichte eine Spitzengeschwindigkeit von 39 Stundenkilometern. Die «Rainhill trials» waren der Startschuss für die Jagd nach immer höheren Geschwindigkeiten, an der sich bald ganz Europa beteiligte. Als 1835 die erste deutsche Eisenbahn von Nürnberg nach Fürth eröffnet wird, hieß es bereits: «Die Entfernungen werden durch dieses dem Flug der Vögel nachstrebende Verbindungs- und Transportmittel immer kleiner, Staaten und Nationen rücken dadurch einander näher, und der Mensch bemächtigt sich immer mehr der Herrschaft über Raum und Zeit.»[152]

Die neue Geschwindigkeit beruht auf dem Prinzip der geraden Linie. Das Prinzip ist durchaus nicht neu, man hatte es schon zur Erhöhung der Geschwindigkeit des Postkutschenverkehrs angewandt und neue Straßen danach angelegt. Aber die Eisenbahn verlangt danach, dieses Prinzip möglichst konsequent zu nutzen. Nur dann kann sie von Höchstgeschwindigkeit zu Höchstgeschwindigkeit jagen. Jede Unebenheit, jede Kurve stört. Deshalb kreuzt die Bahn Felder und Wiesen, deshalb werden Tunnel und Brücken für sie gebaut. Um den schnellen Verkehr in den Städten zu ermöglichen, müssen die alten, verwinkelten Gassen den Schienen Platz machen. Im 19. Jahrhundert wächst das Eisenbahnnetz in Europa exponentiell. 1830 gibt es gerade 332 Kilometer an Eisenbahnstrecken, das entspricht in etwa der Stecke von London nach Leeds. Zehn Jahre später sind es 8591 Kilometer und 1850 bereits 38.022 Kilometer. Wieder zehn Jahre später, also 1860, liegt die Streckenlänge bei über 100.000 Kilometern. Bis 1880 ist sie auf 367.235 Streckenkilometer angewachsen.

Mit der Bahn wird die Geschwindigkeit zum Selbstzweck. Wer auch immer mit ihrem Bau zu tun hat, will vor allen Dingen eines: die Bahn schneller machen. Ob es sich um die Konstruktion neuer Kessel handelt, die höheren Dampfdruck vertragen, um bessere, nahtlose Räder oder härtere und längere Schienen – es geht darum, schneller zu werden. Ein Rekord jagt den anderen. Geschwindigkeit bedeutet vor allen Dingen wirtschaftlichen Erfolg. Überall wird ein Zahn zugelegt. Auf Flüssen und dem Meer erreichen die neuen Dampfschiffe unerhörte Geschwindigkeiten und ein Geschwindigkeitsrekord nach dem anderen wird aufgestellt. Wer in der neuen Zeit mithalten will, muss sich beeilen. 1843 besuchte der deutsche Schriftsteller Georg Weerth (1822-1856) England, das Schlüsselland der Industrialisierung. Seine Beobachtungen sind über 150 Jahre alt, aber sie kennzeichnen unsere Zeit bis heute.

> Alles stürzt und rennt und lacht und weint und brummt und flucht und betet und boxt sich in ein und derselben Minute an dir vorüber und reißt dich fort und stößt dich vorwärts, dass du endlich ganz im Zuge bist und mitläufst, als hättest du auch die wichtigsten Sachen zu besorgen, als hinge das Heil der Welt von deinem Laufen ab.[153]

Die Bahn ist der Motor, der die Geschwindigkeit des 19. Jahrhunderts antreibt und bestimmt. Aber ihr Problem ist die Schiene, die ihren Bewegungsradius begrenzt. Die Bahn fährt auf vorgegebenen Wegen, sie ist wenig individuell. Wer reisen will, ohne auf Fahr- und Streckenpläne zu achten, muss auch Ende des 19. Jahrhunderts immer noch das Pferd nehmen. Das aber ist zu langsam. Was man braucht, ist eine Kutsche mit der Geschwindigkeit einer Eisenbahn. Das ist die Geburtsstunde des Autos. Bereits seit Beginn des 19. Jahrhunderts hatte es erste Experimente gegeben mit dampfbetriebenen Wagen, man hatte es sogar schon mit Elektroautos versucht. Die eigentliche Geburtsstunde des Automobils schlägt im Jahr 1886, als Carl Benz (1844–1929) den Benz-Patentmotorwagen Nr. 1 mit Verbrennungsmotor zum Patent anmeldet. Sein Einzylinder-Viertaktmotor hatte 0,75 PS und fuhr 16 Stundenkilometer.

Während die Bahn das Reisen günstig gemacht und damit demokratisiert hatte, sah das beim Auto zunächst anders aus. Autos waren eminent teuer und Automobilisten eine Elite von reichen Abenteurern. Als 1890 in Frankreich, dem damaligen Zentrum des Automobilismus, der Touring-Club de France und 1895 der Automobile Club de France (ACF) gegründet werden, ist das ein Verein von Millionären, Adeligen und Snobs. Das zeigt sich schon daran, dass der ACF 1898 die protzige Residenz eines Fürsten an der Place de la Concorde in Paris als Clubhaus kauft. Wer Auto fährt, hat Geld und zeigt das auch gern. Autos sind so etwas wie die Rennpferde des anbrechenden 20. Jahrhunderts. Das spiegelt sich bis in die Sprache hinein, wenn bei Autorennen von Rennställen und Boxenstopps die Rede ist. Autos sind noch weit davon entfernt, Wasserkästen und Kinderwagen zu transportieren. Es sind keine Fuhrwerke, dafür gibt es Pferdekarren und die Eisenbahn, es sind exklusive Freizeit- und Sportgeräte. Wenn Reichtum und Geschwindigkeit zusammenhängen, so wie das seit jeher der Fall war, denn nur Reiche konnten sich die Fahrt in der Kutsche oder das schnelle Pferd leisten, dann ist das Auto der letzte Versuch der oberen Klasse, sich ein Privileg auf Tempo zu sichern.

Dabei sind die ersten Autos alles andere als schnell. Ende des 19. Jahrhunderts liegt die Durchschnittsgeschwindigkeit bei rund 15 Stundenkilometern. Vor allem aber geben die Autos dauernd den Geist auf. Wer Auto fahren will, muss es auch reparieren können. Autos waren sehr viel langsamer als die Eisenbahn und ständig kaputt. Entsprechend belächelt wurden die Automobilisten. Deshalb ging es in der frühen Phase des Automobilismus zunächst einmal darum zu beweisen, dass Autos überhaupt mehr als ein paar Kilometer ohne Panne fahren können. Das im Jahr 1894 abgehaltene erste Autorennen von Paris nach Rouen wird deshalb als Zuverlässigkeitsfahrt ausgeschrieben. Es ging darum, der Öffentlichkeit zu beweisen, dass ein Auto die 126 Kilometer lange Strecke überhaupt schafft, dass Motor, Reifen und Bremsen nicht versagen. Ein Jahr später beim Rennen von Paris nach Bordeaux und zurück wird zwar schon vorgegeben, dass man nicht mehr als 100 Stunden für die 1178 Kilometer brauchen darf, trotzdem geht es hier noch nicht um Geschwindigkeit. Der Sieger ist 48 Stunden und 48 Minuten unterwegs, was durchschnittlich 24 Stundenkilometern entspricht. Platz 2 braucht fast 6 Stunden mehr, der Dritte schon 11 Stunden. 22 Wagen sind am Start, davon noch 6 mit Dampfantrieb und ein Elektroauto.

Für die expressionistische Schriftstellerin Marie Holzer (1874–1924) ist das Automobil der Anarchist unter den Gefährten der damaligen Zeit. Bei den Rennen müssen die Fahrer den Pferdewagen der Bauern ausweichen, mal stehen sie vor einer Bahnschranke oder einer Herde Schafe still, Kinder rennen neben den Autos her. Aber die frühen Anarchisten der Geschwindigkeit sind immerhin international. Rennen finden in ganz Europa statt, wobei allein die Tatsache, dass bei dem einen oder anderen Rennen nicht genügend Stoppuhren vorhanden sind, um die Zeit jedes Wagens zu messen, schon zeigt, dass Geschwindigkeit in den ersten Jahren sekundär ist. Trotzdem wird ab 1898 das Tempo gemessen. Die Stundenkilometer, sind das Maß der Dinge. Und tatsächlich nimmt das Auto deutlich schneller Fahrt auf als die Eisenbahn, was nicht nur am technischen Fortschritt liegt, sondern auch daran, dass die Bahn auf den teuren und aufwändigen Schienenbau angewiesen ist.

Am 12. Januar 1904 fährt Henry Ford in den USA die Höchstgeschwindigkeit von 104 Stundenkilometern. Das ist Weltrekord und die beste Werbung für seine Automobile. Der Umsatz der Automobilfabriken steigt rasant. Der Sieg von Mercedes beim Grand Prix 1908 in Dieppe erhöht die Produktion um 500 Prozent. Aus Autofirmen werden jetzt Marken und man stattet die Wagen mit Sternen, Blitzen oder einem Jaguar auf der Kühlerhaube aus. Die Wagen sprinten auf Werbeplakaten mit Windhunden um die Wette, der Reifenhersteller Michelin wirbt damit, dass Autos mit Michelin-Reifen losgehen wie ein Schuss aus dem Rohr. Von der Sicherheit, die später der dicke, reifengepolsterte Michelin-Mann verspricht, ist man noch weit entfernt. Jetzt wird Gas gegeben.

Und wie! Je mehr sich die Geschwindigkeit verselbstständigt, umso wichtiger wird es, die Rennstrecken darauf auszurichten. Statt durch die verwinkelten Straßen von Städten und Dörfer oder über bucklige Feldwege zu rasen, gewinnt auch hier das Prinzip der geraden Linie allmählich Oberhand. Man baut jetzt reine Rennstrecken, die vor allem eines sind: gerade. 1913 beginnt in Berlin der Bau der legendären Automobilverkehrs- und -übungsstraße, kurz Avus: zwei fast 9 Kilometer lange gerade Straßen, am Ende jeweils mit Rundkurven verbunden.

Dazu kommt ein schneller, möglichst ebener und widerstandsfreier Straßenbelag. Rasch werden hier Geschwindigkeiten weit über 100 Stundenkilometer gefahren. 1926 erreicht der erste Fahrer die 200 Stundenkilometer. Dabei sind die Rennen regelrechte Publikumsmagnete. Bis zu 230.000 Zuschauer kommen, um sich die Spektakel anzuschauen. Es gibt schwere Unfälle mit Toten. Aber die Losung ist klar: Gas geben, schneller fahren. 1935 erreicht der legendäre Fahrer Hans Stuck (1900–1978) auf der Geraden der Avus bis zu 320 Stundenkilometer.

Nicht nur in Berlin tritt man aufs Gaspedal. Die magische 100-Stundenkilometer-Marke wird 1899 von dem belgischen Rennfahrer und Konstrukteur Camille Jenatzy (1868–1913) durchstoßen. Aus heutiger Sicht muss man sagen: ironischerweise mit einem Elektroauto. Die 200-Stundenkilometer-Marke fällt 1906 in Florida. 1929 liegt der Geschwindigkeitsweltrekord schon bei 372 Stundenkilometern. Das sind Wagen, die nicht mehr für die Straße gedacht sind. Es geht um die Geschwindigkeit an sich. Gefahren wird jetzt auf Salzseen. In Spezialfahrzeugen werden die tollkühnen Fahrer 1937 mit 633 Stundenkilometern durch die Wüste katapultiert. Nach dem Zweiten Weltkrieg gehen die Konstrukteure daran, die Schallgeschwindigkeit zu durchbrechen. 1979 fährt ein sogenanntes Raketenauto 1179 Stundenkilometer. Die Schallgeschwindigkeit liegt bei 1236 Stundenkilometern.

Natürlich sind solche Entwicklungen nicht massentauglich. Aber die Hochgeschwindigkeitswagen sind hervorragende Werbung für die Automobilindustrie. Und bei ihrer Entwicklung werden Erkenntnisse gewonnen und Techniken entwickelt, die in die Konstruktion neuer Modelle für den Massenmarkt einfließen. Und dieser Markt boomt. Im Jahr 1900 wurden 9504 Autos gebaut. Die Modelle waren teuer und exklusiv. Aber mit dem Auto werden Geschwindigkeit und Mobilität immer schneller demokratisiert. 1915 waren es bereits mehr als 1 Million, heute liegt die Produktion bei 100 Millionen Stück im Jahr.

Dabei werden im 19. und 20 Jahrhundert nicht nur die Eisenbahn und die Autos immer schneller. Die neuen technischen Möglichkeiten werden auch in der Schifffahrt eingesetzt. Das erste Dampfschiff wird 1783 gebaut, also fast 20 Jahre vor der Eisenbahn. Und während die «Sirius», das erste Dampfschiff, das 1838 den Atlantik überquerte, gerade einmal 6,7 Knoten (12,4 Stundenkilometer) schnell war, lag die Geschwindigkeit der «United States» 1952 bei 34,5 Knoten (63,9 Stundenkilometern). Die «United States» gewann damit das «Blaue Band» für die schnellste Atlantiküberquerung eines Passagierschiffs, ein Rekord, der bis heute nicht überboten wurde. Schneller sind nur noch Rennsegler, ein Tragflächenboot bringt es heute auf die Geschwindigkeit von 48 Knoten (88,9 Stundenkilometern). Ein großes Containerschiff ist etwa 27 Knoten (50 Stundenkilometer) schnell.

Die größten Geschwindigkeiten allerdings werden in der Luft erreicht. Die Geschichte der Luftfahrt geht zurück bis in die Mythologie der Völker, erinnern wir uns an Dädalus und Ikarus, aber ernst mit dem Fliegen wird es erst Ende des

19., Anfang des 20. Jahrhunderts, als Pioniere wie Otto Lilienthal (1846–1896) sowie Wilbur Wright (1867–1912) und sein Bruder Orville Wright (1871–1948) die ersten personentragenden Fluggeräte entwickelten. Mit dem ersten Flug der Brüder Wright im Jahr 1903 beginnt eine rasante Entwicklung. 1909 gelingt die erste Überquerung des Ärmelkanals in einem Flugzeug. Der Erste Weltkrieg bringt für die noch neue Technik einen enormen Entwicklungsschub, eine Flugzeugindustrie und Flugplätze werden regelrecht aus dem Boden gestampft. Der Flugfunk wird entwickelt, und die Flugzeugmotoren werden immer leistungsfähiger. Es ist der erste Krieg, in dem am Boden, zu See und in der Luft gekämpft wird. Einen zweiten großen Aufschwung erlebt die Flugzeugindustrie im Zweiten Weltkrieg.

Neben der militärischen Nutzung von Flugzeugen beginnt schon früh, ab 1919, die zivile Nutzung. Aber wie bei allen neuen Technologien ist dessen Nutzung zunächst wenigen vorbehalten und sie ist sehr teuer. Ein frühes Passagierflugzeug wie die 1919 in den Niederlanden gebaute «Fokker F.II» bot zum Beispiel gerade einmal vier Passagieren Platz, der «A380» von Airbus aus dem Jahr 2005 bis zu 853 Menschen. Die Entwicklung der Großraumflugzeuge beginnt 1970 und steigert die Zahl der Fluggäste immens, derzeit liegt sie weltweit bei 4,3 Milliarden Menschen. Ungeachtet aller Kritik aus Ökologiegründen steigt sie Jahr für Jahr weiter. Das Fliegen hat längst den ehemaligen Hauch der Exklusivität eingebüßt. Teilweise sind Flugreisen deutlich günstiger als die Fahrt mit der Bahn. Auch die Fortbewegung mit dem Flugzeug ist, jedenfalls in der westlichen Welt, demokratisiert worden.

In diesem Kapitel über die Beschleunigung der Körper muss schließlich noch die Raumfahrt erwähnt werden. Die Geschichte der Rakete, also eines Flugkörpers mit Rückstoßantrieb, geht tatsächlich zurück bis ins Jahr 1232. In China fand damals der erste Raketenstart der Welt statt. Es handelte sich dabei um sehr einfache, von Schwarzpulver angetriebene Flugkörper, die in der Schlacht von Kaifeng auf die gegnerischen Truppen abgefeuert wurden, um die Männer zu verletzten und zu verwirren. Die eigentliche Geschichte der Raumfahrt allerdings fängt im Zweiten Weltkrieg an. Und wie schon das Flugzeug wird die Rakete als Waffe eingesetzt. Nach mehreren Fehlversuchen wurde ab 1942 die «Aggregat 4», bekannt als «Vergeltungswaffe V2», von der Deutschen Wehrmacht als Kriegsgerät auf London abgeschossen. Wernher von Braun (1912–1977) hatte die «V2» entwickelt. Mit ihr gelang es bei Tests, zum ersten Mal über die gedachte Kármán-Linie zu fliegen, die in 100 Kilometern Höhe die Luft- von der Raumfahrt trennt. Von Braun arbeitete nach dem Krieg in den USA und entwickelte dort die «V2» weiter zu den «Saturn»- und «Apollo»-Raketen.

Raumfahrt galt als Prestigetechnik. Die USA und die Sowjetunion arbeiteten beide ehrgeizig daran, das jeweils andere Land bzw. politische System zu übertreffen. Mit der «Sputnik2» brachte 1957 die Sowjetunion die Hündin Laika als erstes Lebewesen ins All. Bei dem Flug auf der Umlaufbahn um die Erde starb die

Hündin allerdings an Überhitzung und Stress. 1961 umkreiste Juri Gagarin in der «Wostol1» als erster Mensch die Erde. Bald galt der Mond als das eigentliche Ziel des Wettrennens zwischen den USA und der Sowjetunion. 1969 gewannen die USA diesen Wettkampf mit der «Apollo 11» und der ersten Mondlandung. Beim Flug erreichen Raketen Geschwindigkeiten von fast 40.000 Stundenkilometern. Den Rekord hält bislang die «Apollo 10», die auf dem Rückflug vom Mond zur Erde kurzfristig 39.897 Stundenkilometer schnell war. Die Durchschnittsgeschwindigkeit lag bei 39.000 Stundenkilometern. Das sind die größten Geschwindigkeiten, die bislang erreicht wurden. Die Geschichte der Beschleunigung des menschlichen Körpers reicht also vom Gehen zu Fuß über das Laufen, Reiten, die Kutschfahrt, Eisenbahn, das Auto und Flugzeug bis hin zum rasenden Flug in der Rakete.

Und bis auf die Rakete, deren Entwicklung (bislang noch) zu teuer ist, um massentauglich zu sein, zeigt sich in allen Stufen dieser Geschichte der Beschleunigung das sogenannte dromologische Gesetz, das der französischen Philosoph Paul Virilio (1932–2018) formuliert hat: «Jede höhere Geschwindigkeit grenzt zuerst niedrige Geschwindigkeiten aus, um sie dann zu verdrängen.»[154]

Konkret verdrängt die Eisenbahn die Fahrt mit der Postkutsche, das Reiten und das Gehen zu Fuß. Wer auf Reisen geht, der tut das ab Mitte des 19. Jahrhunderts nicht mehr mit der Kutsche, er nimmt die Bahn. Natürlich gibt es weiterhin Kutschfahrten, auch heute im 21. Jahrhundert noch. Natürlich wird weiter geritten, aber eben nicht mehr, um zu reisen, sondern weil eine Kutschfahrt als romantisch gilt. Man besichtigt alte Städte wie Wien oder Rom in der Kutsche, oder man lässt sich damit zur Hochzeit fahren. Das Reiten ist zu einem Sport geworden. Die alten Fortbewegungsmittel mit ihren niedrigen Geschwindigkeiten werden in eine Art Nischendasein abgedrängt.

Auf der nächsten Stufe dann verdrängt das Auto die Bahn. Das hat nur zum Teil etwas mit höherer Geschwindigkeit zu tun. Autos sind eher sogar langsamer, die modernen Hochgeschwindigkeitszüge fahren mit über 300 Stundenkilometern schneller als die meisten Autos. Aber die Züge sind an das Streckennetz und an Fahrpläne gebunden; sie fahren nur von großen Bahnhöfen ab, die man erst mit deutlich langsameren Verkehrsmitteln erreichen muss. Wer von München nach Berlin reisen will, braucht mit der Bahn etwa 4,5 Stunden, mit dem Auto etwas über 1 Stunde mehr. Wenn man aber die Anreise zum Bahnhof und die Umsteigezeiten dazurechnet, verringert sich die Differenz. Das Auto hat den Zug also weniger wegen seiner höheren Geschwindigkeit ausgegrenzt als wegen seiner hohen Individualität. Aber über die Geschichte der Beschleunigung hinweg kann man Virilios Gesetz durchaus anwenden. Die Eisenbahn verdrängt die Kutsche. Die schnellen E-Loks verdrängen die alten Dampfloks. Motorschiffe verdrängen Segelschiffe, Strahlflugzeuge verdrängen Propellermaschinen.

Das Erstaunliche ist, dass wir Menschen bei all dem Rasen zum Stillstand gekommen sind. Wir sitzen wie Frachtgut in den Zügen und Flugzeugen und werden transportiert. Das eigentliche Reisen, also das langsame Erfahren der Strecke, der Landschaft und der Entfernung von einem Land zum anderen ist uns abhandengekommen. Man steigt in Berlin in ein Flugzeug und ist 2 Stunden später in Rom. Zu Fuß hätte ich 50 bis 60 Tage für den Weg gebraucht. Das wäre anstrengend gewesen, aber ich hätte in dieser Zeit Erlebnisse und Begegnungen gehabt, gute wie schlechte, man denke nur am Goethes Reise nach Italien. Im Flugzeug habe ich zwei Stunden in einer mit Kunststoff ausgekleideten Metallröhre gesessen.

Das Reisen in solch rasenden Geschwindigkeiten macht etwas mit uns. Es verändert unser Verhältnis zur Welt. Wir erfahren Gebäude statt Landschaften. Es hat sogar Einfluss auf unsere Körper, mangels Bewegung werden wir immer dicker. Und obwohl wir scheinbar so viel Zeit sparen, wenn wir nach Rom fliegen – mit Auto und Bahn dauert die Fahrt über 14 Stunden –, haben wir das Gefühl, keine Zeit zu haben.

Gleichzeitig ist es schon lange nicht mehr nötig, überhaupt nach Rom zu reisen. Ich kann mir die Welt im TV ansehen. Und die großen Ereignisse wie ein Konzert oder ein Fußballspiel kann ich live im eigenen Wohnzimmer auf der Couch verfolgen. Von dieser Entwicklung handelt der zweite Teil unserer schnellen Geschichte der Beschleunigung.

Die Beschleunigung der Nachrichten

Wer früher auf Post wartete, musste viel Geduld haben. Nachrichten waren so schnell, wie Menschen sie transportieren konnten, sie kamen langsam, oft quälend langsam. Ein Brief von Rom nach Paris brauchte ungefähr zehn Tage. Es dauerte so lange, von der einen Stadt zur anderen zu reiten. Dabei war das eine Art Eilbrief. Wenn man als Kauf- oder Kirchenmann einen Brief auf diesen Weg schickte, benötigte er 26 Tage, um den Empfänger zu erreichen.

Das lag nicht daran, dass die Menschen kein Interesse an Nachrichten hatten, im Gegenteil. Vor allem die Fernhändler gieren nach ihnen. Sie möchten wissen, wie viele Karawanen mit Pfeffer in Beirut angekommen sind. Davon hängt die Preisentwicklung für den Pfeffer ab. Soll man seine Lagerbestände möglichst schnell verkaufen, oder wartet man besser, weil der Pfeffer bald knapp werden wird und die Preise steigen? Doch bis ein Brief von Beirut nach Köln gelangt ist, dauert es Wochen, oft Monate. Die Botenreiter und ihre Pferde ermüden schnell, die Wege sind schlecht, das Wetter spielt nicht mit. Der Geschwindigkeit des Nachrichtentransports sind natürliche Grenzen gesetzt.

Ändern lässt sich das nur durch die «postmäßige» Beförderung. Das war eine Transporttechnik, die versuchte, den natürlichen Faktor der Ermüdung von Ross und Reiter durch Botenstafetten, durch das sogenannte Unterlegen von Pferden, also durch deren Wechsel, und durch Unterhaltung von Wechselstationen, eben die Posten, auszuschalten. Dadurch ließen sich die für Tier und Mensch jeweils erreichbaren, kurzfristigen Höchstleistungen zu durchschnittlichen und kontinuierlich beibehaltenen Geschwindigkeiten auch über weite Strecken machen. Man konnte also in etwa berechnen, wie lange ein Brief von A nach B brauchte. Und man wusste auch, wann man mit einer Antwort rechnen konnte.

Unser Wort Post kommt von den Wechselposten, an denen frische Pferde und Boten auf eilige Nachrichten warteten. Das Prinzip, dass viele Sprinter schneller sind als ein Langläufer, ist uralt. Das riesige Römische Reich wurde zusammengehalten durch ein hocheffizientes Botennetz, den *cursus publicus*. Mit dem Ende des Imperiums zerfiel das Netz allmählich, sein Unterhalt war zu teuer und aufwändig, und die Wege führten jetzt durch unterschiedliche Machtbereiche. Das hatte eine Regression des Nachrichten- und Postwesens zur Folge, und die Laufzeiten von Briefen verlängerten sich erheblich. Im Mittelalter war das Botenwesen wieder völlig ungeregelt. Entsprechendes Aufsehen erregten 1298 Marco Polos (1254–1324) Berichte vom asiatischen Postwesen, von 1271 bis 1295 war der venezianische Händler auf Reisen gewesen und hatte unter anderem als Präfekt des Großwesirs Kublai Khan (1215–1294) gearbeitet. Seine Informationen stammten also aus erster Hand:

> Die Fußpost ist folgendermaßen eingerichtet: Jeder Läufer trägt einen Gürtel voller Glöckchen, damit man ihn beim Rennen schon von weitem hört. Im nächsten Weiler hört man ihn kommen, ein neuer Läufer macht sich bereit. Sobald jener eintrifft, übernimmt der zweite die Post, und vom Schreiber erhält er dazu einen Zettel. Ich kann euch sagen, diese Eilboten melden dem Khan zehn Tagesreisen entfernte Neuigkeiten innerhalb eines Tages und einer Nacht.[155]

In Europa übernahmen es die Kaufleute, ein neues und funktionierendes Post- und Botenwesen aufzubauen. Dabei erzielten sie erstaunliche Fortschritte. Im Mittelalter lag die durchschnittliche Reise- und Botengeschwindigkeit bei 25 Kilometern am Tag. Zu Beginn des 16. Jahrhunderts, also zu Beginn der Neuzeit, lag sie bei 166 bis 200 Kilometern. Der Abstand zwischen den einzelnen Poststationen war immer weiter verringert worden, um Höchstgeschwindigkeit zu erreichen. Die Sache hatte nur einen Haken: Diese Art der Post musste man sich leisten können. Anfang des 17. Jahrhunderts kostete das Porto für einen Brief von Frankfurt am Main nach Berlin so viel wie ein schlachtreifes Schwein. Trotzdem floriert die Post. Auf der Strecke Venedig – Augsburg – Antwerpen startet jede Woche eine neue Reiterstaffel. In Nürnberg warten 200 Boten darauf, die Post zu Fuß weiterzubefördern. Der Bedarf an Nachrichten war so groß wie heute auch. Aber Nachrichten waren ein teures Gut.

Das Problem bei dieser Art der Nachrichtenübermittlung war, dass Informationen auf dieselbe Art und Weise und denselben Wegen transportiert wurden wie Menschen und Waren. Ein Brief und ein Sack Kartoffeln waren Frachtgut. Und deshalb kamen beide fast gleichzeitig beim Empfänger an. Das gilt auch heute noch, denn Briefe sind physische Gegenstände. Sie müssen vom Absender zum Empfänger transportiert werden. Dieses System ist zwar heute ausgesprochen effizient, und der Warenverkehr ist vom Postverkehr weitgehend abgekoppelt. Aber die Briefe müssen zentral gesammelt werden. Sie werden nach den Zielorten sortiert, dorthin gefahren, noch einmal nach Stadtteilen und Straßen sortiert und dann ausgetragen. Dieser gesamte Prozess braucht Zeit. Man kann sie durch eine ausgeklügelte Logistik verringern, aber im Prinzip funktioniert die Post im 21. Jahrhundert so wie im Mittelalter. Die Briefe werden von A nach B getragen.

Schon in der Antike macht man sich deshalb Gedanken darüber, die Nachricht von ihrem physischen Träger zu trennen und gewissermaßen nur noch die reine Information zu befördern. Briefe ohne Papier, darum ging es. Das erste Mittel, Nachrichten ohne Papier und Boten möglichst schnell zu übermitteln, waren die Flammenzeichen oder Signalfeuer. Auf Bergen und hoch gelegenen Punkten wurden große Feuer entzündet. So entstand von Berg zu Berg eine Art Nachrichtenkette, die Informationen relativ rasch von einem Ort zum anderen übertrug. Das erste Mal lesen wir von einer solchen Technik der Nachrichtenübermittlungen in der «Orestie» des Aischylos (525–456 v. Chr.). Die 458 v. Chr. erstmals in Athen aufgeführte «Orestie» ist eine Tragödientrilogie über Gewalt und Rache im Haus des Atreus. Dessen Herr ist Agamemnon. Er war zehn Jahre lang im Krieg gegen Troja der Anführer des griechischen Heeres. Sein Bruder war mit Helena verheiratet, deren Entführung der Anlass des Krieges war. Agamemnon nun hat vereinbart, den Sieg über das an der kleinasiatischen Küste gelegene Troja mit Flammenzeichen bis nach Mykene, seiner Burg auf der Peloponnes, zu übermitteln. Die Nachricht wird dort mit Spannung erwartet, vor allen Dingen weil Agamemnons Frau Klytaimnestra inzwischen einen Liebhaber hat. Es ist also von existenzieller Bedeutung zu erfahren, ob die Griechen vor Troja gesiegt haben und Agamemnon zurückkehrt. Deshalb sitzt jede Nacht ein Wächter auf der Turmburg und hält Ausschau nach dem Feuer. Er wartet auf Nachrichten. Davon berichtet der Wächter zu Beginn der Orestie:

> Und wieder späh ich nach des Flammenzeichens Schein,
> Dem Strahl des Feuers, das von Troja Kunde bringt
> Und Siegesnachricht; also, denk ich, hat es mir
> Geboten meiner Herrin männlich ratend Herz.
> Und halt ich so hier meine nachtgestörte Ruh,
> Vom Tau durchnäßt, nie mehr von Träumen aufgesucht,
> So steht ja statt des Schlafes neben mir die Furcht,
> Zufallen könnte gar im Schlaf mein Augenlid.
> Und wenn ich ein Lied mir singen oder pfeifen will,
> Den besten Schlaftrunk für den Wachestörer Schlaf,
> So wein ich seufzend über dieses Hauses Los,

> Das nicht, wie sonst wohl, allem Wetter glücklich trotzt.
> So käm erwünscht mir meiner Müh Erlösung jetzt,
> Erschien' des nächtgen, botenfrohen Feuers Schein.[156]

Die Nachricht ist nicht komplex. Das Feuer sagt nur, dass die Griechen gewonnen haben, nicht mehr, aber auch nicht weniger. Agamemnons Frau Klytaimnestra kann also erwarten, dass ihr Gatte jetzt nach Hause kommt. Für sie und ihren Liebhaber ist das keine gute Nachricht. Von Klytaimnestra erfahren wir im Fortgang des Stückes den Weg, den die griechische Fackeltelegraphie von Troja nach Mykene nimmt.

> Hephaistos, der vom Ida hellen Strahl gesandt!
> Denn hergeschickt hat in der Feuer Wechselpost
> Ein Brand den andern. Ida selbst zum Hermesfels
> In Lemnos; von der Insel her zum dritten nahm
> Den breiten Lichtstrahl auf des Zeus Athosgebirg.
> Hochleuchtend, daß der Wanderin Flamme mächtger Schein
> Weithin der Meerflut Rücken überflog, ein Brand
> Der Freude, ward goldstrahlend, einer Sonne gleich,
> Zur Warte von Makistos dann das Licht gesandt.[157]

Der Weg ist noch viel länger. Wenn man sich vorstellt, dass zehn Jahre lang auf jedem dieser Berge ein Wächter sitzt und stundenlang nach dem Feuerschein in der Ferne Ausschau hält, dann wird rasch klar, dass auf diese Weise nur Nachrichten von geradezu existenzieller Bedeutung transportiert werden konnten. Die Fackeltelegraphie war zwar viel schneller als ein reitender Bote, aber sie konnte nur für wenige Zwecke benutzt werden. Dennoch hat sie sich über die Jahrhunderte gehalten. Noch im 17. Jahrhundert gab es in der Schweiz die Höhen- oder Chutzenfeuer. Mit Hilfe von Feuersignalen brauchte eine Nachricht sechs Stunden von Bern nach Genf. Andere, ähnliche Möglichkeiten der Nachrichtenübermittlung gab es mit Rauch- und Rufzeichen. Aber die Systeme waren allesamt abhängig von der Nacht oder vom Tageslicht, sie waren personalintensiv und fehleranfällig. Wenn nur ein Wächter einschlief oder ein Rufer etwas falsch verstand, war die ganze Kette hinfällig. Vor allem aber waren die übermittelbaren Nachrichten wenig komplex. Man konnte Alarm geben oder einen Sieg mitteilen, kaum mehr; eine frühe Form von X/Twitter, wenn man so will.

Da sich an den Licht- und Wetterbedingungen wenig ändern ließ, arbeitete man zunächst daran, die Komplexität der Nachrichten zu erhöhen. Der erste großangelegte Versuch, eine eigene Nachrichtenlinie aufzubauen, war der optische Telegraph des Franzosen Claude Chappe (1763–1805). Er entwickelte ein System, das mit optischen Symbolen und einem Chiffriercode Nachrichten von Station zu Station weitervermittelte. An einer auf einem höheren Punkt stehenden Stange waren Holzarme befestigt, die man bewegen und in unterschiedliche Positionen bringen konnte. Jede Position bedeutete einen Buchstaben oder eine

Zahl. Tatsächlich gelang es mit diesem optischen Morsesystem, die Entfernung von Straßburg nach Paris auf 37 Minuten schrumpfen zu lassen. Die Zeitgenossen waren begeistert: «Durch diese Erfindung verflüchtigen sich gewissermaßen die Entfernungen. Die Einheit der Republik kann dank der innigen und augenblicklichen Verbindung, die sie zwischen all ihren Teilen herstellt, gefestigt werden.»[158]

Chappe entwickelte seinen Tachygraphen 1791. Es war zwei Jahre nach dem Beginn der Französischen Revolution. Die Zeiten waren höchst unsicher und Nachrichten Gold wert. Im Kriegsministerium wurde Chappes Erfindung dann *télégraphe* genannt: Fernschreiber. Chappe hatte für den Telegraphen einen Code entwickelt, bei dem Zahlen übermittelt und dann in Buchstaben übersetzt wurden. Auf Druck des Militärs arbeitete man ein neues Chiffriersystem aus, das Buchstaben direkt übermitteln konnte. Das verringerte die Fehler bei der Übertragung, und es ging schneller. Das war auch nötig, die Zeiten und Machtverhältnisse veränderten sich in einem nie dagewesenen Tempo. Napoleon (1769–1821) nutzte das neue Gerät, um in ganz Frankreich die Nachricht seines Staatsstreichs vom 18. Brumaire (9. November 1799) verbreiten zu lassen. Die Nachricht seiner Machtergreifung endete mit dem schönen Satz: «Es herrscht vollkommene Ruhe, und der anständige Bürger ist zufrieden.»

Die Wirklichkeit sah anders aus. Frankreich und ganz Europa glichen einem Pulverfass, an das Napoleon jetzt die Lunte legte. Das hatte zur Folge, dass der Telegraph in einer geradezu rasenden Geschwindigkeit in ganz Europa eingeführt wurde. Die Bedeutung der neuen Nachrichtentechnik zeigt sich an der Platzierung der Telegraphen. In Frankreich stand eine Station auf dem Dach des Nationalpalastes in den Tuilerien, eine andere auf dem Münster in Straßburg. In Köln ließ man sogar den Giebelhelm des Turms von St. Pantaleon abtragen, um Platz zu schaffen für eine Telegraphenstation. In ganz Europa wurden Telegraphenlinien aufgebaut. Sie waren teuer und konnten nur vom Staat und vom Militär gebaut und unterhalten werden. Aber hier geschieht etwas, das fortan wesentlich ist für die moderne Nachrichtentechnik: Die Wege des Verkehrs- und Transportnetzes trennen sich von den Informationswegen. Eine Nachricht muss ab jetzt nicht mehr transportiert werden wie ein Sack Kartoffeln.

Vielen Zeitgenossen galt der Telegraph als Sieg des Menschen über den Raum. Nachrichten konnten rasch über große Entfernungen vermittelt werden. Aber der Raum hatte sich noch nicht völlig unterworfen, sondern sich mit der Nacht und dem Wetter verbunden, denn immer, wenn es dunkel war oder die Sicht schlecht, herrschte Funkstille und der Raum erschien wieder in seiner ganzen Ausdehnung. Unter günstigen Bedingungen kann man den Telegraphen durchschnittlich sechs bis sieben Stunden am Tag nutzen. Auf See funktionierte er gar nicht. Bald war klar, dass es sich beim optischen Telegraphen nur um eine Zwischenlösung handeln konnte. Es musste eine Lösung her, mit der die Übermittlung von Nachrichten bei Tag und Nacht und jedem Wetter möglich war.

Die Lösung des Problems ist der elektromagnetische Telegraph. Man setzt dabei auf die Elektrizität als Medium der Beschleunigung. Das Phänomen der Elektrizität ist so alt wie die Menschheit. Seine spektakulärste und machtvollste Erscheinung ist der Blitz. Bekannt war auch der elektrische Schock nach Kontakt mit einem Zitterrochen oder Zitteraal. Und man kannte die elektrostatische Aufladung des Bernsteins, der die Elektrizität ihren Namen verdankt. Das Wort Elektrizität stammt ab vom griechischen Wort für Bernstein: *elektron*. Die Geschichte des Menschen mit der Elektrizität ist also lang. Aber erst zu Beginn des 19. Jahrhunderts verlässt sie sozusagen die Jahrmärkte mit ihren Kuriositätenkabinetten und tritt in ein Stadium der ernsthaften Auseinandersetzung ein. Es ist die Zeit von Physikern wie Alessandro Volta (1745–1827), André-Marie Ampère (1775–1836), Georg Simon Ohm (1789–1854) und Michael Faraday (1791–1867). Die erste Erkenntnis auf dem Weg zur Telegraphie war die Entdeckung, dass Elektrizität sich entlang von Leitern bewegt. Man kann sie also von einem zum anderen Ort bringen. Ende des 18. Jahrhunderts experimentierte man damit. Elektrizität wurde von einem Ort zum anderen übertragen, wo sie kleine Goldblättchen bewegte oder Flüssigkeiten in einem Röhrchen zersetzte. 1833 führten Wilhelm Weber (1804–1891) und Carl Friedrich Gauß (1777–1855) Versuche mit einem elektromagnetischen Telegraphen durch, die auf Faradays Arbeiten zur elektromagnetischen Induktion aus dem Jahr zuvor beruhten. Dabei benutzten sie positive und negative Spannungspulse, die durch gezieltes Umpolen einer Induktionsspule einen Prägestempel auf und ab bewegten, der diese Zeichen dann auf Papier brachte. Weber und Gauß gelang es damit, Nachrichten telegraphisch vom Physikgebäude bei der Paulinerkirche in der Göttinger Innenstadt zur Göttinger Sternwarte zu übertragen. Einen wesentlichen Fortschritt in der Entwicklung der Telegraphie bringt 1837 der von Samuel Morse (1791–1872) entwickelte Schreibtelegraph oder Morsetelegraph. Er kann Punkte und Striche schreiben. Sein Morsecode mit den drei Zeichen Punkt, Strich und Pause setzt sich rasch weltweit durch. Die Telegraphie ist jetzt serienreif.

In Deutschland unterstützt das Land Preußen die Entwicklungen der elektromagnetischen Telegraphie. 1837 werden erste Anlagen im Generalstab und beim Königshof aufgestellt. 1848 wird die optische Telegraphenstrecke zwischen Berlin und Köln auf die neue Technik umgestellt. Dabei sind es diesmal die Eisenbahngesellschaften, die Tempo machen. Der Ausbau des Bahnnetzes und die damit verbundene höhere Geschwindigkeit des Waren- und Personenverkehrs machen eine schnellere Nachrichtentechnik unabdingbar. So wie die Einführung der mechanischen Spinnmaschinen zur Eisenbahn führte, führt jetzt die Eisenbahn zum elektromagnetischen Telegraphen. Wird ein System schneller, müssen andere Systeme nachziehen. In England ist William Cooke (1806–1879) Vorreiter in Sachen Telegraphie. Als er 1843 sein System der Öffentlichkeit vorstellt, schwärmt er von der rasenden Geschwindigkeit der Nachrichtenübermittlung, die er mit 280.000 Meilen (450.600 Kilometer) in der Sekunde angibt. Innerhalb von wenigen Jahren werden die Telegraphennetze Kilometer um Kilometer ausgebaut. Anfangs gehören die Leitungen noch den Eisenbahnstationen, aber bald werden sie der Öffentlichkeit zugänglich gemacht. Wie schon beim Ausbau der Eisenbahn erweist sich der Kapitalismus als großer Beschleuniger. 1849 verfügt Preußen über ein Kabelnetz von 2000 Kilometer Länge. 1865 sind es schon über 50.000 Kilometer. Die Regierungen beobachten die neuen Aktivitäten der Bahngesellschaften zunächst skeptisch, müssen aber bald feststellen, dass ihre eigene Nachrichtenübermittlung hoffnungslos langsam ist. Die Regierung von Preußen zwingt zunächst die Eisenbahngesellschaft, auch ihre Telegramme zu befördern. Aber als es immer mehr werden, weigert sich die Bahngesellschaft und droht mit Schließung der Telegraphenlinien. Also investieren jetzt auch die Regierungen in den Netzausbau. Zugleich entstehen die ersten privaten Telegraphenlinien, die von Kaufleuten und Privatpersonen genutzt werden können. Anfangs gehen die Leitungen ausschließlich über Land. Die Isolierung ist noch nicht so weit, dass größere Strecken unter Wasser überbrückt werden können. Die Techniker arbeiten fieberhaft daran, das Problem zu lösen. 1848 gelingt es Werner Siemens (1816–1892), Köln und Deutz mit einem Kabel zu verbinden, das im Flussbett des Rheins liegt. Drei Jahre später kann das erste Kabel durch den Ärmelkanal gelegt werden, die Linie London – Paris steht. Kurz darauf werden England und Irland verbunden. Man macht sich daran, die alte und die neue Welt zu verbinden, aber die ersten Kabel, die man durch den Atlantik legt, reißen oder funktionieren nach wenigen Tagen nicht mehr. Klar ist nur, prinzipiell funktioniert auch eine transatlantische Telegraphenlinie, es ist eine Frage der Zeit. Die alten Postdampfer, die bisher den Nachrichtenverkehr abgewickelt haben, sind jedenfalls viel zu langsam. Eine Weile behilft man sich damit, die Eilpost vor der Küste Irlands ins Meer zu werfen. Dort werden die Säcke eingesammelt und die Nachrichten werden nach London gekabelt. Es dauert fast zehn Jahre, bis alle technischen Probleme gelöst sind, aber 1866 steht die erste zuverlässige Telegraphenverbindung zwischen New York und London, ein Jahr später die erste funktionierende Telegraphenverbindung zwischen London und New York. Die Linien sind technische Meisterleistungen. Erbracht werden sie von Privatleuten, unter anderem von Siemens, der mit der «Faraday» ein eigenes Kabellegerschiff besitzt. Die ganze Welt wird jetzt miteinander verkabelt. 1903 gelingt die Überbrückung des Pazifiks. Eine Nachricht von England nach Indien braucht jetzt nur noch fünf Stunden. Früher waren es vier Wochen. Es ist der größte Beschleunigungsschub in der Geschichte der Menschheit.

Und er verändert die Welt. Plötzlich erscheinen Nachrichten aus Lateinamerika oder Asien nicht erst nach Wochen in den europäischen Zeitungen, sondern nach zwei Tagen. Wer aktuell ist, hängt am Telegraphen. Eine Zeitung wie der «Daily Telegraph», gegründet 1855, trägt die neue Aktualität schon im Namen. Große Telegraphengesellschaften entstehen. Und rasch drängen sie auf eine internationale Vereinheitlichung und einen koordinierten Ausbau des Netzes.

Bereits Ende der 1850er Jahre ist das Telegraphenwesen europaweit standardisiert, keine drei Jahrzehnte nach Erfindung der elektrischen Telegraphie. Zum Nachrichtenstrom, der jetzt um die Welt fließt, kommt ein Warenstrom, der mit Eisenbahn und Dampfschiff transportiert und vom Nachrichtenstrom gesteuert wird. Ein Weltmarkt entsteht, und die Globalisierung nimmt ihren Anfang.

Die neue Technik greift sogar in unsere Sprache ein. Das Morsealphabet hat sich etwa 15 Jahre nach seiner Erfindung weltweit durchgesetzt. Da die Übermittlung einer Nachricht teuer ist, empfiehlt es sich, sich kurz zu fassen. Der Telegrammstil entsteht. Er verzichtet auf alle überflüssigen Elemente wie Adjektive, Personalpronomen und Höflichkeitsfloskeln. Hier zeigt sich eine Tendenz des gesamten modernen Nachrichtenverkehrs. Je schneller eine Nachricht übermittelt werden soll, umso kürzer muss sie sein. Dieses Prinzip gilt bis heute. Es erklärt den Erfolg von Twitter (heute: X), dessen Nachrichten höchstens 140 Zeichen lang sein dürfen. Das lässt für tiefschürfende Überlegungen keinen Platz. Aber man erreicht damit in Sekunden Millionen Menschen. Der Telegrammstil mit seiner neuen Knappheit nimmt sogar Einfluss auf die Briefkultur. 1869 kommt die Postkarte oder «Correspondenzkarte» auf den Markt. Statt seitenlanger Briefe muss man sich hier auf wenige Zeilen beschränken. Es ist eine Art Twitter-Vorläufer. Damit liegt die Postkarte vollkommen im Trend. Rasch werden Millionen Karten verschickt.

Mit dem Ausbau des Telegraphennetzes lassen sich in nie gekannter Geschwindigkeit Nachrichten rund um die Welt transportieren. Doch bald schon stößt das System an seine natürlichen Grenzen. Schon 1857 schreibt der deutsche Ökonom Karl Knies (1821–1898): «Der Telegraph ist ein mit den Schwingen des Blitzes beflügelter Bote, aber er nimmt immer nur einen Brief mit. Während die gewöhnliche Post mit jeder Transportleistung ganze Centner von Briefen zugleich mit derselben Geschwindigkeit befördert wie ein einziges Exemplar.»[159] Das heißt nichts anderes als: Es geht zu langsam. Mitte des 19. Jahrhunderts arbeiten die Wissenschaftler und Techniker in Europa und Amerika daran, die Beschränkungen des Telegraphenverkehrs aufzuheben. Ziel ist es, eine gleichzeitige Kommunikation in beide Richtungen aufzubauen. Außerdem soll die Reichweite der mündlichen Kommunikation vergrößert werden. Ein Bedarf besteht eindeutig. Große Banken verfügen bereits über eigene Telegraphennetze mit mehreren Kabelleitungen, um so telegraphische «Gespräche» zu ermöglichen.

Der Gedanke, dem die Forscher nachspüren, ist, ob man nicht auch die menschliche Sprache mit Hilfe von Elektrizität weiterleiten kann. Zwischen 1858 und 1868 arbeitet in Hessen der Physiklehrer Johann Philipp Reis (1834–1874) daran. Er muss dazu eine Art «Ohr» bauen, also ein Mikrophon. Als Vorbild dient ihm das hölzerne Modell einer Ohrmuschel, das er in der Schule im Physikunterricht nutzt. Als Trommelfell nimmt er ein Stück Naturdarm und einen feinen Platinstreifen als Gehörknochen. Die Schallwellen der Sprachen sollen den Naturdarm in Schwingungen versetzen, die sich dann auf den Platinstreifen bewegen und dadurch einen Stromkreis zwischen dem Streifen und einer Drahtfeder unterbrechen. Diese ein- und aussetzenden elektrischen Impulse werden wie beim Morsen weitergeleitet. Empfangen und wieder in Sprache umgesetzt werden die Impulse von einer Stricknadel, um die ein Kupferdraht gewickelt ist. Die elektrischen Schwingungen setzen die Nadel in Bewegung, die dadurch wiederum Schallwellen erzeugt. Reis arbeitet fieberhaft an seiner Idee. Er erkennt bald, dass er den Naturdarm durch einen Schalltrichter mit Membran ersetzen kann. 1861 führt er das Gerät, das er «Telephon» nennt, also Fernsprecher, erstmals in Frankfurt vor. Der erste Satz der Menschheit, der je durch ein Telefon gesprochen wird, lautet: «Das Pferd frisst keinen Gurkensalat.» Bis 1863 verbessert Reis den Apparat weiter. Er verkauft auch einige der von ihm gebauten Exemplare. So gelangt eines davon in die USA zu dem Erfinder, Unternehmer und Taubstummenlehrer Alexander Graham Bell (1847–1922). Zusammen mit dem Mechaniker Thomas A. Watson (1854–1934) arbeitet er weiter an Reis' Erfindung. 1876 meldet er sie zum Patent an. Es gab damals ein regelrechtes Wettrennen um das Patent für das Telefon. Nur zwei Stunden nach Bell reichte der Lehrer, Erfinder und Unternehmer Elisha Gray (1835–1901) ebenfalls einen Patentantrag ein, kam aber zu spät. Ein anderer Pionier war Thomas Alva Edison (1847–1931). Auch er reichte einen Patentantrag ein, kam aber wie Gray zu spät. Auch wenn sich zeigte, dass Bells Gerät, so wie es im Antrag beschrieben war, gar nicht funktionieren konnte, so entschieden doch die Gerichte in rund 600 Prozessen immer wieder, dass Bell das Patent auf das Telefon hatte, einfach weil er es als Erster eingereicht hatte.

Mit der Anmeldung zum Patent legte Bell den Grundstein für die kommerzielle Nutzung des Telefons. Der von ihm gegründete Konzern American Telephon and Telegraph Company, kurz AT&T, war lange Zeit die größte Telefongesellschaft der Welt. Dabei war die wirtschaftliche Bedeutung des Telefons im 19. Jahrhundert kaum abzusehen. Gespräche über große Entfernungen waren zunächst nicht möglich. Der als Fernsprecher gedachte Apparat war ein Nahsprecher, der kaum 70 Kilometer überbrücken konnte. Etwa zehn Jahre nach Anmeldung zum Patent liegt die Entfernung bei 500 Kilometern, zu Beginn des 20. Jahrhunderts bei 2000 bis 3000 Kilometern. Die Ost-West-Verbindung von New York nach San Francisco steht erst 1914. Fast ein Jahrhundert nach Erfindung des Telefons wird 1956 das erste Transatlantikkabel verlegt.

Obwohl die Entwicklung des Telefons deutlich langsamer verläuft als die des Telegraphen, drängt die Wirtschaft doch auf die schnelle Einführung der neuen Technologie. In Berlin erhält die Börse die Rufnummer 1. 1877 steigt der Telegraphenpionier Siemens ins Geschäft ein und produziert Telefongeräte. Die Nachfrage ist so groß, dass er in nur einem Monat die Tagesproduktion von 200 Apparaten auf 700 Stück erhöhen muss. Trotzdem bleiben Telefone die große Ausnahme. 1906 hat in Deutschland nur ein einziger von einhundert Menschen ein Telefon. Anfang der 1930er Jahre sind es zwei. Genutzt werden die Apparate fast ausschließlich von der Wirtschaft. Private Anschlüsse gibt es praktisch nicht. Die Reichspost, und später die Post, installiert deshalb öffentliche Fernsprechstellen, zunächst in Postämtern. Später baut sie Telefonzellen.

Noch bis in die 1960er Jahre waren Telefone in Deutschland teuer. Man musste sich den Anschluss leisten können. Das Telefonkabel musste bis ins Haus oder die Wohnung gelegt werden. Man zahlte eine Grundgebühr, und jede «Einheit» kostete. Lange Gespräche waren teuer. Deshalb galt die Devise: Fass dich kurz. Das hat sich heute mit der Flatrate und den Mobiltelefonen vollkommen geändert. Ab einem gewissen Alter besitzt praktisch jede und jeder ein Telefon. Öffentliche Telefonzellen, die früher fest zum Stadtbild gehörten, sind heute weitgehend verschwunden.

Die neue Technik zwingt die Menschen zu einer neuen Geschwindigkeit. Ihr erstes Opfer ist das «Fräulein vom Amt», das in den Anfängen die Telefonverbindungen noch mit der Hand herstellen muss. 1902 eröffnet Siemens in Berlin eine Telefonzentrale. Da die Anlage fehlerhaft ist, kommt es zu einem kollektiven Nervenzusammenbruch:

> Plötzlich riß sich eine der Telefonistinnen die Sprechgarnitur vom Kopf und brach in Schreikrämpfe aus, und dieses Beispiel wirkte ansteckend: wenige Augenblicke später ist der Saal von schreienden und heulenden Frauen erfüllt, die von ihren Plätzen aufsprangen und zum Teil davonstürzten.[160]

Zu Beginn des 19. Jahrhunderts ist das Telegraphennetz ausgebaut. Der Ausbau des Telefonnetzes wird mit Hochdruck betrieben. Und doch gibt es weiße Flecken auf der Erde, die weder mit dem Telefon noch dem Telegraphen erreichbar sind. Dazu gehören Schiffe, die den Hafen verlassen haben.

In Bologna arbeitete der Autodidakt und Radiopionier Guglielmo Marconi (1874–1937) an der drahtlosen Telegraphie. Erst wenige Jahre zuvor hatte Heinrich Hertz (1857–1894) elektromagnetische Wellen nachweisen können. Diese Wellen nutzt Marconi. 1896 hatte er einen ersten Sender mit Empfänger entwickelt. Sein Ziel war es, das französische und das englische Telegraphennetz per Funk über den Ärmelkanal hinweg zu verbinden. 1897 gründet er in England die Wireless Telegraph Company, die ab 1899 auch in Nordamerika eine Niederlassung hat. Dort geht das Unternehmen daran, die isoliert im Meer stehenden Leuchttürme per Funk mit dem Festland zu verbinden. Aber Marconi hat weitreichendere Ziele. Er will mit der Funktelegraphie jeden Ort der Welt erreichen können. Das heißt praktisch: Er will aufs Meer. 1900 gründet er die Marconi International Marine Communication Company. Er schließt mit der Versicherungsgesellschaft Lloyd's einen Vertrag ab und rüstet die Agenturen in den großen Häfen der Welt sowie die von Lloyd's versicherten Schiffe mit Funkgeräten aus. So weiß die Versicherungsgesellschaft immer, wo sich ihre Schiffe gerade befinden. 1907 hat Marconi seine Geräte so weit ausgebaut, dass sie in der Lage sind, Europa und Nordamerika zu verbinden. Er kann jetzt den Seekabelbetreibern ernsthaft Konkurrenz machen. Allerdings ist der Markt hart umkämpft. 1903 wird in Deutschland die Gesellschaft für drahtlose Telegraphie, kurz Telefunken gegründet. Sie teilt sich mit Marconi den Weltmarkt für Jahrzehnte auf.

Da, ähnlich wie bei der Eisenbahn, auch der Schiffsverkehr immer stärker zunimmt, wird die Funktelegraphie bald zur Pflicht für die Schiffe. Per Funk wird ein präzises Zeitsignal übertragen, was die Navigation verbessert. Und die aktuellen Wetternachrichten ermöglichen den Schiffen das Umfahren von Sturmgebieten. Den endgültigen Durchbruch erlebt das neue Medium, als 1909 Menschen aus Seenot gerettet werden, weil ihr Schiff eine Funkanlage hat. Beim Untergang der «Titanic» verdanken die Überlebenden der neuen Technologie ihre Rettung.

Und noch etwas entsteht mit der neuen Technik: das Radio oder der Rundfunk. Damit kann man Nachrichten flächendeckend verbreiten. Anders als bei der elektromagnetischen Telegraphie können die Signale in jedem Haus empfangen werden. Ab 1909 etwa sendet man Radionachrichten, 1921 können Teile von Verdis «Aida» live aus der Berliner Staatsoper übertragen werden.

Fast gleichzeitig mit der Arbeit an der elektromagnetischen Übertragung von Tönen hat die Arbeit an der elektromagnetischen Übertragung von Bildern begonnen. Der Gedanke dabei ist, ein Bild in viele einzelne Helligkeitspunkte zu zerlegen und die Farbwerte dieser Punkte zu übertragen, um an der Empfangsstation daraus wieder ein Bild aufzubauen. Erste Erfolge hat der deutsche Erfinder und Techniker Paul Nipkow (1860–1940). Mit Hilfe einer rotierenden Scheibe zerlegt er Bilder in Hell-Dunkel-Signale und kann aus diesen Signalen auch wieder ein Bild zusammensetzen. Seine 1884 patentierte Nipkow-Scheibe ist die früheste realisierte Form des Fernsehens. An der Wende zum 20. Jahrhundert arbeiten Wissenschaftler überall auf der Welt daran, Bilder zu übertragen. 1897 entsteht die Kathodenstrahlröhre, die Bildpunkte auf eine beschichtete Glasscheibe projiziert. 1923 gibt es mit dem Ikonoskop auch eine brauchbare Bildaufnahmeröhre. Damit sind die Grundbestandteile des Fernsehens in der Welt. 1919 können Bilder bereits über einige Kilometer hinweg gesendet werden. 1925 gelingt eine Übertragung von Berlin nach Leipzig, 1927 von Glasgow nach London, ein Jahr später überqueren Bildsignale den Atlantik. 1929 beginnt in Berlin-Witzleben der Fernsehsender «Paul Nipkow» mit ersten, regelmäßigen Testsendungen. Ab 1935 wird ein Programm gesendet. Fast gleichzeitig werden auch in England erste Versuchsprogramme ausgestrahlt. Der Zweite Weltkrieg verlangsamt die Entwicklungsgeschichte des Fernsehens für einige Jahre, aber ab 1950 wird das Fernsehen mit geradezu atemberaubender Geschwindigkeit zu einem Massenmedium. 1952 gibt es in Westdeutschland gerade dreihundert Fernsehteilnehmer. Fünf Jahre später sind es schon eine Million, 1962 bereits sieben Millionen. Mit dem «Wirtschaftswunder» wird das Fernsehen ab 1959 zum Massenmedium. Bis Anfang der 1970er Jahre steigt in der Bundesrepublik Deutschland die Zahl der Fernsehteilnehmer jährlich um 20 Prozent. Dann steht in praktisch jedem Haushalt ein Gerät. Mitte der 1960er Jahre ist das Farbfernsehen serienreif, in Westdeutschland startet es 1967.

Ein weiterer wesentlicher Schritt für die Geschwindigkeit der Nachrichtenübertragung ist die Einführung des Satellitenfernsehens, das die Bildsignale über einen Satelliten an die Empfänger überträgt. Im Juli 1962 wird von Cape Canaverals aus der Satellit «Telstar» ins All geschossen. Es ist der erste zivile Kommunikationssatellit der Welt. Noch im selben Monat wird mit «Telstar» eine Rede des US-Präsidenten John F. Kennedy (1917–1963) live von den USA nach Europa übertragen. Da «Telstar» jedoch noch keine geostationäre Umlaufbahn hat, sondern auf einer elliptischen Bahn um die Erde kreist, bei der das Funksignal immer wieder verloren geht, sind nur kurze Übertragungen möglich. Das ändert sich 1965 mit dem «Intelsat|F1», dem ersten geostationären und kommerziell genutzten Nachrichtensatelliten. Seitdem ist es möglich, weltweit Ereignisse live zu übertragen. Konkret heißt das, der Raum ist praktisch verschwunden. Zwischen dem Ereignis an dem einen Ort und dem Betrachter an einem anderen Ort steht jetzt nur noch die Zeit, die allerdings auf eine winzige Spanne zusammengeschrumpft ist.

Nachrichten, die ja eigentlich «nach» dem Ereignis stattfinden, wie es ihr Namen sagt, haben dadurch einen ganz anderen Charakter. Wir haben das zum ersten Mal bei den beiden Golfkriegen von 1991 und 2003 erlebt. Im Fernsehen wurde live übertragen, wie die Bomben der USA auf Bagdad fielen. Bislang hatte man von solchen Ereignissen erst am nächsten Tag erfahren. Hundert oder zweihundert Jahre früher hatte eine solche Nachricht sogar Tage oder Wochen gebraucht, um vom Nahen Osten bis nach Europa zu gelangen. Und die Nachrichten kamen nicht als reines Ereignis zu uns, sondern wurden kommentiert und eingeordnet. Jetzt sehen wir einfach zu, wie die Bomben fallen. Wir betrachten Bilder von einem Fußballspiel in Übersee, einer Pressekonferenz in Berlin oder einer Überschwemmung in Asien. All das findet *jetzt* statt. Wir können uns selbst ein Bild machen. Das kann ein Vorteil sein. Zugleich hat es zu einer enormen Bilderflut geführt, die unterschiedslos Bilder von ertrinkenden Menschen neben Werbung für Kosmetik oder Mode stellt und damit eben auch zu einer Nivellierung aller Ereignisse führt, die bei der notwendigen Auswahl der Nachrichten für eine Zeitung oder in Radio und Fernsehen so nicht gegeben ist.

Diese Tendenz ist durch das Internet noch einmal weiter vorangetrieben worden. Dessen Geschichte beginnt im Jahre 1962 mit dem ARPA-Netz des US-amerikanischen Verteidigungsministeriums, wobei ARPA für Advanced Research Projects Agency steht, was sich etwa mit Organisation für fortgeschrittene Forschungsprojekte übersetzen lässt. Dabei ging es zunächst um die Frage, wie eigentlich Nachrichten auch im Kriegs- oder Katastrophenfall sicher übertragen werden können. Die komplette Kommunikationsinfrastruktur war leitungsabhängig. Das heißt, wenn man von A nach B telefonieren wollte, musste es auch eine Leitung von A nach B geben. Die Frage, die man sich im US-Verteidigungsministerium stellte, war: Was ist, wenn diese Leitung zerstört ist? Als Antwort darauf entwickelte man ein paketvermitteltes Kommunikationskonzept. Informationen wurden in kleine Stücke, die sogenannten Pakete, aufgeteilt und diese Stücke konnten dann auf allen möglichen Wegen und Umwegen an den Empfänger geschickt werden, der sie dann wieder zu einer vollständigen Information zusammensetzte. Statt eines gesamten Briefes sandte man also jedes Wort einzeln – und zwar auf verschiedenen Wegen. Das war ein Paradigmenwechsel in der Telekommunikationstechnik.

Fast gleichzeitig tauchte der Gedanke des Time-Sharing bei Computern auf. Eine wesentliche Rolle dabei spielte Joseph Carl Robnett (J. C. R.) Licklider (1915–1990) in Arlington, Massachusetts. Der Psychologe und Informatiker zählt zu den Gründervätern dieses Time-Sharing-Gedankens. Seine Überlegung bestand einfach darin, dass es sinnvoller sei, wenn die knappen Computerressourcen von mehreren Personen gleichzeitig genutzt würden. Er argumentierte, dass die Geräte dafür zu teuer seien. Als «Lick» 1962 zum ARPA-Team kam, wurde der Computer praktisch neu definiert. Aus der reinen Rechenmaschine wurde ein Kommunikationsgerät. Wenn man jetzt mehrere Computer zu einem Netzwerk zusammenschloss, konnte man Informationen in kleinen Paketen von A nach B schicken. Gab es irgendwo im Netz eine Unterbrechung, brauchten die Daten nur einen Umweg über einen anderen Computer zu nehmen, um ans Ziel zu kommen.

1969 verband das ARPANET die Rechner der University of California Los Angeles, das Stanford Research Institute, University of California Santa Barbara und die University of Utah. 1975 war dieses Netz auf 61 Knoten gewachsen. Zu Beginn der 1980er Jahre kam zum rein militärisch genutzten ARPANET das CS-NET (Computer Science Network) hinzu, ein Forschungsnetzwerk, das als der eigentliche Vorläufer des Internets gilt. Mit Beginn der 1980er Jahre überschlägt sich die Entwicklung dann regelrecht. Große Teile des ARPANET werden für die Öffentlichkeit zugänglich gemacht. Die ersten Computer für den Privathaushalt werden verkauft, ab 1977 der «Commodore PET 2001» ebenso wie der «Apple II».

Da die Masse der im Internet verfügbaren Informationen rasant anstieg, wurden Such- und Navigationswerkzeuge nötig, um den Überblick nicht zu verlieren. Am CERN (Conseil européen pour la recherche nucléaire), der Europäischen Organisation für Kernforschung, stellte Tim Berners-Lee (* 1955) im Jahr 1989 Überlegungen zu einem Hypertextnetz an, wir kennen dieses Netz heute durch die allgegenwärtigen Links. Aus diesem System entwickelt sich in nur wenigen Jahren das World Wide Web (WWW). Ende der 1980er Jahre wurde das Internet kommerzialisiert und die Datenströme immer größer. Ab 2003 entstand das Web 2.0, in dem die User selbst Inhalte einstellen und interagieren können. Ein Jahr später wurde Facebook gegründet.

Zugleich wurden die Endgeräte immer kleiner. Ein durchschnittliches Smartphone hat heute eine Rechnerleistung, die millionenfach größer ist als die der Bordcomputer bei den «Apollo»-Mondflügen. Das Internet ist an fast jedem Ort der Welt verfügbar. Wir können im Bruchteil einer Sekunde Bilder von Europa nach Lateinamerika senden. Und von jedem Ereignis in der Welt sind praktisch sofort Bilder online, wenn nicht sogar live gesendet wird. Vom Katzenbaby bis zum Terroranschlag: Was immer geschieht, kann in Echtzeit und Farbe weltweit verbreitet werden.

Das hat unsere Welt radikal verändert. Mit den modernen Kommunikationsmitteln von Telefon über Fernsehen, Internet und Smartphone ist unsere soziale Gegenwart radikal geschrumpft. Der Zeitforscher Julius T. Fraser beschreibt in seinem Buch «Die Zeit: vertraut und fremd»[161] die soziale Gegenwart eines Menschen, der Ende des 18. Jahrhunderts als Auswanderer in Philadelphia lebt und seiner Familie in Stavanger Briefe schreibt. Ein Brief braucht 40 Tage für den Weg von Philadelphia nach Stavanger. Wenn er einen Brief seiner Familie erhält, dann ist die Gegenwart, die der Brief beschreibt, 40 Tage alt. Wenn man ihn in diesem Brief um Rat fragt und er antwortet, dann trifft dieser Rat in Stavanger nach weiteren 40 Tagen ein. Die soziale Gegenwart, die der Norweger mit seiner Familie lebt, beträgt also 80 Tage. Das «Jetzt» des Norwegers, der den Brief aus seiner Heimat liest, ist das «Jetzt» in Stavanger von vor 40 Tagen. Kommt seine Antwort an, sind weitere 40 Tage dazugekommen. Die geistige Gegenwart des Norwegers liegt gerade mal bei 0,2 Sekunden. So lange braucht er, um auf einen Reiz bewusst zu reagieren. Mit den modernen Kommunikationsmitteln ist die soziale Gegenwart praktisch gleich groß wie die geistige Gegenwart, die kurze Zeit, die ein Signal von Europa nach Amerika braucht, kann dabei praktisch vernachlässigt werden. Wir haben es also mit einer Beschleunigung der Nachrichtenübermittlung von 40 Tagen auf weniger als 1 Sekunde zu tun, und das in nur 200 Jahren. Der Historiker Peter Borscheid schreibt in seinem Buch «Das Tempo-Virus»:

> Eine nie zuvor erlebte Beschleunigung ist der gemeinsame Nenner der wirtschaftlichen und technischen Entwicklung des 20. Jahrhunderts. Die Geschwindigkeit der Kommunikation steigert sich um den Faktor 10^7, die Reisegeschwindigkeit und die Fähigkeit, Krankheiten unter Kontrolle zu bringen, um den Faktor 10^2, die Geschwindigkeit der Datenverarbeitung um den Faktor 10^6.[162]

Eine dermaßen rasante Beschleunigung, an der alle teilhaben, hat es noch nie gegeben. Die Frage, die wir uns stellen müssen, ist, wie diese Beschleunigung uns selbst und unser Leben verändert hat und immer noch ändert. Kommen wir bei dem hohen Tempo überhaupt noch mit?

Die Beschleunigung des Lebens

Wer sich früher verabredete, musste viel Zeit mitbringen. Man verabredete sich nicht um 12:30 Uhr, sondern nach Sonnenaufgang, am Mittag, nach der Kirche oder am Abend. Auf ein oder zwei Stunden kam es dabei nicht an. Es machte nichts, wenn man warten musste. Wartezeit gehörte dazu. Das ganze Leben war bestimmt von natürlichen Kreisläufen wie Tag und Nacht oder den Jahreszeiten. Man stand auf, wenn es hell wurde, man ging zu Bett, wenn es dunkel war. Auch bei der Arbeit ging es gemächlich zu. Den Bauern gab der Rhythmus der Jahreszeiten das Arbeitstempo vor. Termindruck gab es nicht. Im Handwerk kam es auf Beharrlichkeit an. Niemand sollte vorpreschen und sich Vorteile durch neue Produktionsweisen oder Maschinen verschaffen. Wenn sich alle Zeit nahmen und ihre Arbeit gut machten, dann war genug für alle da. Darüber wachten die Handwerkszünfte. In einer Zunfturkunde aus dem 16. Jahrhundert heißt es sogar: «Kein Handwerksmann soll etwas Neues erdenken oder erfinden oder gebrauchen, sondern jeder soll aus bürgerlicher und brüderlicher Liebe seinem Nächsten folgen und sein Handwerk ohne des Nächsten Schaden treiben.»[163]

Eine solche Haltung ist undenkbar für uns heute. Niemand käme auf die Idee, sich Innovation verbieten zu lassen und daraus einen Vorteil zu ziehen. Die Haltung der Zünfte, darauf zu achten, dass niemand einen Wettbewerbsvorteil hat, ist ein Zeichen dafür, dass wir uns hier noch im vorkapitalistischen Zeitalter befinden. Die Gesellschaft setzt nicht auf das Konzept «Wohlstand für alle durch Wettbewerb», sondern darauf, dass alle gleiche Bedingungen und Voraussetzungen haben. Die Gemeinschaft kann nur überleben, wenn sie jedes ihrer Mitglieder mitnimmt und darauf achtet, dass auch die Schwächeren mitkommen.

Zwar wissen die Kaufleute durchaus, dass Schnelligkeit ein Wettbewerbsvorteil ist und in Geld umgesetzt werden kann, dass Problem ist nur, dass es über Jahrhunderte nicht schnell geht. Mit der Langsamkeit und Ruhe ist es erst vorbei, als Mitte des 18. Jahrhunderts in England die industrielle Revolution beginnt. Wie bereits beschrieben nimmt sie ihren Anfang in der Textilindustrie. Die neuen Spinnmaschinen und Webstühle werden von Dampfmaschinen betrieben. Damit steigen die Produktionsmengen rasant an. 1843 notiert der deutsche Schriftsteller Georg Weerth in seinen «Skizzen aus dem sozialen und politischen Leben der Briten», dass mit der neuen Maschinentechnik nur noch 750 Menschen nötig sind, um so viel Garn zu spinnen wie 200.000 Menschen ohne Maschine. Diese extreme Erhöhung der Fertigungsmenge drückt aufs Tempo, denn es muss viel mehr Baumwolle als bislang zu den Spinnereien geschafft werden, um die Maschinen am Laufen zu halten, und die große Menge an Garn muss weiterverarbeitet werden. Praktisch heißt das, die Transportkapazitäten müssen erhöht werden und die Weber schneller arbeiten. Außerdem braucht die neue Industrie Kohle und Eisen. Beides muss rascher abgebaut und transportiert werden. Die Lösung für all diese Probleme ist die Dampfmaschine. Sie wird eingesetzt im Bergbau. Die Eisenbahn beschleunigt die Reise- und Transportgeschwindigkeit um ein Vielfaches. Der reibungslose und sichere Bahnverkehr wiederum verlangt nach einer Nachrichtentechnik, die schneller ist als die Lokomotiven. Mit dem Telegraphen werden bald Nachrichten in Sekundenschnelle um die ganze Welt getickert.

Die treibende Kraft hinter all diesen sich sozusagen selbst in Bewegung setzenden Beschleunigungsprozessen ist nicht der Staat, sondern die Industrie. Kaufleute und Fabrikanten wissen schon lange, dass Zeit Geld ist. Wer reich werden will, muss schneller sein als die Konkurrenz. Das gilt für die Arbeitgeber, erstaunlicherweise aber auch für die neue Klasse der Arbeitnehmer. Der Kapital- oder Arbeitgeber will aus der von ihm bezahlten Zeit einen maximalen Nutzen ziehen. Und der Arbeitnehmer will ein Maximum an Geld verdienen. Das sind Grunddaten der modernen Ökonomie. Man geht davon aus, dass nicht einer etwas verdient und damit zufrieden ist, sondern jeder will möglichst mehr bekommen. Es gibt nur zwei Möglichkeiten, damit das funktioniert: Man muss entweder länger oder aber schneller arbeiten. Nur so wird mehr Ware hergestellt, deren Verkauf die Basis für mehr Geld ist. Diese Dynamik erzeugt einen enormen Beschleunigungsdruck, der auf der einen Seite zu den neuen Beschleunigungselementen wie Dampfmaschine und Eisenbahn führt. Auf der anderen Seite erhöht er aber auch das Tempo des Lebens selbst. Mit Beginn der Industrialisierung ist es mit der Gemütlichkeit vorbei. 1860 notiert die Schriftstellerin Lady Louisa Knightley (1845–1913):

> Die Hälfte der Menschen, denen ich in der Eisenbahn begegne, haben etwas Wildes im Blick. Rast und Ruhe gibt es heutzutage für niemand; immer ist man in Bewegung, ob man Zerstreuung sucht oder seinen Geschäften nachgeht. Ist das der Stagnation früherer Zeiten vorzuziehen? Ich weiß es nicht, das ist schwer, ja fast unmöglich zu entscheiden.[164]

Anders als Lady Knightley haben die meisten Menschen keine Zweifel. Sie finden das neue Tempo gut. Schnelligkeit wird zum Wert an sich. Das 19. und 20. Jahrhundert ist die Zeit der Rekorde. Eisenbahnen, Schiffe und Autos stellen immer neue Geschwindigkeitshochleistungen auf, die mit Begeisterung gefeiert werden.

Das zeigt sich auch im Sport. An ihm wird deutlich, wie sehr die Gesellschaft das Prinzip Geschwindigkeit verinnerlicht hat. Sport im Mittelalter war Kraft- und Kampfsport. Ritter kämpften mit Pferd und Lanze gegeneinander, es gab brutale Ballspiele und beim Ringen kam es vor allen Dingen auf Kraft an; Geschicklichkeit, Ästhetik, Tempo zählten nicht. Das änderte sich allmählich mit dem 17. und 18. Jahrhundert. In England wurden Pferderennen populär, bei denen es um Zeit und Geschwindigkeit ging. Als dann mit der neuen Eisenbahn ab 1830 auch das Publikum schnell und günstig zu den Rennen gebracht werden kann, entwickeln sie sich zu Großveranstaltungen. Dazu kommt, dass hier die Regeln sehr einfach zu verstehen sind. Wer als Erster durchs Ziel geht, hat gewonnen. Bei den bis dahin populären klassischen Reitschulen herrscht ein strenger Regelkatalog, den die wenigsten kennen und verstehen. Ähnlich werden jetzt auch Ruder- und Segelwettkämpfe populär. In der Leichtathletik beginnt man, die Leistungen der Sportler zu messen und zu protokollieren. Im 19. Jahrhundert entstehen immer mehr Sportarten. Im Winter wird um die Wette Schlittschuh gelaufen, Ski gefahren und gerodelt. Zunächst kämpfen die Athleten nur gegeneinander, aber ab dem späten 19. Jahrhundert kämpfen sie auch gegen die Uhr. Die neuen, präzisen Uhren erlauben eine exakte Zeitmessung, die den fairen Vergleich möglich macht. Damit hängt eine gute Leistung nicht nur davon ab, als Erster im Ziel zu sein, jetzt muss man auch noch gegen die Uhr gewinnen. Der Rekordgedanke hält im Sport Einzug. Und weil das Publikum Rekorde will, führt man immer neue Wettbewerbe ein: regional, landes- und weltweit. Damit die Rekorde vergleichbar sind, werden Maße und Regeln definiert. Der Marathon ist jetzt nicht mehr die Strecke von Marathon nach Athen, sondern 42,195 Kilometer lang. Steine und Scheite, die man wirft, werden in Form und Gewicht genormt. Und die Stoppuhren werden präziser. 1880 zeigen sie Sekunden an, zwanzig Jahre später Zehntelsekunden. In diesem Zug wird 1896 die Olympiade wieder eingeführt. Sogar die Tänze nehmen jetzt Fahrt auf: Walzer, Galopp und Polka sind Geschwindigkeitstänze, bei denen sich die Tanzenden in einen regelrechten Rausch drehen. Die Menschen reiten, rennen und fahren um die Wette, und Sieger und Rekordhalter werden gefeiert. Wer sportliche Höchstleistungen erbringt, wird seitdem belohnt mit gesellschaftlicher Anerkennung. Tempo und die Jagd nach Rekorden faszinierten die Menschen. Deutlicher Ausdruck davon ist das «Guinness-Buch der Rekorde», das ab 1955 erscheint und das ganze Leben zu einer Rekordjagd macht. Das hat Auswirkungen auf jeden Einzelnen. Es entsteht ein neues Körperideal. Schön ist ein athletischer, durchtrainierter Körper, der zumindest so aussieht, als wäre er in der Lage, Höchstleistungen zu vollbringen.

Überall soll es schneller gehen. Der Amerikaner Frederick Winslow Taylor (1856–1915) arbeitet daran, die Arbeitsvorgänge innerhalb einer Fabrik zu optimieren. Dazu studiert er alle Arbeitsschritte, die benötigt werden, um eine Ware herzustellen. Das beginnt bei der Warenbeschaffung und Planung und endet bei den Handgriffen, die zur eigentlichen Herstellung der Ware benötigt werden. Taylor ist überzeugt, dass es *one best way* gibt, um diesen Prozess so schnell, stringent und effizient wie möglich zu gestalten. Wenn dieser Weg gefunden ist, wenn alle unnötigen Handgriffe, Wege und Werkzeuge identifiziert und ausgeschaltet sind, dann kann der *one best way* zur Norm für die Arbeit werden. Um sein Konzept des Scientific Management, also des wissenschaftlichen Managements, zu entwickeln, führt Taylor umfangreiche Untersuchungen durch. Er beobachtet Arbeitsschritte, studiert ihre Abfolge, misst ihre Zeit. Das Ergebnis ist die strikte Trennung von körperlicher und geistiger Arbeit. Der Herstellungsprozess wird in kleinste Arbeitsabläufe eingeteilt. Jeder Arbeiter hat nur noch einen solchen Arbeitsgang durchzuführen. Das ist zwar stupide, was Taylor auch weiß, aber er setzt Geld als Motivationsfaktor ein. Wer viel schafft, verdient auch viel. Der Ansatz Taylors ist stark kritisiert worden. Das Erstaunliche ist, dass diese Kritik zunächst nicht von den Arbeitern kam, deren Tätigkeiten mit der Stoppuhr gemessen wurden. Sie begrüßten das System sogar, denn es gab ihnen die Möglichkeit, mehr Geld zu verdienen. Kritik kam vielmehr aus der Ebene des Managements, das befürchtete, dass die Abteilung für Arbeitsorganisation sie in den Betrieben entmachten könnte. In der Folge wurden in den USA in den staatlichen Betrieben der Einsatz von Stoppuhren und die Bezahlung auf Prämienbasis verboten. In Deutschland erhoffte man sich nach dem Ersten Weltkrieg durch das Scientific Management eine Belebung der maroden Nachkriegswirtschaft. 1924 wurde der REFA-Verband gegründet, REFA stand für Reichsausschuss für Arbeitszeitermittlung. Man hoffte dabei zwar auf Leistungserhöhung durch Rationalisierung, wollte aber die von Taylor vorgesehene leistungsgerechte Bezahlung nicht, was in den Fabriken zu Protesten gegen die Methode führte.

Trotz aller Kritik war Taylors Ansatz von großer Tragweite. Seine Ideen stehen am Anfang von Fließbandarbeit und Akkordlohn. Der Arbeiter wird zu einem Teil in einem Getriebe, das er nicht mehr als Ganzheit erlebt. Der Zusammenhang zwischen der Tätigkeit des Einzelnen und dem Produkt am Ende ist oft nur schwer zu durchschauen. Und in vielen Fällen bestimmt nicht mehr der Mensch die Arbeitsgeschwindigkeit, sondern die Maschine. Um sie effektiv und gewinnbringend einzusetzen, arbeitet er rund um die Uhr im Schichtdienst, damit die nie ermüdende Maschine nicht stillstehen muss. Selbst Wladimir Iljitsch Lenin (1870–1924) war begeistert von Taylors Ideen. Er hoffte, mit den Methoden des Scientific Management aus dem Agrarstaat Russland eine moderne Industrienation und aus Bauern Industriearbeiter machen zu können. In Moskau wurde 1923 sogar eine «Zeitliga» ins Leben gerufen, um keine Zeit bei der Arbeit zu verlieren. «Die Zeitliga ist die Organisation des Kampfes gegen die Verschleuderung der Arbeitszeit der Gesellschaft. Die Zeitliga ist ein kollektives Propagandamittel zur Einführung des Amerikanismus im besten Sinne des Wortes: Unsere Arbeit ist unser Leben.»[165]

Seinen ästhetischen Ausdruck findet das neue Tempo im Futurismus, einer avantgardistischen Bewegung, die in den letzten Jahren vor dem Ersten Weltkrieg entsteht. Geistiger Kopf der Bewegung ist der Italiener Filippo Tommaso Marinetti (1876–1944). Er schreibt 1909 das «Futuristische Manifest», das Gründungsdokument der Bewegung. Darin heißt es:

> Wir erklären, dass die Herrlichkeit der Welt um eine neue Schönheit bereichert worden ist: die Schönheit der Geschwindigkeit. Ein Rennwagen, dessen Karosserie große Rohre zieren, die Schlangen mit explosivem Atem gleichen [...] [,] ein aufheulendes Automobil, das auf Feuersalven dahinzugleiten scheint, ist schöner als die Nike von Samothrake. Wir

wollen jenen Mann besingen, der am Steuer sitzt, dessen ideale Achse die Erde durchquert, die selbst auf ihrer eigenen Bahn dahinjagt.[166]

Das entspricht dem Zeitgeist, der sich an den neuen Erfindungen berauscht. Erinnern wir uns: 1909 erreichen die neuen Autos bereits Geschwindigkeiten von 200 Stundenkilometern und mehr, und die Züge donnern teilweise mit 210 Stundenkilometern über die Schienen. Der Futurismus erklärt diese neue Geschwindigkeit, die ohnehin alle begeistert, zu einem ästhetischen Prinzip. Maler und Bildhauer wie Umberto Boccioni (1882–1916) versuchen, in ihren Werken die Bewegung und das Licht selbst darzustellen. Die Musik setzt sich mit den Geräuschen der Großstadt auseinander, die Literatur versucht Simultanität mit Collagen und Montagen darzustellen, und die Architekten entwerfen Hochhäuser, Hochbahnen, Bahnhöfe und Flughäfen. Die Futuristen sind mit ihrem Programm enorm einflussreich. Alfred Döblin (1878–1957) benutzt in seinem Roman «Berlin Alexanderplatz» aus dem Jahr 1929 die futuristischen Montagetechniken. Kunststile wie Expressionismus, Surrealismus und Dada werden von den Futuristen beeinflusst. Heute findet man auf den in Italien geprägten 20-Cent-Münzen Boccionis Skulptur «Einzigartige Formen der Kontinuität im Raum».

Den Futuristen sowie den Mitgliedern der später gegründeten Zeitliga ist durchaus bewusst, dass sie mit ihrem Programm nicht nur neue Technologien ästhetisch verklären, es geht ihnen auch um ein neues Zeitbewusstsein. Marinetti formuliert das klar in seinem Manifest: «Zeit und Raum sind gestern gestorben. Wir leben bereits im Absoluten, denn wir haben doch die ewige, allgegenwärtige Geschwindigkeit längst erschaffen.»[167]

Geschwindigkeit tötet Zeit und Raum und verabsolutiert den Menschen. Damit formuliert Marinetti sehr genau den Geist der Moderne. Der Mensch löst sich qua Technologie von seiner natürlichen Umgebung und setzt sich über sie. Dieses Programm bestimmt die weitere Entwicklung bis Anfang des 21. Jahrhunderts. Und erst jetzt wird uns langsam klar, dass diese Entwicklung zu einem enthemmten Kapitalismus führt, der die Reichen reicher und die Armen ärmer macht und dabei unsere Lebensgrundlagen zerstört. Umweltverschmutzung, Klimawandel, Kriege, Millionen von Flüchtlingen, Pandemien – all das sind Folgen der Verabsolutierung von Raum und Zeit, ihrer Abkopplung vom Leben, deren Hohelied im Futurismus besungen wurde. Die Futuristen haben diesen Geist nicht geschaffen, aber sie haben ihn zu einer ästhetischen Norm erklärt, die das Alte erbarmungslos ausrottet, um Platz für das Neue zu schaffen. Wenn früher die Handwerkszünfte sich gegen die Einführung von Neuerungen wehrten, sie sogar verbaten, damit alle in der Zunft ein Auskommen haben und niemand vorpreschen, dann wirft Marinetti jetzt die Langsamen aus der Versammlung und verspricht denen, die bleiben, eine neue, glänzende Zukunft. Wie diese Zukunft konkret aussehen soll, kann Marinetti nicht beschreiben. Er ist Künstler und kein Politiker, aber am Ende eines großen Aufstiegs und nach dem Bau eines großen futuristischen Schienenstrangs steht die «rasende Kopulation der Schlacht, gigantische Vulva, regenbogenfarben von der Geilheit des Mutes, formlose Vulva, die sich aufreißt, um sich besser dem grauenhaften Spasmus des unmittelbar bevorstehenden Sieges darzubieten».[168]

Genau diese Besoffenheit von Krieg und Gewalt macht den Futurismus so problematisch. Schon in Marinettis Manifest des Futurismus heißt es: «Wir wollen den Krieg verherrlichen – diese einzige Hygiene der Welt – den Militarismus, den Patriotismus, die Vernichtungstat der Anarchisten, die schönen Ideen, für die man stirbt, und die Verachtung des Weibes.»[169] Es ist bittere Ironie, dass fast alle Futuristen der «Hygiene» des Ersten Weltkriegs zum Opfer fallen. Die Künstler ziehen begeistert an die Front, die sie verherrlicht haben, und sterben dort. Marinetti selbst überlebt den Krieg und erlebt, dass die von ihm ins Leben gerufene Bewegung die gewaltbereiten Ränder des rechten und linken politischen Spektrums fasziniert und inspiriert. Marinetti wird Faschist und Mussolini-Anhänger, aber er hat auch die sowjetische Zeitliga beeinflusst. Langsamkeit bedeutet für ihn und seine Anhänger vor allem Zersetzung. Ziel Marinettis ist die Verschmelzung des Menschen mit der Maschine. «Die verhundertfachte menschliche Energie der Geschwindigkeit wird Zeit und Raum beherrschen.»[170]

Es ist sicher ein Zufall, dass nur wenige Tage nach Marinettis «Futuristischem Manifest» vom 20. Februar 1909 die Kiellegung der «Titanic» am 31. März 1909 erfolgte. Am 10. April 1912 begann die «Titanic» ihre Jungfernfahrt von Southampton nach New York. Vier Tage später kollidierte das als unsinkbar geltende Schiff mit einem Eisberg und zog über 1500 Menschen in die Tiefe. Das Schiff war trotz Eiswarnungen in schwierigem Gewässer einfach zu schnell gefahren und nicht mehr in der Lage gewesen, dem Eisberg auszuweichen. Es hat sich zwar als Legende herausgestellt, dass die «Titanic» auf der Jagd nach dem «Blauen Band» für die schnellste Atlantiküberquerung war, aber ihr Untergang steht doch symbolisch am Anfang dieses Jahrhunderts. Geschwindigkeit ist gefährlich, lehrt uns die «Titanic». Deshalb gehört zu ihr auch der Versuch, ihren Gefahren in vielfältigen Formen auszuweichen. Das beginnt bei der Straßenverkehrsordnung, die 1909 eingeführt wird. Es geht weiter mit Versicherungen aller Art und auch mit neuen Technologien: Vom Sicherheitsgurt bis zum Airbag sollen Gefahren minimiert werden.

Doch trotz aller Versuche, Gefahren zu bändigen, wird weiter Gas gegeben. Die neue Religion der Geschwindigkeit, die Marinetti ausgerufen hat, beherrscht das gesamte 20. Jahrhundert, dessen Geschichte man auch beschreiben kann als eine Geschichte der letzten Phase einer großen Beschleunigung. Das Rasen der Körper und Nachrichten, das über Jahrhunderte nur sehr langsam Fahrt aufgenommen hat, überschlägt sich jetzt plötzlich. Am Anfang des Jahrhunderts steht die allmähliche Verbreitung von Automobil und Telefon. Am Ende des Jahrhunderts sind Autos Massenware geworden und wir stehen im Stau. Mit Raketen schießen wir Satelliten ins All, die es jedem von uns ermöglichen, mit Menschen auf der anderen Seite der Erde zu sprechen. Wir können ihnen Bilder schicken, und wir sehen uns beim Sprechen. Wir essen schnell, wir reisen schnell, wir kommunizieren schnell. Wir lieben schneller und wechseln immer öfter den Partner. Wir gehen sogar schneller als früher. Ein Bürger der Stadt New York geht viermal so schnell wie ein griechischer Bauer. Wer keine Zeit hat, hat dafür viel Geld. Zeitmangel ist ein Statussymbol. Aber wer den ganzen Tag rennt, wird irgendwann krank. Je größer eine Stadt ist, umso schneller sind ihre Menschen, aber umso größer ist auch das Risiko von Herz-Kranzgefäß-Erkrankungen. Dem Problem des zunehmenden Zeitstresses haben sich inzwischen Zeitmanager angenommen. In Kursen und Seminaren bieten sie ihre Dienste an. Oberstes Gebot im Umgang mit der knappen Ressource Zeit ist es, die anstehenden Aufgaben nach Wichtigkeit zu ordnen. Die Aufgaben mit der höchsten Priorität sollen zuerst erledigt werden. So lässt sich Zeitstress vermeiden. Eigentlich sollte man auch meinen, dass die Erhöhung des Arbeitstempos und die daraus folgende permanente Effizienzsteigerung dazu führen, dass wir weniger arbeiten müssen und mehr Freizeit haben. Auf den ersten Blick stimmt das auch. Unsere Arbeitszeit hat sich in den letzten 200 Jahren mehr als halbiert. 1825 lag die durchschnittliche Wochenarbeitszeit bei 82 Stunden. Heute sind es nur noch 35 bis 40 Stunden.

Je mehr Freizeit wir haben, umso mehr Angst haben wir, etwas zu verpassen. Wir reagieren darauf, indem wir auch in unserer Freizeit Gas geben. Aus dem drei- oder vierwöchigen Jahresurlaub in der Sommerfrische wird der Kurztrip oder die Last-Minute-Reise. Wir telefonieren im Auto, hören Podcasts beim Joggen, lesen Zeitung oder sehen fern beim Essen. Wir haben nicht einmal mehr die Zeit, um uns ins Fast-Food-Restaurant zu setzen. Wir bestellen am Drive-Schalter, damit es schneller geht, und essen beim Fahren. Was wir nicht in diesem Leben schaffen, schaffen wir nie. Deshalb versuchen wir auch das Leben immer weiter zu verlängern. So haben wir mehr Zeit, uns abzuhetzen. Die Erziehungswissenschaftlerin Marianne Gronemeyer hat dafür die Formel gefunden: das Leben als letzte Gelegenheit. Sie schreibt:

> Die Gegenwart, wie überfüllt sie auch ist, wird definiert durch das, was ihr abgeht. Sie existiert als Defizit. Das Anwesende ist stets ein Raub an den lockenden Möglichkeiten, mit denen das Abwesende winkt. Das ist der Kern jener ökonomischen Selbstverständlichkeit, dass das reichlich Vorhandene wertlos ist, und nur das, was knapp oder unverfügbar ist, hoch gehandelt wird und die Begehrlichkeit reizt.[171]

Was wir also jetzt nicht tun, das ist verloren. Wenn ich den Kurztrip übers Wochenende, das neue Auto, das neue Kleid eben nicht jetzt kaufe, dann kann es sein, dass ich es nie bekommen werde, denn wer weiß, ob ich dann noch die Gelegenheit dazu habe. Das Leben ist wie die Sonderangebote im Supermarkt. Wenn ich heute nicht zugreife, ist der Artikel weg oder teurer geworden. Hinter diesem Zeitgefühl steckt eine große Skepsis gegenüber der Zukunft. Die Vergangenheit liegt hinter mir, sie ist «aufgebrauchte Zeit». Und niemand weiß, wie viel Zukunft noch vor einem liegt. Deshalb muss alles jetzt erledigt werden. Dieses Verhältnis zur Zeit, das sich auf die reine Gegenwart konzentriert, hat etwas zu tun mit unserem Verhältnis zum Tod. Er ist nicht mehr ein heilsgeschichtliches Ereignis und Übergang hin zu einem wirklichen und ewigen Leben mit Gott, sondern schlicht das Ende. Für Marianne Gronemeyer liegt der Ursprung dieses Lebensgefühls in der Pesterfahrung des Mittelalters, genauer in den Jahren der Schwarzen Pest. In Europa starben zwischen 1346 und 1353 rund 25 Millionen Menschen, also etwa jeder Dritte der damaligen Bevölkerung. Und dieser schwarze Tod ist anders. Gestorben wird nicht mehr im Kreis der Familie, es gibt kein Ritual mehr wie die «letzte Ölung», die auf den Weg ins andere Leben vorbereitet. Der Tod der Pest ist einsam und qualvoll, die Menschen sterben isoliert. Niemand will die Sterbenden begleiten, um sich nicht anzustecken. Die Toten werden nicht ehrwürdig begraben, sondern notdürftig verscharrt. Der Tod hat plötzlich ein anderes Gesicht. Aus dem Übergang in die Ewigkeit bei Gott wird ein qualvolles Verrecken, das Ende. Und damit bekommt das Leben ein anderes Gewicht. Es ist nicht mehr Teil einer langen Reise, sondern alle Zeit, die wir haben. Mit der Pest beginnt die Neuzeit, schreibt der Kulturhistoriker Egon Friedell. Für ihn ist 1348, das Jahr der Schwarzen Pest, das «Konzeptionsjahr des Menschen der Neuzeit».[172]

Dazu kommt noch etwas anderes, nämlich ein zunehmendes Bewusstsein der Einzigartigkeit des Individuums. Zwar ist auch der mittelalterliche Mensch einzigartig, Gott kennt seinen Namen, aber diese Einzigartigkeit ist anders, sie entscheidet sich gewissermaßen erst im Himmel, wenn über das ewige Schicksal entschieden wird. Fällt aber diese Perspektive weg, dann liegen Sinn und Bedeutung eines Lebens darin, hier auf Erden unverwechselbar zu sein. Das führt zu einem neuen Bewusstsein für das eigene Leben und den Tod.

> Der Preis für die so weit getriebene Individualisierung ist eine durch nichts gemilderte Konfrontation mit der eigenen Vergänglichkeit. Nicht nur, dass sich das Individuum dadurch, dass es sich an die Stelle Gottes setzt, der Hoffnung auf das Jenseits begibt, macht den Tod zu einem endgültigen Ende. Der Anspruch auf Einzigartigkeit macht das individuelle Leben unerhört kostbar und unersetzbar. Das einzigartige Individuum kann in nichts und niemand fortleben, mit seinem Ende ist es unwiederbringlich verloren. Wenn das Leben die einzige Gelegenheit ist, dann steigert sich die Verlustangst ins Unerträgliche.[173]

Diese Mischung aus Einzigartigkeit und Angst führt in Neuzeit und Moderne zu erstaunlichen Ergebnissen in der Kunst. Marianne Gronemeyer nennt hier stellvertretend Albrecht Dürers (1471–1528) Münchener Selbstbildnis im Pelzrock aus dem Jahr 1500, das exemplarisch für das neue Selbstverständnis des Menschen steht. Ein weiteres Ergebnis sind die Erforschung und Unterwerfung der Natur bzw. die Schaffung einer zweiten, technischen Natur. Da wir nur ein Leben haben, muss dieses eine Leben so gut es geht beschützt werden. Bedroht wird es durch die Natur, die als ausgesprochen unsicher erfahren wird. Der eigene Leib ist Natur – und er lässt mich im Tod im Stich. Das Bedürfnis nach Sicherheit bringt die Medizin ebenso voran wie die Technik. Man kann die Glühbirne auch interpretieren als Angst vor der natürlichen Dunkelheit, in der man die Gefahr nicht kommen sieht. Dunkel und ohne Beleuchtung ist es nachts nur noch dort, wo die Zivilisation nicht hingekommen ist: auf dem Land und bei Naturvölkern. Und schließlich führt das Leben als letzte Gelegenheit zu einer enormen Beschleunigung, denn alles muss irgendwie in die kurze Spanne unseres Daseins gepresst werden, um die eigene Existenz möglichst prall mit Erlebnissen zu füllen. Indem wir mit unserem Leben aus der sehr langen Perspektive der göttlichen Heilsgeschichte herausgefallen und uns der eigenen Sterblichkeit so schmerzhaft bewusst geworden sind, «entstand ein chronischer Mangel an Dauer».[174] *Vita brevis,* das Leben ist kurz, also müssen wir uns beeilen. Die Kürze des Lebens soll durch Geschwindigkeit wettgemacht werden.

Insofern besteht das Projekt der Moderne in Naturunterwerfung und Beschleunigung. Und beides geschieht aus Angst vor dem Tod. Dabei tun wir der Natur massiv Gewalt an. Das philosophische Handwerkszeug dazu liefert René Descartes (1596–1650), der Natur rein mechanistisch versteht, als eine Art gigantische Maschine. Wenn wir wissen, wie diese Maschine funktioniert, können wir sie auch beherrschen und manchmal sogar nachbauen. Dieses Naturverständnis ist enorm wirkungsvoll und erfolgreich. Aber es tut der Natur – und damit letztendlich auch dem Menschen, denn wir sind Natur – massiv Gewalt an. Es geht darum, die Widerständigkeit der Natur zu brechen, sie auf Material und Energie zu unserer Verfügung zu reduzieren. Das Ergebnis dieser Bemühungen reicht vom Raubbau an natürlichen Ressourcen über das Artensterben, die Umweltverschmutzung, die Erderwärmung und die sich daraus ergebende Klimakatastrophe bis hin zu Krankheiten, Zoonosen, wie die Pest, Ebola und COVID-19. Auch das Steigern unserer Geschwindigkeit tut der Natur Gewalt an. Wir versiegeln die Böden für Autobahnen, Parkplätze und Flughäfen, wir begradigen Flüsse, bohren Tunnel, wühlen in der Erde nach Treibstoff, verpesten die Luft und verunreinigen das Meer. Das Fatale ist, dass wir lange Zeit die Folgen dieser Gewalt nicht nur nicht gesehen haben oder sie nicht sehen wollten. Wir haben sie sogar für schön erklärt. Genau das ist der tragische Kern des Futurismus, der Geschwindigkeit, Aggressivität und Kampf zum ästhetischen Prinzip erklärt. Dieser Ästhetik, die ein rasendes Auto schöner findet als die Nike von Samothrake, folgen wir immer noch in unseren SUVs, auf Wochenendtrips nach New York oder Madrid, bei Billigfleisch und T-Shirts zu Schleuderpreisen, die wir fast schneller in den Müll werfen, als sie hergestellt wurden.

Der Prototyp des «neuen Menschen» allerdings ist deutlich älter als etwa der Futurismus. Er ist Goethes Faust. Als Wissenschaftler kann er den Geheimnissen von Natur und Welt nicht auf den Grund gehen, er findet nicht heraus, was die Welt im Innersten zusammenhält. Also will Faust, quasi als Gegenprogramm zur Wissenschaft – als eine Art gigantische Feldforschung – erleben, was es zu erleben gibt, er will sich «ins Rauschen der Zeit, Ins Rollen der Begebenheit»[175] stürzen. Bei dem berühmten Pakt mit dem Teufel geht es nicht darum, dass Faust seine Seele für grenzenloses Wissen verkauft. Der eigentliche Pakt besteht in einem grenzenlosen irdischen Vergnügungsprogramm. «Aus dieser Erde quillen meine Freuden.»[176] Das Drüben, wie immer das aussehen mag, hat Faust abgeschrieben. Jetzt geht es um Spaß. Und erst wenn er irgendwo auf etwas stößt, von dem er sich wünscht, dass es bleibt, dann soll der Teufel seine Seele bekommen. «Werd ich zum Augenblicke sagen: / Verweile doch! Du bist so schön! / Dann magst du mich in Fesseln schlagen, / dann will ich gern zugrunde gehn!»[177] Das macht Faust zu einem eminent modernen Menschen. Es ist nicht sein vermeintlicher Wissensdurst, es ist sein Vergnügungshunger. Sogar der Teufel wendet ein: «Doch, guter Freund, die Zeit kommt auch heran, / Wo wir was Guts in Ruhe schmausen mögen.»[178] Aber Faust winkt ab. Warum in Ruhe schmausen, es gibt doch schnelles Essen bei McDonalds, Burger King und Subway, den Kaffee nimmt man to go und zuhause bestellt man das Essen per Handy-App? Niemand muss Goethe, Schiller und die Philosophen lesen, wenn man Netflix schauen kann. Faust beklagt sich explizit, dass der große Geist ihn verschmäht hat und Wissen ihn ekelt. Er verlangt vom Teufel ein endloses Unterhaltungsprogramm.

> Faust: Stürzen wir uns in das Rauschen der Zeit,
> Ins Rollen der Begebenheit!
> Da mag denn Schmerz und Genuß,
> Gelingen und Verdruß
> Miteinander wechseln, wie es kann;
> Nur rastlos betätigt sich der Mann.
>
> Mephistopheles: Euch ist kein Maß und Ziel gesetzt.
> Beliebt's Euch, überall zu naschen,
> Im Fliehen etwas zu erhaschen,
> Bekomm Euch wohl, was Euch ergetzt.
> Nur greift mir zu und seid nicht blöde!
>
> Faust: Du hörest ja, von Freud' ist nicht die Rede.
> Dem Taumel weih ich mich, dem schmerzlichsten Genuß,
> Verliebtem Haß, erquickendem Verdruß.[179]

Und so nimmt der Teufel Faust mit auf einen wilden Ritt durch die Spaßgesellschaft. Auerbachs Keller lässt sich auch deuten als frühe Form des TV-Formats, bei dem sogenannte Prominente irgendwo gemeinsam eingesperrt und nonstop gefilmt werden, wie sie sich gnadenlos blamieren. Sogar ein Anti-Aging-Programm in der Hexenküche hält Mephisto bereit; bis der verjüngte Faust auf Gretchen trifft und an der Liebe, die bekanntlich ihre eigene Zeit hat, scheitert.

Goethe hat für die beschleunigte, rasende Zeit des Faust einen eigenen Begriff erfunden: veloziferisch. Das ist ein Kunstwort aus dem Lateinischen *velocitas* für Geschwindigkeit und «luziferisch», bedeutet also in etwa die teuflische Geschwindigkeit, wobei der eigentliche Ursprung des Begriffs aus dem Italienischen stammen dürfte, denn dort bezeichnete man die Eilwagen der Post als *velocifere*. Und eben diese Eilwagen wurden zu Beginn des 19. Jahrhunderts auch in Preußen eingeführt.[180]

Goethe dürfte diese Wagen gekannt haben, wie er überhaupt einen wachen Blick für die beginnende Veloziferität seiner Zeit hatte. Die Eisenbahn vom Typ «Rocket» fuhr seit 1829. Dampfmaschinen kannte Goethe aus dem Bergbau, bereits 1790 hatte er welche im schlesischen Tarnowitz gesehen. Er nahm diese neuen Technologien mit einem regen Interesse wahr und spürte, dass sie dabei waren, die Welt zu verändern. Die wohl letzte Lektüre seines Lebens war die Schilderung einer Eisenbahnfahrt von Liverpool nach Manchester. Gegenüber König Ludwig I. brachte er seine Erfahrung der Veloziferität einmal so auf den Punkt: «Einer eingepackten Ware gleich schießt der Mensch durch die schönsten Landschaften. Länder lernt er keine mehr kennen. Der Duft der Pflaume ist weg.»[181] Das liest sich wie eine Beschreibung von Pauschalreisen und Kurztrips mit dem Flugzeug am Wochenende.

So ist das «Faust»-Drama ein «seismographisches Frühwarnsystem»[182] für die neue Epoche der Geschwindigkeit. Kein halbes Jahrhundert später ist sie in vollem Gange. Friedrich Nietzsche hat das mit wachem Bewusstsein wahrgenommen. Er setzt Fausts Rollen der Begebenheit das Programm der Wiederkehr des Immergleichen entgegen. Wenn wir so leben, dass wir es aushalten, dass sich jeder Augenblick unseres Lebens immer und immer wiederholt, dann ist es gut; eine Art ewiger Murmeltiertag also, statt einer Attraktion nach der anderen nachzujagen meditative und unendliche Wiederholung. Das wäre schon fast ein Abbild der Ewigkeit, so wie Platon die Kreisform der Zeit verstanden hat. Aber damit hätten wir die Zeit verlassen.

6. Das Sein der Zeit

Wir haben jetzt eine lange Reise durch die Geschichte der Zeit hinter uns. Begonnen hat sie mit den Aporien zur Zeit, den offenen Fragen und Widersprüchen, die auftauchen, wenn wir über die Zeit nachdenken. Diese Aporien waren der Ausgangspunkt für die Geschichte des Nachdenkens über die Zeit selbst. Wie haben Philosophen und Physiker die Zeit verstanden? Die Theorien, über die ich geschrieben habe, sind keinesfalls vollzählig. Fast alle Denker und Denkerinnen von Rang haben sich mit der Zeit auseinandergesetzt. Und die Geschichte des Nachdenkens über die Zeit ist nicht am Ende. Wir Menschen grübeln über dieses seltsame Phänomen, solange wir leben. Im Anschluss an die Theorien über die Zeit ging es um unseren praktischen Umgang mit ihr. Wie messen wir sie? Die Geschichte der Uhren und Kalender handelt von den Sternen, von Göttern, von Politik, Gesellschaft und von Technik. Schließlich haben wir uns mit den Folgen unseres Umgangs mit der Zeit auseinandergesetzt: der zunehmenden Beschleunigung von Nachrichtentechnik und Verkehr, woraus das Gefühl der Beschleunigung unseres Lebens herrührt. Wir haben keine Zeit mehr, scheint es.

In diesem Kapitel nun möchte ich versuchen, das gewonnene Wissen über die Zeit zusammenzufassen und auf dieser Grundlage zu etwas zu kommen, das man als Sein der Zeit bezeichnen könnte. Dieses Sein der Zeit, das ein wenig an Heideggers «Sein und Zeit» erinnert, ist keine Wesensdefinition im philosophischen Sinne, so wie sie Aristoteles mit einem Satz wie «Zeit ist die Zahl der Bewegung» gegeben hat. Es ist der Versuch, der Zeit nahezukommen, sie zu begreifen, ohne sie auf den Begriff zu bringen. Jeder auch nur halbwegs geschulte Philosoph wird meine Annäherung an sie ohne Probleme logisch auseinandernehmen können. Und vielleicht werden Sie, liebe Leserin und lieber Leser, sagen: Dafür der ganze Aufwand? Darauf habe ich so viel Zeit mit dem Lesen dieses Buches verwandt? Das Sein der Zeit, über das ich jetzt schreiben möchte, ist tatsächlich sehr einfach. Aber sind das eigentlich nicht alle großen Wahrheiten und Einsichten?

Die Zeit als Fetisch

Erinnern wir uns an die Marschallin aus Richard Strauss' Oper «Der Rosenkavalier» mit dem Libretto von Hugo von Hofmannsthal. Sie singt:

> Die Zeit, die ist ein sonderbares Ding.
> Wenn man so hinlebt, ist sie rein gar nichts.
> Aber dann auf einmal,
> da spürt man nichts als sie:
> sie ist um uns herum, sie ist auch in uns drinnen.
> In den Gesichtern rieselt sie, im Spiegel da rieselt sie,
> in meinen Schläfen fließt sie.
> Und zwischen mir und dir da fließt sie wieder.
> Lautlos, wie eine Sanduhr.[183]

Zeit, dieses sonderbare Ding, das spüren wir, hat elementar etwas mit uns zu tun. Wir alle machen die Erfahrung, von der die Marschallin singt. Zeit ist «um uns herum», aber sie ist auch «in uns drinnen». Wenn wir jung sind, hat Zeit praktisch keine Bedeutung. Erst wenn wir älter werden, die Schläfen grau und die Stirn faltig, spüren wir ihr Vergehen, das aber eigentlich immer bei uns war, allerdings lautlos wie eine Sanduhr. Und doch erzählt uns unser Umgang mit der Zeit eine ganz andere Geschichte. Im Laufe der Jahrhunderte haben wir immer stärker versucht, uns die Zeit vom Leib zu halten, indem wir sie zu etwas gemacht haben, das außerhalb von uns liegt. Newton hat das auf den Begriff gebracht: Zeit ist absolut, sie ist von allem losgelöst – und das heißt: auch von uns.

Diese Verabsolutierung der Zeit beginnt in der Denkgeschichte spätestens bei Aristoteles, der die Zeit als Zahl der Bewegung definiert. Damit wird Zeit an ein physikalisches Phänomen gebunden, das unabhängig von mir ist. Sicher, ich kann mich auch bewegen, und diese Bewegung kann gezählt werden. Aber Zeit ist an jeder Bewegung. Und damit, wenn alles stillstände, wäre immer noch Bewegung, hat Aristoteles die Zeit an die Rotation des Himmels gebunden, die niemals aufhört. Gewiss kann man einwenden, Plotin binde die Zeit doch an die Seele und Augustinus an die Ausdehnung des Geistes. Das ist richtig. Aber bei Plotin ist es die Weltseele, an der die Zeit hängt. Und so wirkmächtig die Zeittheorie von Augustinus auch war und ist, heute noch beginnt fast jede Auseinandersetzung mit der Zeit mit dem berühmten Augustinus-Zitat, er wisse ja, was die Zeit sei, wenn man ihn nicht danach frage, sobald er aber gefragt werde, komme er in Schwierigkeiten. So hat seine psychologische Theorie der Zeit doch keinen Einfluss auf unseren Umgang mit diesem sonderbaren Ding, das man irgendwann im Leben plötzlich spürt.

Newton löst mit seiner Physik Zeit und Raum praktisch von uns und von der Welt, indem er sie wie schon Aristoteles zu Größen macht, mit denen man rechnen kann. In seinen berühmten «Principia» heißt es: «Die absolute, wirkliche und mathematische Zeit fließt in sich und in ihrer Natur gleichförmig, ohne Beziehung zu irgendetwas außerhalb ihrer Liegendem, und man nennt sie mit einer anderen Bezeichnung ‹Dauer›.»[184] Diese «wirkliche» Zeit unterscheidet Newton von einer relativen, aus der absoluten Zeit abgeleiteten Zeit, die wir dann auch wahrnehmen können, indem wir sie messen.

> Die relative Zeit, die unmittelbar sinnlich wahrnehmbar und landläufig so genannte, ist ein beliebiger sinnlich wahrnehmbarer und äußerlicher Messwert der Dauer, aus der Bewegung gewonnen (sei es ein genauer oder ungleichmäßiger), welchen man gemeinhin anstelle der wahren Zeit benützt, wie Stunde, Tag, Monat, Jahr.[185]

Innerhalb der Wissenschaftsgeschichte der Physik stellen die «Principia» einen Paradigmenwechsel dar. Die klassische Mechanik und ihre Gesetze, die Newton formuliert, brechen mit der aristotelischen Physik. Aber auch innerhalb der Geschichte der Zeit bricht Newton mit den althergebrachten Vorstellungen. Zeit ist nicht mehr das, was wir meinen, wenn wir von Tag und Nacht, von Wochen und Jahren reden. Das sind alles nur Ableitungen und Messwerte der wahren Zeit, die irgendwo da draußen ist, völlig losgelöst von allen Inhalten, von nichts beeinflusst und auch nicht zu beeinflussen, gleichförmig, eine Art fließende Mathematik. Mit unseren Uhren können wir uns dieser Zeit nur annähern, erreichen werden wir sie nicht.

Die Vorstellung einer mathematischen Zeit irgendwo da draußen, die wir auf unseren Uhren gleichsam nur abbilden, so ähnlich wie Platon die Zeit als Abbild der Ewigkeit denkt, hat zur Folge, dass unsere Uhren und Kalender immer genauer werden. Mit Newtons Proklamation der Zeit als physikalischer Messgröße kommt es darauf an, diese Größe möglichst präzise zu erfassen.

Eine ähnliche Bemühung gibt es auch beim Raum, der ja laut Newton ebenfalls absolut ist. 1799 wird der Urmeter definiert als zehnmillionster Teil des Viertels des Erdumfangs, der Paris und den Nordpol berührt, und als Platinstab in Paris realisiert, sozusagen die Mutter aller Zollstöcke. Diese Definition wurde im Laufe der Geschichte mehrmals präzisiert. Heute ist 1 Meter die Länge der Strecke, die das Licht im Vakuum während der Dauer von 1/299.792.458 Sekunde zurücklegt. Aus einem sehr handfesten Platinstab ist eine Bestimmung geworden, die sich jeder Vorstellung entzieht. Wir können uns weder die Lichtgeschwindigkeit noch den 299.792.458ten Teil einer Sekunde anschaulich machen.

Wie wir gesehen hatten, gibt es eine ähnliche Abstraktionsbewegung bei der Zeit. Als man die Zeit noch anhand der Erdrotation maß, von der man annahm, sie sei gleichmäßig, war 1 Sekunde der 60. Teil von 1 Minute des in 24 Stunden zu 60 Minuten eingeteilten Tages. Diese Sekunde entsprach einer winzigen Bewegung des Zeigers einer Uhr. Heute ist eine Sekunde laut Wikipedia «das 9.192.631.770-fache der Periodendauer der Strahlung, die dem Übergang zwischen den beiden Hyperfeinstrukturniveaus des Grundzustandes von Atomen des Nuklids ^{133}Cs entspricht».[186] Man möchte anfügen: *whatever it is*. Diese Sekunde entzieht sich jedem Vorstellungsvermögen. Sie ist zwar deutlich näher an der absoluten Zeit Newtons als die laut tickenden Uhren zur Zeit des Physikers – aber erreichen kann sie die absolute Zeit auch nicht. Und zwar per definitionem.

Trotz der Vergeblichkeit des Unterfangens hat mit Newtons Entwurf von Raum und Zeit das Bemühen eingesetzt, unsere irdischen Messinstrumente zu präzisieren und zu verfeinern. Die Geschichte des Uhrenbaus, die ich erzählt habe, ist nicht nur eine Geschichte von findigen Mechanikern, die immer feinere Uhrwerke konstruieren können. Es ist auch die Geschichte eines Versuches, sich dem Absoluten anzunähern. Doch wer sich an etwas annähert, geht zugleich von etwas weg. Und genau darin liegt das Problem. Wir haben eine natürliche Vorstellung von der Zeit hinter uns gelassen, um uns der absoluten Zeit anzunähern – auch wenn wir wissen, dass wir sie nie erreichen werden.

An der Vorstellung von der absoluten Zeit ändert sich auch nichts, als mit Einsteins Relativitätstheorie das physikalische Verständnis der Zeit geradezu auf den Kopf gestellt wird. Die neue Zeit Einsteins ist relativ, nicht mehr losgelöst von allem, sondern bezogen auf Bewegung und Schwerkraft. Diese Zeit allerdings liegt völlig außerhalb unseres Erlebnishorizonts, da wir «hier auf Erden» einfach die nötigen Geschwindigkeiten nicht erreichen, um die Relativität der Zeit irgendwie erlebbar zu machen. Zwar spielt Einsteins Zeitdilatation heute durchaus eine Rolle, etwa bei den Navigationsgeräten in unseren Autos, aber auch das erleben und erfahren wir nicht. Unsere Welt ist immer komplexer geworden mit ihren Fahrplänen, fein abgestimmten Lieferketten, Onlinekonferenzen und vielen anderen Dingen, die darauf setzen, dass unsere Uhren alle genau gleich gehen – und nicht relativ zu unserer Bewegung. Die relative Zeit spielt in unserem täglichen Leben praktisch keine Rolle. Wir verhalten uns auch zu Beginn des 21. Jahrhunderts immer noch, als wäre Newtons Theorie von der absoluten Zeit gültig.

Das liegt daran, dass Newton unser Bild von der Zeit zutiefst geprägt hat. Das hat sich sogar, wie noch zu zeigen sein wird, auf die Darstellung der Zeit ausgewirkt. Vor allem aber stellen wir uns seit Newton vor, dass die Zeit etwas ist, das «irgendwie» außerhalb von uns liegt, etwas Seiendes, eine Entität, wie immer man das bezeichnen möchte, die irgendwo da draußen ist und mit der man umgehen kann, wie mit vielen anderen Dingen auch. Man kann sie besitzen, verlieren, sparen, bewahren ... Wir haben die Zeit verdinglicht – und in diesem Sinne haben wir die Zeit zu einem Fetisch gemacht.

Karl Marx spricht in «Das Kapital» vom «Fetischcharakter der Ware».[187] Er meint damit, dass gesellschaftliche Verhältnisse bei Waren, Geld und Kapital als Eigenschaften am Gegenstand selbst auftreten. Ein Tisch ist eigentlich «nur» ein einfacher und praktischer Gegenstand, den ein Tischler aus Holz gefertigt hat. Sobald der Tisch aber verkauft und zu einer Ware wird, mit der man Gewinn machen kann, sieht es so aus, als würde die Ware selbst Gewinn erwirtschaften. Dabei leistet der Tisch als Ware gar nichts. Der erzielte Gewinn spiegelt vielmehr gesellschaftliche Verhältnisse wider: die Arbeitsleistung des Tischlers, den Wert des Holzes, Angebot und Nachfrage auf dem Möbelmarkt. Ähnlich ist es mit dem Kapital, das scheinbar Gewinn abwirft. Tatsächlich steht hinter diesem «mystische[n] Charakter»[188] ein Unternehmer, der mit seinem Kapital Arbeit, Produktionsmittel und Rohstoffe kauft und damit etwas produzieren lässt, das er mit Gewinn verkauft.

Die Zeit spiegelt gesellschaftliche Verhältnisse wider. Das zeigt sich zum Beispiel im Besitz von Turmuhren, die ab 1280 auftauchen und das soziale Prestige und den Reichtum einer Stadt deutlich machen sollen.[189] Bis heute gelten teure Uhren als Statussymbole. In den Werbeanzeigen für sie sehen wir Männer auf Jachten oder vor Luxusautos. Oft wird gezeigt, wie sie ihre Uhren an ihre Söhne weitergeben.

Es heißt, Zeit ist Geld. Zeit ist allerdings auch Macht. Wer das Geld und die Macht hat, kann sich die Zeit anderer Menschen kaufen. Dafür steht die Stechuhr. In dem Moment, in dem die Arbeitenden diese Uhr betätigen, gehört ihre Zeit nicht mehr ihnen, sondern dem Unternehmen, das bestimmt, wie lange gearbeitet wird, wann Pause ist, wann wieder gearbeitet werden muss. Und schließlich: Wer Macht hat, kann es sich leisten, andere warten zu lassen. Wir alle kennen das Gefühl, beim Arzt oder in einer Behörde zu sitzen und darauf zu warten, endlich vorgelassen zu werden. In dieser Wartesituation manifestieren sich Machtverhältnisse. Während die Mitglieder gesetzlicher Krankenkassen oft wochenlang auf einen Termin beim Arzt warten müssen, werden Privatpatienten sofort behandelt.

Der eigentliche Fetischcharakter der Zeit liegt aber nicht darin, dass sich im Umgang mit Zeit gesellschaftliche Verhältnisse ausdrücken. Er liegt vielmehr in der Verdinglichung der Zeit, die uns glauben macht, unsere Uhren und Kalender seien die Zeit. Diese Verdinglichung der Zeit hat mehrere Gründe. Ein Grund ist das zunehmende Auseinanderklaffen von Lebenszeit und Weltzeit. Hans Blumenberg (1920–1996) beschreibt diesen Prozess in seinem Buch «Lebenszeit und Weltzeit».[190] Es handelt sich dabei um die mit Neuzeit und Aufklärung allmählich einsetzende Erkenntnis, dass es so etwas gibt wie einen offenen Fortschritt und einen Erkenntnisprozess, der keinen zeitlichen Horizont mehr hat und deshalb nicht mehr mit der Lebenszeit eines einzelnen Menschen zusammenfällt. In der Antike und im Mittelalter ging man davon aus, dass Erkenntnis- und Weltzeit mit der Lebenszeit prinzipiell in eins gehen können. Einem Menschen war es möglich, eine abschließende Theorie über etwas aufzustellen oder das gesamte Wissen der Welt im Laufe seines Lebens aufzunehmen.

Blumenberg zeigt diese Übereinstimmung von Welt- und Lebenszeit an der Himmelstheorie. In der Antike hatte man die Vorstellung, der Sternenhimmel sei unveränderlich und die Bewegungen der Sterne gleichförmig. Das bedeutete, dass man praktisch alles über sie wissen konnte. Erst allmählich stellte man fest, dass es Erscheinungen «dort oben» gab, die nicht zu diesem Bild passten. Der Astronom Hipparchos (190–120 v. Chr.) soll, wie Plinius berichtet, 135 v. Chr. einen neuen Stern entdeckt haben. Das passte nicht in das Bild eines unveränderlichen Himmels. Hipparchos begann daraufhin, einen Sternkatalog anzulegen, der um die 1000 Sterne erfasst haben soll. Es hatte zuvor schon solche Kataloge gegeben, aber man durfte damals annehmen, dass sie lückenhaft waren, zumal man den Himmel ja nur mit dem bloßen Auge ansehen konnte. Prinzipiell war Hipparchos davon überzeugt, dass ein solcher Katalog abschließend erstellt werden konnte. Auf den Gedanken, dass sein neuer Stern vielleicht nur in sehr großen Zeitabständen zu sehen ist, kam er nicht. Das hätte auch bedeutet, dass die Aufgabe einer weiteren Beobachtung des Sterns von zukünftigen Kollegen hätte übernommen werden müssen. Deshalb veränderte sich das Bild des Sternenhimmels über Jahrhunderte nicht. Bei Ptolemäus (100–160) war es praktisch noch so wie bei Hipparchos vor drei Jahrhunderten. Erst im Mittelalter, als man sich allmählich vom geozentrischen Weltbild mit den kreisförmigen Bewegungen der Planeten verabschiedet, taucht auch der Gedanke auf, dass man Beobachtungsphasen für die Himmelsbewegungen brauchen könnte, die ein Menschenleben überschreiten. Doch damit das gelingt, müssen die Voraussetzungen dafür geschaffen werden. Das sind vor allem Mittel und Wege, Himmelsbeobachtungen über ein Menschenleben hinaus weiterzugeben. Man braucht also Fachbücher und eine institutionalisierte Himmelskunde an den Universitäten, die Aufgaben formuliert und über ein einzelnes Menschenleben hinaus in die Zukunft weiterträgt. Damit entsteht eine Trennung der Zeit des eigenen Lebens von der Zeit der Welt. «Die Welt gewinnt so für sich, jenseits der menschlichen Größen, ihr eigenes Zeitmaß: ihre größere Periodizität über Tage, Mondphasenwechsel, Jahreszeiten, Jahre hinaus, also über die menschlich integrierte, in anschaulichen Einheiten verlaufende Zeit hinweg.»[191]

Die Erkenntnis, dass Lebens- und Weltzeit auseinanderklaffen, führt auch zu der Einsicht, dass es einen «Zusammenhang von Zeit und Wahrheit»[192] gibt. Dieser Zusammenhang besagt zunächst einmal, dass auch die Wahrheit ihre Zeit hat und braucht, so wie alles seine Zeit hat. Manche Erkenntnis muss über Zeiträume erarbeitet werden, die ein einzelnes Menschenleben weit überschreiten. Aber auch der Umgang mit der Zeit selbst hat etwas mit der Wahrheit zu tun. Bezogen auf die Himmelstheorie besagt das: Beobachtungen haben nur dann einen Wert, wenn sich der Beobachtungszeitpunkt genau bestimmen lässt. Dazu benötigt man präzise Kalender und Uhren. Nur wenn alle sich auf den gleichen Kalender beziehen und wenn alle wenigstens einigermaßen präzise Uhren haben, ergeben Positionsbestimmungen einen Sinn.

Der Zusammenhang von Zeit und Wahrheit verlangt, dass der Zeitbegriff eindeutig und für alle definiert ist, alle sich auf diesen Zeitbegriff beziehen und die Zeit präzise messbar ist. Bekanntlich setzt die Neuzeit mit der Wende ein, die Nikolaus Kopernikus' (1473–1543) Schrift «De revolutionibus orbium coelestium» von 1543 markiert. Der Wechsel vom geozentrischen zum heliozentrischen Weltbild führt zu einer grundsätzlichen Neuverortung des Menschen im Kosmos. Zu dieser Zeit liegt die Erfahrung der großen Pest von 1348 schon lange zurück, die den Menschen gelehrt hat, dass der Tod ein tatsächliches Ende ist und kein heilsgeschichtliches Ereignis.[193] Jetzt kommt die Erkenntnis dazu, nicht mehr im Mittelpunkt der Welt zu stehen. Der Kosmos ist weit größer als wir selbst, und wir spielen darin keine zentrale Rolle. Wenn wir diese neue, aus den

Fugen geratene Welt und unseren Platz in ihr verstehen wollen, dann spielt dabei der Begriff der Zeit eine Schlüsselrolle, denn es gibt ja einen engen Zusammenhang von Zeit und Wahrheit, wie uns die neuen Himmelstheorien lehren.

Deshalb wird mit dem Beginn der Neuzeit auch ein neues Kapitel in der Geschichte der Zeitmessung aufgeschlagen. Das erste entscheidende Datum dabei ist die gregorianische Kalenderreform von 1582, die den Kalender sehr genau auf das Sonnenjahr abstimmte. Die Reform ist ein Triumph der Wissenschaft – obwohl sie von einem Papst angestoßen und verordnet wurde. Mit seiner durchschnittlichen Jahreslänge von 365,2425 Tagen orientiert sich der Kalender an wissenschaftlichen Fakten und nicht mehr am bloßen Augenschein, an religiösen oder politischen Vorstellungen. Entsprechend lang dauerte es, bis sich der Kalender von Gregor XIII. allgemein durchgesetzt hatte, wobei diese zögerliche Annahme auch als ein langsamer Triumph der Wissenschaft interpretiert werden kann, denn die Probleme, die durch die Ungenauigkeit des bis dahin gebrauchten julianischen Kalenders entstanden, lagen zwar auf der Hand, da sich Kalender- und Sonnenjahr immer weiter voneinander entfernten. Aber darum ging es nicht. In den protestantischen Gebieten, die nach der Reformation entstanden waren, lehnte man Gregors Kalender einfach deshalb ab, weil er vom Papst stammte. Die Tatsache, dass die Widerstände gegen die Reform allmählich aufgegeben werden, liegt einerseits an der großen Präzision des neuen Kalenders. Es liegt aber auch daran, dass sich unser Verständnis von Zeit immer weiter entfernt hat von den Zeitläufen, die wir selbst erleben: Tag und Nacht, die Jahreszeiten, aber auch Jugend und Alter, Geburt und Tod.

Um die neuen Himmelstheorien zu verstehen und die Bewegungen der Sterne exakt messen zu können, brauchte es auch präzisere Uhren. Die meisten Uhren hatten allerdings bestenfalls Minutenzeiger und gingen ungenau. Es ist kaum ein Zufall, dass der eigentliche Schritt auf dem Weg zu einer präzisen Zeitmessung von einem Astronomen und Kosmologen stammt, nämlich von Galileo Galilei (1564–1642). Der geniale Universalgelehrte legte 1583 mit seinem Pendelgesetz den Grundstein für den modernen Uhrenbau. Der Isochronismus, also die Eigenschaft eines Pendels, für eine Schwingung, unabhängig von der Schwingungsweite, immer die gleiche Zeit zu brauchen, lieferte die präzise und gleichmäßige Bewegung, die man brauchte, um Uhren ganggenau zu machen. Galileo selbst dachte zwar bereits über den Bau einer Uhr nach, konnte einen entsprechenden Mechanismus allerdings selbst nicht mehr vollenden. Auf den Gedanken, ein Pendel als Gangregler für eine Uhr zu nutzen, war vor Galileo auch der niederländische Astronom und Mathematiker Christiaan Huygens (1629-1695) gekommen. Er entwarf Pläne für eine Pendeluhr, die von dem niederländischen Uhrmacher Salomon Coster (1622-1659) umgesetzt wurden. Am 16. Juni 1657 erhielt Coster für 21 Jahre das Privileg, diese Uhren als Einziger herstellen zu dürfen.

Von jetzt an werden die Uhren genauer und das heißt auch, es kommt auf die Minuten und Sekunden an. Um 1700 werden die Minutenzeiger eingeführt, 80 Jahre später wird der Sekundenzeiger allgemein üblich. Zugleich werden die Uhren kleiner. Legendär ist die erste Taschenuhr, die der Nürnberger Uhrmacher Peter Henlein (1479–1542) um 1511 gebaut hat. Lange Zeit sind die Taschenuhren ein Luxusgegenstand und Statussymbol. Erst mit dem 19. Jahrhundert werden sie in Massenproduktion hergestellt. Und es ist kein Zufall, dass das zur Zeit der Industrialisierung stattfindet. Mit den neuen Fabriken und den sich ändernden Arbeitsbedingungen gewinnt die Zeit einen neuen Stellenwert: Zeit wird ein ökonomischer Faktor, mit dem man rechnen kann und muss. In der vorindustriellen Gesellschaft war die Monetarisierung von Zeit nicht nur fast unbekannt, sie galt als Sünde. Einen Zusammenhang von Zeit und Geld gab es nur beim Geldverleih, der Zins wurde verstanden als Bezahlung der Zeit, die einem fremdes Geld zur Verfügung gestellt wurde. Da die Zeit aber nicht des Menschen, sondern Gottes war, war Christen das Verleihen und Verzinsen von Geld verboten. Wer Geld brauchte, konnte es allerdings von Juden bekommen, für die das Zinsverbot nicht galt. Hier liegt einer der Gründe für den vermeintlichen Reichtum von Juden und den Antisemitismus. Aber da Geldgeschäfte für die meisten Menschen keine Rolle spielten, gab es keinen Zusammenhang von Zeit und Kapital und entsprechend auch keine Eile.

Wir haben jetzt eine Entwicklung skizziert, an deren Anfang das Auseinanderdriften von Weltzeit und Lebenszeit steht. In der Folge wird ein Zusammenhang von Zeit und Wahrheit konstatiert, der zu zahlreichen Bemühungen führt, die Zeit genauer zu fassen, das heißt, sie möglichst präzise zu messen. Die Folge davon wiederum ist der zunehmend bewusste Umgang mit dem Rohstoff Zeit, der als Geld erkannt wird und mit Beginn der Industrialisierung das Leben zunehmend beschleunigt. Ich habe diese Entwicklung ja ausführlich beschrieben.

Im Mittelpunkt dieses Prozesses stehen Newtons «Principia» von 1687,[194] die Physik vollkommen neu fassen und unser Bild von der Welt – und damit auch von der Zeit – radikal verändern. Newtons Theorie von der Zeit, die absolut, losgelöst von allen Inhalten verfließt und die nur noch als Zahl in den Gleichungen der neuen Physik auftaucht, trennt Welt- und physikalische Zeit endgültig von der Lebenszeit. Unser Erleben von Zeit, der Wiederkehr von Tag und Nacht oder der Jahreszeiten, von Langeweile, dem Verfliegen der Zeit, der leeren oder gefüllten Zeit, hat nichts mehr mit der von jedem Inhalt befreiten Zeit der Physik zu tun. Zeit ist jetzt «etwas da draußen», und unser Bezug zu ihr sind Uhren und Kalender.

Spätestens mit Newton wird die Zeit zu einem Fetisch, also zu etwas, dem ich Eigenschaften zuschreibe, die es gar nicht hat. Die Zeit wird etwas Seiendes, zu dem ich mich rechnend in Beziehung setzen kann. Ich sehe sie auf Uhren, ich kann sie sparen, einteilen, verplanen, monetarisieren. Diese Art und Weise, mit «Zeit» umzugehen, erweist sich in den folgenden Jahrhunderten als ausgesprochen erfolgreich, sie beschert uns Wohlstand und Reichtum in nie gekannter Form. Genau deshalb halten wir sie für wahr.

Damit sind wir wieder beim Fetischcharakter der Zeit. So wie ich einem Tisch die Eigenschaft, Ware zu sein, zuschreibe, die er von sich aus gar nicht hat, so schreibe ich der Zeit die Eigenschaft zu, «etwas» zu sein. Dieses «Etwas» kann unterschiedlich ausgelegt werden, als Zahl der Bewegung, wie Aristoteles die Zeit definiert, oder als Form der Anschauung, wie Kant es tut. Sicher ist die Zeit dabei kein Gegenstand, sie liegt nicht da wie ein Stein. Sie hat eher den Charakter einer Eigenschaft, ist also etwas an etwas. Diese Eigenschaft stellen wir zum Beispiel mit einer Uhr dar. Ein Mann geht von A nach B. Während er geht, dreht sich der große Zeiger der Uhr einmal im Kreis. Er hat also die Zeit von einer Stunde für seinen Weg gebraucht. Wenn ich seinen Weg beschreiben will, kann ich das mit einer Reihe von Eigenschaften tun: Entfernung, Geschwindigkeit, Kraftaufwand – und eben Zeit: eine Stunde. Dabei kann ich schon bei diesem einfachen Beispiel Zweifel bekommen: Wo ist da eigentlich die Zeit? Denn im Grunde setzen wir nur zwei Bewegungen zueinander ins Verhältnis: den Gang des Mannes zur Drehung des Uhrzeigers. Wir können auch sagen, der Weg des Mannes entspricht dem Hacken einer bestimmten Menge Holz. Das wäre allerdings eine sehr ungenaue Zeitbestimmung, aber kein ungewöhnlicher Umgang mit Zeit. Wir sagen ja auch: Etwas dauert so lange wie «der Weg in die Stadt» oder «der Abwasch». Das Problem bei Uhren bestand darin, eine möglichst gleichmäßige Bewegung zu finden, die nicht von äußeren Umständen abhängig ist. Die Lösung dieses Problems war der Pendelschlag.

Die eigentlich interessante Frage aber ist: Was messen Uhren, wenn nichts geschieht? Darauf kann man antworten, dass ja irgendwo immer etwas in Bewegung ist. Mein Herz schlägt, die Erde dreht sich. Auch wenn die Uhr allein in einem leeren Raum steht, heißt das nicht, dass es keine Bewegung mehr gibt. Der Fall, dass absolut nichts geschieht, kann praktisch gar nicht eintreten – und so gibt es immer Bewegungen, die von der Uhr gemessen werden könnten. Eine weitere Möglichkeit ist, dass Uhren sich gegenseitig messen. Jede Uhr bewegt sich ja auch selbst, das Pendel der Uhr, ihr Schwingquarz – wie auch immer eine Uhr arbeitet und funktioniert, sie beruht auf Bewegung, die Uhr «geht».

Was aber ist mit einer Uhr in einer menschenleeren Welt? Misst eine Uhr, die nicht mehr von einem Menschen abgelesen wird, noch die Zeit? Die Antwort, die dieses Buch darauf geben wird, lautet: nein. Allerdings hat die Uhr nicht einfach ihre Funktion verloren, weil niemand mehr sie benutzt, so wie ein altes Auto, das nicht mehr fährt. Die Uhr misst keine Zeit mehr, weil es ohne den Menschen keine Zeit mehr gibt. Zeit und das Sein des Menschen gehören eng zusammen. Das eine ist nicht ohne das andere. Dieses Buch handelt davon, dass wir durch unseren Umgang mit Zeit, durch ihre Verabsolutierung und Fetischisierung diese einfache Erkenntnis, dieses selbstverständliche Wissen, verloren haben.

Der Verlust dieses Wissens spiegelt sich wider in der Art und Weise, wie wir Zeit darstellen. Zeit in unserem modernen Verständnis ist ein Pfeil, der von der Vergangenheit in die Zukunft weist. Die Gegenwart ist dabei der Punkt auf dem Zeitpfeil, der Vergangenheit und Zukunft trennt. Auf diesem Pfeil können wir Ereignisse chronologisch anordnen. Die Gründung Roms, die Geburt Christi, die Schließung der platonischen Akademie, die Französische Revolution, der Fall der Berliner Mauer – all das liegt in der Vergangenheit. Je länger die Ereignisse zurückliegen, umso weiter sind sie vom Jetzt, von der Gegenwart entfernt. Zukünftige Ereignisse werden nach dem entsprechenden Prinzip angeordnet: die nächste Wahl findet noch vor meinem Geburtstag statt, der wiederum früher ist als die nächste Fußballweltmeisterschaft. Der Jetztpunkt auf dem Pfeil, in dem Vergangenheit in Zukunft umschlägt, ist das abstrakteste und geheimnisvollste Moment auf dem Zeitpfeil. Es ist eine Art mathematischer Punkt, den wir Aristoteles verdanken. Als reiner Punkt wäre er ausdehnungslos. Aber erleben wir die Gegenwart so? Ist sie nicht in irgendeiner Weise ausgedehnt? Brauchen wir diese Ausdehnung nicht, um Sätze zu verstehen, Melodien zu erkennen? Wie immer man die Gegenwart beschreibt, sie ist kein ausdehnungsloser Punkt, so wie sie auf dem Zeitpfeil dargestellt wird. Innerhalb der Gegenwart mag es diesen Jetztpunkt geben, der gewissermaßen pausenlos umschlägt von der Vergangenheit in die Zukunft. Aber wären dann nicht Gegenwart, Vergangenheit und Zukunft irgendwie gleichzeitig, indem Vergangenheit und Zukunft in die Gegenwartsspannen hineinragen bis zu diesem Umschlagpunkt? Wie auch immer – wenn wir darüber nachdenken, zeigt sich, wie abstrakt unsere moderne Vorstellung von der Zeit als Pfeil ist. Sie entspricht unserer Vorstellung von einer absoluten Zeit. Wie wir schon bei den Aporien über die Zeit gesehen haben,[195] gibt es auch das Bild von der Zeit als Kreis, das dem natürlichen Wechsel von Tag und Nacht oder der Jahreszeiten entspricht. Aber die Zeit als Kreis ist, anders als die Pfeilzeit, eine Zeit ohne Fortschritt. Wir kennen diese in sich selbst zurücklaufende Zeit, weil wir sie täglich erleben, unserem Verständnis von Zeit entspricht sie nicht, nicht mehr, wie man genauer sagen muss. Die Zeit als Pfeil ist eine Abstraktion, die zusammengeht mit der Verabsolutierung der Zeit.

Die Zeit im Bild

Die graphische Darstellung der Zeit ist Teil der geschichtswissenschaftlichen Chronologie und war lange eine ausgesprochen angesehene akademische Disziplin. Das mochte darauf beruhen, dass die Chronologen von sich behaupteten, im Gegensatz zu den Historikern, die sich mit Geschichten befassten, in der Chronologie gehe es um Fakten. Mit Sicherheit liegt es daran, dass wir alle täglich mit den Erzeugnissen der Chronologie zu tun haben. Das Wissen, dass heute zum Beispiel der 20. Juli des Jahres 2021 n. Chr. ist, verdanken wir der Chronologie. Zeitmessung und Zeitrechnung gehören zur Chronologie, davon handelt in diesem Buch das dritte Kapitel. Jetzt geht es allerdings nicht um das reine Messen der Zeit, sondern um die graphische Darstellung der gemessenen Ergebnisse.

Auf meinem Schreibtisch liegt ein Kalender, der pro Doppelseite eine Woche des Jahres zeigt. Die Doppelseite ist in acht waagerechte Spalten aufgeteilt. Die erste Spalte links oben zeigt klein die Tage von jeweils drei Monaten an. Ich kann also schnell sehen, dass im nächsten Monat der 20. auf einen Freitag fällt. Die anderen sieben Spalten sind für die sieben Tage der Woche. Es ist ein klarer, einfacher Kalender, der einem gute Dienste tut. Der Kalender, der bei uns in der Küche hängt, sieht anders aus. Er zeigt pro Blatt den gesamten Monat. Termine lassen sich dort nicht eintragen. Der Kalender in meinem Smartphone sieht wiederum anders aus. Die Frage, wie ein Kalender aussehen soll, welche Funktion er erfüllen und welche Informationen er enthalten soll, ist eine Frage der Chronologie: Wie stellen wir Zeit im Bild dar? Das sind keineswegs banale Fragen. Die Chronologie gibt Antwort auf praktische Fragen, wann zum Beispiel Feiertage sind. Für die frühen Christen hatte die Chronologie existenzielle Bedeutung, denn sie bestimmte, wann Ostern gefeiert wurde. Die richtige Zählung der Jahre gab aber auch Aufschluss darüber, wann Christus wiederkehren und die Welt untergehen würde.

Innerhalb der Geschichtswissenschaft führte die Chronologie eine Art Mauerblümchendasein, dem das Image einer rudimentären Geschichtsschreibung anhaftete. Tatsächlich aber beginnen das historische Denken und seine Darstellung mit Chronologien. Menschen zeichnen Ereignisse auf, die sie in irgendeiner Form für wichtig, bedeutend, erinnerungswürdig erachten. Ein frühes Beispiel dafür sind die «Annalen von St. Gallen», das ist eine mittelalterliche Handschrift aus dem berühmten, 719 gegründeten Kloster in der Schweiz. Die Annalen zeichnen auf, was im 8., 9. und 10. Jahrhundert im Kloster und im Land, dem Fränkischen Königreich, geschah. Die Chronik, die über Jahrhunderte geführt wurde, liest sich wie ein Tagebuch, in dem jemand mit Stichworten ein Ereignis des Tages festhält, wobei die Kategorien wild durcheinandergehen: Gesundheit, Wetter, Politik. In den Analen, die schon vor der eigentlichen Gründung des Klosters am Ufer der Steinach begonnen wurden, werden einem Jahr jeweils bestimmte Ereignisse zugeordnet:

709. Harter Winter. Herzog Gottfried starb.
710. Schwieriges Jahr. Getreidemangel.
711.
712. Überall Flut.
713.
714. Hausmeister Pippin starb.[196]

Die wohl älteste erhaltene Chronik ist die «Parische Chronik», sie entstand etwa 264 v. Chr. und umfasst die Jahre von 1582/1581 v. Chr. bis 299/298 v. Chr. Die in Marmor gemeißelten Daten behandeln die Deukalische Sintflut, die Einführung der Landwirtschaft durch Demeter und den Trojanischen Krieg. Insgesamt kennen wir 107 Einträge und Teile der Marmortafeln kann man heute im Ashmolean-Museum in Oxford sehen, Teile befinden sich auch im Museum auf der Insel Paros, wo die Tafeln gefunden wurden.[197]

In den Annalen von St. Gallen und der «Parischen Chronik» erscheint die Zeit als eine Art Tabelle, sie sieht aus wie ein ausgefüllter Kalender oder ein Tagebuch. Darin spiegelt sich, so der US-amerikanische Historiker Hayden White (1928–2018), ein bestimmtes Bild von Geschichte. Menschen gestalten sie nicht, indem sie Handlungen setzen. Vielmehr stößt Geschichte den Menschen zu, sie erleiden sie. Der harte Winter, die Flut, der Tod – all das sind Widerfahrnisse. Es bleibt nur, sie festzuhalten, aufzuzeichnen. Das Bild, das die Menschen sich von der Geschichte gemacht haben, hat selbst eine Geschichte. Und die wird angetrieben von der Frage, welches Interesse die Menschen eigentlich daran haben, die Ereignisse der Vergangenheit aufzuzeichnen.

Der christliche Theologe und Historiker Eusebius von Caesarea (260/264–339/340) lieferte mit seiner Chronik eine Art Mutter aller Chroniken. Sein Ziel war es, der Geschichte des Christentums, so wie sie in den Schriften des Alten und Neuen Testaments überliefert ist, in der gesamten Weltgeschichte einen Platz zu geben. Er brachte die Ereignisse der Bibel deshalb in einen zeitlichen Zusammenhang mit der Historie anderer bedeutender Völker der Welt. Er machte das, indem er die in etwa gleichzeitigen Ereignisse der Bibel und der übrigen Geschichte in Spalten nebeneinander stellte und die Spalten dann chronologisch ordnete; ein Buch wie eine Excel-Tabelle. Darin konnte man zum Beispiel lesen, dass der griechische Philosoph Thales (624/623–548/544 v. Chr.) ein Zeitgenosse des biblischen Propheten Jeremia war. Eusebius' Ziel war es darzulegen, dass die gesamte Geschichte der Welt darauf hinauslief, dass alle Völker und Reiche schließlich im Römischen Reich aufgingen und vereint wurden, damit sich der Messias in diesem einen Reich an alle Menschen wenden konnte; die Einigung der Völker als eine Art Plattform für die Botschaft der Erlösung. «Die Chronik war mithin mehr als lediglich eine gut lesbare Übersicht geschichtlicher Daten: Sie war eine dynamische Hieroglyphe der Geschichte der Vorsehung.»[198]

Die Eusebius' Chronik war lange Zeit eine Art Klassiker, der zuerst in zahlreichen Handschriften verbreitet wurde und mit dem Buchdruck einen neuen Aufschwung erlebte, wobei die Buchdrucker die Chronik noch um eine Reihe von Besonderheiten erweiterten, wie zum Beispiel ein Register. Dennoch war die Chronik mit ihrem Charme einer mehrere Hundert Seiten langen Excel-Tabelle nicht besonders benutzerfreundlich.

Spätere Autoren nutzten deshalb bei ihren Versuchen, die Zeit auf Papier zu bannen, die neuen Möglichkeiten des Buchdrucks sowie neue graphische Hilfsmittel und Ausdrucksmöglichkeiten. Der Kölner Kartäusermönch Werner Rolevinck (1425-1502) veröffentlichte 1474 das «Fasciulus temporum», was man mit Datenbündel oder Datenpaket übersetzen kann. Es war eine etwa 50 Seiten lange Tabelle, die von der Schöpfung bis in die Gegenwart reichte. Anders als Eusebius setzte Rolevinck graphische Elemente ein, um die Tabelle besser verstehbar zu machen. Seine zentrale optische Metapher waren Kreise, mit denen er Könige und andere historische Persönlichkeiten im Lauf der Geschichte verortete. Teilweise liegen mehrere kleine Kreise in einem großen Kreis. Das Buch war für die damaligen Drucker eine echte Herausforderung, und die erste Auflage war ein völlig unverständlicher Fehldruck. Trotzdem wurde das Buch ein Erfolg, denn Rolevinck war es gelungen, Geschichte anschaulich zu machen und mit Leben zu füllen. Über die Seiten des Buches zog sich eine Art Zeitleiste von der Schöpfung bis in die Gegenwart, um die herum Kreise angeordnet waren, die Namen brachten oder Auszüge aus bedeutenden Schriften der jeweiligen Zeit.

Der deutsche Arzt und Historiker Hartmann Schedel (1440-1514) nutzte in seiner berühmt gewordenen «Weltchronik» von 1493 eine andere Metapher für die Zeit: den Baum. Wie ein Stammbaum beginnt die Geschichte mit Adam und Eva. Der Baum wächst und treibt Äste, die sich weiter verzweigen. Schedel griff auf das mittelalterliche Konzept der Darstellung der Wurzel Jesse zurück, also des Stammbaums von Jesus in Anlehnung an den Propheten Jesaja.[199] Da die Schöpfungsgeschichte allerdings nicht als Baum darstellbar war, nutzte er dafür für jeden Tag der Schöpfung eine Tafel. Die ersten Tafeln sind noch fast abstrakt und zeigen eine zunehmende Zahl mit Kreisen, aber mit jedem Schöpfungstag mehr füllen sich diese Kreise mit Leben. Das Problem an Schedels Baummetapher war, dass sein Baum buchstäblich wuchs und nicht auf eine Buchseite passte. Er musste ihn also zerhacken und jedes Stück dem Format einer Seite anpassen. Ergänzt wurde die Chronologie mit kurzen Beschreibungen von Ereignissen, die jeweils noch illustriert waren. All das ergab einen Wälzer, der es dem Leser schwer machte, den Überblick zu behalten, wobei Schedel nicht nur an den Anfang der Zeit dachte, sondern auch an ihr Ende. Dafür ließ er dem Leser am Ende seiner Chronik drei leere Seiten, auf denen er die Ereignisse bis zur Wiederkunft Christi selbst aufschreiben konnte. Dann folgten Bilder, die die Offenbarung des Johannes illustrierten, damit man eine Vorstellung vom Ende der Zeit hatte.

Rolevinck und Schedel erarbeiteten ihre Chronologien zwar in dem Wissen darum, dass sie gedruckt wurden, aber letztendlich blieben sie bei den Mitteln und Methoden, die schon mittelalterliche Handschriften benutzt hatten. Die Grundstruktur jeder Chronologie war immer noch die Tabelle, auch wenn sie jetzt graphisch ausgeschmückt war.

Noch im 17. Jahrhundert nutzte der Gießener Philologe Christoph Helwig (1581-1617) für seine Chronologie «Theatrum historicum» Eusebius von Caesarea als Vorbild. Allerdings war sein historisches Theater deutlich aufgeräumter, detailreicher und klarer strukturiert als die Chronik des Eusebius. Doch trotz aller Bilder und Kreise, die der Buchdruck möglich machte: «Es war tatsächlich so, dass für viele Leser des 16. und frühen 17. Jahrhunderts die Zeit wie eine Tabelle aussah.»[200]

Es gab durchaus Versuche, aus dem Format der Tabelle auszubrechen. Der deutsche Kupferstecher Johann Georg Hagelgans (1687-1762) entwarf einen «Atlas historicus», der großformatig zwar Tabellen nutzte, die einzelnen Spalten aber mit kleinen Bildern von Soldaten oder wichtigen Persönlichkeiten illustrierte. Der Italiener Girolamo Andrea Martignoni[201] schuf 1721 die «Carte istorice». Dabei verzichtete er ganz auf Tabellen und entwickelte eine Art historischen Raum, indem er Geschichte wie eine Landkarte darstellte; ein Gedanke, auf den Hagelgans mit seinem historischen Atlas ja schon angespielt hatte.

Das Bild der Zeit ändert sich erst im 18. Jahrhundert. Der Theologe, Philosoph und Naturwissenschaftler Joseph Priestley (1733-1804) nutzt in seinen historischen Werken die Linie als Bild für die Zeit. Das ist der entscheidende Schritt auf dem Weg zu unserem Bild vom Zeitpfeil. Priestley ist eine schillernde Persönlichkeit. Er war unitarischer Priester in England. Allerdings sprach er sich dort für die Französische Revolution aus, seine Bücher wurden als häretisch verbrannt. In Birmingham, wo Priestley lebte und predigte, kam es deswegen 1791 zu den Priestley Riots, religiös motivierten Unruhen, die erst nach Tagen vom Militär beendet werden konnten. Priestley zog daraufhin in die USA. Dort war er – aus genau den Gründen, weshalb er in England verfolgt wurde – hochgeehrt und lehrte in Pennsylvania Chemie.

Es hatte gute Gründe, dass Priestley einen Lehrstuhl in Chemie und nicht in Theologie bekam, denn seine eigentlichen Leistungen lagen auf dem Gebiet der Naturwissenschaften. Er hatte herausgefunden, dass Kohle Elektrizität leitet, und forschte über die Zusammenhänge von Elektrizität und Chemie. Er interessierte sich für den Zusammenhang von Verbrennung und Atmung und entdeckte dabei Sauerstoff und Lachgas. Bis heute gibt es die sogenannten Priestley-Experimente, die zum Beispiel zeigen, dass Pflanzen Sauerstoff produzieren.

Als Naturwissenschaftler war Priestley ein großer, fast grenzenloser Bewunderer Isaac Newtons. Und es ist vielleicht diese Bewunderung, die Priestley dazu brachte, Zeit ganz neu darzustellen: als Linie! So wie Newton die Zeit absolut machte, machte Priestley sie abstrakt.

1765 veröffentlichte Priestley «A Chart of Biography». Es war «die einflussreichste Zeitleiste des 18. Jahrhunderts».[202] Die Diagramme waren 1 Meter breit und 60 Zentimeter hoch. Sie zeigten am oberen und unteren Rand eine durch die Jahrhunderte gehende Zeitleiste: die Zeit als schlichte Linie also. Und zwischen diesen beiden Zeitleisten waren die Lebensdaten von Hunderten von berühmten Persönlichkeiten eingeordnet: jedes Leben ein kurzer Strich. Insgesamt war Platz für 2000 Persönlichkeiten im Laufe von 3000 Jahren. Zur besseren Orientierung hatte Priestley Personengruppen gebildet: Politiker und Soldaten, Geistliche und Metaphysiker, Mathematiker und Physiker, Künstler und Poeten, Redner und

Kritiker sowie Historiker und Rechtsgelehrte. «A Chart of Biography» bietet einen klaren Überblick darüber, wer wann gelebt hat. Und es ist eine erstaunliche Abstraktionsleistung. Historische Zeit und Lebenszeit werden auf Linien reduziert. 1769 veröffentlichte Priestley «A New Chart of History». Das Werk verortete ganze Völker und Königreiche zwischen zwei Zeitleisten. Zur Orientierung waren die Reiche geographisch geordnet: Großbritannien, Spanien, Frankreich, Italien etc. «A Chart of Biography» und »A New Chart of History» hatten den gleichen Maßstab, sodass man sie nebeneinander oder übereinander legen konnte, um zu sehen, wer wann unter welchen politischen oder historischen Bedingungen gelebt hatte.

Priestleys Charts waren eine Revolution, denn sie lösten die Zeit von den bis dahin vorherrschenden Darstellungsformen. Zeit wurde nicht mehr als Tabelle dargestellt, ihre Darstellung orientierte sich auch nicht mehr in Analogie zum Raum an Landkarten. Die Darstellung der Zeit als Linie war ein Paradigmenwechsel.

Priestleys Diagramm markieren einen entscheidenden Wendepunkt in der Geschichte der Chronografie. Nach ihrem Erscheinen nahm man die Analogie von historischer Zeit und grafischem Raum als selbstverständlich hin, und das veränderte grundlegend den chronografischen Diskurs.[203]

Priestleys Konzept wird sofort verstanden und begeistert aufgenommen. In der zweiten Auflage der «Encyclopædia Britannica» (1777–1784) illustriert eine große, ausklappbare Zeitleiste den Artikel des Philosophen Adam Ferguson (1723-1816) über Kultur- und Kirchengeschichte. Der Erfolg des Bildes von der Zeit als Linie liegt daran, dass es den Lesenden sofort verständlich ist. Es ist auf der Höhe der Zeit und spiegelt die aktuellen Erkenntnisse von Aufklärung und Naturwissenschaften fast perfekt wider. «Vielen Lesern erschienen Priestleys Diagramme als ein Abbild der Zeit, und im Zusammenhang mit der Newtonschen Revolution ergab dies auch durchaus Sinn.»[204] Man muss diesen Gedanken allerdings noch präziser formulieren: Priestleys Diagramme waren ein Abbild der absoluten Zeit Isaac Newtons, den Priestley so bewunderte. Sie waren das Bild der «homogenen und leeren Zeit».[205]

Mit Priestleys Diagrammen ist eine Metapher für die Zeit entstanden, die der paradigmatischen Zeittheorie seiner Epoche genau entspricht. Aber Priestley läutet damit auch das Ende der großen Chronologien ein. Bis zu ihm hatte sich die Chronologie verstanden als Seele oder Herz des historischen Wissens.[206] Sie hatte versucht, Geschichte anschaulich und verstehbar zu machen, indem sie graphische Metaphern für ihren Lauf erfunden hatte. Mit der Reduktion auf die Linie bleibt von diesem Ansatz nur noch ein Skelett übrig.

Selbstverständlich gibt es auch nach Priestley noch Versuche, Zeit und Geschichte ins Bild zu setzen. Um nur ein Beispiel zu nennen: 1883 veröffentlicht der britische Generalmajor James George Roche Forlong (1824-1904) das Werk «Rivers of Life», in dem er die Entwicklung der Weltreligionen darstellte. Dazu nutzte er das Bild vom Strom der Zeit. Auf einem 5 Meter langen Diagramm war jeder Religion ein Fluss zu geordnet, mal ein großer Strom, mal nur ein kleiner Fluss. Die Ströme flossen nebeneinander, sie verzweigten sich, flossen ineinander, kleine Flüsse mündeten in die großen Ströme. Das Bild vom Strom der Zeit ist uns geläufig. Aber es entspricht mit seiner Ruhe und Majestät nicht unserer Vorstellung. Zeit mäandert nicht, es gibt keine kleinen oder großen Zeitverläufe, die sich trennen oder verbinden können.

Natürlich gibt es bis heute Chronologien, wir finden sie in Museen und historischen Werken, aber ihre Bedeutung hat sich verändert. Sie erläutern historische Abläufe lediglich. Und meist tun sie das unter Zuhilfenahme der Linie. Sie helfen uns zu verstehen, in welcher Reihenfolge sich Ereignisse abgespielt haben. Sie versuchen nicht (mehr), geschichtliche Abläufe zu interpretieren, indem sie sie ins Bild setzen. In der Kunst setzen sich Chronologien meist nicht mehr mit der Geschichte auseinander, sondern mit der Zeit selbst oder dem Verhältnis von Zeit, Kunst und Mensch.[207] Am Ende der Geschichte der Chronologie steht die Linie als vorherrschende Metapher der Zeit; eine inhaltsleere Aneinanderreihung von Jetztpunkten, die sich offen in Zukunft und Vergangenheit erstrecken.

Die Geschichte der Chronologie zeigt, dass dieses Bild der Zeit keineswegs selbstverständlich ist, sondern lange Zeit gar nicht existierte. Es konnte erst entstehen, nachdem in den Naturwissenschaften die Zeit und der Raum aus der Natur herausgelöst und zu einer absolut existierenden Entität gemacht worden waren. Das Bild der Zeit als Linie bleibt auch bestehen, als die Zeit relativ wird und Einsteins Relativitätstheorie als neues physikalisches Paradigma Newtons klassische Mechanik ablöst. Es scheint sogar eher so, dass die Relativität der Zeit das Bild noch verstärkt, denn wenn Zeit abhängig ist von Geschwindigkeit und Schwerkraft, dann bedeutet das lediglich, dass die Geschwindigkeit, mit der sich der Jetztpunkt auf der Linie weiter Richtung Zukunft bewegt, nicht absolut gleichmäßig ist, sondern variabel. Das wiederum entspricht dem Erleben der Moderne: Die Zeit rast – und es gehört zu einem gelingenden Leben, sorgsam mit ihr umzugehen: sie zu verlangsamen, zu sparen, gut einzuteilen. Das alles ist aber nur möglich, weil die Zeit etwas zu sein scheint, was außerhalb von uns ist.

Wir verdanken diesem Bild von und diesem Umgang mit Zeit viel: vor allen Dingen unseren Wohlstand, der nur möglich ist, indem sehr komplexe Arbeiten geteilt und sorgfältig aufeinander abgestimmt und «getimt» werden. Die lange, oft länderübergreifende Kette von der Beschaffung der Rohstoffe und Einzelteile bis hin zum Verkauf einer Ware funktioniert nur, weil ihr Ablauf sorgfältig zeitlich aufeinander abgestimmt ist. Während der Coronavirus-Pandemie, als Grenzen plötzlich geschlossen wurden, oder als das riesige Containerschiff «Ever Given» 2021 im Suezkanal feststeckte, haben wir erlebt, wie empfindlich dieser so genau getaktete Ablauf ist. Und eine der Konsequenzen aus der Pandemie wird sicherlich sein, dass moderne Industriegesellschaften sich bei bestimmten Produkten wie Schutzmasken oder Medikamenten nicht mehr darauf verlassen werden, dass sie *in time* aus Übersee geliefert werden, sondern dass man wieder «vor Ort» produziert. Das wird manche Produkte sicher teurer machen. Es zeigt damit aber noch einmal, dass Zeit Geld ist, denn man hat ja bestimmte Teile einer Produktion nicht mehr vor Ort gemacht, sondern im Ausland, weil es dort billiger war und man nur mit der Zeit kalkulieren musste, die es braucht, um die Dinge von A nach B zu schaffen. Deshalb zieht neben den Datenströmen auch noch ein gigantischer Containerstrom um die Welt, der nur funktioniert, wenn alle Teilnehmer pünktlich sind, das heißt, wenn sie mit ihrer Zeit gut haushalten.[208]

Dieses «Haushalten mit der Zeit», das uns allen in Fleisch und Blut übergegangen ist, hat aber auch zu unserem Leiden an der Zeit geführt. Es macht uns Stress, wir haben den Eindruck, die Zeit rast und gleitet uns aus den Fingern. Zwischen all den Terminen, Meetings, Geschäftsreisen, die wir mit dem ständigen Blick auf die Uhr absolvieren, verlieren wir etwas, was viel wichtiger ist als Pünktlichkeit: Zeit. Das ist scheinbar ein erstaunliches Paradoxon. Obwohl wir ständig auf die Uhr sehen und überpünktlich sind, geht uns Zeit verloren. Tatsächlich aber sehen wir eben auf der Uhr nicht die Zeit, sondern nur ihren Fetisch, ihren Abglanz, das Bild, das wir uns von ihr geschaffen haben. Die Frage ist dann aber: Wenn die Zeit eben nicht auf der Uhr ist, wenn sie nicht im Kalender steht, wenn sie nicht absolut ist, wenn sie nicht relativ ist – wo oder was ist die Zeit dann?

Das Sein der Zeit

Die Antwort, die ich auf diese Frage geben möchte, ist fast beschämend einfach. Die Zeit ist uns nur verloren gegangen im Laufe unseres langen Umgangs mit ihr. Dieses Buch erzählt die lange Geschichte dieses Verlustes, der einsetzt beim ersten Nachdenken über die Zeit, bei den frühen Kalendern und Verfahren, die Zeit zu messen. Am vorläufigen Ende dieses Prozesses stehen Atomuhren, Weltzeit, Zeitmanagement und die Hetze unseres modernen Alltags, in dem es ein Statussymbol ist, keine Zeit zu haben, und die uns Krankheiten wie den Burn-out beschert. Diese Geschichte ist deshalb so wichtig (und ich erzähle sie so ausführlich), weil sie ambivalent ist. Wir können sie lesen als Geschichte eines Verlustes – oder als Geschichte eines ungeheuren technischen Fortschritts, der zu den wesentlichen Voraussetzungen der modernen Welt und des westlichen Wohlstands gehört. Sie hat uns reich gemacht, aber auch arm, da wir vergessen haben, was die Zeit eigentlich ausmacht.

Zeit, das ist meine These, ist Leben, und zwar das Leben jedes einzelnen Menschen. Ich habe meine Zeit. Und Sie, liebe Leserin, lieber Leser, haben Ihre Zeit. Es gibt so viele Zeiten, wie es Menschen gibt. Diese Zeit beginnt mit der

Geburt, und sie endet mit dem Tod. Leben findet statt im Horizont der Zeit, die Geburt und Tod miteinander verbindet. Weil das so ist, sollten wir möglichst sorgfältig mit unserer Zeit umgehen. Natürlich werden nach meinem Tod die Uhren da draußen weiterticken, die Erde wird sich drehen, die Sonne wird auf- und untergehen. Aber das ändert nichts daran, dass meine Zeit abgelaufen ist oder ich aus der Zeit in eine andere Dimension gefallen bin: in die Ewigkeit, in den «Raum», in dem immer jetzt ist.

Die Behauptung, dass Zeit Leben ist, ist keine strenge Definition des Begriffs Zeit. Zeit ist nicht das Wesen von Leben. Die Begriffe Leben und Zeit lassen sich nicht durcheinander ersetzen. Aber der eine Begriff ist auch nicht ohne den anderen. Solange wir Zeit haben, leben wir. Solange wir leben, haben wir Zeit. Man kann auch sagen, dass Leben heißt, Zeit zu verbrauchen. Oder: Zeit ist der Sinn des Lebens. Das eine ist nicht ohne das andere. Und so, wie ich mein Leben nicht abgeben oder tauschen kann, so ist auch die Zeit nur meine. Ich habe ein bestimmtes Quantum Zeit. Und dieses Quantum kann ich nicht mit dem Zeitquantum einer anderen Person verbinden, ich kann mein Quantum nicht erhöhen oder jemand anderem ein paar Tage meiner Zeit abgeben. Zeit ist an mich gebunden. Heidegger hat einmal in Bezug auf den Tod den Begriff der Jemeinigkeit geprägt. Niemand kann mir das Sterben abnehmen. Ich bin es immer selbst, der stirbt, und niemand anderes. Nicht «man» stirbt – ich sterbe. Eine solche Jemeinigkeit hat auch die Zeit. Es gibt bei Kalendern den Begriff der Chronologie, er bezeichnet den Beginn der Zeitrechnung, also zum Beispiel die Geburt Christi als das Jahr 0. Mit meiner Geburt beginnt auch meine persönliche Chronologie, sie ist mein Jahr 0. An unseren Geburtstagen feiern wir jedes Jahr, das dazukommt, und wir alle wünschen uns, dass es viele Jahre sind.

Natürlich hat meine Lebensweise Einfluss darauf, wie alt ich werde. Ich kann versuchen, mein Zeitquantum zu vergrößern, indem ich gesund lebe. Aber an der grundsätzlichen Tatsache ändert das nichts. Wahrscheinlich hat die medizinische und gesundheitliche Entwicklung der letzten 200 Jahre mit dazu geführt, dass wir die Jemeinigkeit der Zeit vergessen haben. Zeit und Leben lassen sich durchaus verlängern, aber an ihrer grundsätzlichen Begrenztheit ändert das nichts.

Der Gedanke, dass Zeit und Leben zueinander gehören, ist keineswegs neu. Der letzte Satz von Heideggers «Sein und Zeit» lautet: «Offenbart sich die *Zeit* selbst als Horizont des *Seins*?»[209] Die Antwort, die Heidegger wohl darauf gegeben hätte, lautet also: ja. Diese Antwort wäre der zweite Teil von «Sein und Zeit» gewesen, der nie geschrieben wurde. Heideggers Grundgedanke dabei ist, dass wir die Zeit selbst hervorbringen, wir «zeitigen» sie, wie er formuliert. Das liegt daran, dass der Mensch sich «je schon vorweg»[210] ist. Diese Struktur hat trotz allen sprachlichen Aufwands, den Heidegger in «Sein und Zeit» betreibt, einen einfachen Grund: Angst, und zwar letztlich die Angst vor dem Tod. Diese Struktur nennt Heidegger *Sorge*. In der Sorge sind wir uns immer schon vorweg. Wir denken an die Zukunft, fragen uns, was werden soll, machen uns Gedanken und letztlich ist da das Bewusstsein, dass wir sterben werden.

Heidegger ist viel daran gelegen, die Sorge als eine Art Tiefenstruktur des Daseins zu beschreiben. Er zitiert deshalb die alte Fabel des Gaius Iulius Hyginus (60 v. Chr. – 4 n. Chr.) über die Sorge. Darin ist Cura, die Sorge, eine allegorische Figur. Einst, als sie einen Fluss überquert, sieht sie Tonerde und nimmt davon ein Stück, um daraus eine Figur zu formen. Die Figur ist gerade fertig, da kommt Jupiter vorbei. Die Sorge bittet Jupiter, der Figur Geist zu verleihen. Das tut Jupiter auch. Jetzt will die Sorge ihrer Figur einen Namen geben. Aber das verbietet Jupiter. Er besteht darauf, die Figur müsse nach ihm benannt werden. Da erhebt sich die Erde, Tellus, und verlangt, die Figur müsse nach ihr benannt werden, denn aus ihrem Leib sei die Figur ja gemacht. Die drei können den Streit nicht schlichten, so benennen sie Saturn als Schiedsrichter. Der entscheidet, dass Jupiter nach dem Tod der Figur den Geist zurückerhält, den er ihr gegeben hat. Tellus aber soll nach dem Tod den Leib bekommen, den sie der Figur gegeben hat. Die Sorge schließlich, da sie die Figur geformt hat, soll sie besitzen, solange die Figur lebt. Saturn gibt der Figur schließlich auch noch einen Namen: Sie soll *homo* heißen, weil sie aus *humus* gemacht ist.[211]

Man kann an die Fabel viele Fragen stellen: Warum geht die Sorge gerade über den Fluss und nicht am Fluss entlang? Welche Rolle spielt der Fluss in der Geschichte? Warum formt die Sorge ausgerechnet einen Menschen? Aber darauf kommt es Heidegger nicht an. Er will mit der Fabel der Sorge eine Art mythische Tiefenstruktur im Dasein aufzeigen. Mensch sein heißt, sich Sorgen zu machen, denn vor uns liegt eine Vielzahl von Möglichkeiten. Welche davon soll ich ergreifen? Welche ergreift vielleicht mich, ohne dass ich es will? Wie schon gesagt, ist die äußerste aller Möglichkeiten der Tod. Dasein bedeutet immer, mit dem Bewusstsein des eigenen Todes zu leben. Wenn wir jung sind, ist diese Möglichkeit sehr weit entfernt. Wir wissen «theoretisch», dass wir sterben werden, aber diese Möglichkeit ist geradezu unwirklich, so wie eine Naturkatastrophe, die in einem fernen Erdteil geschieht. Erst mit der Zeit rückt uns der eigene Tod auf den Leib. Wenn wir jung sind, haben wir andere Sorgen: die Arbeit, die Liebe, später die Familie, das Aufwachsen der eigenen Kinder; bis der Punkt kommt, an dem wir die Augen nicht mehr davor verschließen können, dass Tellus und Jupiter ihren Anteil an der Figur der Sorge zurückhaben möchten.

Der Tod ist der große, düstere Horizont der gesamten Philosophie Heideggers. Das ist zunächst einmal gar nicht ungewöhnlich. Philosophieren heißt, sterben lernen, sagt man. Und nicht zuletzt hat eine Figur wie Sokrates ihren ewigen Platz in der Geschichte der Philosophie, weil er so souverän gestorben ist. Seine berühmte Verteidigungsrede vor Gericht, die «Apologie», beendet er – nachdem man ihn zum Tode verurteilt hat – mit den Worten: «Es ist Zeit, dass wir gehen: ich, um zu sterben, und ihr, um zu leben. Wer aber von uns beiden zu dem besseren Geschäft hingehe, das ist allen verborgen außer nur Gott.»[212]

Es geht bei Heidegger nicht um die Frage, *wie* wir sterben, um einen guten Tod, sondern vielmehr um die schlichte Tatsache, *dass* wir sterben und dass jeder seinen eigenen Tod sterben muss. Diese Jemeinigkeit[213] des Todes ist eine Binsenweisheit, für die Heidegger allerdings einen enormen begrifflichen und gedanklichen Aufwand einsetzt. In seiner Daseinsanalyse, auf der Ruhm und Bedeutung von «Sein und Zeit» beruhen, bringt er ein Dasein auf die Bühne der Philosophie, das die Welt nicht aus sich allein heraus versteht, sondern aus vorgegeben Zusammenhängen und Verständnisangeboten. Heidegger spricht von einem «Man», das uns sagt, wie wir die Dinge zu sehen haben. Dieses Man ist so etwas wie die allgemeine Meinung, das, was man sagt und tut. Und dieses Man bin eben nicht ich selbst, das ist nicht mein *eigentliches* Dasein (noch so ein Heidegger'scher Terminus), sondern es sind die Vielen, die Öffentlichkeit (Kolleginnen und Kollegen, Zeitungen, Fernsehen, Social Media etc.), die da in mir reden und meinen. Was Heidegger hier beschreibt, ist nichts Außergewöhnliches. Wir alle kennen diese Man nur zu gut. Wir sagen einem Kind, dass man dies und jenes tut oder nicht tut. Wir ziehen uns bei bestimmten Gelegenheiten so an, wie man sich zu solchen Gelegenheiten anzieht und so weiter. Aber Heidegger entwickelt seine Philosophie in den frühen 1920er Jahren, die Grundgedanken von «Sein und Zeit» liegen schon 1924 vor.[214] Es sind die Jahre nach dem Ersten Weltkrieg, der dem so kriegsbesoffenen 19. Jahrhundert ein verheerendes Ende beschert hat. In diesen Krieg, wie bei den diversen Kriegen des 19. Jahrhunderts zuvor, waren die jungen Männer mit Begeisterung gezogen, singend und mit Blumen im Gewehrlauf. Sie hatten an Kameradschaft gedacht, an unvergessliche Erlebnisse und großartige Siege für die Geschichtsbücher. Dabei hatten sie allerdings vergessen, dass das eigentliche Geschäft des Krieges der Tod ist. 1914 hatte niemand der singenden jungen Männer vorausgesehen, dass er elend im Schlamm eines Schützengrabens verrecken würde, so wie Erich Maria Remarque das in seinem Roman «Im Westen nichts Neues» beschrieben hat. Das Buch erschien 1928, also fast gleichzeitig mit «Sein und Zeit», und Heidegger und Remarque befassten sich beide mit einer Wirklichkeit, die in der Öffentlichkeit konsequent verdrängt wurde: mit dem Verrecken des Einzelnen im Krieg. Dieses Verrecken allerdings wurde bestens verdeckt und bemäntelt, mit viel Patriotismus und Hurra, und mit der großen Beruhigungspille, dass *man* im Krieg stirbt, womit wir wieder bei «Sein und Zeit» sind, denn dieser *Man*, der da im Schützengraben verblutet, ist niemand. Wer immer das sein mag: *Ich* bin es nicht. Hier setzt Heidegger an: Falsch, du bist es, denn *man* stirbt nicht, *du* stirbst, nichts und niemand kann dir das abnehmen. Das ist, wie gesagt, eine Binsenwahrheit. Aber tatsächlich hatte wohl keiner der jungen Männer, die da so begeistert in den Krieg zogen, auch nur einen ernsthaften Gedanken daran verschwendet, dass es ihn treffen könnte. *Er* starb ja nicht, höchstens starb *man*. Und wenn es schon einen selbst erwischte, dann bitte als Heldentod.

Heidegger nun setzt einen enormen begrifflichen Aufwand ein, um die einfache Tatsache zu belegen, dass der Tod jeden Menschen persönlich trifft. Er schreibt vom Dasein, In-Sein, von Geworfenheit, Jemeinigkeit und vom Man. Peter Sloterdijk (* 1947) hält das für einen Trick. Er nimmt in seiner «Kritik der zynischen Vernunft»[215] an, dass Heidegger diese philosophischen Nebelkerzen wirft, um für die Intellektuellen seiner Zeit die einfache Wahrheit des persönlichen Sterbens überhaupt annehmbar zu machen. Heidegger setze die schweren denkerischen und begrifflichen Geschütze gegen den militärischen Zynismus ein, der den Tod im Krieg zu einem Tod *in absentia* mache. «Man rüstet, man zerstreut sich, man stirbt.»[216] Heideggers Todestheorie wäre dann also ein Trick, um selbstverständliche Wahrheiten in einer Zeit unters philosophierende Volk zu bringen, das laut das Gegenteil behauptete.

Ich sterbe. Niemand kann mir meinen Tod abnehmen. Mein Tod ist ein absolut singuläres Ereignis in meinem Leben, oder besser: an dessen Ende. Diese Tatsache macht mir Angst, sie treibt mich um, hält mich in Sorge, denn sie liegt ein Leben lang immer vor mir, früher oder später ist es so weit. Aus dieser Verfasstheit des menschlichen Lebens zieht Heidegger den Schluss, dass Dasein im Wesen auf etwas gerichtet ist, das vor ihm liegt. Aus dieser Ausrichtung heraus entsteht die Zeit. Wir leben sie, indem wir uns auf unseren Tod hinbewegen, in die Zukunft vorlaufen – bis ans Ende der Zeit. Der Tod ist das Ende der Zeit. Und Dasein bis zum Tod ist Zeit. «*Das jeweilige Dasein selbst ist (die) Zeit.*»[217] Man kann es auch mit Heidegger formulieren: Der Sinn von Sein ist Zeit. Zeit ist nichts «da draußen», wir sind Zeit, indem wir leben und uns auf den Tod zubewegen.

Problematisch an Heideggers Seins- und Zeitverständnis ist, dass er das Sein der Zeit einzig und allein am Tod als Ende der Zeit aufhängt. Dabei gibt es ein anderes Ereignis im Leben eines jeden von uns, das ebenso einzigartig und einmalig und, um mit Heidegger zu sprechen, jemeinig ist: die Geburt.

Es ist, wie gesagt, kein Zufall, dass ausgerechnet Hannah Arendt auf den besonderen Rang der Geburt im Leben jedes Menschen hinweist. Sie ist eine Frau, und sie war die Geliebte und eine Schülerin Heideggers. Als Schülerin hat sie zwar immer «mit» Heidegger gedacht, hatte aber auch einen klaren Blick für die Leerstellen in seiner Philosophie. Eine dieser Leerstellen ist der Andere, der Mitmensch. In der Daseinsanalyse von «Sein und Zeit» fehlt die schlichte Tatsache, dass in der Welt sein eben immer auch bedeutet, mit anderen Menschen zu leben. Genau an diesem Punkt knüpft Hannah Arendt an, ebenso wie Karl Löwith (1897-1973), ein anderer großer Heidegger-Schüler. Arendt promoviert zunächst über den Liebesbegriff bei Augustin, in der Liebe wendet sich das Ich ja explizit einem Du zu. Später untersucht sie als politische Theoretikerin das gemeinsame Leben der Menschen im öffentlichen Raum. Löwith nähert sich dem Anderen über den Begriff der Freundschaft, 1928 habilitierte er sich sogar bei Heidegger mit dem Thema «Das Individuum in der Rolle des Mitmenschen».[218]

1958 veröffentlicht Hannah Arendt ihr Buch «The Human Condition» das 1967 in Deutschland unter dem Titel «Vita Activa oder Vom tätigen Leben» erscheint. Darin untersucht sie die Grundbedingungen des menschlichen Lebens in der Gemeinschaft. Der Einzelne hat die Aufgabe, die Welt zusammen mit seinen Mitmenschen zu gestalten. Das geschieht durch die Arbeit, das Herstellen von Dingen und durch Handeln, also Interaktion im öffentlichen Raum. Aber anders als Heidegger begründet Arendt Dasein, Leben, nicht vom Tod her, sondern von der Geburt als «der allgemeinsten Bedingung menschlichen Lebens [...], dass es nämlich durch Geburt zur Welt kommt und durch Tod aus ihr wieder verschwindet».[219] Arendt nennt die Tatsache, dass wir geboren sind, Natalität, Geburtlichkeit. Darin liegt für sie nicht nur der Anfang des einzelnen menschlichen Lebens, sondern die grundsätzliche Fähigkeit des Menschen, immer wieder neu anzufangen. «Weil jeder Mensch auf Grund des Geborenseins ein initium, ein Anfang und Neuanfang in der Welt ist, können Menschen Initiative ergreifen, Anfänger werden und Neues in Bewegung setzen.»[220]

Natürlich weiß auch Heidegger, dass wir geboren werden. Aber er begreift diese Tatsache eher als eine Art Gewalt, die dem Einzelnen angetan wird, wenn er von der «Geworfenheit» des Daseins spricht. Niemand hat uns gefragt, ob wir leben wollen, in der Welt sein ist kein Akt, der freiwillig geschieht. Wahrscheinlich liegt man nicht ganz falsch, wenn man bei einem Begriff wie der Geworfenheit auch an den Wurf einer Hündin oder einer Katze denkt. Das Geborensein, das Auf-der-Welt-Sein, ist bei Heidegger jedenfalls kein Akt, der positiv besetzt ist, sondern hat eher etwas mit Zwang zu tun. Bei Arendt klingt das anders. Sie begreift die Tatsache, dass wir geboren werden, als einen positiven Akt und spricht von dem Lebensfaden, den jedes Individuum mit seiner Geburt in das Gewebe der Welt schlägt. «Wir fangen etwas an. Wir schlagen unseren Faden in ein Netz der Beziehungen. Was daraus wird, wissen wir nie.»[221]

Arendts Bild vom Lebensfaden ist uralt. In der griechischen Mythologie sitzen die drei Moiren[222] um ein Spinnrad herum. Klotho spinnt den Lebensfaden, Lachesis misst ihn und Atropos entscheidet, wann er abgeschnitten wird. Dieser Faden, den Klotho spinnt und den wir mit unserer Geburt in die Welt schlagen, ist auch der Beginn unserer Zeit, die sich von da an – bis zum Tod – aufspannt oder, um in Hannah Arendts Bild zu bleiben, wie ein Faden auch nur eine bestimmte Länge hat. Mit dem Tod kommen wir an das Ende unseres Lebensfadens, Atropos schneidet ihn ab, und in tragischen Fällen reißt unser Lebensfaden auch mitten entzwei. Lachesis hat ihn nur kurz bemessen.

Auf den ersten Blick scheint das Geborenwerden ebenso trivial wie die Tatsache, dass wir alle sterben müssen. Binsenwahrheiten! Aber genau um die kümmert sich die Philosophie. Was bedeutet es, geboren zu werden? Hannah Arendt sagt, damit komme das Anfangenkönnen in die Welt. Tatsächlich aber hängt mehr an unserer Geburt: unser Ich-Sein, unsere Unverwechselbarkeit, unsere Identität. Und das ist alles andere als trivial. Was macht mich zu dem Menschen, der ich bin? Was macht mich unverwechselbar? Was macht meine Identität aus? Das ist keine einfach zu beantwortende Frage.

Normalerweise antworten wir auf sie, indem wir einer Person bestimmte Eigenschaften zuschreiben, die sie unverwechselbar machen, zum Beispiel: Aristoteles war der Lehrer Alexanders des Großen. Aristoteles war ein Schüler Platons. Er hat die peripatetische Schule gegründet. Er hat die «Nikomachische Ethik» geschrieben. Das sind alles gute und richtige Beschreibungen dieses Mannes namens Aristoteles. Wir zeigen damit gewissermaßen auf bestimmte Punkte seines Lebensfadens: Hier hat er das gemacht, dort das. Aber was ist mit Aristoteles, wenn er andere Dinge getan und sein Leben einen anderen Verlauf genommen hätte? Wäre er dann nicht mehr Aristoteles? Stellen wir uns vor, Philipp II., Alexanders Vater, hätte sich für einen anderen Lehrer seines Sohnes entschieden. Dann wäre Aristoteles vielleicht nicht in die makedonische Hauptstadt Pella gezogen, sondern in Athen geblieben. Er hätte weiter in Platons Akademie studiert und gelebt, später hätte Platon ihn zu seinem Nachfolger ernannt. 338 v. Chr. in der Schlacht von Chaironeia hätte Aristoteles auf der Seite Athens gegen das makedonische Heer gekämpft, in dem auch Alexander stand. Dabei wäre er gefallen. So wären wichtige Werke nicht geschrieben worden und niemand hätte sich die Mühe gemacht, die paar Texte, die es gab, zu erhalten. Aristoteles wäre vergessen worden, wie so viele andere auch. Trotzdem wäre Aristoteles aber Aristoteles geblieben. Woran liegt das? Das liegt daran, dass Eigenschaften wie *Lehrer Alexanders des Großen* oder *Autor der «Nikomachischen Ethik»* sogenannte kontingente Eigenschaften sind, also Eigenschaften, die nicht wesentlich sind, Eigenschaften, die Aristoteles zwar hat, die ihn aber nicht ausmachen, die ihn nicht zu Aristoteles machen. Man kann auch sagen: Eigenschaften, die nicht zu seinem Wesen gehören. Nur, welche Eigenschaften gehören zu seinem Wesen? Sicher nicht die, dass er gern Gyros gegessen hat. Vielleicht war auch das mit Alexander nicht so wichtig. Aber dass er die «Nikomachische Ethik» geschrieben hat, das zählt. Wenn man sich auf diese Argumentation einlässt, führt das lediglich zu Diskussionen darüber, auf welche Eigenschaften einer Person man als kontingent verzichten möchte und auf welche nicht. Vielleicht können wir ja doch auf die Sache mit der «Nikomachischen Ethik» verzichten, aber die logischen Schriften des «Organon» müssen bleiben. Man sieht leicht, dass diese Diskussion nicht wirklich an ein Ende kommt. Das Aufzählen von mehr oder weniger wichtigen Eigenschaften macht Aristoteles nicht zu Aristoteles. Diese Eigenschaften sind kein *principium individuationis*. Aber was bleibt dann, wenn keine Eigenschaft, die ich einer Person zuschreibe, wesentlich für ihre Identität ist?

Das Problem der personalen Identität ist fast so alt wie die Philosophie selbst. Es setzt sich aus zwei Fragen zusammen: 1. Was bedeutet Identität, wann sind zwei «Dinge» wirklich identisch? 2. Wie kann ich diesen Begriff auf die Person anwenden, was also macht Aristoteles ein Leben lang zu Aristoteles? Beginnen wir mit der ersten Frage. Der Satz der Identität lautet a = b. Ein klassisches

Beispiel dafür ist: Der Morgenstern ist der Abendstern. Morgenstern = Abendstern. Morgenstern und Abendstern sind dann identisch, wenn sich die Begriffe auf denselben Gegenstand beziehen und an ihm nur unterschiedliche Aspekte bezeichnen. In diesem Falle wäre das der Planet Venus, den wir morgens und abends besonders hell am Himmel sehen und deshalb Morgenstern und Abendstern nennen. Die Bezeichnungen Morgenstern (a) und Abendstern (b) beziehen sich dann also auf die unterschiedlichen Zeiten, zu denen wir die Venus am Himmel sehen. Der Logiker Gottlob Frege (1848-1925) hat dafür die Unterscheidung von Sinn und Bedeutung eingeführt.[223] Morgenstern und Abendstern haben ein und dieselbe Bedeutung, nämlich Venus, aber jeweils einen unterschiedlichen Sinn: Venus am Morgen, Venus am Abend. Gottfried Wilhelm Leibniz hat Identität als Übereinstimmung von Eigenschaften definiert: a und b sind dann identisch, wenn alle Eigenschaften (φ), die auf a zutreffen, auch auf b zutreffen. Aus a = b wird damit $\varphi a = \varphi b$.

Was heißt das nun alles für die Identität der Person? Das besagt zunächst einmal, dass ein Satz wie «Aristoteles ist der Lehrer Alexanders des Großen», mit dem ich Aristoteles identifiziere, logisch die Form a = b hat. «Aristoteles» und «Lehrer Alexanders des Großen» sind verschiedene Sinne ein und derselben Bedeutung. Die Frage ist dann: Was ist diese Bedeutung, die besagt, dass alle Eigenschaften, die auf «Aristoteles» zutreffen, auch auf den «Lehrer Alexanders des Großen» zutreffen müssen, also zum Beispiel «Autor der ‹Metaphysik›» oder «Schüler Platons». Man kann nun auf einen Menschen zeigen und sagen: Dieser Mensch ist die Bedeutung von «Aristoteles» und «Lehrer Alexanders des Großen». Aber man kommt damit rasch in Schwierigkeiten, denn dieser Mensch hatte zu unterschiedlichen Zeiten seines Lebens durchaus unterschiedliche Eigenschaften. Er hat seine Größe und sein Gewicht verändert, mal wird er als Kind beschrieben, dann als Mann, dann wieder als Greis. Diese unterschiedlichen Beschreibungen oder Eigenschaften verstoßen gegen das Identitätsgesetz von Leibniz. Der Körper selbst, die materielle Grundlage, kann also nicht zur Grundlage der personalen Identität werden. John Locke (1632-1704) hat in seinem «Essay Concerning Human Understanding», der 1690 erschienen ist und zu den grundlegenden Texten der Erkenntnistheorie gehört, daraus den Schluss gezogen, dass das Bewusstsein die Grundlage der personalen Identität ist. Aristoteles muss sich also daran erinnern können, dass er Lehrer Alexanders war. Aber auch mit diesem Ansatz kommt man nicht wirklich weiter, denn was ist, wenn Aristoteles es vergessen hat? Was ist mit Menschen, die mit einer geistigen Behinderung geboren werden? Der Strom des Bewusstseins taugt nicht wirklich als Kriterium für personale Identität.

Der amerikanische Logiker und Philosoph Saul Aaron Kripke (1940-2022) hat das Problem der Identität als Frage der Namensgebung untersucht, denn wenn wir sagen, Aristoteles sei Lehrer Alexanders, dann können wir auch die Frage stellen, wie Aristoteles eigentlich zu seinem Namen gekommen sei. Nun, wie wir alle: Der Name ist ihm gegeben worden. Diese Namensgebung bei der Geburt wird zum eigentlichen Beginn unserer Identität, so Kripke:

> Sagen wir, es wird jemand geboren, ein Baby: seine Eltern rufen es mit einem bestimmten Namen. Sie reden mit ihren Freunden über es. Andere Leute kommen mit ihm zusammen. Durch verschiedene Arten von Rede wird der Name von Glied zu Glied verbreitet wie durch eine Kette [...]. Eine bestimmte Kommunikationskette, die letztlich bis zu dem Mann [dem früheren Baby] selbst zurückreicht, erreicht den Sprecher. Er referiert dann auf den Mann.[224]

Wahrscheinlich können wir sogar noch einen Schritt weitergehen als Kripke. Datum, Uhrzeit und Ort unserer Geburt sind für jeden von uns absolut einzigartig. Selbst Zwillinge werden nicht gleichzeitig geboren. Damit setzen wir einen Anfang, auf den wir immer wieder rekurrieren, wenn wir uns auf eine Person beziehen. Es ist unsere Geburt, mit der wir unseren Faden in die Welt schlagen, wie Hannah Arendt schreibt. Dieser Faden, der mit einem absolut einzigartigen Moment beginnt, macht uns unverwechselbar, er sichert unsere Identität, völlig gleichgültig, welchen Weg dieser Faden in der Welt nimmt, wie er sich ins Gewebe der vielen menschlichen Beziehungen einschlägt, verknotet und verknüpft.[225] Wenn wir also von Aristoteles reden, dann meinen wir die Person, die an einem bestimmten Tag des Jahres 384 v. Chr. in Stageira, Griechenland, geboren und Aristoteles genannt wurde. Und ob dieser Aristoteles nun Alexander unterrichtet hat oder nicht, spielt für die Frage seiner Identität keine Rolle. Unsere Geburt wird damit zu einem ebenso wesentlichen Moment für jeden von wie unser Tod. Sie ist das, was uns absolut einzigartig und unverwechselbar macht, sie ist unser *principium individuationis*. Und der Faden, den wir damit ins Leben schlagen und den man bis zu unserer Geburt zurückverfolgen kann (theoretisch zumindest, viele Spuren verlieren sich ja auch), ist unser Leben – und unsere Zeit. Wir haben so viel Zeit, wie der Faden lang ist bzw. wie es uns gelingt, den Faden weiterzuspinnen.

Was bedeutet das nun? Wenn Zeit die je eigene Lebenszeit ist, die mit meiner Geburt beginnt und die mit meinem Tod endet, dann kann es nicht sein, dass wir Zeit nur zeitigen (wie Heidegger das nennt), indem wir zum Tod hin vorlaufen. Dann wäre Leben ein wenig wie James Bond, der gerade über eine einstürzende Brücke läuft. Mit jedem Schritt (Gegenwart!) bricht ein Stück der Brücke ab, und wenn 007 sich nicht beeilt, schafft er es nicht auf die rettende andere Seite. Hinter ihm zurück bleibt das Nichts. Und wenn Bond irgendwann die Kräfte ausgehen, fällt er in die Tiefe. Aber so ist Leben nicht. Natürlich laufen wir vor zum Tode, was – um bei James Bond zu bleiben – für Bond bedeutet, es gibt keine rettende andere Seite. Darin kann man Heidegger gar nicht widersprechen. Aber wir hinterlassen dabei etwas, das uns immer kostbarer wird: unsere Erinnerungen! Diese Erinnerungen gestalten wir in der Gegenwart. Und die Zukunft ist der Raum, auf den hin wir uns entwerfen, um uns später daran erinnern zu können.

Leben heißt Zeit verbrauchen. Durch die Geburt wird dieser Prozess in Gang gesetzt. Und weil die Geburt eben auch ein Individuationsprinzip ist, beginnt mit ihr nur für mich die Zeit. Man kann mit Heidegger von der Jemeinigkeit der Zeit sprechen, auch die gehört zu mir wie der Tod. Niemand kann für mich leben und meine Zeit verbrauchen, ebenso wenig wie jemand für mich geboren werden und sterben kann.

Im Laufe unseres Lebens verändert sich die Art und Weise, wie wir mit unserer Zeit umgehen, wie wir sie verbrauchen. Meistens tun wir das völlig unbewusst, wir machen uns nicht klar, dass jede Stunde, jede Minute, jede Sekunde unsere Zeit verrinnt. Es gibt allerdings manchmal Erlebnisse, die uns diesen selbst im Schlaf nicht enden wollenden Verbrauch von Zeit deutlich vor Augen führen. In Zeitmanagementseminaren bekommen die Teilnehmer oft einen Zollstock, der etwa 80 Zentimeter misst. Jeder Zentimeter ist ein Jahr unseres Lebens. Man kann sein Alter auf diesem Zollstock markieren. Wer 20 Jahre alt ist, hat noch etwa 60 Zentimeter auf dem Zollstock, die vor ihm liegen, das meiste also. Das ist einigermaßen beruhigend. Wer dagegen 60 Jahre alt ist, hat das meiste hinter sich, wie der Zollstock deutlich zeigt. Drei Viertel deines Lebens sind gelebt. Die Seminare wollen den Teilnehmenden damit deutlich machen, dass ihre Zeit kostbar, weil begrenzt, ist. Achte auf deine Zeit. Geh sorgsam mit ihr um. Arbeite nicht nur, mach regelmäßige Termine mit dir selbst, spiel mal wieder Tennis oder geh ins Kino – *quality time*. Das ist alles nicht falsch, aber niemand ändert sein Leben, nachdem er einen solchen Zollstock in der Hand gehalten hat. Das liegt daran, dass die Zollstockzeit völlig abstrakt und äußerlich bleibt, wie eine Uhr, von der ich auch weiß, dass sie eines Tages nicht mehr laufen und die Zeit anzeigen wird.

Das Vergehen der Zeit wird einem durch andere Erfahrungen und Erlebnisse bewusst, es rückt einem regelrecht auf die Pelle. Mir geht das zum Beispiel so, wenn meine Tochter mir über ihre Zukunftspläne berichtet. Sie will von Münster nach Berlin ziehen, um dort ihren Bachelor zu machen, danach in ein soziales Projekt nach Lateinamerika, anschließend möchte sie den Master machen, vielleicht in Berlin, vielleicht aber auch im Ausland, das Leben liegt vor ihr, es steckt voller Möglichkeiten, die sie ergreifen kann, die Optionen sind alle noch mehr oder minder offen. Bei solchen Gesprächen wird mir bewusst, dass sich meine Optionen von Tag zu Tag verringern. Ich werde mich beruflich nicht mehr verändern, dazu ist die Rente zu nah, niemand wird jemanden einstellen, der in absehbarer Zeit wieder weg ist. Meine Tochter dagegen kann ihre berufliche Laufbahn noch einmal völlig neu entwerfen und beginnen, weil sie die Zeit dazu hat. Ich werde mit der Band, mit der ich regelmäßig Musik schreibe und mache, keinen Hit mehr haben, dazu sind wir einfach zu alt. Dabei spielt es keine Rolle, dass die Musik inzwischen besser ist als vor 40 Jahren, weil wir alle viel gelernt haben.

Mit 20 dagegen war die Vorstellung, Karriere als Musiker zu machen, durchaus eine Option, vielleicht nicht sehr wahrscheinlich, aber sie war vorhanden. Ich werde keinen Marathon mehr laufen, mein Kreislauf spielt da nicht mehr mit. Jeder wird andere Erfahrungen machen, aber der Horizont der offenen Möglichkeiten verschließt sich zunehmend. Wir müssen uns von Träumen und Hoffnungen verabschieden, aber auch konkret von der großen Wohnung, in der wir gelebt haben, weil wir die Treppen nicht mehr bewältigen. Das ist ein Prozess des Loslassens, den Sterbebegleiter bei ihrer Ausbildung in Hospizseminaren bewusst vor Augen geführt bekommen. Am Ende des Lebens geht es nicht mehr darum, dass ich keinen Marathon laufen kann, mein Radius ist jetzt so eingeschränkt, dass ich schon froh bin, wenn ich allein vom Bett bis zum Tisch komme. Mein eigener Raum ist klein geworden – so wie die Zahl der Tage vor mir abgenommen hat.

Dem steht der große Zeitraum der Erinnerung entgegen. Man staunt als junger Mensch, wie gern die Alten «von früher» erzählen, bis man an sich selbst feststellt, dass man es gern tut. Augustinus, den wir ja schon kennengelernt haben,[226] spricht einmal vom Palast der Erinnerung.[227] Wir gehen durch diesen Palast und betreten seine einzelnen Räume. Da ist ein Raum, in dem wir einen Schlitten sehen und der uns an die Winter unserer Kindheit erinnert, daran, wie wir ganze Nachmittage lang gerodelt sind, abends kamen wir erschöpft und frierend nach Hause, es gab heißen Tee und Brote und anschließend durften wir zugedeckt noch etwas Fernsehen schauen. Neben dem Schlitten steht in meinem Palast eine Thermoskanne. Ich erinnere mich an eine Nachtwanderung im Winter mit Freunden, es war kurz vor Weihnachten, wir hatten Tee mit Rum und Kekse dabei und sind rodeln gegangen. Später in dieser Nacht habe ich ein Mädchen geküsst. Ich könnte hier zahlreiche solcher Räume beschreiben, gefüllt mit Erinnerungen. Jeder von uns kann das. Und doch weiß ich auch, dass es in meinem Palast der Erinnerung viele leere Räume gibt. Ich habe viel vergessen. Anders ausgedrückt: Die Zeit der Erinnerung ist kein Kontinuum. Sie ist eine diskrete Zeit. Es gibt einige, durchaus kontinuierliche Stücke, und dann sind da große Lücken. Manche Erinnerungen versuchen wir auch bewusst zu vergessen, weil sie uns beunruhigen, Angst machen, traumatisch sind, wie Erinnerungen an den Krieg, einen Unfall, einen Verlust. Wie immer wir mit Erinnerungen umgehen, die Erfahrung des Älterwerdens ist auch die Erfahrung des Erinnerns. Es gibt nur wenige Dinge, die schöner sind, als mit Freunden zusammen von früher zu sprechen. Das mag auch darin begründet liegen, dass jeder zumindest teilweise andere Erinnerungen hat. So können wir die eigenen Erinnerungen an ein Ereignis ergänzen und deutlicher machen.

Marcel Prousts (1871-1922) großer Roman «Auf der Suche nach der verlorenen Zeit», erschienen zwischen 1913 und 1927, ist der literarische Versuch, die Erinnerung an ein ganzes Leben einzuholen. Die Lebenszeit des Ich-Erzählers soll in der Erinnerung gewissermaßen konserviert werden. Das ist eine gewaltige – literarische – Anstrengung, denn diese Erinnerungen müssen aus der Tiefe unseres Palastes hervorgeholt werden. Oft fallen einem erst nach langer Zeit plötzlich Dinge ein, die vorher schlicht und einfach verschwunden waren. Man sieht diese Anstrengung dem Manuskript des Romans an, es ist übersät mit handschriftlichen Ergänzungen Prousts. Immer wieder fällt einem etwas ein oder man kann eine Erinnerung korrigieren; das Kleid der Tante war gar nicht rot und bei der Geburtstagsfeier war auch der Onkel anwesend.

Proust unterscheidet zwischen willentlichen Erinnerungen und plötzlichen, unwillkürlichen Erinnerungen. Die willentlichen Erinnerungen sind die, die wir immer wieder abrufen können. Es sind oft die großen Wegmarken unseres Lebens, das Ende der Schule, der Beginn der Arbeit, die Begegnung mit dem geliebten Menschen, Hochzeit, Geburt der Kinder; dann besonders beglückende Momente wie Ferien, ein Konzert, ein Buch. Auch traumatische Ereignisse, die wir eigentlich lieber vergessen würden, gehören oft zu den willkürlichen Erinnerungen.

Daneben stehen die unwillkürlichen Erinnerungen. Eine solche Erinnerung hat Prousts Roman ausgelöst. Im Januar 1909 isst er einen Zwieback und wird dadurch plötzlich in seine Kindheit zurückversetzt. Diesen Moment hat er im Roman verewigt. Aus dem Zwieback ist allerdings eine «Madeleine» geworden, ein französisches Sandgebäck. An einem kalten Tag isst der Erzähler ein Stück davon, das er in etwas Tee getaucht hat. Der Geschmack katapultiert ihn regelrecht zurück in seine Kindheit. Damals hat ihm seine Tante Léonie immer solche Madeleines in Lindenblütentee getaucht und gegeben. Aus dieser Erinnerung heraus sieht der Erzähler plötzlich das Haus seiner Tante vor sich, den kleinen Pavillon im Garten, die Stadt, den Platz, an dem das Mittagessen eingenommen wurde, eine ganze Welt entsteht aus dem Geschmack der Madeleine, als wäre sie darin konserviert.

> Aber wenn von einer früheren Vergangenheit nichts existiert nach dem Ableben der Personen, dem Untergang der Dinge, so werden allein, zerbrechlicher aber lebendiger, immateriell und doch haltbar, beständig und treu Geruch und Geschmack noch lange wie irrende Seelen ihr Leben weiterführen, sich erinnern, warten, hoffen, auf den Trümmern alles übrigen und in einem beinahe unwirklich winzigen Tröpfchen das unermeßliche Gebäude der Erinnerung unfehlbar in sich tragen.[228]

Solche unwillkürlichen Erinnerungen nennt man seit Prousts Roman «Madeleine-Momente». Sie werden hervorgerufen durch einen Geschmack oder einen Geruch, eine Bratwurst versetzt einen in die Jugend, der Geruch von Sonnenmilch erinnert an einen Tag im Schwimmbad, den man längst vergessen hatte. Jeder von uns wird seine eigenen Madeleine-Momente haben, wir gehen durch unseren Palast der Erinnerungen, in einem Zimmer liegt ein Stück Gebäck, wir probieren davon, und der Raum verwandelt sich in die Küche unserer Kindheit, in der gerade vor Weihnachten Plätzchen gebacken wurden.

Auch Musik kann einen solchen Madeleine-Moment auslösen. Ich erinnere mich sehr gut an einen solchen Moment, den ich am 29. November 2001 erlebt habe. An diesem Tag war George Harrison (1943–2001), der Gitarrist der Beatles, gestorben. Am Abend, ich saß allein im Zimmer, brachte das Radio die Nachricht von seinem Tod und spielte dann seinen großen Hit «My Sweet Lord». Der Song beginnt mit einer zwölfsaitigen Akustikgitarre, die e-Moll und A-Dur spielt. Dann setzt das charakteristische Motiv der Slidegitarre ein. Ich hatte den Song Anfang der 1970er Jahre oft im Radio gehört. Und jetzt versetzte er mich schlagartig zurück in das Zimmer meiner Jugend. Ich hatte dieses Zimmer völlig vergessen. Und plötzlich, in meinem Madeleine-Moment, konnte ich dieses Zimmer wie in einem 3-D-Film sehen: die Möbel, die Poster an der Wand, das Radio und den roten «Mister-Hit»-Plattenspieler. Den alten Schreibtisch aus dem Büro meines Großvaters hatte ich vollkommen vergessen. Ich sah kleine Fotos, die ich auf die Schranktüren geklebt hatte, es war, als stände ich in diesem Zimmer. Der Song im Radio, den ich lange nicht gehört hatte, wahrscheinlich verbunden mit der Nachricht von Harrisons Tod, hatte mir eine Tür in meinem ganz persönlichen Palast der Erinnerung geöffnet, die bis dahin verschlossen gewesen war.

Proust beschreibt solche Erinnerungen als Glücksmomente, er fühlt sich erfüllt von einer «köstlichen Substanz», aber «diese Substanz war vielmehr nicht in mir, sondern ich war sie selbst».[229] Erinnerungen sind also nicht etwas, das wir haben wie eine Tasche, sondern wir selbst sind diese Erinnerungen, sie sind ein Teil von uns, der Faden, den wir zurückverfolgen können, bis zu unserer Geburt als *principium individuationis*. Je besser mir das gelingt, je präziser und vollständiger meine Erinnerungen sind, umso mehr bin ich ich. Die Suche nach der verlorenen Zeit, von der Proust schreibt, ist nichts anderes als die Suche nach mir selbst, denn ich bin meine Zeit.

Der katalanische Philosoph Josep Maria Esquirol (* 1963) versteht die Erinnerung als Erweiterung der Gegenwart. In seinem Essay «Der intime Widerstand» schreibt er: «Was aber sind wir ohne Erinnerung? Die einfachen Leute ‹wussten› schon, dass in der Erinnerung eines Lebens etwas Wertvolles liegt. Die Erinnerung ist keine Erinnerung einer vergangenen Zeit, sondern eine Erweiterung und Bereicherung der Gegenwart.»[230] Durch die Erinnerung ist die Vergangenheit nicht einfach vorbei, sie ist unabgeschlossen, und das Leben wird nicht rein auf die Gegenwart reduziert. Esquirol versteht Erinnerung als eine Form des Widerstands gegen alle Aktualitätszwänge und als «dem Denken eigenste Geste».[231]

Wenn die Zukunft der offene «Raum» ist, in den hinein ich mich entwerfe, und die Vergangenheit meine ausgeführten Entwürfe in der Erinnerung behält, was ist dann die Gegenwart? Sie muss in jedem Falle mehr sein als das dürre «Jetzt», das wir aus der aristotelischen Zeittheorie kennen, mehr als ein Trennstrich auf einer Linie, mehr als ein Zeit-Punkt.

Die Gegenwart ist zunächst einmal der Zeitraum, in dem wir leben. Der Satz «Leben ist Zeit» bedeutet: Leben ist *jetzt sein*. Leben ist Gegenwart. Jetzt ist die Zeit, in der ich atme, esse, liebe. Da die Zukunft noch vor uns liegt und die Vergangenheit hinter uns, ist die Gegenwart gewissermaßen reine Zeit, der Stoff, den wir verbrauchen, um in die Zukunft zu gelangen und Erinnerungen zu schaffen. Wenn wir also dem Geheimnis der Zeit nahekommen wollen, dann können wir das, indem wir die Gegenwart daraufhin befragen. Gibt es in ihr einen *Moment*, in dem wir uns der Zeit nähern?

Das normale Lebensgefühl unseres modernen Lebens ist die Eile. Wir müssen zur Arbeit, zum Bus, der nächste Termin steht an, das Essen muss auf den Tisch, die Kinder in die Schule, der Einkauf gemacht werden. In diesem Rasen der Moderne, das wir bereits ausführlich untersucht haben, blicken wir zwar ständig auf die Uhr, der Zeit aber nähern wir uns damit nicht. Im Gegenteil, wir entfernen uns immer weiter von ihr. Je schneller die Ereignisse auf uns einprasseln, umso mehr Dinge wir in immer größerer Eile erledigen wollen, desto weiter rückt die Zeit von uns ab. Wir nutzen die Zeit nicht, um uns zu erinnern, wir denken nicht in Ruhe über unsere Zukunft nach. Wenn überhaupt, besteht unsere Sorge, unser Ausstrecken in die Zukunft darin, ob wir bis zum nächsten Meeting auch alles erledigt und abgearbeitet haben werden. Das ist aber nicht sorgen, sondern besorgen. Die Zukunft ist etwas, das nicht erlebt, sondern erledigt werden muss. Dass solche Erledigungen die Zeit zwar verbrauchen, aber nicht erfüllen, sehen wir daran, dass sie in unseren Erinnerungen praktisch keine Rolle spielen. Sie verschwinden einfach. Unser Palast der Erinnerung hat keinen Raum, in dem wir das Meeting vom 7. Dezember um 11:30 Uhr finden. (Es sei denn, bei diesem Meeting ist etwas Außergewöhnliches geschehen.) Die Zeit werden wir in diesem Besorgen der Zukunft kaum entdecken. Nun besteht unser Leben aber heute fast ausschließlich aus solchen Aufgaben und Erledigungen, mit denen wir unsere Gegenwart füllen. Heißt das, es gibt keine Möglichkeit, der Zeit in der Gegenwart näherzukommen?

Das Erstaunliche ist, dass es einen *Moment* zu geben scheint, in dem wir doch so etwas wie das weiße Rauschen der Zeit spüren können. Das aber ist kein Moment, in dem die Zeit an uns im Besorgen vorbeizieht, es ist ein Moment, in dem die Zeit zu stehen scheint: die Langeweile.

In seiner Freiburger Vorlesung «Die Grundbegriffe der Metaphysik. Welt – Endlichkeit – Einsamkeit» vom Wintersemester 1929/1930 hat Martin Heidegger das Phänomen der Langeweile ausführlich untersucht. Diese Vorlesung, gehalten zwei Jahre nach dem Erscheinen von «Sein und Zeit» 1927, kann man als den nie veröffentlichten zweiten Teil von «Sein und Zeit» lesen.[232] Es geht Heidegger bei den Grundbegriffen der Metaphysik nicht darum, einige Begriffe aus der philosophischen Disziplin der Metaphysik wie Form, Materie, Akt, Werden, Sein oder Wesen zu erläutern. Heidegger will mehr. Er möchte Philosophie freilegen als ein «Grundgeschehen»[233] im Leben des Menschen. Dieses Grundgeschehen ist alles andere als heimelig. Es ist ein Gefühl der Unbehaustheit. Das ist 1929/1930 mehr als verständlich. Deutschland steckt in einer gewaltigen Wirtschaftskrise. Im Oktober 1929, gerade zum Beginn des Wintersemesters, war die Börse am Schwarzen Freitag ins Bodenlose gefallen. Die Zahl der Arbeitslosen stieg rasant. Am Ende dieses langen Sturzes stand schließlich der Krieg, aber das konnte 1929 noch niemand wissen. Zu spüren war aber das dünne Eis, auf dem wir alle gehen, die Fraglichkeit des eigenen Daseins. Dieser Fraglichkeit will Heidegger in seiner Philosophie nachgehen, sie ist für ihn deshalb «das Gefährlichste und Unsicherste»,[234] und oft klingt es in der Vorlesung, als sei man im Krieg, wenn die Rede ist von Angriff und Gefahr. Das klingt heute fast martialisch bis zur Lächerlichkeit, als sei Philosophie etwas, das man nur in der schussicheren Weste betreiben könne. Das hat gewiss mit der Selbststilisierung Heideggers zu tun, einmal schreibt er, es gebe Menschen, die «das merkwürdige Schicksal haben können oder müssen, für die anderen eine Veranlassung dafür zu sein, dass in diesen das Philosophieren erwacht».[235] Wir dürfen davon ausgehen, dass Heidegger sich für einen dieser Menschen hielt. Aber er trifft mit seiner Philosophie den Nerv der Zeit. Das eigene Leben von Heideggers Zuhörerinnen und Zuhörern Ende 1929 stand angesichts der politischen und wirtschaftlichen Entwicklungen tatsächlich in Frage. Und die Aufgabe der Philosophie war es, diese Fraglichkeit anzunehmen und fruchtbar zu machen. Ein anspruchsvolles Programm!

Heidegger, der sich ja in «Sein und Zeit» schon mit Geworfenheit und Angst auseinandergesetzt hat, sucht nach den Leerstellen im Leben, den Orten, an denen wir die täglichen Beruhigungen und Ablenkungen hinter uns lassen und wir direkt in die Abgründe unter uns schauen. Nun ist sein Denken eine große Frage nach der Zeit. Es ist also nur logisch und konsequent, dass er nach den Abgründen sucht, die unter unserem täglichen Umgang mit der Zeit liegen. Was liegt hinter den Terminen, dem gehetzten Blick auf die Uhr, dem Rennen zum Bahnhof, dem vermeintlichen Sparen von Zeit? Heidegger macht dort eine «*tiefe* Langeweile» aus, die «wie ein schweigender Nebel»[236] über den Boden zieht. Dieses Bild ist Heidegger wichtig, er benutzt es mehrfach in der Vorlesung. Ich denke dabei an einen frühen Herbstmorgen und den Blick aus Heideggers Hütte in Todtnauberg im Schwarzwald. Der Nebel zieht über die Wiesen unterhalb, er verdeckt die Tiefe des Tals, die Zeit in dieser bewegungslosen Morgenfrühe scheint stehengeblieben.

Man kann die rund 150 Seiten, die Heidegger in seiner Vorlesung auf das Phänomen der Langeweile verwendet, als einen Versuch sehen, diesen Nebel zu beschreiben. Dabei geht es ihm allerdings um viel mehr als die Beschreibung eines zeitlichen Phänomens. In der Langeweile begegnen wir auch uns selbst, sie ist die Grundstimmung, die uns «Bestand und Möglichkeit»[237] gibt. Vielleicht kann man es auch so formulieren: In der Langeweile kommen Sein und Zeit zusammen. Am Grunde unseres Daseins liegt die Zeit.

Heidegger dringt in seiner Vorlesung langsam in den Nebel der Langeweile ein. Und je tiefer er eindringt, umso länger wird die Langeweile. Er macht das mit einem Sinn für Dramaturgie. Am Anfang seiner Erkundung steht das Gelangweiltsein von etwas: von einem Buch, einem Film, einem Gespräch. Dabei kommt einem die Langeweile «aus den Dingen selbst entgegen».[238] Die Langeweile hat aber auch etwas mit uns zu tun, denn während mich das Buch langweilt, findet ein Freund es vielleicht gerade besonders spannend. Langeweile ist also keine objektive Eigenschaft des Buches wie der Einband oder die Seitenzahl. Es ist eher so, dass das Buch in mir eine Stimmung erzeugt, die ich dann auf das Buch übertrage. Ganz ähnlich sagen wir auch, ein Film sei lustig oder spannend, weil er uns in eben diese Stimmungen versetzt. Ebenso gibt es Situationen, die uns langweilen. Heidegger beschreibt einen Bahnhof irgendwo in einer Kleinstadt. Der Zug, den wir eigentlich nehmen wollen, hat Verspätung. Irgendwie müssen wir die Stunde, bis der Zug eintrifft, hinter uns bringen. Was können wir also tun? Heute nehmen wir das Handy. Aber stellen wir uns vor, dessen Akku ist leer. Das Buch, das wir mithaben, ist langweilig. Die Zeitung haben wir gelesen, sogar den Fahrplan haben wir ausgiebig studiert. Ein früherer Zug wird nicht kommen. Es bleibt uns nur zu warten, bis der nächste Zug eintrifft. Hier ist die Sache nicht mehr so eindeutig wie bei einem Buch oder Film. Da ist kein konkreter Gegenstand, der uns langweilt, es ist eher die Situation, der Bahnhof wirft uns auf uns selbst zurück, bietet uns nichts, nämlich keinen abfahrenden Zug. «Die Dinge lassen uns in Ruhe, stören uns nicht. Aber sie helfen uns auch nicht, sie ziehen unser Verhalten nicht auf sich. *Sie überlassen uns uns selbst.*»[239] Dabei spielt die Zeit eine Rolle. Der Zug ist nämlich nicht pünktlich, er ist nicht *in der Zeit* gekommen. Deshalb kann der Bahnhof für uns auch nicht das sein, was er eigentlich sein sollte: ein Ort abfahrender Züge. Die Zeit hindert ihn daran, so zu sein. Die eigentliche oder «spezifische»[240] Zeit eines Bahnhofs ist die vor Abfahrt der Züge. Wenn wir den Bahnhof in dieser Zeit betreten, langweilt er uns nicht. Eher im Gegenteil, er zwingt uns zur Eile, wir wollen den Zug ja nicht verpassen. Der Bahnhof hat also seine eigene Zeit. Auch das Buch, das mich jetzt langweilt, das ich aber vielleicht in einer anderen Zeit mit anderen Augen lesen werde: Jetzt gerade habe ich das Buch so verpasst wie den Zug. Heidegger folgert daraus: «Die Langeweile ist überhaupt nur möglich, weil jedes Ding, wie wir sagen, *seine* Zeit hat. Hätte nicht jedes Ding *seine* Zeit, dann gäbe es keine Langeweile.»[241] Wenn wir diese Eigenzeit der Dinge verpassen, lassen sie uns leer. Es ist diese Leere, die Heidegger ansteuert.

Die zweite Form der Langeweile ist das Sichlangweilen bei etwas. Hier ist es nicht so, dass nichts passiert, wie auf einem Landbahnhof, auf dem die Züge nicht fahren. Es ist durchaus etwas los, aber ich langweile mich trotzdem. Die Leere entsteht diesmal nicht, weil etwas abwesend ist, sondern weil etwas vorhanden ist. Aber das ist anders, als wir es erwartet hätten. Heidegger, der bekanntlich die Ruhe auf seiner Hütte liebte, erzählt fast ironisch von einer Abendgesellschaft. Man sitzt zusammen, das Essen ist gut, es wird Musik gespielt, die Gespräche sind «witzig und amüsant».[242] Man kann sich Heidegger vorstellen an einem solchen Abend: Der Abend ist nett, wie man so sagt, reizend, entzückend. Und dann kommt man nach Hause und stellt fest, dass man sich eigentlich den ganzen Abend über gelangweilt hat. Jeder wird solche Situationen kennen. Die Zeit sollte vergehen wie im Fluge, alles ist darauf ausgelegt, aber man steht mitten im Trubel und stellt fest: Es ist öde. Man langweilt sich in einer Situation, die auf Zeitvertreib bedacht ist, aber genau hier wird die Zeit lang. Es ist nicht so, dass wir in eine Leere geraten, weil ein Zug nicht pünktlich fährt. An unserem netten Abend bildet sich diese Leere erst, es ist «die Zurückgelassenheit unseres eigentlichen Selbst».[243] Wir stehen mitten zwischen den Menschen *neben uns*. Die Langeweile hat also nichts damit zu tun, dass die Zeit nicht vergeht. Wir haben uns für den Abend Zeit genommen, wir haben uns auch Zeit gelassen und sind viel später zurück als eigentlich geplant. Aber, fragt Heidegger, von wem haben wir uns da eigentlich Zeit genommen? Die Antwort darauf: von uns. Es ist unsere Zeit, die wir genommen haben. Wir haben uns viel Zeit genommen, einen ganzen Abend, dabei wissen wir gar nicht, wie viel Zeit wir eigentlich haben. An diesem netten Abend steht die Zeit, der ganze Abend ist ein «gedehntes Jetzt».[244] Natürlich geht die Zeit weiter, die Zeiger der Uhren drehen sich. Aber wir sitzen in diesem länger werdenden Jetzt, das die Vergangenheit nicht aus sich entlässt und sich nicht in die Zukunft öffnet. Das klingt fast paradox, weil da doch die Tatsache ist, dass die äußere Zeit eben unaufhaltsam weitertickt. Aber wir erleben das jeden Tag. Wir können uns an die Ereignisse in diesem stehenden Jetzt später einfach nicht erinnern. Worüber haben wir an diesem Abend gesprochen? Mit wem? Welche Musik lief? Was gab es zu essen? Der ganze Abend verschwindet irgendwo in einem Raum unseres Palastes, den wir nie wieder finden werden. Wir sind weite Teile des Lebens *hingehalten an die stehende Zeit*, wie Heidegger das nennt.[245] Fast alles wird eben nicht erinnert, obwohl wir uns unsere Zeit prächtig vertrieben haben mit netten Abendunterhaltungen, freundlichen Einladungen, belanglosen Gesprächen, den angesagten Filmen, Einkaufsbummeln, leeren Arbeitstagen. Heideggers Beschreibung des netten, aber langweiligen Abends ist fast 100 Jahre alt. Seitdem haben wir solchen Zeitvertreib kultiviert mit unseren Handys, Fernsehern und Computern. Die gesamte Gegenwart über scheint die Zeit zu stehen. Das hat zu der Zeitvergessenheit geführt, von der dieses Buch im Kern handelt. Auch wenn ich mich frage, ob Heidegger sich an jeden Abend in seiner Hütte in Todtnauberg erinnern kann.

Nach dem «Gelangweilt werden von» und dem «Sichlangweilen bei» ist die dritte und tiefste Form der Langeweile das «Es ist einem langweilig». Hier gibt es keine Bücher und Partys mehr, diese Form der Langeweile ist völlig leer. Das «Es» ist keine bestimmte Sache oder Situation, das «Einem» bin nicht mehr ich, es ist keine bestimmte Person. Hier herrscht eine vollkommene Abwesenheit, ein Nicht-Ich befindet sich – irgendwie – im Leeren. Es ist die «Ausgeliefertheit des

Daseins an das sich im Ganzen versagende Seiende».[246] Das ist starker Tobak. Wir spüren in der tiefen Langeweile, dass wir in eine Welt geworfen sind, die uns zunächst einmal nichts angeht. Es ist kein heimeliges Gefühl, kein Zuhausesein, die tiefe Langeweile lässt uns spüren, dass wir hier fremd sind. Aber was hat das noch mit der Zeit zu tun? Bei den ersten beiden Formen der Langeweile gab es noch den Zeitbezug durch die Erfahrung der Eigenzeit der Dinge und das stehende Jetzt, beides hat uns hingehalten, uns die Zeit in der Langeweile spürbar werden lassen. Das gibt es jetzt nicht mehr, da ist nichts mehr, was eine eigene Zeit haben könnte, und da ist niemand mehr, der in einem endlosen Augenblick gefangen ist. Jetzt, so Heidegger, fühlt es sich zeitlos an, «man fühlt sich herausgehoben aus dem Fluß der Zeit».[247] Die Zeit, von der hier die Rede ist, hat nichts mehr zu tun mit einer Abfolge von Jetztpunkten oder gar einer Uhr-Zeit. Wir sind über die Langeweile und ihren Bezug zur Zeit in einer Leere angekommen, die unser Leben eigentlich erst ermöglicht. Es ist, als wären wir auf der Suche nach dem Ermöglichungsgrund einer Geschichte schließlich beim leeren, weißen Blatt Papier angekommen. Wir brauchen dieses Papier, um unsere Geschichte überhaupt schreiben zu können. Heidegger nennt das «Hingezwungenheit an die ursprüngliche Ermöglichung des Daseins als solchen».[248] Leben heißt also: Wir sind auf dieses leere Blatt geworfen und müssen es jetzt beschreiben. Und – damit sind wir bei der eigentlichen Pointe – dieses leere Blatt ist die Zeit.

Heidegger spricht nicht von einem leeren Blatt, sondern vom «All-Horizont der Zeit».[249] Dieser Horizont enthält Vergangenheit, Gegenwart und Zukunft, und weil auf diesem Horizont alles «geschrieben» wird, umfasst er auch alles. In der tiefen, unpersönlichen Langeweile, in der es einem langweilig ist, wird dieser Horizont «gebannt», wir sehen die Zeit selbst. Und wir erleben, dass Zeit kein Medium außerhalb von uns ist, kein «Raum», in dem wir uns aufhalten oder bewegen. Vielmehr bringen wir sie selbst hervor, wir «zeitigen» sie, wie Heidegger das nennt. Das Blatt Papier entsteht erst, indem ich darauf schreibe. Das klingt widersprüchlich: Die Zeit ist der Ermöglichungsgrund unseres Daseins, aber dieser Grund entsteht erst im Leben. Der Boden, auf dem wir gehen, wächst doch auch nicht weiter mit jedem neuen Schritt. Das ist richtig, aber wir befinden uns hier gewissermaßen so tief «im Maschinenraum des Lebens», dass wir die Logik schon lange hinter uns gelassen haben. Es ist nur noch möglich, metaphorisch zu sprechen. Zurück also zum weißen Blatt Papier und der Zeit: Dieses weiße Blatt Papier ist «die Zeit», der Ermöglichungsgrund des Schreibens. Wenn ich eine (Lebens-)Geschichte schreiben will, brauche ich Papier. Aber erst indem ich schreibe (lebe), wird es auf diesem Papier meine Geschichte. In der tiefen Langeweile sehen wir allerdings nur das weiße Papier, und das ist tatsächlich sehr langweilig.

Der Akt des Schreibens ist der Augenblick, das Jetzt. Was schon geschrieben steht, ist die Vergangenheit, auch wenn die Tinte oft schnell verblasst. Und der Fortgang der Geschichte, der noch zu schreiben ist, ist die Zukunft. Heidegger, und dann verlassen wir ihn langsam, kommt es auf den Augenblick an, auf den Akt des Schreibens. Wir müssen unseren eigenen Text auf das Papier bringen und dürfen nicht abschreiben – aus der Zeitung, dem Radio, Fernsehen, Facebook, Twitter. Die Tatsache, dass wir in der Lage sind, unseren eigenen Text aufs Papier zu bringen, macht unser Leben wesentlich und seine Größe und Schönheit aus. Aber das ist alles andere als einfach, es kostet Kraft und Mühe. Und weil wir diese Kraft nicht immer aufbringen wollen, lassen wir eben gern andere für uns schreiben oder mal eine Seite leer. Auf diesen Punkt geht Heidegger zum Schluss seiner großen Meditation über die Langeweile ein. Wir sollten jeden Augenblick unseres Lebens nutzen, um den Text unseres Lebens selbst zu schreiben. Aber das tun wir nicht, weil es mühsam ist und wir vergessen haben, dass es so ist. Dabei ist es unsere Aufgabe, diesen Text zu schreiben, also unser Leben zu leben und es selbst in die Hand zu nehmen. Heidegger empfindet das als Last, als «Not im Ganzen»,[250] nicht etwa als Chance, so wie Hannah Arendt unseren Lebensfaden, den wir ins Gewebe der Welt einschlagen. Schließlich hat uns niemand gefragt, ob wir das wollen. Wir müssen es, weil wir da sind. Und Not gibt es im Wintersemester 1929/1930 wahrlich genug in Deutschland, «überall gibt es Erschütterungen, Krisen, Katastrophen, Nöte: das heutige soziale Elend, die politische Wirrnis, die Ohnmacht der Wissenschaft, die Aushöhlung der Kunst, die Bodenlosigkeit der Philosophie, die Unkraft der Religion».[251] Diese Nöte überdecken für Heidegger die große Not, das Leben selbst in die Hand nehmen zu müssen. Weil sie das tun, wird sogar die Not selbst vergessen. «Alle und jeder sind wir die Angestellten eines Schlagwortes, Anhänger eines Programms, aber keiner ist der Verwalter der inneren Größe des Daseins und seiner Notwendigkeiten.»[252]

Was wir brauchen, so Heidegger, ist Entschlossenheit, das eigene Leben wieder selbst in die Hand zu nehmen. Das ist gewiss nicht falsch, die Frage ist nur, wozu ich mich entschließe. Unter Heideggers Studenten kursierte der Witz, man sei selbstverständlich vollkommen entschlossen, man wisse allerdings noch nicht, wozu. Der Begriff der Entschlossenheit, er stammt bereits aus «Sein und Zeit», ist 1929 bei Heidegger noch leer. Das Tragische ist, dass Heidegger ihn 1933 füllt. Hitlers sogenannte Machtergreifung erscheint ihm als die passende Gelegenheit, entschlossen mitzumischen. Heidegger tritt in die NSDAP ein und wird in Freiburg der erste nationalsozialistische Rektor einer deutschen Universität. An dieser Stelle verlassen wir ihn.

Ich habe mich mit Heideggers Untersuchung der Langeweile so ausführlich beschäftigt, weil es in der Geschichte der Philosophie der einzige Text ist, der von der Zeit als Ermöglichungsgrund des Lebens handelt und der Leben als «In-die-Zeit-Kommen» begreift. Nun ist der Begriff der Langeweile negativ besetzt, niemand langweilt sich gern. Die Frage ist also, ob es noch andere, positivere Momente oder Erfahrungen gibt, die uns die Zeit in dieser Art und Weise erleben lassen. Von einem solchen Erlebnis habe ich zu Beginn dieses Buches geschrieben. Es ist der Morgen auf Kos, das Gefühl, dass das gerade Erlebte nicht enden sollte. Anders als die Langeweile ist das ein erfüllter Augenblick, dessen Schönheit gerade darin besteht, dass wir fast körperlich spüren können, wie einzigartig und kostbar er ist. Das Erleben von Salzwasser auf der Haut, Sonne, der Nähe zu meiner Frau – all das ist so außergewöhnlich, dass ich im Moment des Erlebens weiß, dass hier ein Zimmer im Palast der Erinnerung entsteht, das ich immer wieder betreten kann, das nicht verschwindet wie das «Erleben» irgendeines Meetings oder einer Sendung abends im Fernsehen, die ich schon vergessen habe, wenn ich zu Bett gehe. Die erfüllte Zeit, die wir in solchen Erlebnissen spüren, bedingt den Wunsch, die Zeit dürfe nie zu Ende gehen. Solche Momente sind ausgesprochen kostbar, denn wenn man seine Erinnerungen danach durchsucht, wird man sicherlich viele großartige Erlebnisse finden: Konzerte, Reisen, Gespräche, Wanderungen, Leseerlebnisse, was auch immer. Aber die meisten von ihnen sind nicht mit dem Gefühl verbunden, dass die Zeit nicht aufhören darf. Sie erfüllen uns mit Glück und Freude, gemahnen uns aber nicht an die Zeit. Das macht sie nicht zu Erlebnissen zweiter Klasse, aber offensichtlich gibt es so etwas wie eine Erlebnistiefe. Und nur sehr tiefgehende Erlebnisse führen uns bis auf den Grund und zur Zeit – so wie in der Langeweile.

Es gibt einen Moment im Leben, an dem wir tatsächlich spüren und erleben können, dass eine neue Zeit beginnt. Auch für uns – aber vor allen Dingen für einen anderen Menschen: Das ist die Geburt eines Kindes. Wenn wir wissen, dass wir Eltern werden, dass ein Kind kommt, verändert das alles. Etwas völlig Neues fängt an. Die Natalität des Menschen, haben wir bei Hannah Arendt erfahren, ist der Grund dafür, dass Menschen immer neu beginnen können.[253] Und diesen Neuanfang, den ein Kind darstellt, erleben alle Eltern mehr oder weniger intensiv. Das beginnt – ganz banal – damit, dass ein Baby das eigene Leben völlig umkrempelt. Das Kind «besetzt» die eigene Zeit. Statt Kino und Theater geht es jetzt um Wickel- und Stillzeiten, selbst am Sonntagmorgen wird nicht mehr ausgeschlafen, sondern früh aufgestanden, denn Kinder haben ihre eigene Zeit. Das – jedenfalls beim ersten Kind – bis dahin «freie Leben» richtet sich nun nach den Bedürfnissen eines anderen Menschen. Alle Eltern werden das bestätigen können: Mit der Geburt eines Kindes setzt das eigene Leben neu an, es gibt ein Davor und ein Danach. Der neue Faden im Gewebe der Welt ändert auch das eigene Gewebe radikal, und das nicht nur auf ein paar Tage oder Wochen hin, sondern das ganze Leben lang. Auch wenn Kinder erwachsen sind, wenn sie sogar selbst Eltern geworden sind, bestimmen sie das Leben ihrer Eltern zu einem bedeutenden Teil. Zugegeben, das nimmt ab, aber wenn die Kinder kommen an Weihnachten oder zum Geburtstag, ist das immer eine Situation, die die Dinge verändert. Ein Kind bestimmt die Laufrichtung des eigenen Lebensfadens und richtet ihn neu aus.

Die Geburt führt uns auch die Unverfügbarkeit von Zeit und Leben deutlich vor Augen. Wir haben, wenn wir die Entscheidung treffen, ein Kind zu bekommen, praktisch nichts in der Hand, das wir bestimmen können. Trotz aller medizinischen Fortschritte, künstlicher Befruchtung, Pränataldiagnostik liegt schon die Frage, ob überhaupt ein Fötus entsteht, außerhalb unseres Einflusses. Selbst wenn das Ei künstlich mit der Samenzelle befruchtet wird, heißt das noch lange nicht, dass ein Mensch geboren werden wird. Wenn – natürlich oder künstlich – Leben beginnt, haben wir nicht in der Hand, wie der Mensch, der da zur Welt kommen wird, aussieht, ob es ein Junge oder ein Mädchen ist. Der Zeitpunkt der Geburt ist von uns kaum zu bestimmen. Ein Kind führt uns deutlich vor Augen, dass wir über wesentliche Dinge im Leben nicht verfügen können, dass sie trotz aller Fortschritte und trotz aller Wissenschaft außerhalb unserer Einflusssphäre liegen. Auch die Frage, ob das Leben unseres Kindes gelingen wird, ob es gesund und glücklich sein wird, liegt letztlich nicht in unserer Hand. Wir können einiges tun, um dem Kind seinen Weg zu ebnen, aber unser Einfluss ist begrenzt. Das liegt daran, dass das eigene Kind ein anderer Mensch ist. Die Frau hat das Kind zwar neun Monate lang im Leib getragen, in ihr haben zwei Herzen geschlagen, aber mit dem Beginn der schmerzhaften Geburt fängt ein anderes Leben an, setzt eine neue Zeit ein.

Und noch etwas macht die Geburt eines Kindes zu einem solch herausragenden Ereignis. Wir schenken damit einem anderen Wesen Zeit. Mit der Geburt beginnt dessen Chronologie, so der Schweizer Philosoph Emil Angehrn (*1946). Er schreibt: «Leben schenken, Leben weitergeben ist das ursprüngliche Gefäß des Gebens von Zeit, des Ermöglichens von Zukunft.»[254] Ein Kind bekommen heißt, Zeit stiften.

Es ist wohl nur darauf zurückzuführen, dass Philosophie weitestgehend eine Männerdomäne war und ist, dass die Einzigartigkeit und Radikalität der Geburt in ihr kaum bedacht worden ist. Die Männer haben das Leben immer von seinem Ende her betrachtet, auf den Gedanken, dass nicht nur der Tod, sondern auch die Geburt im Leben eines jeden von uns ein absolut singuläres Ereignis ist, sind sie nicht gekommen. Selbst Sokrates, Urvater der europäischen Philosophie und Sohn einer Hebamme, nicht. Er bezeichnet seine Technik des philosophischen Dialogs zwar als Hebammenkunst, Mäeutik, bei der Gedanken an den Tag gebracht werden, die der Gesprächspartner bereits verborgen in sich trägt, aber das sind Kopfgeburten von Männern. Wahrscheinlich war Sokrates nur bei seiner eigenen Geburt dabei. Das Geschäft seiner Mutter dürfte ihm ein Leben lang fremd geblieben sein, auch wenn Sokrates verheiratet war und Kinder hatte. Viele Größen der Philosophiegeschichte von Platon bis Kant und Kierkegaard waren unverheiratet und kinderlos. Ihr großes Credo lautet: Philosophieren heißt sterben lernen. Sokrates ist erst durch seinen Tod in die Philosophiegeschichte eingegangen. Hätte er nicht 399 v. Chr. den Schierlingsbecher getrunken, wüssten wir heute wahrscheinlich nur wenig über ihn. Erst der Prozess gegen ihn, seine Verurteilung und Hinrichtung haben seinen Schüler Platon bewogen, Sokrates zum Hauptakteur seiner Dialoge zu machen, und damit einen Platz im Philosophenhimmel gesichert. Es ist wohl symptomatisch, dass die europäische Philosophie mit einer Hinrichtung beginnt, vor der noch eifrig über die Unsterblichkeit der Seele diskutiert wird, wie Platon das in seinem Dialog «Phaidon» beschreibt. Das Denken arbeitet sich – durchaus zu Recht – an der Tatsache ab, dass wir sterben werden. Was bedeutet das? Wie sollen wir damit umgehen? Was geschieht, wenn wir tot sind? All das sind Fragen, die jeden Menschen umtreiben, die Angst machen und uns in Unruhe versetzen. Aber dabei wird übersehen, dass es mit der Geburt ein zweites, absolut singuläres Ereignis im Leben gibt, das ebenso unhintergehbar ist wie der eigene Tod.

«Es ist die endgültigste Sache von der Welt, geboren zu sein», schreibt Hans Blumenberg[255] in seinem Buch «Höhlenausgänge». Er beschreibt darin Geschichte und Fortschritt als das immer neue Verlassen von sicheren Höhlen, in denen wir sitzen. Hintergrund ist Platons Höhlengleichnis aus der «Politeia». Die Höhle gibt uns Geborgenheit, es ist warm, und sie schützt uns vor Feinden, wilden Tieren und den Unbilden des Wetters. Aber wir müssen unsere schönen Höhlen immer wieder verlassen, um zu jagen, um Wasser zu holen, oder einfach, weil uns jemand ans Licht zerrt wie in Platons Gleichnis. Höhle ist Beharrung, Kultur, ein Ort, an dem wir uns Geschichten davon erzählen, wie es da draußen so ist. Aber Leben bedeutet eben immer wieder auch, Höhlen zu verlassen. Man kann das zunächst einmal banal verstehen: Wir verlassen das Elternhaus, wir ziehen um in eine neue Stadt, wir wechseln den Job. All das sind oder waren Orte, an denen wir uns ausgekannt haben. Und dann geht es raus ins Unsichere. Man kann die Höhlenausgänge auch «groß» denken als Paradigmenwechsel in einer Wissenschaft: heraus aus den alten Theorien, die nicht mehr weiterbringen, und hinein in eine neue Denkweise.

Die erste Höhle, die wir verlassen, ist der Mutterleib. Dann sind wir draußen, unterwegs, auf Reisen mit all den Risiken, Schönheiten und Möglichkeiten, die so eine Reise bietet, bis wir an den Eingang der zweiten Höhle kommen. Diese Höhle ist der Tod, und wir müssen sie betreten, ob wir wollen oder nicht. Aber während wir mit der Höhle, aus der wir kommen, überhaupt kein Problem haben, bewegt uns zunehmend die Angst vor der Höhle, in die wir müssen, je länger wir leben, denn dann kommt der Höhleneingang in den Blick. Was wird in dieser Höhle sein? Wo werden wir dann sein? Die Frage, wo wir vor unserer Geburt waren, hat uns nie sonderlich beschäftigt. An ihr scheitert das Denken, so wie es an der Frage scheitert, was nach dem Tod ist.

Paradox ist: Wir *wissen*, daß wir sterben müssen, aber wir *glauben* es nicht, weil wir es nicht *denken* können. Nicht anders und nicht weniger paradox ist, daß wir *wissen*, angefangen zu haben – weil angefangen worden zu sein –, ohne es *glauben* – weil nicht *denken* – zu können.[256]

Unser Denken scheitert an den Höhlen vor der Geburt und nach dem Leben. Sind es zwei verschiedene Höhlen? Ist es nur eine Höhle? Wir wissen es nicht. Wir wissen auch nicht, ob es überhaupt Antworten auf diese Fragen gibt.

Die beiden Höhlen, die Beginn und Ende der Zeit markieren, stehen auch für die beiden grundsätzlichen Spannungen, die unser Verhältnis zur Zeit bestimmen. Auf der einen Seite ist unser Vertrauen darauf, immer wieder neu anfangen zu können im Leben, weil die Geburt ein Anfang ist, mit dem auch das Anfangenkönnen in die Welt kommt. Auf der anderen Seite ist die Sorge vor dem Ende der Zeit, die Sorge davor, dass eine gute Zeit endet. Einmal sind wir im Bund mit der Zeit, dann ist die Zeit gegen uns. Von dieser Problematik handelt zum Beispiel Max Frischs Roman «Stiller» aus dem Jahr 1954.[257] Frisch erzählt darin die Geschichte des Bildhauers Anatol Ludwig Stiller, der ausgestiegen ist, wie man heute sagen würde. Stiller hat versucht, ein völlig neues Leben anzufangen, er hat die Schweiz verlassen, um sich in Amerika eine neue Existenz als James Larkin White aufzubauen. Doch als er nach Jahren in die Schweiz reist, wird er dort als Stiller identifiziert. So sehr er auch versucht nachzuweisen, dass er White ist, so viele Geschichten er auch aus Whites Leben erzählt und so sehr er immer wieder betont: «Ich bin nicht Stiller» – er kommt aus seiner Stiller-Identität nicht heraus. Der Anfang unserer Geburt, unser *principium individuationis*, ist zu mächtig.

Rüdiger Safranski erinnert an den Fall Schwerte/Schneider, der zunächst das Gegenteil zu belegen scheint.[258] Es ist die Geschichte des 1909 geborenen Germanisten Dr. Hans Ernst Schneider, SS-Offizier und ein hoher Beamter in Himmlers «Amt Ahnenerbe». Nach dem Zweiten Weltkrieg fängt Schneider unter dem Namen Hans Schwerte ein völlig neues Leben an. Er studiert noch einmal Germanistik, promoviert und habilitiert sich, er heiratet sogar seine Frau ein zweites Mal. 1965 wird er Professor an der RWTH Aachen, später sogar Rektor der Hochschule. Zum Ruhestand erhält er das Bundesverdienstkreuz. Erst 1994 kommt seine Doppelexistenz durch eine Recherche niederländischer Journalisten heraus. Schwerte kommt der Enttarnung durch eine Selbstanzeige zuvor. Er verliert seine Titel und seine Pension und stirbt 1999 in einem Altersheim. Der Fall scheint zunächst zu belegen, dass es durchaus möglich ist, mitten im Leben noch einmal komplett neu anzufangen, statt als Nazi Schneider nun unbelastet als liberaler Herr Schwerte durchs Leben zu gehen. Aber der Plan geht eben nicht auf, Schwerte wird – wie Stiller – enttarnt, weil jede Lebenslinie schlussendlich zurückzuführen ist auf den einen und unverwechselbaren Zeitpunkt der Geburt.

Die Geburt, darin hat Hannah Arendt durchaus Recht, ist ein großer Anfang, «als würde in jedem Menschen noch einmal der Schöpfungsakt Gottes wiederholt und bestätigt».[259] Mit der Geburt kommt unsere Fähigkeit, anfangen zu können, Dinge zu verändern, in die Welt. Aber unseren Anfang selbst können wir nachträglich nicht mehr ändern. Man mag sich manchmal in glücklichen Momenten fühlen, als wäre man neu geboren – wir werden es nicht. Die Geburt ist der Beginn unserer jeweiligen Zeit. Hinter diesen Beginn können wir nicht zurück. Wenn wir aus der Höhle ins Licht geworfen werden, gibt es kein Zurück, unsere Zeit läuft bis zu unserem Tod. Wie Stiller und Schwerte/Schneider können wir nicht völlig neu anfangen. Wir können vielleicht unser Leben neu erzählen, so wie beide es tun, vielleicht kommt das, anders als bei diesen beiden, sogar nie heraus, aber sie selbst wissen doch, dass sie nur an einer bestimmten Abzweigung lediglich den Wagen und den Ausweis gewechselt haben. Es ist nach wie vor ihr eigenes Leben, das sie leben, und ihre eigene Zeit, die abläuft. Weil wir das nie werden ändern können, ist es so wichtig, sorgsam mit der eigenen Zeit umzugehen.

Das Ende der Zeit

Damit bin ich fast am Ende meiner Geschichte unserer Zeit und Zeitvergessenheit angekommen. Wollte man die Geschichte für einen *elevator pitch* in aller Kürze zusammenfassen, so würde sie lauten: Wir werden geboren, und wir sterben. Dazwischen liegt alle Zeit, die wir haben, denn Zeit ist der Rohstoff unseres Lebens. Diese einfache Wahrheit haben wir vergessen, weil die Uhren und Kalender zu mächtig geworden sind. Diese Macht konnten sie erhalten, weil auf ihr Organisation und Wohlstand der modernen, industrialisierten Gesellschaft beruhen. Deshalb ist die Zeit für uns zu einem Fetisch geworden, der irgendwo außerhalb von uns liegt. Heidegger nennt diesen Fetisch auch Weltzeit. Sie scheint ein knappes und teures Gut, das wir sparen können und das wesentlichen Einfluss auf unser Leben hat. Aber diese Weltzeit, die eigentlich nichts anderes ist als gezählte Bewegung, wie wir das schon aus der Zeittheorie des Aristoteles kennen, hat mit unserer eigentlichen Zeit nichts oder nur wenig zu tun.

Die Vorstellung von Zeit als Lebenszeit ist alles andere als neu. Ihr prominentester Vertreter ist vielleicht Augustinus. Seine Zeittheorie,[260] die nicht zufällig in seiner Autobiographie behandelt wird, versteht Zeit als Tätigkeit des Erinnerns, des Erfassens des gerade Gegebenen und des Erwartens. Das tue ich nicht immer bewusst, ich denke nicht immer an die Zeit, wenn ich mich an etwas erinnere, ein Konzert genieße oder meinen nächsten Urlaub plane. Aber mit all dem «fülle» ich die Zeit. Und das heißt nichts anderes als: Ich lebe. Ich zeitige die Zeit, meine Zeit. Deshalb ist es auch so schwierig, die Zeit zu «erklären» (*explicare*).[261] Sie ist uns so selbstverständlich und so nah wie das Atmen. Wie soll man «ich lebe» erklären? Auch wenn man sämtliche Biofunktionen eines lebendigen Körpers aufzählt und erläutert, bleibt das, was «leben» heißt, doch verschlossen, unverständlich. Wer ein Bild auf Farbwerte, ein Gedicht auf Silben und ein Lied auf Tonfrequenzen reduziert, begreift nichts, erfasst die Schönheit nicht. Das scheint Augustinus zu sehen. Man kann ihn deshalb für modern halten, tatsächlich hat er ja eine Reihe von Zeittheorien bis ins 20. Jahrhundert hinein beeinflusst, darunter so unterschiedliche Denker wie Husserl, Heidegger oder Wittgenstein.[262] Ich denke allerdings, es handelt sich nicht um eine Form von Modernität, sondern um eine vergessene Wahrheit von großer Tiefe und Einfachheit. Zeit ist Leben, Leben ist Zeit. Wenn wir versuchen, das «auseinanderzunehmen», verlieren wir, was wir eigentlich verstehen möchten.

Unsere letzte große Erwartung ist der Tod. Am Ende des Lebens erscheint uns das Sterben nach dem Höhlenausgang der Geburt wie der Eingang in die dunkle Höhle des Todes. Das erschreckt uns und macht uns Angst. Eigentlich muss ich hier viel klarer formulieren: Das erschreckt *mich* und macht *mir* Angst. Dem Tod entkomme *ich* nicht und niemand kann ihn mir abnehmen. Und so aufgeklärt, atheistisch oder agnostisch wir auch sein mögen, bewegt uns doch die Frage: Was kommt danach? Was ist nach dem Sterben? Ich weiß es nicht. Niemand weiß es. Hier beginnt der Glaube. Sicher ist nur: Zeit existiert dann nicht mehr. Natürlich ticken die Uhren ohne mich weiter. Die Erde dreht sich, die Sonne geht auf und wieder unter. Menschen werden geboren und sterben. All das endet nicht, wenn ich ende. Aber was ist mit *mir*? Wo bin *ich* dann? *Wer* bin ich dann? Gibt es «mich» überhaupt noch? Oder bin ich irgendwie «verwandelt», wie es bei Paulus im ersten Brief an die Korinther heißt?[263] An diesen Fragen scheitert unser Denken, wir haben das schon bei Hans Blumenberg gelesen. Vielleicht ist ja auch die Geburt der Höhleneingang und das Leben die Höhle. Der Tod ist dann der große Ausgang in die Ewigkeit.

Ewigkeit – auch an diesem Begriff arbeitet sich unser Denken erfolglos ab. Wir verstehen darunter etwas, das keinen Anfang und kein Ende hat. Aber was soll das sein? Ein «Ort» irgendwo außerhalb unseres Universums anscheinend, denn das hatte einen Anfang, ob wir nun vom Urknall ausgehen oder davon, dass Gott Himmel und Erde schuf. Ist die Ewigkeit ein ewiges Jetzt, das Urbild der Zeit, wie wir es aus Platons «Timaios» kennen? Plotin setzt seine Theorie von der Zeit bewusst ab von der Ewigkeit, die er als *nunc stans* beschreibt, als stehendes Jetzt. Die Zeit als Weltseele steht bei ihm im Horizont der anfangs- und endlosen Gegenwart, die wir Ewigkeit nennen.

In diesem Horizont stehen wir tagtäglich. Wir merken es nur nicht, denn auch wenn wir Zeit begreifen als Abfolge, Sukzession, so erleben wir doch immer nur die Gegenwart. Wir sind immer *jetzt*. Und dieses Jetzt vergeht nicht bzw. erst mit unserem Tod. Schon Augustinus hat das sehr deutlich gesehen.

> Weder die Zukunft noch die Vergangenheit *ist*, und nicht eigentlich lässt sich sagen: Zeiten *sind* drei: Vergangenheit, Gegenwart und Zukunft; vielmehr sollte man, genau genommen, etwa sagen: Zeiten *sind* drei: eine Gegenwart von Vergangenem, eine Gegenwart von Gegenwärtigem, eine Gegenwart von Künftigem.[264]

Das ist eine durchaus paradoxe Erfahrung: Was wir erleben, ist das Verstreichen der Zeit, wir tun das aber immer nur *jetzt* – in einer Gegenwart, die nicht verstreicht. Ludwig Wittgenstein (1889-1951), der ja eigentlich eher Mystiker als Logiker ist, kommt in seinem 1921 erschienenen «Tractatus logico-philosophicus» zu einem ähnlichen Ergebnis wie der Kirchenvater Augustinus: «Wenn man unter Ewigkeit nicht unendliche Zeitdauer, sondern Unzeitlichkeit versteht, dann lebt der ewig, der in der Gegenwart lebt.»[265]

Daraus können wir nur folgern, dass es sich lohnt, die Gegenwart möglichst bewusst zu erleben. Je intensiver uns das gelingt, desto näher kommen wir dem Ewigen. Deshalb gelten auch Momente des besonderen Erlebens als eine Art Vorschein der Ewigkeit, es sind Momente, in denen wir vollkommen aufgehen in etwas. Das kann die Liebe sein, der Anblick eines Kunstwerkes, das Lesen eines Buches, in dem wir versinken, ein mitreißendes Konzert oder auch nur das Anhören einer CD. Kunst gilt als ein Vorschein der Ewigkeit.[266] Es kann aber auch «ganz trivial» und ohne jeden künstlerischen Anspruch das Spielen mit einem Kind sein, in dem wir völlig aufgehen, ein gutes Gespräch, Sport oder ein Hobby, das uns erfüllt. Es sind Augenblicke, in denen wir die Zeit übersteigen und «irgendwo anders» sind. Wittgenstein schreibt: «Die Lösung des Rätsels des Lebens liegt *außerhalb* von Raum und Zeit.»[267]

Doch wie gelangen wir dahin? Platons Antwort darauf ist: indem wir Philosophie treiben.[268] Im Denken versuchen wir, aus den Wechselfällen der Zeit heraus ins Reich der ewigen, unveränderlichen Ideen zu gelangen. Das ist der große Glaube des Sokrates in der Todeszelle: «Das Geschäft der Philosophen [ist] Befreiung und Absonderung der Seele von dem Leibe.»[269] Das heißt nun gerade nicht, dass es Philosophen auf den Tod anlegen. Aber Sokrates ist der festen Überzeugung, dass es ein Leben nach dem Tod gibt. Die Seele ist so ewig wie alle Ideen, in deren Reich es keine Zeit gibt. Mathematische Gleichungen und logische Regeln gelten unabhängig von der Zeit. Und in Platons Ideenlehre gibt es neben den aktuellen Tischen, Stühlen und Gläsern, die wir täglich benutzen, auch noch die Idee eines Tisches, eines Stuhles und Glases. Nur weil das so ist, können wir die Dinge überhaupt erkennen. Sie sehen nicht genauso aus wie der ideale Tisch oder der ideale Stuhl, aber ähnlich, sie haben an der Idee Teil. Und nur weil unser Geist in der Lage ist, diese Idee mehr oder weniger genau zu erkennen, erkennen wir auch die Teilhabe der Tische und Stühle an ihr. Deshalb können wir sagen: Das ist ein Tisch oder ein Stuhl. Platons große philosophische Überzeugung ist es, dass unser Geist den Tod übersteigt. In der Philosophie gelingt es uns, ins Ewige zu schauen, und deshalb lohnt es sich, sie zu betreiben, denn der Blick ins Reich der Ideen sagt uns: Du musst keine Angst vor dem Tod haben. Deshalb versucht Sokrates auch gar nicht erst, seiner Verurteilung zu entgehen. Am Ende seiner Verteidigungsrede vor Gericht sagt er den versammelten Richtern Athens: «Es ist Zeit, dass wir gehen, ich, um zu sterben, und ihr, um zu leben. Wer aber von uns beiden zu dem besseren Geschäft hingehe, das ist allen verborgen außer nur Gott.»[270]

Sokrates verzichtet darauf, aus dem Gefängnis zu fliehen, als sein Freund Kriton ihm diese Möglichkeit schafft. Den letzten Tag seines Lebens verbringt er mit Freunden im Gespräch. Sie unterhalten sich über die Unsterblichkeit der Seele, von der Sokrates fest überzeugt ist. Am Abend trinkt er ohne zu zögern den Becher mit dem tödlichen Gift. Diese Szene gehört zu den großartigsten der gesamten Philosophiegeschichte, denn sie zeigt, dass die Philosophie uns die Angst vor dem Ende der Zeit nehmen kann. Der letzte Satz des Sokrates, als er schon im Sterben liegt und das Gift seine Wirkung tut, ist: «O Kriton, wir sind dem Asklepios einen Hahn schuldig, entrichtet ihm den und versäumt es ja nicht.»[271]

Man hat viel über diesen Satz gerätselt. Warum soll ausgerechnet dem Gott der Heilkunst geopfert werden? Ist der Tod die Heilung von der Krankheit des Lebens? Ist es die Heilung der Seele, die aus dem Gefängnis des Körpers befreit wird? Wünschte sich Sokrates vielleicht, dass eine ihm nahestehende Person wieder gesund würde? Immerhin, so lesen wir im «Phaidon», war sein Schüler Platon an diesem so wichtigen und schwierigen Tag nicht im Gefängnis, weil er krank war.[272] Eine andere Deutung geht von der Doppelbedeutung des Wortes *pharmakón* aus, das sowohl Heilmittel wie Gift bedeuten kann. Der Schierlingsbescher ist ein solches *pharmakón,* und Sokrates dankt Asklepios dafür, dass er sich damit auf den Weg in eine rein seelische Existenz machen kann.

Eine andere Frage ist, warum Kriton dem Asklepios ausgerechnet einen Hahn opfern soll. Das liegt zunächst einmal daran, dass der Hahn dem Asklepios heilig war. Zugleich gilt der Hahn als Tier des Sonnenaufgangs. Er verweist damit auf die Nacht und den Tag und erinnert an den Heilschlaf, in den die Kranken in den Heiligtümern des Asklepios versetzt wurden, aus dem sie dann geheilt erwachen. Wenn Sokrates jetzt also in den Schlaf des Todes versetzt wird, wird er am Ende wie die Kranken gesund aufwachen. Daran erinnert auch eine kleine, fast beiläufig erzählte Begebenheit am Anfang des Dialogs, als die Männer zu Sokrates ins Gefängnis kommen. Sokrates sitzt auf dem Bett und reibt sich die Schenkel mit der Hand, man hat ihn eben von seinen Fesseln befreit:

> Was für ein eigenes Ding, ihr Männer, ist es doch um das, was die Menschen angenehm nennen, wie wunderlich es sich verhält zu dem, was ihm entgegengesetzt zu sein scheint, dem Unangenehmen, dass nämlich beide zu gleicher Zeit zwar nie in dem Menschen sein wollen, doch aber, wenn einer dem einen nachgeht und es erlangt, er meist immer genötigt ist, auch das andere mitzunehmen, als ob sie zwei an einer Spitze zusammengeknüpft wären; und ich denke, wenn Aisopos dies bemerkt hätte, würde er eine Fabel daraus gemacht haben, dass Gott beide, da sie im Kriege begriffen sind, habe aussöhnen wollen und, weil er dies nicht gekonnt, sie an den Enden zusammengeknüpft habe, und deshalb nun, wenn jemand das eine hat, komme ihm das andere nach. So scheint es nun auch mir gegangen zu sein: weil ich von der Fessel in dem Schenkel vorher Schmerz hatte, so kommt mir nun die angenehme Empfindung hintennach.[273]

Das Gute und das Schlechte sind also aneinandergebunden, das eine muss vergehen, damit für das andere Raum ist. Bezogen auf den Tod im platonisch-sokratischen Leib-Seele-Dualismus heißt das, der Leib muss sterben, damit die Seele wirklich frei wird. Für solche Erfahrungen ist Asklepios genau der richtige Gott. Seine Geburt beschreibt diese enge Verbindung von Gegensätzen. Er ist der Sohn des Gottes Apollon und von Koronis. Koronis ist bereits von Apollon schwanger, da beginnt sie ein Verhältnis mit dem sterblichen Ischys. Als Apollon davon erfährt, tötet er Koronis mit seinen Pfeilen. Um jedoch seinen Sohn zu retten, schneidet er ihn aus dem Leib der toten Koronis.[274] Geburt und Tod sind hier eng miteinander verbunden. Das eine ist nicht ohne das andere. Wer geboren wurde, muss sterben. Nur was anwesend war, kann abwesend sein.

Sokrates war fest davon überzeugt, dass seine Seele nach seinem Tod weiter bestehen werde. Sie verändert nur ihren Ort. Als Beistand für diese Reise von der Zeit in die Ewigkeit ist Asklepios der ideale Begleiter. Beweisen lässt sich der Glaube des Sokrates allerdings nicht. Seine letzten Gespräche handeln davon. Vier Versuche macht er, um seine Gefährten von der Unsterblichkeit der Seele zu überzeugen, aber immer bleiben Zweifel. Platon weiß das. Er lässt deshalb Simmias im Dialog sagen, es sei fast unmöglich, über eine schwierige Frage wie die Unsterblichkeit der Seele etwas Sicheres zu wissen. Aber man könne zu gut begründeten Meinungen kommen und auf diesen «wie auf einem Brette versuchen, durch das Leben zu schwimmen, wenn einer nicht sicherer und gefahrloser auf einem festeren Fahrzeug oder einer göttlichen Rede reisen kann».[275]

Tatsächlich müssen wir unsere Fahrt durch die Zeit auf einem solchen Brett – wie Schiffbrüchige – aushalten. Und wir wissen, am Ende dieser Fahrt werden wir nicht mehr da sein. Unsere Zeit ist vorbei, während alles andere weitergeht. Es ist wie der Sprung in eine Tiefe, deren Grund ich nicht sehen kann. Das ist schwer auszuhalten und macht Angst. Sokrates ist überzeugt davon, dass wir im Leben zumindest eine Ahnung davon bekommen können, dass diese Tiefe einen Grund hat. Auf diesen Grund können wir uns sogar freuen, erzählt er. Der berühmte Gesang der Schwäne vor ihrem Tod beruhe nicht auf Angst vor dem Tod, sondern sei Vorfreude. Wie die Nachtigall oder die Schwalbe singen auch die Schwäne nur aus Freude. Sie sind nämlich Diener des Apollon und ahnen das Gute, das ihnen bevorsteht.[276]

Mit Apollon, dem Vater des Asklepios, schließt sich der Kreis zu Sokrates' letzten Worten. Apollon ist ein Gott des Lichtes, des Frühlings, der Weissagung und der Heilung. Das Heiligtum in Delphi, die bedeutendste Orakelstätte der Antike, war ihm geweiht. Aber auch an den Heilstätten seines Sohnes Asklepios steht meist ein Apollon-Tempel. Eines der berühmtesten dieser Heiligtümer liegt auf Kos in der Nähe der Hauptstadt. Auf drei Ebenen gebaut, liegt es zwischen Zypressen hoch über dem Meeresspiegel. Der Blick von hier geht weit in die Bucht, man sieht hinüber bis nach Bodrum, dem ehemaligen Harlikanassos, an klaren Tagen soll man sogar bis nach Samos sehen können. Hippokrates (460–

370 v. Chr.), der berühmteste aller antiken Ärzte und Vater der modernen Medizin, stammt von hier. Der Sage nach ist er aus dem Geschlecht der Asklepiaden, also ein Nachfahre des Gottes. In Kos-Stadt steht eine sehenswerte Platane, unter der er gelehrt haben soll.

An einem sonnigen Oktobertag sitzen Sabine und ich ganz oben auf der restaurierten Treppe des Asklepions von Kos, direkt vor dem Apollon-Tempel. Eine zutrauliche Katze setzt sich zu uns. Man spürt, das hier ist ein guter Ort. Wir genießen den Blick aufs Meer, die Sonne und die besondere Atmosphäre der Heilstätte. Wir haben Zeit. Noch ist unsere Reise nicht an ihr Ende gekommen. Asklepios wird seinen Hahn später bekommen. Hier in den Ruinen seines Heiligtums spüren wir, «dass in der zaudernden Weile, dass im Finstern für uns einiges Haltbare» ist.[277]

Anmerkungen

1 Vgl. Martin Heidegger: Sein und Zeit, Tübingen, 15. Auflage 1979, § 29.

2 Psalm 90,10.

3 In: Martin Heidegger: Holzwege, Frankfurt am Main, 6. Auflage 1980, S. 1–72.

4 Victor Farías: Heidegger und der Nationalsozialismus, Frankfurt am Main 1989.

5 Hugo Ott: Martin Heidegger. Unterwegs zu seiner Biographie, Frankfurt am Main/New York 1988.

6 Martin Heidegger: Gesamtausgabe, Bände 94–100.

7 Martin Heidegger: Die Frage nach der Technik, in: Vorträge und Aufsätze, Pfullingen, 4. Auflage 1978, S. 9–40.

8 Vgl. dazu Alexander Klose: Das Container-Prinzip. Wie eine Box unser Denken verändert, Hamburg 2009.

9 Vgl. Paul Virilio: Revolutionen der Geschwindigkeit, Berlin 1993, S. 15.

10 Augustinus, Confessiones, eingeleitet, übersetzt und erläutert von Joseph Bernhart, München, 4. Auflage 1980, XI, 14,179.

11 Vgl. dazu Hans-Georg Gadamer: Über leere und erfüllte Zeit, in: Walter Ch. Zimmerli/Mike Sandbothe (Hrsg.): Klassiker der modernen Zeitphilosophie, Darmstadt 1993, S. 281–297, hier S. 297.

12 Ludwig Wittgenstein: Philosophische Untersuchungen, Frankfurt am Main, 2. Auflage 1980, § 123.

13 Julius T. Fraser: Die Zeit. Vertraut und fremd, Basel/Boston/Berlin 1988.

14 Aristoteles, Physik, 218a.

15 Quelle: https://lyricstranslate.com/de/richard-strauss-die-zeit-die-ist-ein-sonderbar-ding-lyrics.html-0 [03.09.2023].

16 Vgl. dazu Friedrich Cramer: Der Zeitbaum. Grundlegung einer allgemeinen Zeittheorie, Frankfurt am Main/Leipzig 1993.

17 Hannah Arendt: Vita activa, München, 9. Auflage 1997, S. 215.

18 Arendt, Vita activa, S. 216.

19 Vgl. dazu Stefan Klein: Zeit. Der Stoff aus dem das Leben ist. Eine Gebrauchsanleitung, Frankfurt am Main, 6. Auflage 2015, S. 19–30.

20 Vgl. Aristoteles, Physik III, 200b ff.

21 Carlo Rovelli: Die Ordnung der Zeit, Reinbek bei Hamburg 2018, S. 73.

22 Rovelli, a. a. O., S. 74.

23 Quelle: https://de.wikipedia.org/wiki/Liste_von_Zeitreiseromanen [03.09.2023].

24 Isaac Newton: Mathematische Grundlagen der Naturphilosophie, Sankt Augustin 2016, S. 92.

25 Deutsch: Arthur Stanley Eddington: Das Weltbild der Physik und ein Versuch seiner philosophischen Deutung, Braunschweig 1931.

26 Eddington, a. a. O., S. 99.

27 Eddington, a. a. O., S. 331.

28 Vgl. Diogenes Laertius: Leben und Meinungen berühmter Philosophen, mit neuem Vorwort von Hans Günter Zekl, Hamburg, 3. Auflage 1990, S. 24–28.

29 Diels/Kranz, Anaximander Fragment 1.

30 Diels/Kranz, Die Fragmente der Vorsokratiker, 17. Auflage 1974, Fragment 12.

31 Diels/Kranz, Heraklit Fragment 49a.

32 Diels/Kranz, Heraklit Fragment 6.

33 Diels/Kranz, Heraklit Fragment 52.

34 Diels/Kranz, Parmenides Fragment 1.

35 Diels/Kranz, Parmenides Fragment 3.

36 Diels/Kranz, Parmenides Fragment 8.

37 Friedrich Cramer: Der Zeitbaum, Grundlegung einer allgemeinen Zeittheorie, Frankfurt am Main 1993, S. 20.

38 Platon, Timaios, 29d.

39 Platon, Timaios, 30a.

40 Platon, Timaios, 37d.

41 Platon, Timaios, 38c.

42 Platon, Timaios 39c.

43 Platon, Timaios 39c.

44 Platon, Timaios, 39d.

45 Armand Marie Leroi: Die Lagune oder wie Aristoteles die Naturwissenschaften erfand, Darmstadt 2017.

46 Aristoteles, Physik, 200b12–15. Ich zitiere Aristoteles in der Übersetzung von Hans Günter Zekl. Siehe dazu Aristoteles: Physik. Vorlesungen über die Natur, 2 Bände, übersetzt, mit einer Einleitung und mit Anmerkungen hrsg. von Hans Günter Zekl, Hamburg 1987/1988.

47 Siehe oben das Kapitel «Ist die Zeit ein Kontinuum?».

48 Aristoteles, Physik, 217b30.

49 Aristoteles, Physik, 217b31.

50 Siehe oben das Kapitel «Gibt es die Zeit überhaupt?».

51 Aristoteles, Physik, 217b31/32.

52 Aristoteles, Physik, 217b33/218a1.

53 Aristoteles, Physik, 218b8.

54 Aristoteles, Physik, 219a29/30.

55 Aristoteles, Physik, 219a33/219b2.

56 Richard A. Muller, Jetzt. Die Physik der Zeit, Frankfurt am Main 2018.

57 Plotin, Über Ewigkeit und Zeit, übersetzt, eingeleitet und kommentiert von Werner Beierwaltes, Frankfurt am Main, 1981 ff., III, 32–39.

58 Geschichte deines Lebens, enthalten in: Ted Chiang, Die Hölle ist die Abwesenheit Gottes, München 2013. «Story of Your Life» wurde unter dem Titel «Arrival» auch verfilmt und kam 2016 in die Kinos.

59 Plotin, XI, 15–20.

60 Plotin, XI, 41–43.

61 Plotin, XI, 43/44.

62 Plotin, XIII, 45–49.

63 Richard A. Muller, a.a.O., S. 399.

64 Jostein Gaarder: Das Leben ist kurz. Vita brevis, München/Wien 1997.

65 Augustinus, Confessiones, eingeleitet, übersetzt und erläutert von Joseph Bernhart, München, 4. Auflage 1980, VIII, 12,29.

66 Augustinus, Confessiones, VIII, 12,29.

67 Augustinus, Confessiones, XI, 1,1.

68 Augustinus, Confessiones, XI, 12,14.

69 Augustinus, Confessiones, XI, 12,14.

70 Augustinus, Confessiones, XI, 13, 16.

71 Augustinus, Confessiones, XI, 14,17.

72 Vgl. Augustinus, Confessiones, XI, 14,17.

73 Augustinus, Confessiones, XI, 15,20.

74 Augustinus, Confessiones, XI, 20,26.

75 Vgl. dazu Safranski, a. a. O., S. 236 ff. und Klein, a. a. O., S. 86–104.

76 Augustinus, Confessiones, XI, 26,33.

77 Daten nach dem damals in England gültigen julianischen Kalender, nach dem in Europa gültigen gregorianischen Kalender: 1643–1727.

78 Friedrich Cramer: Der Zeitbaum, a. a. O., S. 33.

79 Julius T. Fraser, Die Zeit: vertraut und fremd, Basel/Boston/Berlin 1988, S. 58.

80 Galilei, Dialogo sopra i due massimi sistemi, Florenz 1632.

81 Isaac Newton: Mathematische Grundlagen der Naturphilosophie. Philosophia naturalis principa mathematica, übersetzt und hrsg. von Ed Dellian, Sankt Augustin 2016, S. 91.

82 Newton, a. a. O., S. 91.

83 Newton, a. a. O., S. 92.

84 Newton, a. a. O., S. 92.

85 Newton, a. a. O., S. 93.

86 Newton, a. a. O., S. 93.

87 Newton, a. a. O., S. 93.

88 Fraser, a. a. O., S. 61.

89 Vgl. dazu Thomas de Padova: Leibniz, Newton und die Erfindung der Zeit, München, 4. Auflage 2017.

90 Immanuel Kant: Kritik der reinen Vernunft (KdrV), Hamburg 1956. Die erste Auflage erschien 1781 (zitiert wird sie mit dem Buchstaben A), die zweite, wesentlich erweiterte Auflage erschien 1787 (zitiert mit B).

91 Kant, KdrV, B9/10.

92 Manfred Kühn: Kant. Eine Biographie, München 2003.

93 Kant, KdrV, B75.

94 David Hume: Eine Untersuchung über den menschlichen Verstand, hrsg. von Manfred Kühn, Hamburg, 2. Auflage 2022.

95 Immanuel Kant: Prolegomena zu einer jeden künftigen Metaphysik (1783), Hamburg, 7. Auflage 1976, S. 206.

96 Kant, KdrV, B16.

97 Kant, KdrV, A34/B50.

98 Kant, KdrV, A35/B51.

99 Kant, KdrV, A35/B52.

100 Kant, KdrV, A38/B54.

101 Kant, KdrV, A277/B332.

102 Heinrich von Kleist: Sämtliche Werke und Briefe in vier Bänden, München/Wien, 6. Auflage 1977, Band 4, S. 634.

103 Vgl. zu dem Themenbereich des Paradigmenwechsels innerhalb einer Wissenschaft Thomas S. Kuhn: Die Struktur wissenschaftlicher Revolutionen, Frankfurt am Main 1973 ff.

104 Erwin Schrödinger: Die gegenwärtige Situation in der Quantenmechanik. In: Naturwissenschaften, Band 23, 1935. Zitiert nach: https://de.wikipedia.org/wiki/Schrödingers_Katze [03.09.2023].

105 Zitiert nach Carlo Rovelli, Die Ordnung der Zeit, Reinbek bei Hamburg 2018, S. 94.

106 Carlo Rovelli, a. a. O., S. 72.

107 Rovelli, a. a. O., S. 77.

108 Rovelli, a. a. O., S. 79.

109 Du musst deine Armbanduhr versenken, du musst versuchen, es zu verstehen, die Zeit, die sie zu erfassen scheint, ist nur die Bewegung ihrer Zeiger.

110 John McTaggart Ellis McTaggart, Die Irrealität der Zeit; in: Klassiker der modernen Zeitphilosophie, hrsg. von Walther Ch. Zimmerli und Mike Sandbothe, Darmstadt 1993, S. 67–86.

111 McTaggart, a. a. O., S. 67.

112 Vgl. zu diesen Ausführungen Norman Sieroka, Philosophie der Zeit, München 2018, S. 17 ff.

113 Richard A. Muller, a. a. O., S. 399.

114 Gilgamesch-Epos, vgl. https://lyrik.ch/lyrik/spur1/gilgame/gilgam2.htm [03.09.2023].

115 Rudolf Wendorff, Tag und Woche, Monat und Jahr. Eine Kulturgeschichte des Kalenders, Opladen 1993, S. 24.

116 Wendorff, a. a. O., S. 24.

117 Zitiert nach G. J. Whitrow, Die Erfindung der Zeit, Hamburg 1991, S. 50.

118 1 Mose 2,2–3.

119 1 Mose 2, 2,3.

120 Lukas, 24,1–3.

121 Sure 62,9.

122 Hutton Webster, Rest Days: A Study in Early Law and Morality, New York 1916, S. 252, zitiert nach: Whitrow, a. a. O., S. 93.

123 Fraser, a. a. O., S. 118.

124 Zitiert nach Hans Maier: Die christliche Zeitrechnung, Freiburg im Breisgau, 5. Auflage 2000, S. 72 f.

125 Mt. 2,9.

126 Fraser, a. a. O., S. 134.

127 Robert Boyle, zitiert nach Whitrow, a. a. O., S. 189.

128 «Naturalis historia». Das Werk erschien erst nach Plinius' Tod im Jahr 79.

129 Vgl. Gerhard Dohrn-van Rossum: Die Geschichte der Stunde. Uhren und moderne Zeitordnungen, München/Wien 1992, S. 37.

130 Max Weber, Die protestantische Ethik und der Geist des Kapitalismus, 1904/1905; Lewis Mumford, Technics and Civilization, 1934.

131 Aristophanes, Die Ekklesiazusen; Vers 651/52. In: Sämtliche Komödien, hrsg. V. Hans-Joachim Newiger, München, 2. Auflage 1980.

132 Zitiert nach: Echtermeyer/von Wiese: Deutsche Gedichte, Düsseldorf 1966, S. 484.

133 Paradies, 10. Gesang.

134 Paradies, 24. Gesang.

135 Vgl. Dohrn-van Rossum, a. a. O. S. 95–97.

136 Vgl. Whitrow, a. a. O., S. 164.

137 Hans Magnus Enzensberger, Gedichte 1955–1970, Frankfurt am Main, 6. Auflage 1981, S. 122.

138 Gerhard Dohrn-van Rossum, a. a. O., S. 125 ff. gibt eine Liste der Einführung von öffentlichen Uhren, der ich hier folge.

139 Nach Dohrn-van Rossum, a. a. O., S. 140.

140 Zitiert nach Whitrow, a. a. O., S. 188.

141 Robert Boyle, zitiert nach Whitrow, a. a. O., S. 189.

142 Vgl. das Kapitel «Das Rasen der Zeit».

143 Swift, Gullivers Reisen, 2. Kapitel.

144 Vgl. dazu weiter unten das Kapitel «Die Zeit als Fetisch».

145 Dohrn-van Rossum, a. a. O., S. 292.

146 Zitiert nach Dohrn-van Rossum, a. a. O., S. 320.

147 Die meisten Zeitangaben und Zahlen in diesem Kapitel sind entnommen Borscheid, Peter: Das Tempo-Virus. Eine Kulturgeschichte der Beschleunigung, Frankfurt am Main 2004.

148 Zitiert nach Peter Borscheid a. a. O., S, 41.

149 Zitiert nach Dohrn-van Rossum, a. a. O. S. 307.

150 Max Weber: Die protestantische Ethik und der Geist des Kapitalismus, 1904/1905.

151 Wegweisend war Smiths Buch «An Inquiry into the Nature and Causes of the Wealth of Nations» aus dem Jahr 1776.

152 Zitiert nach Borscheid, a. a. O., S. 119.

153 Zitiert nach Borscheid, a. a. O., S. 123.

154 Paul Virilio: Revolutionen der Geschwindigkeit, Berlin 1993, S. 15.

155 Zitiert nach Dohrn-van Rossum, a. a. O., S. 299.

156 Quelle: http://www.zeno.org/Literatur/M/Aischylos/Tragödien/Die+Orestie/Agamemnon [03.09.2023].

157 Quelle: http://www.zeno.org/Literatur/M/Aischylos/Tragödien/Die+Orestie/Agamemnon [03.09.2023].

158 Zitiert nach Borscheid, a. a. O., S. 148.

159 Zitiert nach Borscheid, a. a. O., S. 162.

160 Zitiert nach Borscheid, a. a. O., S. 165.

161 A.a.O., S. 243 ff.

162 Borscheid, a. a. O., S. 356 f.

163 Zitiert nach Borscheid, a. a. O., S. 22.

164 Zitiert nach Borscheid, a. a. O., S. 121 f.

165 Zitiert nach Borscheid, a. a. O., S. 268.

166 Manifest des Futurismus, 20. Februar 1909, in: Filippo Tommaso Marinetti, Manifeste des Futurismus, Berlin 2018, S. 12.

167 Marinetti, a. a. O., S. 13.

168 Marinetti, Tod dem Mondschein (1909), in: Manifeste, a. a. O., S. 36.

169 Marinetti, a. a. O., S. 13.

170 Marinetti: Die neue Religion-Moral der Geschwindigkeit (11. Mai 1916), in: Manifeste, a. a. O., S. 122.

171 Marianne Gronemeyer, Das Leben als letzte Gelegenheit, Darmstadt 1993, S. 145.

172 Egon Friedell: Kulturgeschichte der Neuzeit, München 1969, S. 63.

173 Gronemeyer, a. a. O., S. 23 f.

174 Gronemeyer, a. a. O., S. 92.

175 Goethe, Faust I, 1754/1755.

176 Goethe, Faust I, 1663.

177 Goethe, Faust I, 1699–1702.

178 Goethe, Faust I, 1690/1691.

179 Goethe, Faust I, 1754–1767.

180 Vgl. Manfred Osten: «Alles veloziferisch» oder Goethes Entdeckung der Langsamkeit, Göttingen 2017, S. 33.

181 Zitiert nach Osten, a. a. O., S. 19.

182 Osten, a. a. O., S. 35.

183 Quelle: https://lyricstranslate.com/de/richard-strauss-die-zeit-die-ist-ein-sonderbar-ding-lyrics.html-0 [03.09.2023].

184 Newton, a. a. O., S. 92.

185 Newton, a. a. O., S. 92.

186 Quelle: https://de.wikipedia.org/wiki/Sekunde [03.09.2023].

187 Karl Marx: Das Kapital, Kritik der politischen Ökonomie, ungekürzte Ausgabe nach der 2. Auflage von 1872, München 2020, S. 83.

188 Marx, a. a. O., S. 83.

189 Vgl. oben das Kapitel «Der Zeit Zügel anlegen: Mechanische Uhren».

190 Hans Blumenberg: Lebenszeit und Weltzeit, Frankfurt am Main 2001.

191 Blumenberg, a. a. O., S. 99.

192 Blumenberg, a. a. O., S. 112.

193 Vgl. dazu oben das Kapitel «Die Beschleunigung des Lebens» und Gronemeyer a.a.O., S. 7 ff.

194 Siehe dazu oben die Kapitel «Newton: Völlig losgelöst» und «Der Pendelschlag der Zeit».

195 Vgl. oben das Kapitel «Ist die Zeit ein Kreis oder ein Pfeil?».

196 Zitiert nach Daniel Rosenberg, Anthony Grafton: Die Zeit in Karten. Eine Bilderreise durch die Geschichte, Darmstadt 2018, S. 13. Dieses Buch bildet inhaltlich die Grundlage für dieses Kapitel.

197 Siehe dazu https://de.wikipedia.org/wiki/Parische_Chronik [03.09.2023]. Dort sind auch alle Einträge der Chronik verzeichnet.

198 Daniel Rosenberg, Anthony Grafton, a. a. O., S. 32.

199 Jesaja 11,1 ff.

200 Daniel Rosenberg, Anthony Grafton, a. a. O., S. 92.

201 Martignoni ist eine Art Mysterium. Er lebte wohl in der ersten Hälfte des 18. Jahrhunderts in Rom. Wir wissen von ihm nur, dass er die «Carte istorice» geschaffen hat.

202 Daniel Rosenberg, Anthony Grafton, a. a. O., S. 135.

203 Daniel Rosenberg, Anthony Grafton, a. a. O., S. 144.

204 Daniel Rosenberg, Anthony Grafton, a. a. O., S. 157.

205 Walter Benjamin, Über den Begriff der Geschichte; in: Gesammelte Werke II, Frankfurt am Main 2011, S. 966.

206 Vgl. Daniel Rosenberg, Anthony Grafton, a. a. O., S. 156.

207 Vgl. Daniel Rosenberg, Anthony Grafton, a. a. O., S. 266 ff.

208 Vgl. dazu Alexander Klose: Das Container-Prinzip. Wie eine Box unser Denken verändert, Hamburg 2009.

209 Martin Heidegger, Sein und Zeit (SuZ), Tübingen, 15. Auflage 1979, S. 437.

210 Heidegger, SuZ, S. 191.

211 Vgl. Heidegger, SuZ, S. 197 f. und Hans Blumenberg: Die Sorge geht über den Fluß, Frankfurt am Main, 6. Auflage 2017, S. 197 ff.

212 Platon, Apologie, 42a.

213 Siehe Heidegger, SuZ, S. 42.

214 Siehe Martin Heidegger: Der Begriff der Zeit, Gesamtausgabe, Band 64, Frankfurt am Main 2004.

215 Vgl. Peter Sloterdijk: Kritik der zynischen Vernunft, 2 Bände, Frankfurt am Main 1983, S. 369 ff.

216 Peter Sloterdijk: Kritik der zynischen Vernunft, Frankfurt am Main 1983, S. 383.

217 Heidegger, Der Begriff der Zeit, S. 57.

218 Vgl. dazu Lorenz Jäger: Heidegger. Ein deutsches Leben, Berlin 2021, S. 211 ff.

219 Hannah Arendt: Vita activa oder Vom tätigen Leben, München, 9. Auflage 1997, S. 17 f.

220 Vita activa, a. a. O., S. 215.

221 Hannah Arendt: Ich will verstehen. Selbstauskünfte zu Leben und Werk, München, 2. Auflage 1997, S. 70. Das Zitat stammt aus dem Fernsehinterview mit Günter Gaus vom 28. 10. 1964.

222 In der römischen Mythologie die Parzen.

223 Gottlob Frege: Über Sinn und Bedeutung, in: Funktion, Begriff, Bedeutung, Göttingen, 5. Auflage 1980, S. 40–65.

224 Saul A. Kripke, Name und Notwendigkeit, Frankfurt am Main 1981, S. 107.

225 Man kann hier einwenden, dass das Leben schon vor der Geburt beginnt, im Augenblick der Zeugung, aber das ändert nur den Zeitpunkt und den Ort, nicht das Prinzip, um das es mir hier geht.

226 Siehe oben das Kapitel «Augustinus: Ausdehnung des Geistes».

227 Augustinus, Confessiones, X,8,12.

228 Marcel Proust: Auf der Suche nach der verlorenen Zeit, Erster Teil: In Swanns Welt, Frankfurt am Main, 2. Auflage 1982, S. 66 f.

229 Proust, a. a. O., S. 64.

230 Josep Maria Esquirol: Der intime Widerstand. Eine Philosophie der Nähe, Hamburg 2021, S. 109.

231 Esquirol, a. a. O., S. 109.

232 Vgl. dazu Rüdiger Safranski: Ein Meister aus Deutschland. Heidegger und seine Zeit, München/Wien 1994, S. 226 ff.

233 Martin Heidegger: Die Grundbegriffe der Metaphysik. Welt – Endlichkeit – Einsamkeit, Gesamtausgabe, Band 29/30, Frankfurt am Main, 3. Auflage 2004 (GA 29/30).

234 Heidegger, GA 29/30, S. 29.

235 Heidegger, GA 29/30, S. 19.

236 Heidegger, GA 29/30, S. 119.

237 Heidegger, GA 29/30, S. 101.

238 Heidegger, GA 29/30, S. 124.

239 Heidegger, GA 29/30, S. 155.

240 Heidegger, GA 29/30, S. 159.

241 Heidegger, GA 29/30, S. 159.

242 Heidegger, GA 29/30, S. 165.

243 Heidegger, GA 29/30, S. 180.

244 Heidegger, GA 29/30, S. 186.

245 Vgl. Heidegger, GA 29/30, S. 189.

246 Heidegger, GA 29/30, S. 210.

247 Heidegger, GA 29/30, S. 213.

248 Heidegger, GA 29/30, S. 216.

249 Heidegger, GA 29/30, S. 218.

250 Heidegger, GA 29/30, S. 243.

251 Heidegger, GA 29/30, S. 243.

252 Heidegger, GA 29/30, S. 244.

253 Arendt, Vita activa, a. a. O., S. 215.

254 Emil Angehrn: Die Zeit des Anderen. Geteilte Erinnerung, gestohlene Zukunft, geschenkte Zeit, Hamburg 2023, S. 117.

255 Hans Blumenberg: Höhlenausgänge, Frankfurt am Main, 2. Auflage 1989, S. 66.

256 Blumenberg, a. a. O., S. 11.

257 Max Frisch: Gesammelte Werke in zeitlicher Folge, 6 Bände, Frankfurt am Main 1976, Band III, S. 359 ff.

258 Vgl. Rüdiger Safranski: Zeit. Was sie mit uns macht und was wir aus ihr machen, München 2015, S. 44 ff.

259 Arendt, Vita activa, a. a. O., S. 217.

260 Vgl. oben das Kapitel «Augustinus: Ausdehnung des Geistes».

261 Augustinus, Confessiones XI, 14,17.

262 Vgl. dazu Kurt Flasch: Was ist Zeit? Augustinus von Hippo. Das XI. Buch der Confessiones, Frankfurt am Main, 1993.

263 1 Kor, 15,51.

264 Augustinus, Confessiones XI, 20,26.

265 Wittgenstein, Tractatus 6.4311.

266 Vgl. Safranski, Zeit, a. a. O., S. 229 ff.

267 Wittgenstein, Tractatus, 6.4312.

268 Auch dazu Safranski, Zeit, a. a. O., S. 238 ff.

269 Platon, Phaidon 67d.

270 Platon, Apologie 42a.

271 Platon, Phaidon 118a.

272 Platon, Phaidon 59b.

273 Platon, Phaidon 60b/c.

274 Vgl. Ovid: Metamorphosen, 2,605. Eine etwas andere Version findet sich bei Pausanias: Reisen in Griechenland, 2,26,6.

275 Platon, Phaidon, 85d.

276 Vgl. Platon, Phaidon, 84e–85b.

277 Friedrich Hölderlin, «Brot und Wein». Vgl. dazu Hans-Georg Gadamer: Über leere und erfüllte Zeit, S. 297, in: Walter Ch. Zimmerli/Mike Sandbothe (Hrsg.): Klassiker der modernen Zeitphilosophie, Darmstadt 1993, S. 281–297.

Literatur

Anders, Günther: Die Antiquiertheit des Menschen, 2 Bände, München 1992.
Angehrn, Emil: Die Zeit des Anderen. Geteilte Erinnerung, gestohlene Zukunft, geschenkte Zeit, Hamburg 2023.
Arendt, Hannah: Vita activa oder: Vom tätigen Leben, München, 9. Auflage 1997.
Aristophanes: Sämtliche Komödien, hrsg. von Hans-Joachim Newiger, München 2. Auflage 1980.
Aristoteles: Physik. Vorlesungen über die Natur, 2 Bände, übersetzt, mit einer Einleitung und mit Anmerkungen herausgegeben von Hans Günter Zekl, Hamburg 1987/1988.
Aristoteles: Physikvorlesung, übersetzt von Hans Wagner, Darmstadt 1983.
Aristotle: Physics. A revised text with introduction and commentary by Sir David Ross, Oxford 1936, Reprint 1979.
Augustinus: Confessiones. Bekenntnisse, lateinisch – deutsch, eingeleitet, übersetzt und erläutert von Joseph Bernhart, München, 4. Auflage 1980.

Balling, Adalbert Ludwig: Als Gott die Zeit schuf. Vom Umgang mit einer Mangelware, Freiburg im Breisgau 1994.
Benjamin, Walter: Gesammelte Werke, 2 Bände, Frankfurt am Main 2011.
Bieri, Peter: Zeit und Zeiterfahrung. Exposition eines Problembereichs, Frankfurt am Main 1972.
Blumenberg, Hans: Höhlenausgänge, Frankfurt am Main, 2. Auflage 1996.
Blumenberg, Hans: Lebenszeit und Weltzeit, Frankfurt am Main 2001.
Blumenberg, Hans: Die Sorge geht über den Fluß, Frankfurt am Main, 6. Auflage 2017.
Borscheid, Peter: Das Tempo-Virus. Eine Kulturgeschichte der Beschleunigung, Frankfurt am Main 2004.

Chiang, Ted: Die Hölle ist die Abwesenheit Gottes, München 2013.
Conen, Paul F.: Die Zeittheorie des Aristoteles, München 1964.
Cramer, Friedrich: Der Zeitbaum. Grundlegung einer allgemeinen Zeittheorie, Frankfurt am Main/Leipzig 1993.

Diels, Hermann/Kranz, Walther: Die Fragmente der Vorsokratiker, Band 1, Hildesheim, 17. Auflage 1974, Band 2, 16. Auflage 1972, Band 3, 15. Auflage 1972.
Diogenes Laertius: Leben und Meinungen berühmter Philosophen, Hamburg, 3. Auflage 1990.
Dohrn-van Rossum, Gerhard: Die Geschichte der Stunde. Uhren und moderne Zeitordnung, München/Wien 1992.
Durrell, Lawrence: Griechische Inseln, Reinbek bei Hamburg 1978.

Eddington, Arthur Stanley: Das Weltbild der Physik und ein Versuch seiner philosophischen Deutung, Braunschweig 1931.
Einstein, Albert: Über die spezielle und die allgemeine Relativitätstheorie, Braunschweig, 30. Auflage 1983.
Elias, Norbert: Über die Zeit, Frankfurt am Main, 12. Auflage 2017.
Esquirol, Josep Maria: Der intime Widerstand. Eine Philosophie der Nähe, Hamburg 2021.

Farías, Victor: Heidegger und der Nationalsozialismus, Frankfurt am Main 1989.
Flasch, Kurt: Was ist Zeit? Augustinus von Hippo. Das XI. Buch der Confessiones. Text – Übersetzung – Kommentar, Frankfurt am Main, 2. Auflage 2004.
Flaßpöhler, Svenja/Werner, Florian: Zur Welt kommen. Elternschaft als philosophisches Abenteuer, München, 2. Auflage 2019.
Fraser, Julius T.: Die Zeit. Vertraut und fremd, Basel/Boston/Berlin 1988.
Frege, Gottlob: Funktion, Begriff, Bedeutung, Göttingen, 5. Auflage 1980.
Friedell, Egon: Kulturgeschichte der Neuzeit, München 1969.
Frisch, Max: Gesammelte Werke in zeitlicher Folge, 6 Bände, Frankfurt am Main 1976.
Fuchs, Thomas/Iwer, Lukas/Micali, Stefano (Hrsg.): Das überforderte Subjekt. Zeitdiagnosen einer beschleunigten Gesellschaft, Berlin, 2. Auflage 2019.

Gaarder, Jostein: Das Leben ist kurz. Vita brevis, München/Wien 1997.
Galfard, Christophe: Das Universum in deiner Hand. Die unglaubliche Reise durch die Weiten von Raum und Zeit und zu den Dingen dahinter, München 2019.
Galison, Peter: Einsteins Uhren, Poincarés Karten. Die Arbeit an der Ordnung der Zeit, Frankfurt am Main 2006.
Garfield, Simon: Zeitfieber. Warum die Stunde nicht überall gleich schlägt, die innere Uhr täuschen kann und Beethoven aus dem Takt gerät, Darmstadt 2017.
Gloy, Karen: Philosophiegeschichte der Zeit, München 2008.
Goethe, Johann Wolfgang von: Goethes Werke, hrsg. von Erich Trunz, Sonderausgabe der Hamburger Ausgabe, München 1988.
Gribbin, John: Auf der Suche nach Schrödingers Katze. Quantenphysik und Wirklichkeit, München, 7. Auflage 2001.
Gronemeyer, Marianne: Das Leben als letzte Gelegenheit. Sicherheitsbedürfnis und Zeitknappheit, Darmstadt 1993.
Gumin, Heinz/Meier, Heinrich (Hrsg.): Die Zeit. Dauer und Augenblick, München, 2. Auflage 1990.

Hawking, Stephen W.: Eine kurze Geschichte der Zeit. Die Suche nach der Urkraft des Universums, Reinbek bei Hamburg 1989.
Heidegger, Martin: Die Grundprobleme der Phänomenologie, Gesamtausgabe, Band 24, Frankfurt am Main 1975.
Heidegger, Martin: Prolegomena zur Geschichte des Zeitbegriffs, Gesamtausgabe, Band 20, Frankfurt am Main 1979.
Heidegger, Martin, Sein und Zeit, Tübingen, 15. Auflage 1979.
Heidegger, Martin: Der Begriff der Zeit, Gesamtausgabe, Band 64, Frankfurt am Main 2004.
Heidegger, Martin: Die Grundbegriffe der Metaphysik. Welt – Endlichkeit – Einsamkeit, Gesamtausgabe, Band 29/30, Frankfurt am Main, 3. Auflage 2004.

Heisenberg, Werner: Der Teil und das Ganze. Gespräche im Umkreis der Atomphysik, München, 6. Auflage 1986.
Hume, David: Eine Untersuchung über den menschlichen Verstand, hrsg. von Manfred Kühn, Hamburg, 2. Auflage 2022.

Jäger, Lorenz: Heidegger. Ein deutsches Leben, Berlin 2021.
Jammer, Max: Das Problem des Raumes, Darmstadt, 2. Auflage 1980.

Kaempfer, Wolfgang: Die Zeit und die Uhren, Frankfurt am Main/Leipzig 1991.
Kaempfer, Wolfgang: Zeit des Menschen, Frankfurt am Main/Leipzig 1994.
Kant, Immanuel: Kritik der reinen Vernunft, hrsg. von Raymund Schmidt, Band 37a, Hamburg 1956 ff.
Kant, Immanuel: Prolegomena zu einer jeden zukünftigen Metaphysik, Hamburg, 7. Auflage 1976.
Kiefer, Claus: Der Quantenkosmos. Von der zeitlosen Welt zum expandierenden Universum, Frankfurt am Main, 2. Auflage 2009.
Kinnebrock, Werner: Was macht die Zeit, wenn sie vergeht? Wie die Wissenschaft die Zeit erklärt, München, 3. Auflage 2014.
Klein, Stefan: Zeit. Der Stoff aus dem das Leben ist. Eine Gebrauchsanleitung, Frankfurt am Main, 6. Auflage 2015.
Kleist, Heinrich von: Sämtliche Werke und Briefe in vier Bänden, München/Wien, 6. Auflage 1977.
Klose, Alexander: Das Container-Prinzip. Wie eine Box unser Denken verändert, Hamburg 2009.
Kripke, Saul A.: Name und Notwendigkeit, Frankfurt am Main 1981.
Kuhn, Thomas S.: Die Struktur wissenschaftlicher Revolutionen, Frankfurt am Main 1973 ff.
Kühn, Manfred: Kant. Eine Biographie, München 2003.

Leroi, Armand Marie: Die Lagune oder wie Aristoteles die Naturwissenschaften erfand, Darmstadt 2017.
Levine, Robert: Eine Landkarte der Zeit. Wie Kulturen mit Zeit umgehen, München/Berlin, 20. Auflage 2016.
Locke, John: An Essay concerning Human Understanding, Oxford 1975.

Maier, Hans: Die christliche Zeitrechnung, Freiburg im Breisgau, 5. Auflage 2000.
Marinetti, Filippo Tommaso: Manifeste des Futurismus, Berlin 2018.
Marquardt, Udo: Die Einheit der Zeit bei Aristoteles, Würzburg 1993.
Marquardt, Udo: Spaziergänge mit Sokrates. Große Denker und die kleinen Dinge des Lebens, München, 2. Auflage 2001.
Marx, Karl: Das Kapital, Kritik der politischen Ökonomie, ungekürzte Ausgabe nach der 2. Auflage von 1872, München 2020.
Mesch, Walter: Reflektierte Gegenwart. Eine Studie über Zeit und Ewigkeit bei Platon, Aristoteles, Plotin und Augustinus, Frankfurt am Main, 2. Auflage 2016.
Meyer, Rudolf W. (Hrsg.): Das Zeitproblem im 20. Jahrhundert, Bern 1964.
Muller, Richard A.: Jetzt. Die Physik der Zeit, Frankfurt am Main 2018.
Mumford, Lewis: Technics and Civilization, New York 1934.

Newton, Isaac: Mathematische Grundlagen der Naturphilosophie. Philosophiae naturalis principia mathematica, übersetzt und hrsg. von Ed Dellian, Sankt Augustin 2016.

Osten, Manfred: «Alles veloziferisch» oder Goethes Entdeckung der Langsamkeit, Göttingen 2. Auflage 2017.

Ott, Hugo: Martin Heidegger. Unterwegs zu seiner Biographie, Frankfurt am Main/New York 1988.

Padova, Thomas de: Leibniz, Newton und die Erfindung der Zeit, München, 4. Auflage 2017.

Panda, Satchin: Der Zirkadian-Code. Erholsam schlafen, Gewicht reduzieren, gesund sein, Kirchzarten bei Freiburg 2019.

Platon: Werke in acht Bänden, griechisch und deutsch, hrsg. von Gunther Eigler, Sonderausgabe Darmstadt 1990.

Plotin: Über Ewigkeit und Zeit (Enneade III,7), übersetzt, eingeleitet und kommentiert von Werner Beierwaltes, Frankfurt am Main, 3. Auflage 1981.

Rifkin, Jeremy: Uhrwerk Universum. Die Zeit als Grundkonflikt des Menschen, München 1988.

Rosa, Hartmut: Beschleunigung und Entfremdung, Berlin 2013.

Rosa, Hartmut: Beschleunigung. Die Veränderung der Zeitstrukturen in der Moderne, Frankfurt am Main, 12. Auflage 2020.

Rosenberg, Daniel/Grafton, Anthony: Die Zeit in Karten. Eine Bilderreise durch die Geschichte, Sonderausgabe Darmstadt 2018.

Rovelli, Carlo: Die Ordnung der Zeit, Reinbek bei Hamburg 2018.

Russell, Bertrand: Das ABC der Relativitätstheorie, Reinbek bei Hamburg 1986.

Safranski, Rüdiger: Ein Meister aus Deutschland. Heidegger und seine Zeit, München/Wien 1994.

Safranski, Rüdiger: Zeit. Was sie mit uns macht und was wir aus ihr machen, München 2015.

Scheler, Max: Die Zukunft des Kapitalismus und andere Aufsätze, München 1979.

Sieroka, Norman: Philosophie der Zeit. Grundlagen und Perspektiven, München 2018.

Sloterdijk, Peter: Kritik der zynischen Vernunft, 2 Bände, Frankfurt am Main 1983.

Smolin, Lee: Im Universum der Zeit. Auf dem Weg zu einem neuen Verständnis des Kosmos, München, 2. Auflage 2015.

Theunissen, Michael: Negative Theologie der Zeit, Frankfurt am Main 1991.

Toulmin, Stephen/Goodfield, June: Entdeckung der Zeit, Frankfurt am Main 1985.

Virilio, Paul: Revolutionen der Geschwindigkeit, Berlin 1993.

Virilio, Paul: Rasender Stillstand, Frankfurt am Main 1997.

Weber, Max: Die protestantische Ethik und der Geist des Kapitalismus, in: Archiv für Sozialwissenschaft und Sozialpolitik, Nr. 20 und 21, 1904/1905.

Weinrich, Harald: Knappe Zeit. Kunst und Ökonomie des befristeten Lebens, München, 2. Auflage 2005.

Weizsäcker, Carl Friedrich von: Die Einheit der Natur, München, 4. Auflage 1984.

Weizsäcker, Carl Friedrich von: Zeit und Wissen, München 1992.

Wendorf, Rudolf: Zeit und Kultur: Geschichte des Zeitbewußtseins in Europa, Wiesbaden 1980.

Wendorf, Rudolf: Tag und Woche, Monat und Jahr: eine Kulturgeschichte des Kalenders, Opladen 1993.

Whitrow, Gerald James: Die Erfindung der Zeit, Hamburg 1991.

Wittgenstein, Ludwig: Philosophische Untersuchungen, Frankfurt am Main, 2. Auflage 1980.

Wittgenstein, Ludwig: Tractatus logico-philosophicus/Logisch-philosophische Abhandlung, Frankfurt am Main, 19. Auflage 1985.

Zimmerli, Walter Ch./Sandbothe, Mike (Hrsg.): Klassiker der modernen Zeitphilosophie, Darmstadt 1993.

Personenregister

Aischylos 157
Alexander der Große 48, 116, 143
Ampère, André-Marie 160
Anaximander 38 f.
Andronikos von Rhodos 49
Angehrn, Emil 217
Antonius, Marcus 103
Aquin, Thomas von 131
Archimedes 101
Arendt, Hannah 23, 201 f., 205, 215 f., 219
Aristophanes 124
Aristoteles 12–14, 19, 24–26, 38, 47–59, 61, 63, 65–67, 69 f., 84, 87 f., 181 f., 189 f., 203–205, 220
Atatürk, Kemal 106
Augustinus, Aurelius 17 f., 23 f., 37, 63–67, 73, 182, 207, 220–222
Augustus 104

Bacon, Francis 74, 132 f.
Bacon, Roger 105
Beierwaltes, Werner 60
Bell, Alexander Graham 163
Benedikt von Nursia 122
Benz, Carl 150
Berners-Lee, Tim 167
Blumenberg, Hans 185, 218, 221
Boccioni, Umberto 173
Borscheid, Peter 168
Boyle, Robert 120, 131
Brahe, Tycho 69 f., 105, 131
Braun, Wernher von 153
Brecht, Bertold 70
Broch, Hermann 83

Caesar, Julius 100, 116
Campanella, Tommaso 133
Camus, Albert 13

Cartwright, Edmund 147
Chappe, Claude 158 f.
Chiang, Ted 60 f.
Cooke, William 160
Coppola, Francis Ford 119
Coster, Salomon 134, 187
Cramer, Friedrich 42, 69
Cyrill von Alexandrien 115

Dante Alighieris 126
Darius I. 100
de Bélidor, Bernard Forest 138
de Dondi, Giovanni 128 f.
Demokrit 25
Descartes, René 74, 132, 177
Diels, Hermann 37, 39
Dionysius Exiguus 115 f.
Döblin, Alfred 173
d'Occhieppo, Konradin Ferrari 118
Duchamp, Marcel 83

Eddington, Arthur Stanley 31 f.
Edison, Thomas Alva 163
Einstein, Albert 20, 34, 42, 72, 77–86, 89, 184, 196
Elias, Norbert 88
Enzensberger, Hans Magnus 128
Erathostenes 101
Esquirol, Josep Maria 209
Eusebius von Caesarea 192 f.
Evans, Oliver 146

Faraday, Michael 160 f.
Ferguson, Adam 195
Flamsteed, John 68 f.
Forlong, George Roche 196
Franke, Herbert W. 83
Fraser, Julius T. 18, 70, 72, 119, 168.

Personenregister

Frege, Gottlob 12, 204
Friedell, Egon 176
Frisch, Max 13, 219

Gaarder, Jostein 63
Gadamer, Hans-Georg 12
Galilei, Galileo 70, 131, 133 f., 187
Gauß, Carl Friedrich 160
Glass, Philip 83
Goethe, Johann Wolfgang von 143, 155, 177–179
Gray, Elisha 163
Gregor XIII. 101, 104 f., 187
Gronemeyer, Marianne 175 f.
Gropius, Walter 83

Hafele, Joseph 34
Hagelgans, Johann Georg 194
Hargreaves, James 146
Harrison, George 209
Hauptmann, Gerhart 148
Hegel, Georg Friedrich Wilhelm 88
Heidegger, Martin 12 f., 16, 88, 181, 198–202, 205 f., 210–215, 220 f.
Heine, Heinrich 73, 149
Heisenberg, Werner 84, 86
Henlein, Peter 188
Heraklit 39–41
Herodes 117
Herodot 99 f.
Heron von Alexandria 146
Herophilos von Chalkedon 125
Hertz, Heinrich 164
Hipparchos 185 f.
Hobbes, Thomas 74
Hofmannsthal, Hugo von 22, 23, 181
Holzer, Marie 151
Hooke, Robert 68, 134
Hume, David 75
Huygens, Christiaan 68, 133 f., 187
Hyginus, Gaius Iulius 199

Ideler, Carl Ludwig 117 f.

Jacquard, Joseph-Marie 147
Jaspers, Karl 73
Jenatzy, Camille 152

Jesus 64, 113, 116–118, 122, 193
Johannes (Evangelist) 119, 193
Johannes I. 115
Johannes XXIII. 142

Kant, Immanuel 12, 73–77, 88, 189, 217
Keating, Richard 34
Kennedy, John F. 28, 166
Kepler, Johannes 69 f., 117 f., 120, 131
King, Stephen 28
Kleist, Heinrich von 77 f.
Knies, Karl 162
Knightley, Louisa 170
Kopernikus, Nikolaus 69 f., 78, 105, 186
Kranz, Walther 37
Kripke, Saul Aaron 204 f.
Kublai Khan 156

Leibniz, Gottfried Wilhelm 14, 68, 72, 73, 132, 204
Lembke, Robert 145
Lenin, Wladimir Iljitsch 172
Leroi, Armand Marie 48
Leukipp 25
Licklider, Joseph Carl Robnett 167
Lilienthal, Otto 153
Locke, John 74, 132, 204
Löwith, Karl 201
Luther, Martin 106, 145

Mann, Thomas 83
Marco Polo 156
Marconi, Guglielmo 164 f.
Marinetti, Filippo Tommaso 172–174
Martignoni, Girolamo Andrea 194
Marx, Karl 136, 184
McTaggart, John McTaggart Ellis 88–90
Mendelsohn, Erich 83
Meyer, Conrad Ferdinand 125
Michelson, Albert Abraham 79 f.
Morley, Edward W. 79 f.
Morse, Samuel 160, 163
Morus, Thomas 137
Müller, Johannes 105
Muller, Richard A. 56, 62 f., 91
Musil, Robert 83

Napoleon   111, 159
Neugebauer, Otto   99
Newcomen, Thomas   126, 146
Newton, Isaac   29, 34, 41, 67 f., 70 – 73, 76 –
   84, 88 f., 132, 182 – 184, 188, 194 – 196
Nipkow, Paul   165

Ohm, Georg Simon   160
Oresme, Nikolaus von   36, 120, 130 f.

Parmenides   40 f.
Planck, Max   26, 42, 84, 87 f.
Platon   12, 14, 17 f., 40, 42 – 50, 52, 54, 56 –
   59, 61, 63, 65, 67, 69, 73, 119, 179, 183,
   203 f., 217 f., 221 – 224
Plinius der Ältere   121
Plotin   57 – 65, 67, 182, 221
Priestley, Joseph   194 f.
Proust, Marcel   207 – 209
Ptolemäus   69, 186
Ptolemäus III. Eugertes   101

Reis, Johann Philipp   126, 162
Rilke, Rainer Maria   95
Rohe, Mies van der   83
Rolevinck, Werner   193
Rovelli, Carlo   26, 87
Rudolf II.   117

Safranski, Rüdiger   219
Schedel, Hartmann   193
Schneider, Hans Ernst   219 f.
Schrödinger, Erwin   83 – 87
Schwerte, Hans   219 f.
Shortt, William Hamilton   134 f.
Siemens, Werner   161, 163 f.
Siffre, Michel   24 f.

Sloterdijk, Peter   201
Smith, Adam   132, 145
Sokrates   17 f., 37, 40, 43 – 45, 199, 217, 222 –
   224
Solon   106 f.
Stewart, Potter   17
Strauss, Richard   181
Stuck, Hans   152
Swift, Jonathan   133

Taylor, Frederick Winslow   138, 171 f.
Thales   38, 192
Timaios von Tauromenion   107
Trevithick, Richard   126, 146, 148

Vernes, Jules   33
Virilio Paul   15, 154
Volta, Alessandro   160

Watson, Thomas A.   163
Watt, James   145 f.
Weber, Max   122, 145
Weber, Wilhelm   160
Weerth, Georg   149, 169
Wells, H. G.   27 f.
Wendorff, Rudolf   95
Westphal, Joachim   145
White, Hayden   192
Wittgenstein, Ludwig   12, 17, 221 f.
Wright, Orville   153
Wright, Wilbur   153

Young, Thomas   83

Zeh, Dieter   86
Zenon   41 f.

Das Signet des Schwabe Verlags
ist die Druckermarke der 1488 in
Basel gegründeten Offizin Petri,
des Ursprungs des heutigen Verlags-
hauses. Das Signet verweist auf
die Anfänge des Buchdrucks und
stammt aus dem Umkreis von
Hans Holbein. Es illustriert die
Bibelstelle Jeremia 23,29:
«Ist mein Wort nicht wie Feuer,
spricht der Herr, und wie ein
Hammer, der Felsen zerschmeisst?»